Thomas Hering, Christian Toll
BWL kompakt

Lehr- und Handbücher der Wirtschaftswissenschaft

Herausgegeben von
Univ.-Prof. Dr. habil. Thomas Hering und
Prof. Dr. Heiko Burchert

Thomas Hering, Christian Toll
BWL kompakt

Kurzlehrbuch für Studienanfänger

2. Auflage

DE GRUYTER
OLDENBOURG

ISBN 978-3-11-914530-5
ISSN 2190-2739

Library of Congress Control Number: 2025940049

Bibliografische Information der Deutschen Nationalbibliothek
Die Deutsche Nationalbibliothek verzeichnet diese Publikation in der Deutschen Nationalbibliografie;
detaillierte bibliografische Daten sind im Internet über http://dnb.dnb.de abrufbar.

© 2025 Walter de Gruyter GmbH, Berlin/Boston, Genthiner Straße 13, 10785 Berlin
Einbandabbildung: Bet_Noire / iStock / Getty Images Plus

www.degruyterbrill.com

Fragen zur allgemeinen Produktsicherheit:
productsafety@degruyterbrill.com

Vorwort zur zweiten Auflage

Unser Kurzlehrbuch wurde – trotz oder gerade wegen seiner sehr kleinen Schrift bzw. großen Handlichkeit – vom Markt so freundlich aufgenommen, daß es nach nunmehr sechs Jahren in vollständig überarbeiteter und erweiterter Form neu erscheinen kann. Den konkreten Anstoß dazu lieferte allerdings ein weiteres Mal erst die Rechtswissenschaftliche Fakultät der Fern-Universität in Hagen, die darum gebeten hatte, den lehrpreisgekrönten ursprünglichen propädeutischen Kurs „EBWL für Juristen" zu einem eigenständigen, vollen Pflichtmodul ihres LL.B.-Studiengangs auszubauen. Diese Bitte haben wir gerne erfüllt und die sehr gestraffte Nebenfächler-Version des EBWL-Kurses der Wirtschaftswissenschaftlichen Fakultät um weiteren Stoff sowie elektronische Prüfungselemente angereichert, natürlich unter Beibehaltung der im juristischen Grundstudium bewährten inhaltlichen und didaktischen Ausrichtung. Nach Indienststellung des neuen Jura-Moduls zum SS 2023 war es so ökonomisch wie folgerichtig, auch den Text von „BWL kompakt" entsprechend zu erweitern und die Neuauflage als elementares BWL-Buch für interessierte Hörer aller Fakultäten anzubieten.

Durchgängig sind neue Themen aufgenommen oder vorhandene vertieft worden. Exemplarisch seien hier nur genannt: Wirtschaftlichkeitsprinzip, Rechtsformen, Gozinto-Graph, GANTT-Diagramm, operative Produktionsprogrammplanung, AIDA-Modell, interner Zinsfuß, Emissionsrendite von Wertpapieren, Finanzierung aus Abschreibungen, Controlling, LÜCKE-Theorem, degressive Abschreibung. Neben den Erweiterungen des Lehrtextes finden sich rund 30 zusätzliche Beispiele und Übungsaufgaben mit Lösungen.

Hagen (Westf.), im März 2025

THOMAS HERING
CHRISTIAN TOLL

Vorwort zur ersten Auflage

Das vorliegende Kurzlehrbuch zur Betriebswirtschaftslehre beruht auf einer Kompaktversion des Kurses „Einführung in die Betriebswirtschaftslehre" (EBWL), den der unterzeichnende Lehrstuhlinhaber seit 2006 bzw. 2007 in drei bzw. vier Kurseinheiten für Erstsemesterstudenten verschiedener Fakultäten (also für Haupt- und Nebenfachstudenten) an der Fern-Universität in Hagen anbietet. Aufgrund der hohen studentischen Nachfrage nach zusätzlichen Übungsaufgaben entstand 2009 unser erfolgreiches Büchlein „BWL-Klausuren", welches in kurzer Zeit vier Auflagen erlebte. Dadurch und durch konkrete Nachfrage der Rechtswissenschaftlichen Fakultät ermuntert, bietet der Lehrstuhl, nun in der Koautorenschaft des Klausurbuchs, seit 2017 eine für Nebenfachstudenten stark gestraffte Version des EBWL-Kurses an, die prompt 2018 als Bestandteil des juristischen Propädeutikums mit dem „Lehrpreis der FernUniversität in Hagen" feierlich ausgezeichnet wurde. Die Tatsache, daß dieser Preis ausschließlich auf Vorschlag der Studentenschaft vergeben wird, gab den Ausschlag für die Entscheidung, auf Basis des Kurses „EBWL für Juristen" ein zum BWL-Klausurenbuch passendes kompaktes Lehrwerk zu verfassen. Dieses neue Kurzlehrbuch versteht sich also als Befriedigung einer nachweislich bestehenden studentischen Nachfrage – und ausdrücklich nicht des Ehrgeizes der Autoren, ihr Œuvre durch eine (dickleibige oder schmalbrüstige) Gesamtdarstellung der Betriebswirtschaftslehre abzurunden.

Genau wie im ungekürzten EBWL-Kurs spiegelt die Stoffauswahl für die Kompaktfassung das hier vertretene Fachverständnis der Betriebswirtschaftslehre als einer entscheidungsorientierten Vernunftlehre der Unternehmensführung wider. Dementsprechend stark ist die Gewichtung einfacher Grundmodelle zur Lösung von betrieblichen Optimierungsproblemen, die als Anwendungsfälle des Wirtschaftlichkeitsprinzips variantenreich in das ökonomische Denken einführen. Im Vergleich zum BWL-Klausurenbuch tritt dennoch die Rechenhaftigkeit des Inhalts zugunsten verbaler Darstellungen deutlich zurück, was einem vielfach geäußerten Wunsch von Nebenfachstudenten sowie mathematisch schwächer vorgebildeten Hauptfachstudenten entgegenkommen soll. „BWL kompakt" ist ein Propädeutikum. Obwohl an sich Lehr- und kein Übungsbuch, stellt es dem Leser als didaktische Zugabe in beachtlicher Zahl (Klausur-) Aufgaben mit Lösungen zur Verfügung.

Aus der Entstehungsgeschichte, Ziel- und Schwerpunktsetzung des Werks resultiert eine recht uneinheitliche Zitierdichte. Der als Grundlage dienende EBWL-Fernstudienkurs findet (als „Grauliteratur") außer in diesem Vorwort keine Erwähnung mehr, obwohl natürlich sehr viele textidentische Passagen existieren und die Gliederung übernommen wurde. Dort, wo die Lehre sich an Darstellungen Dritter orientiert, finden sich – teilweise detaillierte – Quellenangaben. Hingegen wird im Kerngebiet des Lehrstuhls vornehmlich summarisch auf umfassendere eigene Publikationen verwiesen, an die sich der Text so eng anlehnt, daß der Fußnotenapparat hier entfallen kann. Zum Vertiefen und Zitieren wären an diesen Stellen ohnehin unsere angegebenen (und die in ihnen sorgfältig aufgeführten anderen) Originalquellen heranzuziehen und nicht die hier präsentierte Zusammenfassung. Während früher in Lehrbüchern lasches Zitieren auch fremder Quellen nicht selten vorkam, werden heute mitunter sogar ungekennzeichnete Übernahmen aus eigener Feder als angebliches „Selbstplagiat" gebrandmarkt. Vor dem Hintergrund dieser Entwicklung sind die vorstehenden Erläuterungen zur scheinbar wechselnden Zitierpraxis im nachfolgenden Lehrtext zu verstehen.

Abschließend danken wir noch einmal sehr herzlich unseren Studenten für ihre steten Anregungen, ihnen eine kürzere und für sie leichter lesbare Textgrundlage zur Verfügung zu stellen, sowie für die Zuerkennung des Lehrpreises, welcher die Idee der Publikation des Kurzkurses als Kompaktlehrbuch maßgeblich reifen ließ.

Hagen (Westf.), im März 2019

THOMAS HERING
CHRISTIAN TOLL

Inhalt

1   Was ist und welchen Zielen dient Betriebswirtschaftslehre? — 1
1.1   Wirtschaften und ökonomisches Prinzip — 1
1.2   Unternehmensgründung — 4
1.3   Leistungs- und Finanzprozeß — 7

2   Der güterwirtschaftliche Leistungsprozeß — 8
2.1   Beschaffung — 8
2.1.1   Grundbegriffe und Aufgaben der Beschaffung — 8
2.1.2   Beschaffungsprinzipien — 10
2.1.3   Beschaffungsplanung — 11
2.1.3.1   Probleme der Beschaffungsplanung — 11
2.1.3.2   Bedarfsplanung — 12
2.1.3.3   Bestellmengenplanung — 19
2.1.3.4   Bestellzeitpunkteplanung — 24
2.2   Produktion — 25
2.2.1   Die drei Stufen der Produktionsplanung — 25
2.2.2   Produktionstheorie — 27
2.2.2.1   Grundbegriffe der Produktionstheorie — 27
2.2.2.2   Produktionstheorie auf der Basis substitutionaler Produktionsfunktionen — 33
2.2.3   Kostentheorie — 37
2.2.3.1   Grundbegriffe der Kostentheorie — 37
2.2.3.2   Produktionsaufteilungsplanung auf der Basis substitutionaler
            Produktionsfunktionen — 41
2.2.3.3   Losgrößenplanung — 43
2.2.3.4   Zeitliche Ablaufplanung — 49
2.2.4   Produktionsprogrammplanung — 55
2.2.4.1   Überblick über die Produktionsprogrammplanung — 55
2.2.4.2   Operative Produktionsprogrammplanung — 55
2.3   Absatz — 63
2.3.1   Grundbegriffe — 63
2.3.2   Das absatzpolitische Instrumentarium — 65
2.3.2.1   Überblick — 65
2.3.2.2   Preispolitik — 65
2.3.2.3   Produkt-, Distributions- und Kommunikationspolitik — 69
2.4   Organisation — 74
2.4.1   Organisationsbegriffe — 74
2.4.2   Aufbauorganisation — 75
2.4.2.1   Aufgabenanalyse und Aufgabensynthese — 75
2.4.2.2   Leitungssysteme — 76
2.4.2.3   Grundstrukturen der Aufbauorganisation — 79
2.4.3   Ablauforganisation — 81
2.4.3.1   Arbeitsanalyse und Arbeitssynthese — 81
2.4.3.2   Koordination von Abläufen — 82
2.5   Personal und Führung — 83
2.5.1   Personal — 83
2.5.2   Führung — 86

3   Der finanzwirtschaftliche Prozeß — 90
3.1   Investition und Finanzierung — 90
3.1.1   Investition — 90
3.1.1.1   Grundlagen der Investitionstheorie — 90
3.1.1.2   Wirtschaftlichkeitsrechnung — 94

3.1.2   Finanzierung — 104
3.1.2.1   Grundlagen der Finanzwirtschaft — 104
3.1.2.2   Außenfinanzierung — 107
3.1.2.3   Innenfinanzierung — 117
3.2   Internes und externes Rechnungswesen — 122
3.2.1   Grundbegriffe des Rechnungswesens — 122
3.2.1.1   Der Zweck bestimmt die Rechnung — 122
3.2.1.2   Zahlungs- und Erfolgsgrößen — 123
3.2.1.3   Interne und externe Erfolgsgrößen — 124
3.2.1.4   Scharnier zwischen Investitions- und Kostenrechnung — 125
3.2.2   Kostenrechnung — 129
3.2.2.1   Grundelemente der Kostenrechnung — 129
3.2.2.2   Istkostenrechnung — 132
3.2.2.3   Plankostenrechnung — 140
3.2.3   Buchführung und Jahresabschluß — 145
3.2.3.1   Buchführung — 145
3.2.3.2   Jahresabschluß — 148

Lösungen zu den Aufgaben — 157

Literaturverzeichnis — 197

1 Was ist und welchen Zielen dient Betriebswirtschaftslehre?

1.1 Wirtschaften und ökonomisches Prinzip[1]

Betriebswirtschaftslehre ist *cum grano salis* nichts anderes als die Lehre vom „gesunden Menschenverstand", angewandt auf den Lebensausschnitt der Unternehmensführung. Die Fähigkeit, unternehmerische oder betriebliche Probleme erkennen, analysieren und „vernünftig" lösen zu können, setzt in Anlehnung an WERNER SOMBART neben angeborenen Talenten und anerzogenen Tugenden auch erlernte Techniken voraus. Während Talente nicht jedem gegeben sind, lassen sich wichtige Tugenden wie Zielstrebigkeit, Zuverlässigkeit, Fleiß, Eigeninitiative und Selbstdisziplin im Rahmen eines jeden akademischen Studiums sowie im praktischen Berufsleben erwerben oder verstärken. Ein betriebswirtschaftliches Studium fügt speziell das auf die Leitung von Unternehmen bezogene theoretische Wissen um fachliche Zusammenhänge und Problemlösungstechniken hinzu. Praktisches Wissen vermittelt nur die Praxis selbst. Alle Erfahrung lehrt, daß akademische betriebswirtschaftliche Bildung weder eine notwendige noch eine hinreichende Bedingung für erfolgreiches Unternehmertum darstellt. Ebenso unbestritten ist aber auch jene empirische Beobachtung, nach der sehr viele erfolgreiche Unternehmer akademisch gebildet sind und in beachtlichem Umfang auf Führungskräfte zurückgreifen, die Betriebswirtschaftslehre studiert haben.

Ausgehend von der Begriffsbestimmung der Betriebswirtschaftslehre als *Vernunftlehre der Unternehmensführung* stellt sich die Frage, was vernünftige Unternehmensführung bedeutet. Unternehmen oder Betriebe sind in einem weiten Sinne als wirtschaftende Einheiten definiert. *Wirtschaften* heißt rationales Disponieren über knappe Ressourcen zur Bedürfnisbefriedigung, oder zu deutsch: vernünftiges Haushalten mit begrenzt verfügbaren Hilfsquellen.

Nur im Paradies oder Schlaraffenland werden alle menschlichen Bedürfnisse auch ohne wirtschaftliche Führung bestmöglich erfüllt, da per Definition alle Güter und Annehmlichkeiten schrankenlos vorhanden sind. Entscheidend für die Notwendigkeit des Wirtschaftens ist also die prinzipielle *Knappheit* oder Endlichkeit der zu bewirtschaftenden Ressourcen. Unter der Annahme der Knappheit ist es aber vernünftig, die begrenzten Ressourcen nicht zu vergeuden, da anderenfalls die vom Menschen schon an sich als nachteilig empfundene Knappheit ohne Not und ohne Nutzen verschärft würde.

Jedem Wirtschaften liegt also das *Prinzip der Nichtvergeudung* (= Wirtschaftlichkeitsprinzip = ökonomisches Prinzip = Rationalprinzip) zugrunde: Wer Ressourcen im Exzeß verbraucht oder sie nicht in der geschicktesten möglichen Weise ausnutzt, verringert ganz unnötig seinen Handlungsspielraum. Es ist also, anders ausgedrückt, vernünftig (= rational = ökonomisch = wirtschaftlich = effizient),

    a) mit den gegebenen Mitteln die größtmögliche Wirkung zu erzielen (Maximumprinzip) oder

    b) die angestrebte Wirkung mit dem geringstmöglichen Mitteleinsatz zu erreichen (Minimumprinzip).

In diesen beiden Varianten, der Maximumvariante a) und der Minimumvariante b), erweist sich das *Wirtschaftlichkeitsprinzip* als die durch Vernunft gebotene grundlegende Handlungsrichtschnur (Maxime) der theoretischen Wirtschaftswissenschaft. Es spielt dafür keine Rolle, ob Unternehmer empirisch, d.h. in der Wirklichkeit, tatsächlich dem Wirtschaftlichkeitsprinzip folgen und als *homines oeconomici* handeln. Die Betriebswirtschaftslehre unterscheidet sich von einer lediglich empirischen „Managementwissenschaft" vor allem dadurch, daß sie definitorisch und normativ von diesem geradezu naturwissenschaftlich strengen, mathematisch als Maximierungs- oder Minimierungsaufgabe formulierten Rationalprinzip als ihrem Wesenskern ausgeht. Somit ist nicht jeder beliebige Text zum Erkenntnisobjekt „Unternehmen" der

---

1 *HERING*, Betriebswirtschaftslehre (2023). Vgl. auch *HERING*, Betriebswirtschaftsleere (2017), S. 125.

Betriebswirtschaftslehre zu subsumieren. Nur dort, wo ein betriebliches Optimierungsbemühen im Sinne einer der beiden Ausprägungen des ökonomischen Prinzips deutlich wird, wirkt betriebswirtschaftliches Erkenntnisinteresse.

Aufgabe 1: „Minimaxprinzip"

Was halten Sie von der Zielvorgabe, mit minimalem Einsatz einen maximalen Erfolg zu erzielen?

Das Wirtschaftlichkeitsprinzip ist nicht nur vernünftig, sondern grundsätzlich auch ethisch geboten. Selbst wenn der einzelne einer Verschwendung gleichgültig gegenübersteht, hätten vergeudete Güter doch vielfach für andere einen Wert gehabt. Die Begleitumstände der Verschwendung können überdies vermeidbare Nutzeneinbußen für Dritte mit sich bringen (z.B. Umweltverschmutzung durch unsachgemäße Entsorgung, Arbeitsplatzvernichtung durch verlustbringende Unternehmensführung). Wer insbesondere die Maximumvariante des Rationalprinzips als schnöde „Profitmaximierung" ablehnt, muß begründen, warum er die durch ineffiziente Geschäftspolitik vertanen finanziellen Ressourcen jeder betriebs- und volkswirtschaftlichen Nutzenstiftung entzieht. Nur starke Volkswirtschaften mit erfolgreichen Unternehmen verfügen über die Mittel, um auch diejenigen am Wohlstand beteiligen zu können, deren eigene ökonomische Effizienz zur Sicherung ihres Lebensunterhalts auf dem freien Markt nicht ausreicht. Gerade die nicht an der privaten Gewinnmaximierung orientierten, sozialistischen Zentralplanungswirtschaften haben sich in der Praxis immer als wohlfahrtsschädlich und unmoralisch erwiesen.

Aufgabe 2: Wirtschaftlichkeitsprinzip

Was sagen Sie als Studentin der Betriebswirtschaftslehre einem Medizinstudenten, der Sie wegen Ihres akademischen Fachs als kalte Rationalisiererin bezeichnet, die ökonomische Effizienz auf Kosten des Wohls der Patienten herbeiführen möchte?

Auch die Volkswirtschaftslehre gründet auf dem Rationalprinzip; lediglich ihr Erkenntnisobjekt ist ein anderes: Sie untersucht auf hohem Aggregations- und Abstraktionsgrad makroökonomisch die Wohlfahrt ganzer Nationen (daher das Synonym Nationalökonomie) oder aber auch mikroökonomisch die Nutzenmaximierung von Haushalten und Unternehmen. Aus letzterem Erkenntnisobjekt hat sich die Betriebswirtschaftslehre entwickelt und spätestens seit dem Beginn des 20. Jahrhunderts wissenschaftlich verselbständigt. Bemühungen um eine verstärkte mikroökonomische Fundierung makroökonomischer Modelle deuten auf eine Wiederannäherung beider Zweige der Wirtschaftswissenschaft hin, der freilich die immer weiter fortschreitende Spezialisierung in den Teildisziplinen entgegenwirkt.

Nachdem das Wirtschaftlichkeitsprinzip als tragende Säule der Wirtschaftswissenschaft eingeführt wurde, bedarf es im folgenden seiner Konkretisierung. Je nach betriebswirtschaftlicher Fragestellung zeigt sich die *Maximumvariante* mit absoluter Zielgröße im Planungszeitraum z.B. als

- Gewinn-, Nutzen-, Vermögens-, Einkommens-, Umsatz- oder Absatzmaximierung

oder mit relativer Zielgröße beispielsweise als

- Rentabilitätsmaximierung oder Marktanteilsmaximierung.

Die *Minimumvariante* tritt vor allem auf in Gestalt der

- Kostenminimierung.

Welches dieser Ziele vernünftigerweise als Konkretisierung des Rationalprinzips verfolgt werden soll, obliegt der freien *Entscheidung des Unternehmers*. Geht man davon aus, daß der Unternehmenseigentümer mit Hilfe seines Betriebes langfristig existieren möchte und nicht außerökonomische Ziele in den Vordergrund stellt (z.B. Prestige, Macht, Familientradition), dann muß er danach trachten, sein Unternehmen als Einkommensquelle und Vermögenswert zu behandeln. Da ein Unternehmen, das langfristig nur Verluste einfährt, zum Scheitern verurteilt ist, kann unter diesem Gesichtspunkt nur die *Gewinnmaximierung* rational sein. Der Gewinn ist der betriebswirtschaftliche Erfolg im betrachteten Planungszeitraum und kann als betriebsbedingte Steigerung des Reinvermögens betrachtet werden. Was diese Begriffe im Einzelnen aussagen, lernen Sie im Rechnungswesenteil (vgl. Unterkapitel 3.1). Fürs erste reicht ein umgangssprachliches Vorverständnis des Gewinnbegriffs als durch Geschäftstätigkeit erarbeiteter Nettovermögenszuwachs („Erlöse minus Kosten") in Geld aus.

Bezieht man den Zeitablauf in die Analyse mit ein, zeigt sich schnell, daß die menschliche Präferenz ein und denselben Gewinn um so höher schätzt, je früher er eintritt. Dies liegt nicht nur daran, daß Geldbeträge durch verzinsliche Anlage im Zeitablauf wachsen, sondern auch an dem Umstand, daß sofortiger Konsum der menschlichen Natur oft höheren *Nutzen* stiftet als zukünftiger – man denke etwa an ein schmackhaftes Essen bei leerem Magen, das man demnach lieber sofort als in drei Stunden zu sich nehmen möchte.

Um den Gewinn oder finanziellen Konsumnutzen im Zeitablauf genauer zu definieren, bieten sich je nach Präferenz des Unternehmers Zahlungsgrößenziele wie *Vermögens- oder Einkommensmaximierung* an, welche direkt auf zufließendes, konsumierbares Geld abstellen. Wie Zahlungsströme im Zeitablauf zielsetzungsgerecht zu bewerten und auf ihre Vorteilhaftigkeit hin zu unterscheiden sind, erfahren Sie im Teil zu Investition und Finanzierung (vgl. Unterkapitel 3.1).

Ziele wie *Umsatz-, Absatz- und Marktanteilsmaximierung* sichern nicht das Überleben des Betriebs und können allenfalls als Unterziele betrachtet werden. Sie ignorieren nämlich allesamt, um welchen Preis sie erreicht werden: Wer beispielsweise Güter verschenkt, wird sicherlich eine hohe Absatzmenge erzielen, aber weder Umsatz noch Gewinn verbuchen. Ein nachhaltig negativer Gewinn (= Verlust) zehrt die Substanz des Unternehmens aus und führt auf die Dauer in den Konkurs. Selbst das Umsatzmaximum kann mit Verlust verbunden sein, und der maximale Umsatz sichert im allgemeinen nicht den maximalen Gewinn. Darüber werden Sie unter der Überschrift Absatz noch mehr erfahren (vgl. Unterkapitel 2.3).

Das Ziel der *Kostenminimierung* vernachlässigt zwar auch einen unentbehrlichen Teil des Gewinnziels, nämlich die komplette Erlösseite. Es ist aber mit dem Gewinnziel dennoch kompatibel, wenn eine Fragestellung mit fest gegebenen Erlösen vorliegt. Diese stellt sich beispielsweise in der Kostentheorie, welche untersucht, wie eine vorgegebene Produktionsmenge mit geringstmöglichen Kosten zu fertigen. Für die gegebene Produktionsaufgabe ist die kostenminimale Lösung dann zugleich gewinnmaximal. Derartige Fragestellungen werden Ihnen im Produktionsteil wieder begegnen (vgl. Unterkapitel 2.2).

Relative Gewinnziele klingen oft trügerisch plausibel. Wer hört es nicht gerne, wenn beispielsweise eine maximale Rendite als Quotient von Gewinn zu eingesetztem Kapital versprochen wird? Es gehört daher zu den elementarsten ökonomischen Grundkenntnissen, den Unterschied zwischen Gewinn und Rentabilität zu kennen und insbesondere zu wissen, daß beide Größen, als Extremalziele verstanden, im allgemeinen nicht äquivalent sind. Man kann i.d.R. den – für Konsumzwecke relevanten – Gewinn noch steigern, auch wenn die Rentabilität bereits wieder fällt.

Beispiel: Ein Buchhändler ersteht zu Jahresbeginn für 1 € ein altes Buch, das sich bei genauerer Untersuchung als wertvolles Unikat herausstellt und noch am selben Tag für 1.500 € an ein Antiquariat verkauft wird. Die Rendite dieses Geschäfts beträgt 149.900 %. Bei konsequenter Verfolgung des Ziels Rentabilitätsmaximierung dürfte der Händler im ganzen Jahr kein einziges Buch mehr verkaufen und müßte seinen Laden sofort für den Rest des Jahres schließen, denn jedes weitere Geschäft würde vermutlich die bisher erzielte Rendite verschlechtern. Die Unsinnigkeit dieser Schlußfolgerung dürfte einleuchten: Was nützt die hohe Rentabilität, wenn der absolute Gewinn von nur 1.499 € nicht ausreicht, um die Konsumentnahmewünsche des Unternehmenseigners zu befriedigen? Es wird also notwendig sein, die Geschäftstätigkeit über das Rentabilitätsmaximum hinaus auszudehnen.[2]

---

2 Vgl. *HERING*, Investitionstheorie (2022), S. 9-22.

Abschließend sei noch auf einige dem ökonomischen Prinzip verwandte Begriffe eingegangen. Während Wirtschaftlichkeit oder *Effizienz* bedeutet, die Dinge richtig zu tun (also gemäß dem Rationalprinzip), heißt *Effektivität* oder Wirksamkeit (erst einmal nur), die richtigen Dinge zu tun. Eine effektive Maßnahme dient der Zielerreichung und geht also in die richtige Richtung, aber erst ihre effiziente Durchführung maximiert den Grad der Zielerreichung. Umgekehrt mag eine Maßnahme zwar (in einem eher technischen Sinne) effizient durchgeführt werden (z.B. ein kostenminimal hergestelltes und vertriebenes Werbefaltblatt), aber dennoch nach der ökonomischen Zielsetzung der Gewinnmaximierung ineffektiv sein, weil sie auch bei optimaler Ausführung verlustbringend ist (z.B., wenn das mit dem Faltblatt beworbene Produkt ein „Reinfall" ist und mangels Nachfrage seine Produktions-, Vermarktungs- und Vertriebskosten nicht deckt).

Unter *Produktivität* versteht man das Verhältnis der mengenmäßigen Ausbringung (Erzeugung, Produktion) zu einem mengenmäßigen Faktoreinsatz (z.B. Rohstoffmengen, Arbeitsstunden). Es handelt sich um einen eher technischen Begriff, dessen Bezug zum Wirtschaftlichkeitsprinzip in der Produktions- und Kostentheorie geklärt wird.

1.2 Unternehmensgründung[3]

Eine Annäherung an den Begriff Unternehmensgründung setzt voraus, daß man sich über die Definition des *Unternehmens* im klaren ist. Dieses stellt nach GUTENBERG ein System von Produktionsfaktoren dar, welches auf den Prinzipien der Wirtschaftlichkeit, des finanziellen Gleichgewichts, der erwerbswirtschaftlichen Tätigkeit sowie der inneren und äußeren Autonomie beruht.[4] Es handelt sich um ein offenes, aber zugleich eigenständiges wirtschaftliches und soziales System, welches produktive Aufgaben übernimmt.[5]

Die Bezeichnung *Unternehmensgründung* bezieht sich auf die erste Phase im Lebenszyklus eines Unternehmens. In einer herkömmlichen, engeren und vor allem formal-juristischen Sichtweise wird damit allein der förmliche Gründungsakt oder auch der finanzielle Akt der Bereitstellung von Eigenkapital gesehen. In einer zweiten, umfassenderen Sichtweise, welcher im Rahmen einer ökonomischen Perspektive der Vorzug zu geben ist, faßt man Gründung hingegen als kreativen Vorgang auf, bei dem eine gegenüber ihrer Umwelt abgrenzbare eigenständige Institution „Unternehmen" gebildet wird, welche in dieser Form vorher nicht vorhanden gewesen ist.[6] Gleichzeitig kommt es zu einer betrieblichen Neukombination von Produktionsfaktoren.

Im Rahmen einer Unternehmensgründung steht dem Unternehmer eine Vielzahl von *Rechtsformalternativen* zur Verfügung.[7] Grundsätzlich unterscheidet man zwischen
- *Einzelunternehmen*, denen eine einzelne (natürliche) Person als Eigentümer zugeordnet werden kann (z.B. Kleingewerbetreibender, Einzelunternehmer als Kaufmann, Freier Beruf),
- *Personengesellschaften*, bei denen sich mehrere (natürliche und juristische Personen) zu einem gemeinsamen Zweck zusammenschließen (z.B. Gesellschaft bürgerlichen Rechts (GbR), Offene Handelsgesellschaft (OHG), Kommanditgesellschaft (KG), Partnerschaftsgesellschaft (PartG)),
- *Kapitalgesellschaften*, die von der personellen Identität ihrer Mitglieder unabhängig sind und dadurch eine Körperschaft mit eigener juristischer Personalität bilden (z.B. Gesellschaft mit beschränkter Haftung (GmbH), Aktiengesellschaft (AG), Kommanditgesellschaft auf Aktien (KGaA)).

---

3 Vgl. *HERING/VINCENTI/GERBAULET*, Unternehmensgründung (2018).
4 Vgl. *GUTENBERG*, Die Produktion (1983), S. 511 f.
5 Vgl. insbesondere *ULRICH*, System (1970), S. 153-224.
6 Vgl. ebenso *SZYPERSKI/NATHUSIUS*, Unternehmensgründung (1999), S. 23 ff.
7 Vgl. *WÖHE/DÖRING/BRÖSEL*, Einführung (2023), S. 215 ff., *SCHIERENBECK/WÖHLE*, Grundzüge (2016), S. 36 ff., *MATSCHKE*, Betriebswirtschaftslehre I (2004), S. 192 ff., *SCHWINN*, Betriebswirtschaftslehre (1996), S. 178 ff., *KISTNER/STEVEN*, Grundstudium (2002), S. 27.

Darüber hinaus existieren einige Sonderrechtsformen und sogenannte Mischgesellschaften.

Die grundlegenden Gesetze und Vorschriften zu den Rechtsformen finden sich, je nach Rechtsform, in der Regel im Bürgerlichen Gesetzbuch (BGB), Handelsgesetzbuch (HGB), Partnerschaftsgesellschaftsgesetz (PartGG), GmbH-Gesetz (GmbHG) oder im Aktiengesetz (AktG). Einen Überblick über die Merkmale obiger Rechtsformen liefert Tabelle 1.

Tab. 1: Merkmale wichtiger Rechtsformen privater Unternehmungen

Merkmale / Rechtsform	Gesetzliche Grundlage	Bezeichnung der (Mit-) Eigentümer	Vorgeschriebenes Haftungskapital bei Gründung	Regelung der Haftung	Leitungsbefugnis
Einzelunternehmer als Freiberufler	BGB, Spezialgesetze			persönlich und unbeschränkt mit Geschäfts- und Privatvermögen	Inhaber
Einzelunternehmer als Kleingewerbetreibender	BGB	Inhaber			
Einzelunternehmer als Kaufmann	§§ 1-104 HGB				
OHG	§§ 105-160 HGB			unmittelbar, unbeschränkt und gesamtschuldnerisch	liegt je nach Gesellschaftsvertrag bei allen oder einzelnen Gesellschaftern
GbR	§§ 705-740 BGB	Gesellschafter	kein Haftungskapital bei Gründung vorgeschrieben	grundsätzlich unmittelbar, unbeschränkt und gesamtschuldnerisch	
Partnerschaftsgesellschaft	PartGG, BGB, HGB				
KG	§§ 161-177 HGB	Komplementäre, Kommanditisten			liegt beim Komplementär
KGaA	§§ 278-290 AktG, §§ 161-177 HGB	Komplementäre, Kommanditaktionäre		Komplementäre: unmittelbar, unbeschränkt und gesamtschuldnerisch Kommanditisten: beschränkt auf Kapitaleinlage	a) Vorstand (Komplementäre) b) Aufsichtsrat (Kommanditaktionäre) c) Hauptversammlung (Kommanditaktionäre, Komplementäre die zugleich Kommanditaktionäre sind)

GmbH	GmbHG	Gesellschafter	25.000 € Stammkapital, davon mind. 12.500 € als Mindesteinlage eingezahlt	beschränkt auf Kapitaleinlage	a) Geschäftsführer b) Aufsichtsrat (vorgeschrieben bei mehr als 500 Beschäftigten) c) Gesellschafterversammlung
AG	AktG	Aktionäre	50.000 € Grundkapital	beschränkt auf Kapitaleinlage	a) Vorstand b) Aufsichtsrat c) Hauptversammlung

Entsprechend einer gerade in der Betriebswirtschaftslehre gebräuchlichen prozessual ausgerichteten Perspektive kann der Vorgang jeder Unternehmensgründung prinzipiell in verschiedene *Gründungsphasen* unterteilt werden.[8] Diese sind anhand geeigneter ökonomischer Kriterien wie Umsatz, Gewinn etc. voneinander abgrenzbar. Üblicherweise differenziert man zwischen fünf aufeinanderfolgenden idealtypischen Gründungsphasen:

- *Vorgründungsphase* als der dem eigentlichen Gründungsakt vorgelagerte Zeitraum: Ganz am Anfang dieser Vorbereitungsphase kommt es zunächst zu einer eher unspezifischen und visionären Auseinandersetzung mit der geplanten Unternehmensgründung und ihren Chancen und Risiken. Eine inhaltliche Konkretisierung der hierbei getroffenen Vorüberlegungen, etwa hinsichtlich der Produktidee oder der Analyse möglicher Absatzmärkte, findet anschließend statt. Am Ende der Vorgründungsphase liegt normalerweise bereits ein umfassendes Unternehmenskonzept vor, welches konkrete Aussagen etwa zur vorgesehenen Rechtsform, zum Standort, zur Finanzierung und ähnlichen Sachverhalten beinhaltet.
- *Gründungsphase* als derjenige Zeitabschnitt, welcher die tatsächliche förmliche Unternehmensgründung umfaßt: Er beinhaltet jedoch nicht nur den juristischen Gründungsakt, sondern typischerweise auch die Bereitstellung erster Produktionsfaktoren (Arbeitskräfte, Anlagen, Vorräte). Des weiteren erfolgen in dieser Phase auch der organisatorisch-institutionelle Aufbau des Unternehmens, die Anbahnung von Kontakten zu Lieferanten und möglichen künftigen Kunden sowie die Entwicklung des (innovativen) Produkts. Vor allem in technikorientierten Branchen gelingt es jedoch nicht immer, diesen Entwicklungsprozeß bis zur vollständigen Marktreife des Produkts bereits während dieser Zeit erfolgreich abzuschließen.
- *Frühentwicklungsphase* als das Stadium im Gründungsprozeß eines Unternehmens, welches sich an die eigentliche Gründungsphase anschließt: Betriebswirtschaftlich läßt sich diese Periode hauptsächlich durch den Abschluß der Entwicklungstätigkeit und den Beginn der Produktion wie auch durch die Markteinführung und erste Verkaufserfolge der entsprechenden Produkte beschreiben.
- *Amortisationsphase*, zeitlicher Abschnitt, der mit dem Überschreiten der Gewinnschwelle beginnt und durch einen stetigen Ausbau des Produktions- und Vertriebssystems charakterisiert ist: Bei zunehmendem Markterfolg übertreffen während dieser Phase erstmals die kumulierten Einzahlungen die kumulierten Auszahlungen, und es kommt in der Folge auch finanzwirtschaftlich zur verzinsten Rückgewinnung der investierten Mittel.
- *Expansionsphase*, Zeitraum, der sich an die Amortisationsphase anschließt und am Ende des Prozesses einer Unternehmensgründung steht: Bei andauerndem Markterfolg und kontinuierlichen Unternehmensgewinnen steigt nicht nur das Unternehmensvermögen,

---

8 Vgl. *Hering/Vincenti/Gerbaulet*, Unternehmensgründung (2018), S. 12 f.

häufig gelingen gleichzeitig eine Ausweitung des Produktangebots und eine Erschließung neuer Absatzmärkte. Dieser ersten Expansionsphase können weitere Expansionsphasen, aber auch Stagnations- und Schrumpfungsphasen im Lebenszyklus eines Unternehmens folgen, die jedoch nicht mehr dem Gründungsprozeß zurechenbar sind.

1.3 Leistungs- und Finanzprozeß[9]

Dem *güterwirtschaftlichen Leistungsprozeß* eines Unternehmens, bestehend (im engeren Sinne) aus Beschaffung, Produktion und Absatz, steht der *finanzwirtschaftliche Prozeß* aus (im engeren Sinne) Investition und Finanzierung gegenüber. Dieser stellt gleichsam das buchmäßige, geldliche Spiegelbild der auf realer, güterwirtschaftlicher Ebene ablaufenden materiellen und immateriellen Vorgänge dar (vgl. Abbildung 1).

Die *Beschaffung und produktive Umwandlung* von Faktoren (Realgüter und -leistungen wie menschliche Arbeit, technische Anlagen, Rohstoffe) verzehrt finanzielle Ressourcen (Finanzgüter) durch (Netto-)Auszahlungen, während die spätere Abgabe von fertigen Produkten an den Absatzmarkt zur Regeneration dieser Ressourcen in Form von (Netto-)Einzahlungen führt. Die mit dem güterwirtschaftlichen Leistungsprozeß verbundenen Auszahlungen fallen also zeitlich vor den Einzahlungen an. Ein Zahlungsstrom mit einer solchen Struktur (Auszahlungen vor Einzahlungen) heißt *Investition*. Da das Fortbestehen des Unternehmens die jederzeitige Zahlungsfähigkeit (Liquidität) zwingend voraussetzt, ist *Finanzierung* (Beschaffung von Zahlungsmitteln) erforderlich, d.h. die Herbeiführung von Zahlungsströmen mit der den Investitionen entgegengesetzten Struktur (also Einzahlungen vor Auszahlungen).

Abb. 1: Güter- und Finanzprozeß i.e.S. und i.w.S.

In einem weiteren Sinne zählt zum güterwirtschaftlichen Leistungsprozeß neben der elementaren Faktorbeschaffung, -kombination und -verwertung auch die dispositive Ebene der *(Personal-)Führung, Organisation*, Planung, Entscheidung, Koordination und Kontrolle aller einzelnen realen Güterprozesse. Da die Unternehmensführung im ganzen aber letztlich nicht auf die Erreichung von Realgüterzielen (z.B. bestimmte Beschaffungs-, Produktions- und Absatzmen-

---

9 Vgl. *HERING*, Investition und Finanzierung (2008), S. 619 f., *HERING*, Grundbegriffe (2018), S. 3.

gen) gerichtet ist, sondern mit dem Unternehmen Gewinn- und Zahlungsgrößenziele verfolgt (vgl. Unterkapitel 1.1), benötigt sie als Informationsbasis zur Planungsunterstützung ein monetäres *Rechnungswesen*, welches sowohl die in Geld bewerteten Realgüterprozesse als auch die Zahlungsvorgänge aus dem Investitions- und Finanzierungsbereich zweckadäquat abbildet und somit den Finanzprozeß im weiteren Sinne komplettiert. Auch für die optimale Steuerung des finanzwirtschaftlichen Prozesses stellen sich Organisations-, Planungs-, Entscheidungs- und Kontrollfragen.

Güter- und Finanzprozeß weisen starke wechselseitige Erfolgsabhängigkeiten (*Interdependenzen*) auf und sollten darum eigentlich simultan analysiert werden: Welche Dispositionen (Entscheidungen) im realen Güterbereich optimal sind, ist angesichts des finanziellen unternehmerischen Oberziels nicht ohne Rückgriff auf die finanzwirtschaftlichen Auswirkungen der leistungswirtschaftlichen Pläne erkennbar. Optimale Investitions- und Finanzierungsentscheidungen setzen optimale güterwirtschaftliche Rahmenpläne voraus, aus denen sich erst die im Finanzprozeß zu bewertenden Zahlungsströme ableiten. Umgekehrt können finanzielle Restriktionen aber auch in den leistungswirtschaftlichen Güterprozeß zurückwirken, indem sie z.B. den Entscheidungsspielraum und das Ausmaß der Geschäftstätigkeit durch Geldmangel beschränken.

Bevor diese interdependenten Zusammenhänge analysiert werden können (integrierte Unternehmensplanung), sind erst die *Grundlagen* der einzelnen gedanklichen Teilgebiete des Leistungs- und Finanzprozesses zu *legen*. Dies soll in den folgenden Kapiteln 2 (güterwirtschaftlicher Leistungsprozeß) und 3 (finanzwirtschaftlicher Prozeß) auf einem einführenden Niveau geschehen.

2 Der güterwirtschaftliche Leistungsprozeß

2.1 Beschaffung

2.1.1 Grundbegriffe und Aufgaben der Beschaffung

Der Begriff der *Beschaffung* kann weit oder eng ausgelegt werden. *Im weiteren Sinn* wird die Versorgung eines Unternehmens mit sämtlichen Produktionsfaktoren unter Beschaffung verstanden und umfaßt somit beispielsweise die Bereitstellung von Betriebsmitteln, Werkstoffen, aber auch von Personal.[10]

Als Produktionsfaktoren werden diejenigen Objekte bezeichnet, die zur Herstellung von Sachgütern und Dienstleistungen, zur Verwertung derselben sowie zur Aufrechterhaltung und zum Ausbau der Leistungsbereitschaft eingesetzt werden.[11] Nach dem von ERICH GUTENBERG entwickelten *System der Produktionsfaktoren* wird zwischen den Elementarfaktoren (objektbezogene Arbeit, Betriebsmittel, Werkstoffe) und den dispositiven Faktoren (Geschäfts- und Betriebsleitung, Organisation, Planung) unterschieden (vgl. Abbildung 2).[12]

---

10 Vgl. *MATSCHKE*, Betriebswirtschaftslehre II (2004), S. 15, *CORSTEN/GÖSSINGER*, Produktionswirtschaft (2016), S. 447, *CORSTEN*, Beschaffung (2008), S. 350, *SCHWINN*, Betriebswirtschaftslehre (1996), S. 276 f., *SCHULTE*, Materialwirtschaft (2000), S. 615 f.
11 Vgl. *BLOECH et al.*, Produktion (2014), S. 5 f.
12 Vgl., auch im folgenden, *GUTENBERG*, Die Produktion (1983), S. 3-8, *MATSCHKE*, Betriebswirtschaftslehre I (2004), S. 78 f., *BLOECH et al.*, Produktion (2014), S. 5-7, *SCHWINN*, Betriebswirtschaftslehre (1996), S. 5 f.

Planung	Organisation	Geschäfts- und Betriebsleitung	Objektbezogene Arbeit	Betriebsmittel	Werkstoffe
Derivative Faktoren		Originäre Faktoren			
Dispositive Faktoren			Elementarfaktoren		
Gebrauchsfaktoren					Verbrauchsfaktoren

Abb. 2: Produktionsfaktorsystem[13]

Als *objektbezogene Arbeit* werden dabei diejenigen Tätigkeiten bezeichnet, welche unmittelbar mit der Leistungserstellung, Leistungsverwertung und den finanziellen Aufgaben des Betriebs verbunden sind, so daß sowohl körperliche als auch geistige Arbeit objektbezogene menschliche Arbeitsleistungen darstellen, sofern sie nicht dispositiv-anordnender Natur sind. Unter *Betriebsmitteln* ist die Gesamtheit aller Einrichtungen und Anlagen zu verstehen, die für die Erstellung und Verwertung betrieblicher Leistungen erforderlich sind, welche aber nicht selbst Bestandteil der Erzeugnisse werden (z.B. Grundstücke, Gebäude, Maschinen, Werkzeuge). *Werkstoffe* bzw. Materialien dienen als Ausgangsstoffe für die Herstellung betrieblicher Leistungen, weshalb Roh-, Hilfs- und Betriebsstoffe sowie ganze Aggregate, Zubehörteile, Einbauteile und Reparaturmaterialien zu ihnen gezählt werden, sofern sie im Produktionsprozeß eingesetzt und Bestandteil des Produkts werden oder zum Betrieb der Betriebsmittel erforderlich sind. Der *dispositive Faktor* resultiert aus der Tatsache, daß für eine sinnvolle Kombination und Transformation der Elementarfaktoren dispositive Arbeitsleistungen unerläßlich sind. Mit ihrer Hilfe gelingt die Lenkung und Leitung des betrieblichen Geschehens. Im Rahmen dessen werden die *Geschäfts- und Betriebsleitung* als originärer (ursprünglicher) Faktor sowie die *Planung* und die *Organisation* als derivative (abgeleitete) Faktoren bezeichnet. Das System der Produktionsfaktoren nach GUTENBERG besteht daher aus vier *originären Produktionsfaktoren* (objektbezogene Arbeit, Betriebsmittel, Werkstoffe, Geschäfts- und Betriebsleitung) und zwei *derivativen Produktionsfaktoren* (Planung, Organisation).

Repetier- bzw. Verbrauchsfaktoren gehen beim erstmaligen Einsatz im Produktionsprozeß unter, d.h., sie werden entweder vollständig verbraucht (Betriebsstoffe), oder sie erfahren durch Kombination eine chemische oder physikalische Umwandlung und gehen so als Haupt- (z.B. Rohstoffe wie Holz und Glas) oder Nebenbestandteile (z.B. Hilfsstoffe wie Schrauben und Farben) in die Produkte ein.[14] Sie müssen in relativ kurzen Zeitabständen neu beschafft werden und sind weitgehend teilbar. Hingegen verkörpern *Potential- bzw. Gebrauchsfaktoren* Nutzenpotentiale, die nicht durch einen einmaligen, sondern aufgrund des mehrmaligen Einsatzes im Produktionsprozeß aufgezehrt werden.[15] Sie geben Leistungen in den Produktionsprozeß ab und sind in der Regel nicht beliebig teilbar (z.B. Betriebsmittel).

Die Fragestellungen und Lösungsansätze, die hinsichtlich der Beschaffung der Einsatzgüter existieren, unterscheiden sich aufgrund ihres spezifischen Charakters zum Teil erheblich voneinander. Dementsprechend wurde die Zurverfügungstellung einiger Produktionsfaktoren (z.B. Personal, Betriebsmittel) spezifischen Unternehmensbereichen (z.B. Personalwirtschaft, Investitionscontrolling) zugeordnet. Der Produktionsfaktor Werkstoff ist die bestimmende Größe für die im weiteren verwendete engere Begriffsfassung der Beschaffung. Danach ver-

---

13 In Anlehnung an *ELLINGER/HAUPT*, Produktionstheorie (1996), S. 8, *BLOECH et al.*, Produktion (2014), S. 6.
14 Vgl. *ADAM*, Grundzüge (1972), S. 154, *BLOECH et al.*, Produktion (2014), S. 7, *JOHANNWILLE*, Produktionstheorie (2000), S. 543.
15 Vgl. *GUTENBERG*, Die Produktion (1983), S. 326, *ADAM*, Grundzüge (1972), S. 154, *BLOECH et al.*, Produktion (2014), S. 5, *JOHANNWILLE*, Produktionstheorie (2000), S. 545.

steht man unter *Beschaffung im engeren Sinn* die Versorgung eines Unternehmens mit Werkstoffen, welche von anderen Wirtschaftseinheiten bezogen werden.[16]

Bei den *Aufgaben der Beschaffung* kann man zwischen originären und derivativen Aufgaben unterscheiden.[17] Das Ziel, die zur Leistungserstellung und -verwertung benötigten Werkstoffe in der erforderlichen Art, Menge und Qualität am richtigen Ort und zum richtigen Zeitpunkt bereitzustellen, wird als originäre, technische Aufgabe der Beschaffung bezeichnet. Mit dieser Sicherungsaufgabe sollen Störungen im Produktionsprozeß, etwa durch Leerlauf oder Stillstand infolge Materialmangels, ausgeschaltet und spätere Materialverbräuche möglichst gering gehalten werden. Während die originäre Aufgabe mittels Beschaffung maximaler Mengen höchster Güte gelöst werden könnte, wäre dies wirtschaftlich in der Regel wenig sinnvoll. Neben der Sicherungsaufgabe ist daher insbesondere die derivative, ökonomische Aufgabenstellung der Beschaffung von Bedeutung, d.h. die Beachtung des Wirtschaftlichkeitsprinzips bei der Beschaffungsplanung.

2.1.2 Beschaffungsprinzipien

Fragt man nach der Festlegung, auf welche Art und Weise die erforderlichen Materialien bereitgestellt werden sollen, so lassen sich grundsätzlich die drei folgenden *Beschaffungsprinzipien* unterscheiden:

- Vorratsbeschaffung,
- Einzelbeschaffung im Bedarfsfall und
- fertigungssynchrone Beschaffung.

Mit der *Beschaffung auf Vorrat* geht eine mehr oder weniger weitgehende Entflechtung von Beschaffung und Produktion einher.[18] Die auf Lager genommen Materialien stehen auf Abruf bereit, so daß Mengenprobleme, gekennzeichnet durch Störungen des Produktionsprozesses aufgrund stockenden Materialflusses, sowie Raumüberbrückungs- und Zeitprobleme weitgehend entfallen. Die Vorratsbeschaffung kann sich vorteilhaft auf die Beschaffungskosten auswirken, sofern durch die Beschaffung größerer Mengen günstigere Preise und Transportkosten realisiert werden können oder Preiserhöhungen am Beschaffungsmarkt erwartet werden. Dem Vorteil der hohen Materialverfügbarkeit steht der Nachteil eines hohen Materialbestandes entgegen, welcher sich durch eine hohe „Kapitalbindung" und Kostenbelastung auszeichnet, aber durch den Abschluß von Sukzessivlieferungsverträgen gemildert werden kann. Das Prinzip der Vorratsbeschaffung findet vor allem für Material, das für laufende Verbrauchszwecke bestimmt ist (wie Fertigungs- und Betriebsstoffe), Anwendung.

Das Prinzip der *Einzelbeschaffung im Bedarfsfall* ist dadurch charakterisiert, daß ein Beschaffungsvorgang erst auszulösen ist, wenn ein durch einen Auftrag konkreter Materialbedarf vorliegt.[19] Lagerkosten sind entsprechend vermeidbar oder gering. Diesem Vorteil stehen allerdings erhebliche Nachteile gegenüber. Aufgrund der pro Bestellung auftretenden „bestellfixen" Kosten und der je nach Umweltsituation unterschiedlichen Einstandspreise ist tendenziell mit höheren Beschaffungskosten zu rechnen. Zudem ist bei dieser Beschaffungsstrategie die

---

16 Vgl. *MATSCHKE*, Betriebswirtschaftslehre II (2004), S. 15, *CORSTEN/GÖSSINGER*, Produktionswirtschaft (2016), S. 447 f., *CORSTEN*, Beschaffung (2008), S. 350, *SCHULTE*, Materialwirtschaft (2000), S. 615 f.
17 Vgl. *WÖHE/DÖRING/BRÖSEL*, Einführung (2023), S. 315, *SCHIERENBECK/WÖHLE*, Grundzüge (2016), S. 237, *MATSCHKE*, Betriebswirtschaftslehre II (2004), S. 15 f., *BLOECH et al.*, Produktion (2014), S. 147, *CORSTEN/GÖSSINGER*, Produktionswirtschaft (2016), S. 448, *SCHULTE*, Materialwirtschaft (2000), S. 622, *FANDEL/FISTEK/STÜTZ*, Produktionsmanagement (2011), S. 354.
18 Vgl. *GUTENBERG*, Die Produktion (1983), S. 189, *SCHIERENBECK/WÖHLE*, Grundzüge (2016), S. 251, *MATSCHKE*, Betriebswirtschaftslehre II (2004), S. 17, *CORSTEN/GÖSSINGER*, Produktionswirtschaft (2016), S. 450, *CORSTEN*, Beschaffung (2008), S. 386 f., *SCHWINN*, Betriebswirtschaftslehre (1996), S. 281, *KISTNER/STEVEN*, Grundstudium (2002), S. 237, *FANDEL/FISTEK/STÜTZ*, Produktionsmanagement (2011), S. 355.
19 Vgl. *SCHIERENBECK/WÖHLE*, Grundzüge (2016), S. 251, *MATSCHKE*, Betriebswirtschaftslehre II (2004), S. 16 f., *CORSTEN/GÖSSINGER*, Produktionswirtschaft (2016), S. 450, *CORSTEN*, Beschaffung (2008), S. 387, *SCHWINN*, Betriebswirtschaftslehre (1996), S. 281, *KISTNER/STEVEN*, Grundstudium (2002), S. 237, *FANDEL/FISTEK/STÜTZ*, Produktionsmanagement (2011), S. 354.

Gefahr besonders groß, kostenträchtigen Risiken durch eine nicht rechtzeitige, falsche, teure oder qualitativ minderwertige Lieferung des Materials ausgesetzt zu sein, da diese Fehlmengen den Produktionsprozeß zum Erliegen bringen. In der Praxis wird das Prinzip der Einzelbeschaffung im Bedarfsfall daher fast nur für die am Markt sofort beschaffbaren Güter sowie für den nicht vorhersehbaren und nicht planbaren Materialbedarf in Frage kommen, so daß es insbesondere in Unternehmen mit auftragsbezogener Einzelfertigung Anwendung findet.

Im Rahmen der *fertigungssynchronen Beschaffung* erfolgt eine bedarfszeitpunkt- und bedarfsmengengenaue Versorgung der Produktion unmittelbar aus der Anlieferung des Zulieferers.[20] Der Zufluß des Materials geschieht demzufolge weitgehend lagerlos, da Beschaffungs- und Bedarfsmenge einander angeglichen werden. Allenfalls sind noch Reservelager für den Fall von Lieferengpässen oder für den vertraglich nicht gesicherten Fall der höheren Gewalt zu halten. Erreicht wird dies durch das Eingehen langfristiger Lieferverträge (Rahmenvereinbarungen), welche i.d.R. durch hohe Konventionalstrafen bei Nichtlieferung des Lieferanten gesichert sind. Bei entsprechend großer Marktmacht des Abnehmers bietet diese Beschaffungspolitik die Möglichkeit, wesentliche Teile des Mengen-, Qualitäts-, Zeit-, Raumüberbrückungs- und des Kapitalproblems auf den Zulieferer abzuwälzen. Fraglich ist, ob die Vorteile der praktisch lagerlosen Produktion durch Preissteigerungen des Lieferers (über-)kompensiert werden könnten. Sollten sich nämlich die Lagerhaltungskosten des Lieferanten erhöhen, würden dessen Selbstkosten steigen, was daraufhin Bestrebungen zur Weitergabe dieser Kostensteigerungen an den Abnehmer induzieren würde. Für beide Parteien ist das Prinzip der fertigungssynchronen Beschaffung vorteilhaft, falls die Abstimmung der Anlieferung des Zulieferers mit der Produktion des Abnehmers in der Weise gelingt, daß der Zulieferer kein Absatzlager und der Abnehmer kein Eingangslager benötigt. Verwendung findet diese in der Literatur als „Just-in-Time (JIT)"-Konzept bezeichnete Beschaffungsstrategie in der Großserien- und Massenfertigung bedeutender Unternehmen, die in der Lage sind, ihre Lieferanten entsprechend zu binden.

2.1.3 Beschaffungsplanung

2.1.3.1 Probleme der Beschaffungsplanung

Der Begriff der *Beschaffungsplanung* enthält sämtliche Überlegungen und Entscheidungen, die zu einer wirtschaftlichen Befriedigung der aus dem Lager- und Produktionsbereich eines Unternehmens kommenden Bedarfe führen sollen.[21]

Die *Aufgabe der Beschaffungsplanung* besteht demgemäß darin, die Materialbedarfsmengen (Bruttobedarf) zu planen, welche sich aus den Anforderungen des Produktionsprozesses (Nettobedarf) und der Vorratshaltung (geplante Lagerbestandsänderung) ergeben, und sicherzustellen, daß das Material in der erforderlichen Art, Menge und Qualität am richtigen Ort, zum richtigen Zeitpunkt, zu geringsten Kosten und vorteilhaftesten Bedingungen (Zahlungs-, Liefer-, Garantiebedingungen etc.) bei geeigneten Lieferanten (Lieferantenstruktur, Zuverlässigkeit, Stammkundenprinzip etc.) eingekauft und bereitgestellt wird.[22]

Aus dieser Aufgabe ergeben sich sogleich die drei *Hauptprobleme der Beschaffungsplanung*, nämlich das Problem der
* Bedarfsplanung,
* Bestellmengenplanung und
* Bestellzeitpunkteplanung.

---

20 Vgl. GUTENBERG, Die Produktion (1983), S. 189-192, SCHIERENBECK/WÖHLE, Grundzüge (2016), S. 251, MATSCHKE, Betriebswirtschaftslehre II (2004), S. 16 f., CORSTEN/GÖSSINGER, Produktionswirtschaft (2016), S. 450, CORSTEN, Beschaffung (2008), S. 387, SCHWINN, Betriebswirtschaftslehre (1996), S. 281 f., KISTNER/STEVEN, Grundstudium (2002), S. 237, FANDEL/FISTEK/STÜTZ, Produktionsmanagement (2011), S. 354 f.
21 Vgl. MATSCHKE, Betriebswirtschaftslehre II (2004), S. 18, SCHULTE, Materialwirtschaft (2000), S. 647.
22 Vgl. MATSCHKE, Betriebswirtschaftslehre II (2004), S. 18, CORSTEN/GÖSSINGER, Produktionswirtschaft (2016), S. 450.

2.1.3.2 Bedarfsplanung

Für die Kennzeichnung des Materialbedarfs wird üblicherweise eine Unterscheidung in Bedarfsarten nach dem Ursprung und der Erzeugnisebene sowie in Bedarfsarten unter Berücksichtigung des Lagerbestandes vorgenommen (vgl. Abbildung 3).

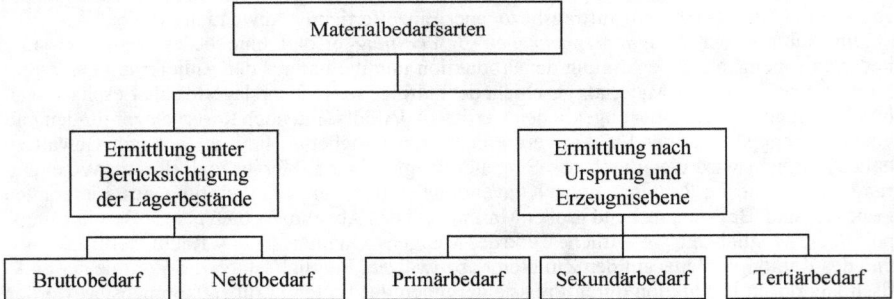

Abb. 3: Gliederung der Materialbedarfsarten[23]

Der *Bruttobedarf* stellt den periodenbezogenen Primär-, Sekundär- oder Tertiärbedarf eines Bauteils oder einer Baugruppe dar.[24] Dieser ist mit den für die Bauteile oder Baugruppen existierenden Lagerbeständen abzugleichen, um auf den *Nettobedarf* zu schließen. Er gibt also diejenige Menge an, die in der Planperiode nicht verfügbar ist. Eine Ermittlung des Nettobedarfs hat daher die Aufgabe, zu prüfen, ob der Bruttobedarf bereits durch die Lagerbestände abgedeckt wird. Die nach Maßgabe von Absatzüberlegungen (Kundenaufträge) vorgegebene Anzahl verkaufsfähiger Erzeugnisse bildet den *Primärbedarf*, zu welchem neben den Fertigerzeugnissen auch die zum Verkauf bestimmten Ersatzteile zählen. Um den Primärbedarf decken zu können, muß der Bedarf an Rohstoffen, Bauteilen und Baugruppen bekannt sein, der zur Erzeugung des Primärbedarfs notwendig ist. Dieser Bedarf wird als *Sekundärbedarf* bezeichnet. Die für die Produktion erforderlichen Hilfsstoffe (z.B. Leim), Betriebsstoffe (z.B. Kraftstoffe) sowie Verschleißwerkzeuge (z.B. Drehstühle) faßt man unter dem Begriff des *Tertiärbedarfs* zusammen. Als die zentrale Aufgabe der Bedarfsplanung ist die Bestimmung des Sekundärbedarfs sowie des Tertiärbedarfs anzusehen, für deren Ermittlung die im folgenden vorzustellenden Methoden Anwendung finden.

Im Hinblick auf die Materialbedarfsermittlung können grundsätzlich zwei verschiedene *Verfahren* angewandt werden:

- die programmgebundene Bedarfsplanung als deterministisches Verfahren und
- die verbrauchsgebundene Bedarfsplanung als stochastisches Verfahren.

Programmgebundene Verfahren leiten den Bedarf in der Planungsperiode aus dem vorgegebenen Produktionsprogramm i.d.R. unter Verwendung von Stücklisten ab.[25] Eine *Stückliste* ist ein formalisiertes Verzeichnis aller Rohstoffe, Bauteile oder Baugruppen, die für die Produktion einer Einheit eines Erzeugnisses erforderlich sind.

---

23 In Anlehnung an SCHULTE, Materialwirtschaft (2000), S. 648.
24 Vgl., auch im folgenden, WÖHE/DÖRING/BRÖSEL, Einführung (2023), S. 317, 319 f. SCHMALEN/PECHTL, Grundlagen (2019), S. 199, SCHWINN, Betriebswirtschaftslehre (1996), S. 282 f., JUNG, Betriebswirtschaftslehre (2016), S. 370, VAHS/SCHÄFER-KUNZ, Einführung (2021), S. 630, SCHULTE, Materialwirtschaft (2000), S. 648 f., FANDEL/FISTEK/STÜTZ, Produktionsmanagement (2011), S. 343, AMELY, Kompakt (2024), S. 51 f.
25 Vgl., auch im folgenden, WÖHE/DÖRING/BRÖSEL, Einführung (2023), S. 317 ff., ADAM, Produktions-Management (1998), S. 499 ff., MATSCHKE, Betriebswirtschaftslehre II (2004), S. 22-25, CORSTEN/GÖSSINGER, Produktionswirtschaft (2016), S. 471 ff., CORSTEN, Beschaffung (2008), S. 406 ff., SCHWINN, Betriebswirtschaftslehre (1996), S. 284 f., SCHULTE, Materialwirtschaft (2000), S. 650-660.

Um eine programmgebundene Bedarfsplanung durchführen zu können, müssen folgende Voraussetzungen erfüllt sein:

- Im Zeitpunkt der Bedarfsplanung muß der sich aus dem Produktionsprogramm ergebene Primärbedarf bekannt sein.
- Die Erzeugnisstrukturen sämtlicher Endprodukte müssen zu Beginn der Materialbedarfsermittlung gegeben sein, d.h., es müssen vollständige Stücklisten existieren.
- Die Produktionsaufteilungsplanung muß abgeschlossen sein, so daß die Produktionskoeffizienten[26] eindeutig feststehen. Es muß also bereits bekannt sein, welche Maschinen und Leistungsschaltungen im Fertigungsprozeß einzusetzen sind.
- Die Zeitspanne zwischen Bedarfsermittlung und geplantem Produktionsbeginn muß ausreichen, um die benötigten Komponenten beschaffen zu können.

In der Literatur wird hinsichtlich der *Grundformen von Stücklisten* zwischen Mengenübersichts-, Struktur- und Baukastenstücklisten differenziert, die sich hinsichtlich Informationsgehalt, Speicherplatzbedarf sowie Änderungsaufwand unterscheiden. Die Beschreibung und der Aufbau dieser Stücklistenformen werden anhand der Abbildungen 4 und 5 vorgenommen.

Ausgehend vom Primärbedarf (Anzahl verkaufsfähiger Erzeugnisse) kann mit Hilfe der Produktionskoeffizienten (Zahlen an den Verbindungslinien bzw. Kanten des Erzeugnisbaums) auf den Teilebedarf geschlossen werden (vgl. Abbildung 4). Für einen Primärbedarf von einer Mengeneinheit P müssen von der Baugruppe B_1 drei Einheiten zur Verfügung stehen, während von B_2 fünf Mengeneinheiten erforderlich sind. Bei fortschreitender Rückwärtsrechnung ergeben sich die jeweils neben der Teileart in Klammern stehenden Bedarfsmengen. So werden sechs weitere Mengeneinheiten der Baugruppe B_2 zur Produktion der erforderlichen Menge von B_1 benötigt.

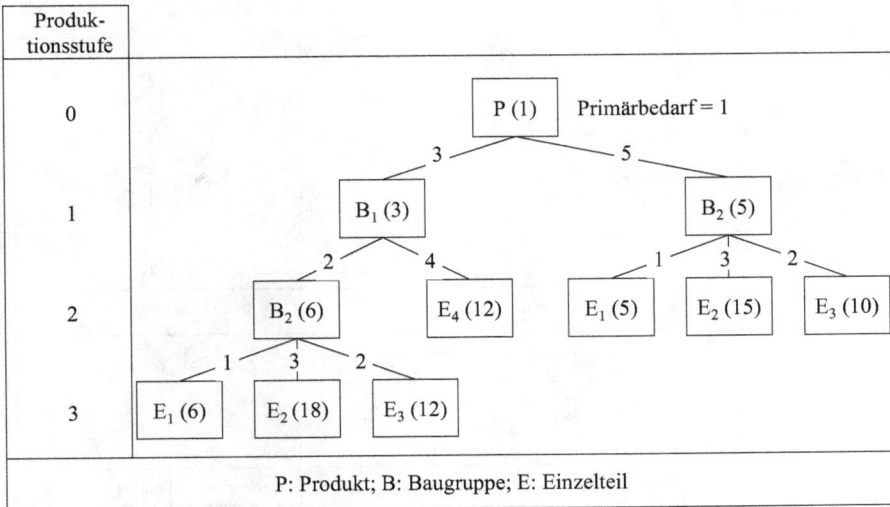

Produktionsstufe	
0	P (1) Primärbedarf = 1
1	B_1 (3) B_2 (5)
2	B_2 (6) E_4 (12) E_1 (5) E_2 (15) E_3 (10)
3	E_1 (6) E_2 (18) E_3 (12)

P: Produkt; B: Baugruppe; E: Einzelteil

Abb. 4: Beispiel einer Produktionsstruktur (Erzeugnisbaum), ergänzt um die produktionsstufenspezifischen Bedarfsmengen[27]

---

[26] Der Produktionskoeffizient gibt an, wieviel Mengeneinheiten eines Produktionsfaktors zur Produktion einer Erzeugniseinheit erforderlich sind.

[27] In Anlehnung an *WÖHE/DÖRING/BRÖSEL*, Einführung (2023), S. 318, *ADAM*, Produktions-Management (1998), S. 500, *CORSTEN/GÖSSINGER*, Produktionswirtschaft (2016), S. 474, *SCHWINN*, Betriebswirtschaftslehre (1996), S. 284.

In Abbildung 5 sind die drei Grundformen von Stücklisten für die Produktionsstruktur der Abbildung 4 dargestellt.

Die *Mengenübersichtsstückliste* gibt Aufschluß über die Gesamtmengen aller in ein Erzeugnis einfließenden Komponenten, ohne dabei Informationen über die Produktionsstruktur und damit den Bedarfsort der Komponenten zu geben. So werden beispielsweise vom Einzelteil E_1 unter Berücksichtigung beider Äste des Erzeugnisbaums elf Mengeneinheiten benötigt. Aus der Mengenübersichtsstückliste ist jedoch nicht ersichtlich, für welche Baugruppen dieser Bedarf besteht. Derartige Informationen sind der Strukturstückliste zu entnehmen.

In der *Strukturstückliste* wird die Zusammensetzung eines Erzeugnisses über alle Produktionsstufen unter Berücksichtigung sämtlicher Baugruppen und Einzelteile angezeigt. Aus ihr ist demzufolge zu erkennen, wieviel Mengeneinheiten an Einzelteilen und Baugruppen für eine Mengeneinheit des direkt übergeordneten Produkts in Form einer Baugruppe oder eines Enderzeugnisses erforderlich sind. Die Auflösung der Strukturstückliste erfolgt nach Maßgabe der Produktionsstufen. Wird der linke Ast des Erzeugnisbaums in Abbildung 4 betrachtet, so ist zunächst der Bedarf der Baugruppe B_1 (1. Stufe) zu ermitteln. Dessen Kenntnis ermöglicht anschließend die Bedarfsbestimmung der Baugruppe B_2 sowie des Einzelteils E_4 (2. Stufe). Auf der dritten Stufe sind letztlich die Bedarfe der Einzelteile E_1, E_2 und E_3 zu berechnen. Der rechte Ast besteht lediglich aus zwei Stufen und ist analog aufzulösen. Die erste Zahl in der Mengenspalte der Strukturstückliste entspricht dem Produktionskoeffizienten, während der zweite Wert die Bedarfsmenge widerspiegelt, die über den betrachteten Ast in das Erzeugnis eingeht.

Mengenübersichtsstückliste für P	
Sachnummer	Menge
B_1	3
B_2	11
E_1	11
E_2	33
E_3	22
E_4	12

Strukturstückliste für P		
Sachnummer	Produktionsstufe	Menge
B_1	1	3/3
B_2	2	2/6
E_1	3	1/6
E_2	3	3/18
E_3	3	2/12
E_4	2	4/12
B_2	1	5/5
E_1	2	1/5
E_2	2	3/15
E_3	2	2/10

Baukastenstückliste für P

Erzeugnis P	
Sachnummer	Menge
B_1	3
B_2	5

Baugruppe B_1	
Sachnummer	Menge
B_2	2
E_4	4

Baugruppe B_2	
Sachnummer	Menge
E_1	1
E_2	3
E_3	2

Abb. 5: Mengenübersichts-, Struktur- und Baukastenstückliste[28]

---

28 In Anlehnung an *WÖHE/DÖRING/BRÖSEL*, Einführung (2023), S. 318 f., *ADAM*, Produktions-Management (1998), S. 501, *CORSTEN*, Beschaffung (2008), S. 408 f., *SCHWINN*, Betriebswirtschaftslehre (1996), S. 285.

Anders als die Strukturstückliste ist die *Baukastenstückliste* eine einstufige Stückliste, in der alle direkt in eine Baugruppe bzw. ein Enderzeugnis[29] eingehenden Komponenten aufgeführt sind, wobei sich die Mengenangaben auf die Stufe beziehen, auf der die betrachtete Baugruppe gefertigt wird. Um auf die Stückliste des Enderzeugnisses schließen zu können, sind daher die entsprechenden Baugruppenstücklisten nach dem Prinzip der Adreßverkettung miteinander zu verbinden. In der Baukastenstückliste der Abbildung 5 ist die Produktionsstruktur in drei Baugruppen zerlegt. Die Baukastenstückliste weist gegenüber der Strukturstückliste den Vorteil auf, daß die Baugruppe B_2, welche sowohl über die Baugruppe B_1 als auch direkt in das Enderzeugnis P eingeht, nur einmal aufgelöst werden muß. Daneben ist bei der Änderung der Zusammensetzung der Baugruppe B_2 diese Änderung nur an einer Stelle vorzunehmen. Insgesamt geht demnach mit der Verwendung von Baukastenstücklisten ein erheblicher Minderaufwand bei Erfassung, Pflege und Speicherung einher.

Aufgabe 3: Programmgebundene Bedarfsplanung mittels Stücklisten[30]
Ihnen wird von der Geschäftsführung die folgende Produktionsstruktur zur Erzeugung einer Mengeneinheit des Endproduktes P vorgelegt (vgl. Abbildung 6). Darüber hinaus gibt man Ihnen die Information, daß die Zahlen an den Verbindungslinien bzw. Kanten des Erzeugnisbaums Produktionskoeffizienten darstellen.

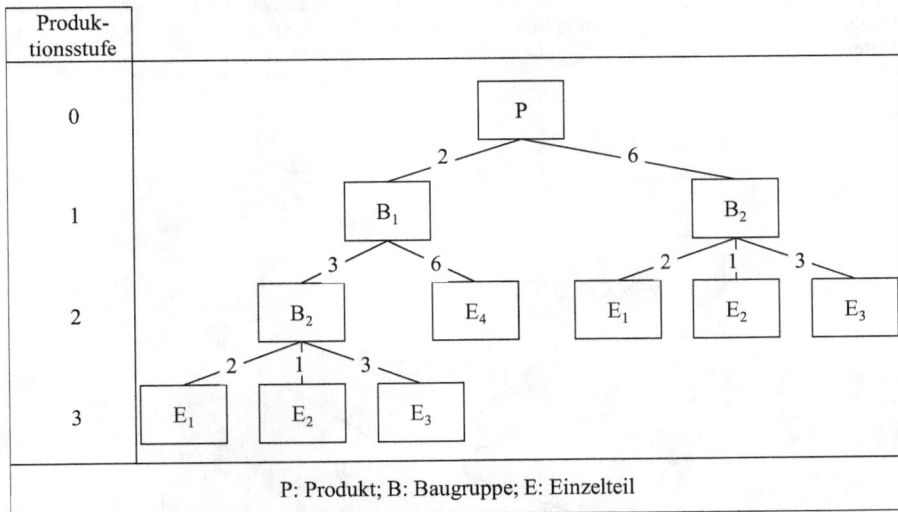

Abb. 6: Beispiel einer Produktionsstruktur (Erzeugnisbaum) – Aufgabe 3

Ergänzen Sie den obigen Erzeugnisbaum um die produktionsstufenspezifischen Bedarfsmengen und überführen Sie die gewonnenen Daten in eine Mengenübersichts-, Struktur- und Baukastenstückliste!

---

29 Das Enderzeugnis stellt strenggenommen auch eine Baugruppe dar, da es sich aus den untergeordneten Baugruppen B_1 und B_2 zusammensetzt.
30 Vgl. für zusätzliche Übungsaufgaben HERING/TOLL, BWL-Klausuren (2022), S. 21-24, WÖHE/DÖRING/BRÖSEL, Einführung (2023), S. 318 f., WÖHE/KAISER/DÖRING, Übungsbuch (2023), S. 165-167, ADAM, Produktions-Management (1998), S. 500 f., MATSCHKE, Betriebswirtschaftslehre II (2004), S. 23 f., CORSTEN/GÖSSINGER, Produktionswirtschaft (2016), S. 474-477, WEBER/KABST/BAUM, Einführung (2018), S. 178 f., SCHWINN, Betriebswirtschaftslehre (1996), S. 284 f., JUNG, Betriebswirtschaftslehre (2016), S. 372-374.

Graphentheoretische Verfahren sind eine Alternative zu den bisher diskutierten Stücklisten.[31] Bei ihnen werden die Beziehungen zwischen Rohstoffen, Einzelteilen, Baugruppen und Endprodukten nicht mehr in tabellarischer Form, sondern mit Hilfe von *Gozinto-Graphen* veranschaulicht. Die Bezeichnung Gozinto-Graph geht auf VAZSONYI zurück.[32] VAZSONYI selbst „zitiert" den „italienischen Mathematiker" ZEPARTZAT GOZINTO, wobei es sich dabei jedoch um ein Wortspiel handelt, da Zepartzat Gozinto soviel bedeuten soll wie „the part that goes into".[33] Das Gozinto-Verfahren eignet sich insbesondere, um die Beziehungen zwischen den einzelnen Komponenten des Produktionsprozesses leichter darzustellen. Zu diesem Zweck wird das in der Abbildung 4 dargestellte Beispiel wieder aufgegriffen, wobei als zusätzliche Bedingung ein Primärbedarf von zehn Mengeneinheiten des Erzeugnisses P im Rahmen des Produktionsprozesses zu befriedigen ist (vgl. Abbildung 7).

Die Elemente des Gozinto-Graphen sind folgendermaßen zu interpretieren: Der Graph besteht aus Knoten (Kreise) die durch Pfeile (auch Kanten genannt) miteinander verbunden sind. Die Knoten, von denen ausschließlich Pfeile ausgehen, symbolisieren die Rohstoffe bzw. Einzelteile (E_1-E_4), welche nicht selbst gefertigt, sondern von außen bezogen werden. Das Endprodukt (P) wird durch den Knoten dargestellt, in den nur Pfeile einmünden. Die Baugruppen (B_1, B_2) sind mit Hilfe von Knoten abgebildet, in die Pfeile ein- und ausgehen. Die Mengenbeziehungen zwischen den Komponenten (Direktbeziehungen) sind durch die Zahlen an den Pfeilen (Produktionskoeffizienten) angegeben. Sie geben demzufolge die Menge des Einzelteils oder der Baugruppe an, die für die Herstellung einer Mengeneinheit der Baugruppe oder des Endprodukts notwendig ist. Für eine Mengeneinheit des Endprodukts P werden somit drei Einheiten der Baugruppe B_1 und fünf Einheiten von B_2 benötigt.

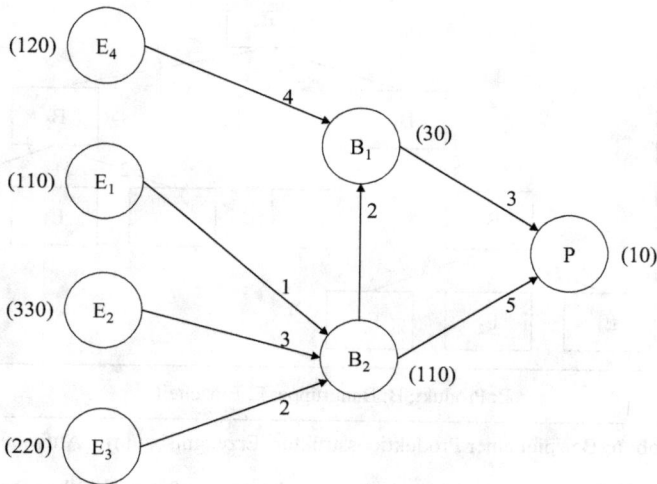

Abb. 7: Gozinto-Graph

Die Zahlen in den Klammern an den Knoten geben den Gesamtbedarf an Einzelteilen und Baugruppen an, um den Primärbedarf von zehn Mengeneinheiten des Erzeugnisses P im Rahmen

---

31 Vgl., auch im folgenden, *BUSSE VON COLBE*, Bereitstellungsplanung (1990), S. 610-612, *ADAM*, Produktions-Management (1998), S. 502-505, *BLOECH et al.*, Produktion (2014), S. 155 ff., *CORSTEN/GÖSSINGER*, Produktionswirtschaft (2016), S. 474-476, *SCHWINN*, Betriebswirtschaftslehre (1996), S. 286 ff., *KISTNER/STEVEN*, Grundstudium (2002), S. 251-255, *SCHULTE*, Materialwirtschaft (2000), S. 661 f., *FANDEL/FISTEK/STÜTZ*, Produktionsmanagement (2011), S. 395 ff.
32 Vgl. *VAZSONYI*, Planungsrechnung (1962), S. 385 ff.
33 Vgl. *SCHULTE*, Materialwirtschaft (2000), S. 661.

des Produktionsprozesses zu befriedigen. Die Gesamtbedarfe M_j ($j = E_1, ..., E_4, B_1, B_2, P$) lassen sich durch retrograde Berechnung wie folgt ableiten:

$$M_P = 10, \quad M_{B_1} = 3 \cdot M_P = 30, \quad M_{B_2} = 5 \cdot M_P + 2 \cdot M_{B_1} = 110, \quad M_{E_1} = 1 \cdot M_{B_2} = 110,$$
$$M_{E_2} = 3 \cdot M_{B_2} = 330, \quad M_{E_3} = 2 \cdot M_{B_2} = 220, \quad M_{E_4} = 4 \cdot M_{B_1} = 120.$$

Aufgabe 4: Programmgebundene Bedarfsplanung mittels Gozinto-Graphen[34]
Ein Betrieb muß jeden Monat 50 ME des Endprodukts P ausliefern. Die Herstellung einer ME des Endprodukts P erfordert drei ME der Baugruppe B_1 und vier ME der Baugruppe B_2. Die zu erzeugende Baugruppe B_1 greift auf acht Einheiten des Einzelteils E_1, zwei Einheiten des Einzelteils E_2 sowie sechs Einheiten des Einzelteils E_3 zurück und verlangt ferner eine Einheit der Baugruppe B_2. Pro ME der Baugruppe B_2 sind drei Einheiten des Einzelteils E_4 und zwei Einheiten des Einzelteils E_1 erforderlich. Stellen Sie diese Produktionsbeziehungen mit Hilfe eines Gozinto-Graphen dar, und leiten Sie die Gesamtbedarfe M_j ($j = E_1, E_2, E_3, E_4, B_1, B_2, P$) ab!

Nicht in jedem Fall ist eine programmgebundene Bedarfsplanung zweckmäßig. So eignen sich die *verbrauchsgebundenen Verfahren* (stochastische Bedarfsplanung) zur Vorhersage des Materialbedarfs insbesondere dann, wenn:[35]
- der Zusammenhang zwischen dem Primär- und Sekundärbedarf unbekannt ist, so daß die Produktionskoeffizienten nicht eindeutig feststehen,
- der Materialverbrauch im Zeitablauf relativ gleichmäßig ist (z.B. Schmiermittel),
- der Materialverbrauch unabhängig vom Produktionsprogramm ist (z.B. Heizöl),
- die Lieferfrist einer Materialart die Zeitspanne zwischen dem Abschluß der Produktionsprogrammplanung und dem geplanten Produktionsbeginn übertrifft.

Unabhängig von der Erfüllung der Einsatzvoraussetzungen der programmgebundenen Verfahren ist die Anwendung der verbrauchsgebundenen Materialbedarfsplanung für Güter des Tertiärbedarfs (Hilfs-, Betriebsstoffe, Verschleißteile) wirtschaftlich sinnvoll, da die durchschnittliche Kapitalbindung im Umlaufvermögen bei verbrauchsgebundener Bedarfsplanung geringer sein dürfte als der Planungsaufwand bei Einsatz der programmgebundenen Verfahren.

Bei den verbrauchsgebundenen Verfahren schließt man mit Hilfe von Prognoseverfahren vom Materialverbrauch vergangener Perioden auf den künftigen Verbrauch. Im weiteren werden lediglich *Prognoseverfahren bei konstantem Verbrauchsverlauf* betrachtet. Weist eine Zeitreihe weder einen Trend noch ein Saisonmuster auf, so schwanken die Verbrauchswerte langfristig um eine annähernd konstante Verbrauchshöhe. Die Verbrauchsschwankungen unterliegen dabei zufälligen Einflüssen, lassen keine Regelmäßigkeit erkennen und gleichen sich langfristig aus. In diesem Fall läßt sich der künftige Bedarf auf der Basis von Mittelwerten prognostizieren.

Das folgende Beispiel soll die verbrauchsgebundene Materialbedarfsplanung bei konstantem Verbrauchsverlauf verdeutlichen.

---

34 Vgl. für zusätzliche Übungsaufgaben *HERING/TOLL*, BWL-Klausuren (2022), S. 24-31, *ADAM*, Produktions-Management (1998), S. 502-505, *SCHIERENBECK/WÖHLE*, Übungsbuch (2011), S. 63, *BLOECH et al.*, Produktion (2014), S. 155 ff., *CORSTEN/GÖSSINGER*, Produktionswirtschaft (2016), S. 474-476, *SCHWINN*, Betriebswirtschaftslehre (1996), S. 286, *CORSTEN/GÖSSINGER*, Übungsbuch (2017), S. 119 f., *STEVEN/KISTNER*, Übungsbuch (2000), S. 129-131, *SCHULTE*, Materialwirtschaft (2000), S. 661 f., *FANDEL/FISTEK/STÜTZ*, Produktionsmanagement (2011), S. 396-402, *TOLL*, Materialbedarfsermittlung (2010), *FANDEL/GIESECKE/TROCKEL*, Übungsbuch (2018), S. 186-220.
35 Vgl., auch im folgenden, *WOHE/DÖRING/BRÖSEL*, Einführung (2023), S. 320, *BUSSE VON COLBE*, Bereitstellungsplanung (1990), S. 605-608, *ADAM*, Produktions-Management (1998), S. 509 ff., *MATSCHKE*, Betriebswirtschaftslehre II (2004), S. 26-32, *BLOECH et al.*, Produktion (2014), S. 150 ff., *CORSTEN/GÖSSINGER*, Produktionswirtschaft (2016), S. 455 ff., *CORSTEN*, Beschaffung (2008), S. 401 ff., *SCHULTE*, Materialwirtschaft (2000), S. 663 ff., *FANDEL/FISTEK/STÜTZ*, Produktionsmanagement (2011), S. 366 ff.

Tab. 2: Daten zur Bestimmung des künftigen Materialbedarfs

Periode t	1	2	3	4	5	6	7	8
Materialverbrauch in Tonnen	196	205	199	204	198	206	197	203

Das einfachste Prognoseverfahren zur Bestimmung des zukünftigen Materialbedarfs ist die Bildung des *arithmetischen Mittelwerts* P^{am}_9 (Durchschnittsverbrauch aller vorangegangenen acht Perioden):

$$P_9^{am} = \frac{1}{8} \cdot (196 + 205 + 199 + 204 + 198 + 206 + 197 + 203) = 201 .$$

Der Vorteil dieses Verfahrens liegt in der einfachen Handhabung, der entscheidende Nachteil darin, daß alle Verbrauchsdaten mit einem einheitlichen Gewicht in die Prognose eingehen. Der älteste Verbrauchswert erhält somit die gleiche Bedeutung wie der jüngste Wert der Zeitreihe.[36] Strukturelle Veränderungen der Zeitreihe (Strukturbrüche) werden daher zu spät erkannt. Dieser Mangel kann durch den Einsatz (gewogener) gleitender Mittelwerte gemindert werden.

Bei der Ermittlung *gleitender Mittelwerte* werden nicht alle verfügbaren Verbrauchsdaten berücksichtigt, sondern nur die jüngsten. Vorab muß also die Anzahl der Perioden (m) festgelegt werden, deren Verbräuche in die Prognose einfließen sollen. Während die jüngsten m Verbrauchswerte jeweils mit dem Gewicht 1/m in die Prognose eingehen, sind die Gewichte der älteren Verbrauchsdaten gleich null. Der Prognosewert (P^{gm}_{T+1}) ergibt sich somit als arithmetischer Mittelwert der letzten m Vergangenheitswerte einer Zeitreihe.

Sofern im obigen Beispiel m drei Perioden beträgt, sind lediglich die letzten drei Werte in die Bedarfsprognose für die neunte Periode (P^{gm}_9) einzubeziehen:

$$P_9^{gm} = \frac{1}{3} \cdot (203 + 197 + 206) = 202 .$$

Die Anwendung dieses Verfahrens ermöglicht eine schnellere Anpassung an eine veränderte Bedarfsentwicklung. Demzufolge können Strukturbrüche mit sinkendem m früher erkannt werden. Die Festlegung der Anzahl der Perioden (m), deren Verbräuche in die Prognose einfließen sollen, stellt das Hauptproblem dieses Verfahrens dar. Es ist nämlich zu beachten, daß einerseits die Bedarfsvorhersage mit sinkendem m stärker auf strukturelle Veränderungen der Zeitreihe reagiert, aber andererseits m nicht beliebig klein sein darf, da dann große zufällige Schwankungen der Zeitreihe (Ausreißer) nicht genügend ausgeglichen werden können.[37] Folglich würden eventuell auftretende Ausreißer mit sinkendem m überbewertet werden, was zu einer Übertreibung des Prognosewerts führt. Mit steigender Anzahl zu berücksichtigender Verbrauchsperioden ergibt sich wie bei der Methode des arithmetischen Mittelwerts das Problem, daß die Gewichtung der zu unterschiedlichen Zeitpunkten auftretenden Verbrauchswerte gleich ist. In diesem Fall können strukturelle Veränderungen der Zeitreihe nicht rechtzeitig erkannt werden. Eine zweckmäßige Dimensionierung von m, etwa mit Hilfe von Simulationen, kann dazu beitragen, aussagekräftige Prognosewerte zu erhalten.

Um die Verbrauchsvorhersage zu verbessern, kann man bei der Mittelwertbildung jüngeren Werten entsprechend ihrer Aktualität ein größeres Gewicht beimessen und älteren Werten eine entsprechend niedrigere Gewichtung zu teil werden lassen (*gewogener gleitender Mittelwert*). Unterstellt man für das in Tabelle 3 dargestellte Beispiel, daß lediglich die Verbrauchswerte der Perioden drei, vier und fünf in die Prognose mit den dazugehörigen Gewichtungsfaktoren

---

36 Vgl. *SCHULTE*, Materialwirtschaft (2000), S. 667.
37 Vgl. *CORSTEN/GÖSSINGER*, Produktionswirtschaft (2016), S. 457.

0,1, 0,3 und 0,6 in die Bedarfsprognose eingehen, ergibt sich der Prognosewert $P^{ggm}{}_9$ wie folgt:

$$P_9^{ggm} = 0,6 \cdot 203 + 0,3 \cdot 197 + 0,1 \cdot 206 = 201,5 \,.$$

Gegenüber den bereits angesprochenen Methoden erfolgt keine Gleichbehandlung der zur Ermittlung des Prognosewerts berücksichtigten Verbrauchswerte. Die Ermittlung der Gewichtungsfaktoren erweist sich jedoch als problematisch, denn je nach Wahl der Gewichte gelangt man zu unterschiedlichen Ergebnissen. Wie bei der Methode der gleitenden Mittelwerte tritt bei großen Zeitreihen ein Informationsverlust auf, da nicht alle Daten in die Berechnung einbezogen werden (Datenselektion).[38]

Aufgabe 5: Verbrauchsgebundene Bedarfsplanung[39]
Ihnen werden folgende Daten zur Bestimmung des künftigen Materialbedarfs gegeben:

Tab. 3: Daten zur Bestimmung des künftigen Materialbedarfs – Aufgabe 5

Periode t	1	2	3	4	5
Materialverbrauch in Tonnen	206	215	209	212	208

a) Prognostizieren Sie den zukünftigen Materialbedarf $P^{am}{}_6$ mit Hilfe des arithmetischen Mittelwerts!
b) Prognostizieren Sie den zukünftigen Materialbedarf mit Hilfe des gleitenden Mittelwerts, wobei für den Prognosewert $P^{gm}{}_6$ lediglich die letzten vier (m = 4) Vergangenheitswerte der Zeitreihe in die Bedarfsprognose einzubeziehen sind!
c) Um jüngeren Verbrauchswerten entsprechend ihrer Aktualität ein größeres Gewicht beizumessen, ist nun der Prognosewert $P^{ggm}{}_6$ als gewogener gleitender Mittelwert zu bestimmen! Für die in obiger Tabelle dargestellten Daten gilt dabei folgendes: Es gehen lediglich die Verbrauchswerte der Perioden drei, vier und fünf in die Prognose ein. Die Verbrauchswerte werden mit den Gewichtungsfaktoren $w_5 = 0{,}65$, $w_4 = 0{,}25$ und $w_3 = 0{,}1$ belegt.

Eine zusätzliche Übungsaufgabe finden Sie hier:

https://www.degruyterbrill.com/publication/isbn/9783119145305/downloadAsset/9783119145305_Aufgabe01.pdf

2.1.3.3 Bestellmengenplanung
Nach der Ermittlung des Materialbedarfs für die Planperiode ist zu überlegen, in welchen Teilmengen der festgelegte Bedarf einzukaufen und auf Lager zu nehmen ist, mit dem Ziel, die damit zusammenhängenden Kosten zu minimieren. Eine Bestellmenge, die dies erfüllt, wird *optimale* oder *kostenminimale Bestellmenge* genannt. Die zu minimierenden Gesamtkosten der

---

38 Vgl. *SCHULTE*, Materialwirtschaft (2000), S. 668.
39 Vgl. für zusätzliche Übungsaufgaben *HERING/TOLL*, BWL-Klausuren (2022), S. 32-37, *WÖHE/DÖRING/BRÖSEL*, Einführung (2023), S. 320, *MATSCHKE*, Betriebswirtschaftslehre II (2004), S. 33, *BLOECH et al.*, Produktion (2014), S. 203, *CORSTEN/GÖSSINGER*, Produktionswirtschaft (2016), S. 457, *WEBER/KABST/BAUM*, Einführung (2018), S. 179, *CORSTEN/GÖSSINGER*, Übungsbuch (2017), S. 123, *SCHULTE*, Materialwirtschaft (2000), S. 666-668, *FANDEL/FISTEK/STÜTZ*, Produktionsmanagement (2011), S. 374 f., 376 f., *FANDEL/GIESECKE/TROCKEL*, Übungsbuch (2018), S. 171-176.

Beschaffung können in drei Gruppen eingeteilt werden, nämlich in die
- eigentlichen Beschaffungskosten,
- Lagerkosten und
- Fehlmengenkosten.

Die *eigentlichen Beschaffungskosten* können in unmittelbare und mittelbare Beschaffungskosten unterteilt werden.[40] Während die unmittelbaren Beschaffungskosten von der Menge und dem Einstandspreis der zu beschaffenden Materialien abhängen, sind die mittelbaren Beschaffungskosten von der Bestellhäufigkeit bzw. Bestellanzahl abhängig. Letztere werden auch als bestellfixe Kosten oder Bestellkosten bezeichnet.[41] Diese resultieren aus den Kosten innerbetrieblicher Vorgänge wie etwa der Angebotseinholung, Angebotsprüfung, Bestellungsbearbeitung, Überwachung der Liefertermine, Warenannahme und Überprüfung der Warenqualität. Diese Kosten fallen bei jeder Bestellung unabhängig von der Höhe der Bestellmenge an.

Die *Lagerkosten* werden insbesondere durch den durchschnittlichen Lagerbestandswert, die Lagerdauer und den Lagerkostensatz bestimmt.[42] Der Lagerkostensatz umfaßt dabei die Zinskosten für das im Lager gebundene Kapital (Wert des Lagerbestands) sowie die bestandsabhängigen Kosten für Wartung und Pflege der Lagerbestände.

Fehlmengenkosten entstehen, wenn der Materialbedarf nicht oder nicht zum erforderlichen Zeitpunkt gedeckt werden kann.[43] Sind die Fehlmengen durch höherwertige Materialien ersetzbar, resultieren Fehlmengenkosten in Höhe der Preisdifferenz. Andere Fehlmengenkosten ergeben sich beispielsweise aus Stillstandskosten infolge von Produktionsunterbrechungen, Konventionalstrafen bei Nichteinhalten von Lieferterminen oder entgangenen Gewinnen aufgrund von Absatzeinbußen.

Das *Grundmodell der optimalen Bestellmenge* wurde von HARRIS entwickelt und von STEFANICK-ALLMAYER sowie ANDLER in Deutschland eingeführt.[44] Das mit diesem Modell zu lösende Problem resultiert aus der gegenläufigen Entwicklung der Lager- und Bestellkosten bei abnehmender (zunehmender) Bestellmenge.[45] Da die bestellfixen Kosten im Planungszeitraum von der Bestellhäufigkeit abhängig sind, wachsen (sinken) sie mit abnehmender (steigender) Bestellmenge, während die vom durchschnittlichen Lagerbestand und von der Lagerdauer abhängigen Lagerkosten (sinken) wachsen. Ziel der Ermittlung der optimalen Bestellmenge ist es daher, einen im Planungszeitraum vorgegebenen Gesamtbedarf an Materialien so in Bestellmengen aufzuspalten, daß die Summe der Bestell- und Lagerkosten minimiert wird.

Für die analytische Herleitung der optimalen bzw. klassischen Bestellmengenformel sind folgende *Symbole* einzuführen:
- y   [ME]   unbekannte Bestellmenge in Mengeneinheiten [ME] (Entscheidungsvariable)
- V   [ME/ZE]   Lagerabgang pro Zeiteinheit [ZE] (Verbrauchs- bzw. Bedarfsrate)
- T   [ZE]   Länge des Planungszeitraums

---

40 Vgl. *GUTENBERG*, Die Produktion (1983), S. 193 f., *MATSCHKE*, Betriebswirtschaftslehre II (2004), S. 38, *CORSTEN/GÖSSINGER*, Produktionswirtschaft (2016), S. 493, *CORSTEN*, Beschaffung (2008), S. 413, *SCHULTE*, Materialwirtschaft (2000), S. 625 f., *FANDEL/FISTEK/STÜTZ*, Produktionsmanagement (2011), S. 353 f.
41 Vgl. *BUSSE VON COLBE*, Bereitstellungsplanung (1990), S. 597.
42 Vgl. *GUTENBERG*, Die Produktion (1983), S. 194, *BUSSE VON COLBE*, Bereitstellungsplanung (1990), S. 596, *MATSCHKE*, Betriebswirtschaftslehre II (2004), S. 39, *CORSTEN/GÖSSINGER*, Produktionswirtschaft (2016), S. 493, *CORSTEN*, Beschaffung (2008), S. 413, *SCHULTE*, Materialwirtschaft (2000), S. 626 f.
43 Vgl. *GUTENBERG*, Die Produktion (1983), S. 194, *BUSSE VON COLBE*, Bereitstellungsplanung (1990), S. 597, *MATSCHKE*, Betriebswirtschaftslehre II (2004), S. 39, *BLOECH et al.*, Produktion (2014), S. 163 ff., *CORSTEN/GÖSSINGER*, Produktionswirtschaft (2016), S. 493, *CORSTEN*, Beschaffung (2008), S. 413, *SCHULTE*, Materialwirtschaft (2000), S. 628.
44 Vgl. *HARRIS*, Operations (1915), *STEFANIC-ALLMEYER*, Bestellmenge (1927), *ANDLER*, Losgröße (1929).
45 Vgl., auch im folgenden, *GUTENBERG*, Die Produktion (1983), S. 194-196, *WÖHE/DÖRING/BRÖSEL*, Einführung (2023), S. 326 ff., *BUSSE VON COLBE*, Bereitstellungsplanung (1990), *ADAM*, Produktions-Management (1998), S. 496 f., *SCHIERENBECK/WÖHLE*, Grundzüge (2016), S. 255-257, *MATSCHKE*, Betriebswirtschaftslehre II (2004), S. 39-47, *CORSTEN/GÖSSINGER*, Produktionswirtschaft (2016), S. 493 ff., *CORSTEN*, Beschaffung (2008), S. 413 ff., *SCHWINN*, Betriebswirtschaftslehre (1996), S. 288 f., *SCHULTE*, Materialwirtschaft (2000), S. 673 ff., *FANDEL/FISTEK/STÜTZ*, Produktionsmanagement (2011), S. 458 ff.

- R [ME] = V · T — Lagerabgang in T (Gesamtverbrauch bzw. -bedarf)
- K_B [GE] — bestellfixe Kosten (Bestellkosten)
- K_L [GE] — Lagerkosten
- K_M [GE] — Materialkosten
- K_T [GE] — (relevante) Gesamtkosten
- Cr [GE] — bestellfixe Kosten pro Bestellung
- n [1] = (V · T)/y — Zahl der Bestellungen in T (Bestellhäufigkeit)
- Cl [GE/(ME · ZE)] — Lagerkostensatz pro ME und ZE
- Cl_m [GE/(ME · ZE)] — bestandsabhängige Kosten der Lagerung pro ME und ZE
- i [100%/ZE] — Kapitalbindungskostensatz pro ZE (Zinssatz)
- b [GE/ME] — Beschaffungskosten pro ME (Einstandspreis)

Die zugrunde gelegten *Prämissen* lauten wie folgt:[46]
- Es wird nur die Bestellmengenplanung einer Materialart betrachtet.
- Der Lagerabgang (Verbrauch) pro Zeiteinheit V erfolgt kontinuierlich und linear im Zeitablauf, d.h., der Bedarf pro Zeiteinheit (ZE) ist konstant. Damit ist auch der Gesamtbedarf im Planungszeitraum konstant.
- Der auftretende Bedarf muß jeweils zum Zeitpunkt seines Auftretens vollständig befriedigt werden (keine Verzugs- oder Fehlmengen).
- Aus den letzten beiden Prämissen folgt, daß stets nach y/V ZE eine neue Bestellung auf Lager geht.
- Die bestellte Menge wird zu einem einzigen Zeitpunkt eingelagert (unendlich hohe Lagerzugangsgeschwindigkeit).
- Lieferfristen finden keine Berücksichtigung, so daß nicht gesagt wird, wann eine Bestellung aufzugeben ist.
- Die Lager- und Bestellkapazität ist nicht knapp, d.h., es existieren keine Lager- und Bestellmengenbeschränkungen. Zudem gibt es von seiten des Lieferanten keine vorgeschriebenen Mindestabnahmemengen. ($\to 0 \leq y^{opt} < \infty$.)
- Die Beschaffungspreise sind im Zeitablauf konstant, d.h., sie sind keine Funktion der Bestellmenge (keine Mengenrabatte).
- Bei jeder Bestellung fallen bestellfixe Kosten unabhängig von der Höhe der Bestellmenge an, so daß etwa die Transportkosten vom Lieferanten zum Unternehmen unabhängig von der gelieferten Menge immer gleich sind.
- Alle Daten sind im Zeitablauf konstant.

Zu Beginn der *analytischen Herleitung* der optimalen bzw. klassischen Bestellmengenformel[47] sollen die Lagerbestandsverläufe und die sich daraus ergebenden Lagerkosten in Abhängigkeit von Bestellmenge und Bestellhäufigkeit betrachtet werden. Der Gesamtbedarf R im Planungszeitraum T ist durch n Bestellungen in konstanter Höhe y zu decken. Daher gilt die Beziehung:

$$V \cdot T = R = y \cdot n.$$

Bei einmaliger Bestellung im Planungszeitraum entspricht die Bestellmenge y somit dem Gesamtbedarf R; bei viermaliger (n-maliger) Bestellung beträgt sie 1/4 (1/n) von R. Aufgrund des unterstellten kontinuierlichen Lagerabgangs beläuft sich der durchschnittliche Lagerbestand L_d auf die Hälfte der Bestellmenge y (vgl. Abbildung 8).

46 Vgl. *Wöhe/Döring/Brösel*, Einführung (2023), S. 328, *Busse von Colbe*, Bereitstellungsplanung (1990), S. 617, *Schierenbeck/Wöhle*, Grundzüge (2016), S. 257, *Matschke*, Betriebswirtschaftslehre II (2004), S. 40, *Bloech et al.*, Produktion (2014), S. 163, *Corsten/Gössinger*, Produktionswirtschaft (2016), S. 494, *Corsten*, Beschaffung (2008), S. 413 f., *Schulte*, Materialwirtschaft (2000), S. 673 f.
47 Vgl. *Busse von Colbe*, Bereitstellungsplanung (1990), S. 618 f., *Schierenbeck/Wöhle*, Grundzüge (2016), S. 256, *Matschke*, Betriebswirtschaftslehre II (2004), S. 40 f., *Bloech et al.*, Produktion (2014), S. 164-167, *Corsten/Gössinger*, Produktionswirtschaft (2016), S. 494-496, *Corsten*, Beschaffung (2008), S. 414-416, *Schulte*, Materialwirtschaft (2000), S. 674-679.

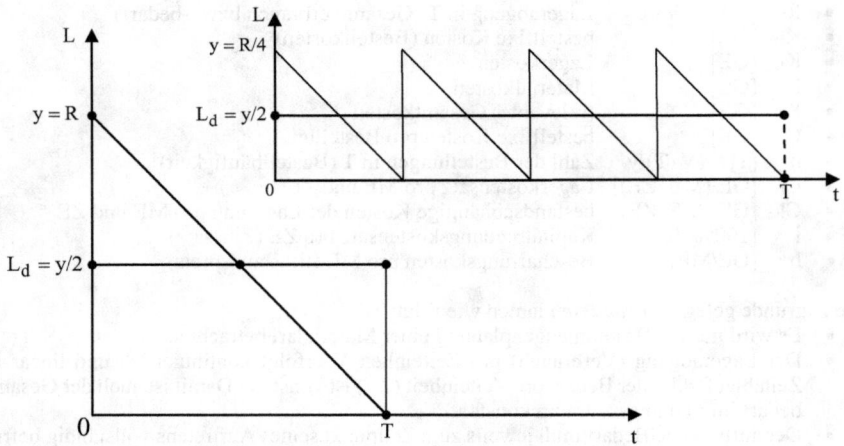

Abb. 8: Lagerbestandsverlauf bei ein- und viermaliger Bestellung in T[48]

Die *Lagerkosten* ergeben sich demnach als Produkt aus dem durchschnittlichen Lagerbestand und dem Lagerkostensatz bezogen auf den Planungszeitraum:

$$K_L(y) = L_d \cdot Cl \cdot T = \frac{y}{2} \cdot Cl \cdot T \quad \text{mit } Cl = b \cdot i + Cl_m \quad \rightarrow \text{steigend in Abhängigkeit von y.}$$

Für die von der Bestellhäufigkeit bzw. Bestellanzahl abhängigen *Bestellkosten* gilt:

$$L_{max} = (P - V) \cdot t_P = (P - V) \cdot \frac{y}{P} = y \cdot \left(1 - \frac{V}{P}\right).$$

Da während des Verbrauchszeitraums t_V durchschnittlich die Hälfte des maximalen Lagerbestandes L_{max} auf Lager liegt, lautet die Lagerkostenfunktion für den gesamten Planungszeitraum T:

$$K_B(y) = n \cdot Cr = \frac{R}{y} \cdot Cr \quad \rightarrow \text{fallend in Abhängigkeit von y.}$$

Eine große Bedeutung für die Wirtschaftlichkeit einer Bestell- und Einkaufspolitik haben die für die jeweiligen Materialien zu zahlenden Preise. Im Grundmodell der optimalen Bestellmenge wird angenommen, daß der zu zahlende Einstandspreis pro ME konstant ist. Die *Materialkosten* im Planungszeitraum belaufen sich damit auf:

$$K_M = b \cdot R = \text{konstant} \quad \rightarrow \text{nicht entscheidungsrelevant.}$$

Da die Materialkosten nicht von der Bestellmenge y, sondern vom vorgegebenen Gesamtbedarf R abhängig sind, können sie bei der Optimierung der Bestellmenge vernachlässigt werden.

---

48 In Anlehnung an BLOECH *et al.*, Produktion (2014), S. 164 f., CORSTEN/GÖSSINGER, Produktionswirtschaft (2016), S. 495, CORSTEN, Beschaffung (2008), S. 414.

Damit lautet die zu minimierende (relevante) *Gesamtkostenfunktion*:

$$K_T(y) = K_L(y) + K_B(y) = \frac{y}{2} \cdot Cl \cdot T + \frac{R}{y} \cdot Cr \;\rightarrow\; min.$$

Durch Ableiten dieser Zielfunktion nach y und anschließendes Nullsetzen ergibt sich die *klassische Bestellmengenformel* zur Ermittlung der optimalen Bestellmenge:

$$y^{opt} = \sqrt{\frac{2 \cdot R \cdot Cr}{Cl \cdot T}} = \sqrt{\frac{2 \cdot V \cdot Cr}{Cl}}\,.$$

Mit der optimalen Bestellmenge y^{opt} sind gleichzeitig festgelegt:[49]
- die optimale Bestellhäufigkeit $n^{opt} = R/y^{opt} = V \cdot T/y^{opt}$ und
- die optimale Lagerzykluszeit (Zeit zwischen zwei aufeinanderfolgenden Bestellungen bzw. Lieferungen) $t^{opt} = T/n^{opt} = y^{opt}/V$.

Graphisch kann die optimale Bestellmenge als Schnittpunkt der Lagerkosten ($K_L(y) = y/2 \cdot Cl \cdot T$) und Bestellkosten ($K_B(y) = n \cdot Cr$) bestimmt werden (vgl. Abbildung 9). In diesem Punkt entspricht der Zuwachs der Lagerkosten gerade dem negativen Zuwachs der Bestellkosten, d.h., im Optimum herrscht betragsmäßige Gleichheit der Grenzlager- und Grenzbestellkosten.

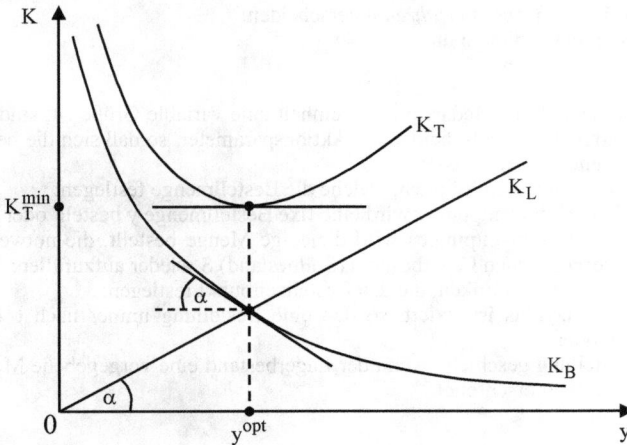

Abb. 9: Graphische Darstellung der optimalen Bestellmenge[50]

---
49 Vgl. *BLOECH et al.*, Produktion (2014), S. 167.
50 In Anlehnung an *BUSSE VON COLBE*, Bereitstellungsplanung (1990), S. 619, *BLOECH et al.*, Produktion (2014), S. 167, *CORSTEN/GÖSSINGER*, Produktionswirtschaft (2016), S. 496, *CORSTEN*, Beschaffung (2008), S. 416, *SCHWINN*, Betriebswirtschaftslehre (1996), S. 288, *SCHULTE*, Materialwirtschaft (2000), S. 676, *FANDEL/FISTEK/STÜTZ*, Produktionsmanagement (2011), S. 460.

Aufgabe 6: Bestellmengenplanung[51]
Für eine Bestellmengenplanung sei folgende Beispielsituation gegeben:
- Jahresbedarf := R = 1.600 Stück,
- Einstandspreis := b = 10 € pro Stück,
- Bestellkosten := Cr = 2 € pro Bestellung,
- Zinssatz := i = 10% p.a.
- Weitere Lagerkosten fallen nicht an.

Ermitteln Sie die optimale Bestellmenge sowie die optimale Bestellhäufigkeit! Wie hoch sind die zugehörigen Lager- und Bestellkosten?

Eine zusätzliche Übungsaufgabe finden Sie hier:

https://www.degruyterbrill.com/publication/isbn/9783119145305/downloadAsset/9783119145305_Aufgabe02.pdf

2.1.3.4 Bestellzeitpunkteplanung
Die Bestellzeitpunkteplanung dient dazu, bei stochastisch schwankendem Bedarf die Zeitpunkte zu ermitteln, zu denen die Bestandsergänzungen vorzunehmen sind. Im wesentlichen lassen sich die folgenden zwei *Verfahren* unterscheiden:[52]
- Bestellrhythmusverfahren und
- Bestellpunktverfahren.

Unter der Annahme, daß der Bedarf pro Zeiteinheit eine variable Größe ist, sind die Bestellmengen und -zeitpunkte die entscheidenden Aktionsparameter, so daß sich die beiden folgenden Steuerungen unterscheiden lassen:[53]
- *Mengensteuerung*, d.h. Politiken, welche die Bestellmenge festlegen:
  - zu jedem Bestellzeitpunkt t wird eine fixe Bestellmenge y bestellt oder
  - zu jedem Bestellzeitpunkt t wird diejenige Menge bestellt, die notwendig ist, um einen vorgegebenen Lagerbestand (Sollbestand) S wieder aufzufüllen;
- *Zeitsteuerung*, d.h. Politiken, die den Bestellzeitpunkt festlegen:
  - der Bestellzyklus ist fixiert, so daß eine Bestellung immer nach t Zeiteinheiten erfolgt, oder
  - die Bestellung geschieht, wenn der Lagerbestand eine vorgegebene Menge s (Meldebestand) unterschreitet.[54]

51 Vgl. für zusätzliche Übungsaufgaben *HERING/TOLL*, BWL-Klausuren (2022), S. 38-45, *WÖHE/DÖRING/BRÖSEL*, Einführung (2023), S. 328, *WÖHE/KAISER/DÖRING*, Übungsbuch (2023), S. 163 f., *SCHIERENBECK/WÖHLE*, Übungsbuch (2011), S. 64, *MATSCHKE*, Betriebswirtschaftslehre II (2004), S. 44, *BLOECH et al.*, Produktion (2014), S. 168 f., 205, *SCHWINN*, Betriebswirtschaftslehre (1996), S. 289, *JUNG*, Betriebswirtschaftslehre (2016), S. 390 f., *STEVEN/KISTNER*, Übungsbuch (2000), S. 124-126, *THOMMEN et al.*, Arbeitsbuch (2022), S. 86-88, *SCHULTE*, Materialwirtschaft (2000), S. 673 ff., *FANDEL/FISTEK/STÜTZ*, Produktionsmanagement (2011), S. 461-486, *AMELY*, Formeln (2024), S. 40 f., *OPRESNIK/RENNHAK*, Betriebswirtschaftslehre (2015), S. 7 f., *FANDEL/GIESECKE/TROCKEL*, Übungsbuch (2018), S. 224 f.
52 Vgl. *WÖHE/DÖRING/BRÖSEL*, Einführung (2023), S. 329, *BUSSE VON COLBE*, Bereitstellungsplanung (1990), S. 599-603, *BLOECH et al.*, Produktion (2014), S. 200-202, *CORSTEN/GÖSSINGER*, Produktionswirtschaft (2016), S. 509-513, *CORSTEN*, Beschaffung (2008), S. 425-428, *SCHWINN*, Betriebswirtschaftslehre (1996), S. 291 ff., *SCHULTE*, Materialwirtschaft (2000), S. 677 ff.
53 Vgl. *BUSSE VON COLBE*, Bereitstellungsplanung (1990), S. 600, *CORSTEN/GÖSSINGER*, Produktionswirtschaft (2016), S. 509 f., *CORSTEN*, Beschaffung (2008), S. 425.
54 Vgl. dazu bereits *GUTENBERG*, Die Produktion (1983), S. 197-199.

Eine Kombination dieser Steuerungen führt zu folgenden *Bestellpolitikvarianten*:

Bestellzeitpunkt t / Bestellmenge y	fixiert: alle t Zeiteinheiten	variabel: bei Erreichen von s
fixiert: Menge y	(t, y)-Politik	(s, y)-Politik
variabel: Auffüllen bis S	(t, S)-Politik	(s, S)-Politik

Bestellrhythmus-modelle   Bestellpunkt-modelle

Abb. 10: Grundtypen stochastisch basierter Bestellpolitiken[55]

Bestellrhythmusmodelle reagieren auf mögliche Bedarfsschwankungen gar nicht ((t, y)-Politiken) oder nur in begrenztem Maße ((t, S)-Politiken), indem bei steigenden (sinkenden) Materialbedarfen mehr (weniger) bestellt wird.[56] Aufgrund der im voraus vorgegebenen Bestellzeitpunkte ist eine Kontrolle der Lagerbestände nicht notwendig. *Bestellpunktmodelle* bedingen nach jeder Materialentnahme eine Lagerbestandskontrolle. Bedarfsschwankungen werden explizit erfaßt, was zur Folge hat, daß sich hohe (niedrige) Bedarfe unmittelbar in kurzen (langen) Bestellzyklen niederschlagen.[57] Der entscheidende Unterschied der Bestellpunktverfahren zu den Bestellrhythmusverfahren ist in der permanent erforderlichen Lagerbestandsüberwachung und damit in der Haltung eines durchgehend aktuellen Lagerverwaltungs- bzw. Warenwirtschaftssystems zu sehen. Dieser zusätzliche Aufwand wird jedoch durch die schnellere Reaktion auf niedrige Lagerbestandsniveaus belohnt, wodurch wiederum das Fehlmengenrisiko sinkt.

2.2 Produktion

2.2.1 Die drei Stufen der Produktionsplanung

Unter *Produktion* ist nach GUTENBERG die Kombination der Elementarfaktoren objektbezogene Arbeit, Betriebsmittel und Werkstoffe durch die dispositiven Faktoren Betriebs- und Geschäftsleitung, Planung und Organisation zum Zwecke der Leistungserstellung zu verstehen (vgl. Abbildung 11).[58]

---

55 In Anlehnung an *BLOECH et al.*, Produktion (2014), S. 200, *CORSTEN/GÖSSINGER*, Produktionswirtschaft (2016), S. 510, *CORSTEN*, Beschaffung (2008), S. 426, *SCHWINN*, Betriebswirtschaftslehre (1996), S. 293, *FANDEL/FISTEK/STÜTZ*, Produktionsmanagement (2011), S. 437.
56 Vgl. *ROLLBERG*, Bestellpolitiken (2010), S. 188.
57 Vgl. *ROLLBERG*, Bestellpolitiken (2010), S. 189.
58 Vgl. *GUTENBERG*, Die Produktion (1983), S. 1 ff.

Einsatz	Durchsatz	Ausbringung
	Kombinationsprozeß (Produktion)	
Produktions-faktoren		Sachleistungen Dienstleistungen unerwünschte Produkte (Emissionen, Ausschuß u.a.)

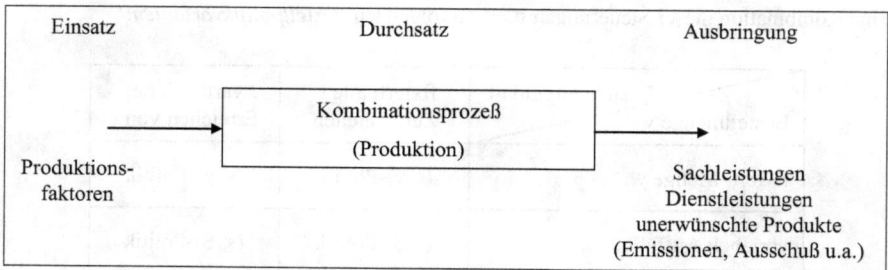

Abb. 11: Produktion als Kombinationsprozeß[59]

Vor diesem Hintergrund ist es in der ersten Stufe der Produktionsplanung die Aufgabe der *Produktionstheorie*, das Mengengerüst des Einsatzes an Produktionsfaktoren im Kombinationsprozeß zu erforschen, mit dem Ziel, funktionale Zusammenhänge zwischen Faktoreinsatzmengen und Ausbringungsmenge aufzudecken, in Modellen darzustellen und das Fundament der Kostentheorie zu legen.[60] Zudem arbeitet sie die Einflußgrößen des Faktorverbrauchs heraus und verdeutlicht, durch welche Entscheidungen er verändert werden kann. Die zentrale Zielsetzung der Produktionstheorie liegt somit in der Ableitung von Produktionsfunktionen. Die Produktionstheorie ist mithin eine reine Erklärungstheorie für die Mengenzusammenhänge der Produktion, so daß auf ihrer Basis lediglich „technische" Effizienzentscheidungen getroffen werden können.

Die Fragestellungen, mit denen sich die *Kostentheorie* als zweite Stufe der Produktionsplanung befaßt, gehen über die rein mengenmäßige Betrachtung der Produktionstheorie hinaus, da die hergeleiteten technischen Relationen für weitere ökonomische Zwecke genutzt werden. Im Rahmen der Kostentheorie erfolgt eine Bewertung der Einsatzmengen an Produktionsfaktoren mit ihren Faktorpreisen, so daß der mengenmäßigen Ausbringung ein bewerteter Faktoreinsatz (Kosten) gegenübergestellt wird.[61] Das produktionstheoretische Mengengerüst wird also über die Einführung von Faktorpreisen durch ein Wertgerüst ergänzt, um mit Hilfe der aus der Bewertung des Faktorverbrauchs abgeleiteten Kosten eine der Minimumvariante des Rationalprinzips folgende Wirtschaftlichkeitsbetrachtung zur Beurteilung alternativer Produktionen durchführen zu können. Kurz gesagt, ist mit Hilfe der Kostentheorie derjenige Produktionsprozeß auszuwählen, der zu minimalen Kosten führt und damit den ökonomisch effizienten Prozeß darstellt. Die Kostentheorie hat somit im Gegensatz zur Produktionstheorie neben der Erklärungs- auch eine Gestaltungsaufgabe zu bewältigen.[62] Ziel der *Erklärungsaufgabe* ist das Erkennen und Systematisieren von Kosteneinflußgrößen sowie das Aufzeigen von Wirkungen der Kosteneinflußgrößen auf die Höhe der Kosten. Die Erklärungsaufgabe gipfelt in der Formulierung und Analyse von Kostenfunktionen, welche die Höhe der Kosten in Abhängigkeit von möglichen Ausprägungen der Kosteneinflußgrößen zeigen. Die *Gestaltungsaufgabe* besteht darin, die durch das Unternehmen beeinflußbaren Kosteneinflußgrößen so festzulegen, daß eine kostenminimale Lösung einer bestimmten Produktionsaufgabe erreicht wird. So geht

---

59 In Anlehnung an *WÖHE/DÖRING/BRÖSEL*, Einführung (2023), S. 278, *BLOECH et al.*, Produktion (2014), S. 3, *JOHANNWILLE*, Produktionstheorie (2000), S. 541.

60 Vgl. *GUTENBERG*, Die Produktion (1983), S. 298 ff., *WÖHE/DÖRING/BRÖSEL*, Einführung (2023), S. 279, *ADAM*, Grundzüge (1972), S. 153, *ADAM*, Produktionspolitik (1990), S. 1 f., *FANDEL*, Produktion (2010), S. 12-14, *MATSCHKE*, Betriebswirtschaftslehre II (2004), S. 161, *BLOECH et al.*, Produktion (2014), S. 5, *CORSTEN/GÖSSINGER*, Produktionswirtschaft (2016), S. 51, *SCHWINN*, Betriebswirtschaftslehre (1996), S. 460, *JOHANNWILLE*, Produktionstheorie (2000), S. 541 f.

61 Vgl. *WÖHE/DÖRING/BRÖSEL*, Einführung (2023), S. 279, *ADAM*, Grundzüge (1972), S. 153, *ADAM*, Produktionspolitik (1990), S. 2 f., *FANDEL*, Produktion (2010), S. 14-16, *BLOECH et al.*, Produktion (2014), S. 5, *CORSTEN/GÖSSINGER*, Produktionswirtschaft (2016), S. 51, *SCHWINN*, Betriebswirtschaftslehre (1996), S. 460 f., *JOHANNWILLE*, Produktionstheorie (2000), S. 542.

62 Vgl. *ADAM*, Produktions-Management (1998), S. 261 f., *FANDEL*, Produktion (2010), S. 15, *MATSCHKE*, Betriebswirtschaftslehre II (2004), S. 190.

es typischerweise darum, wie eine vorgegebene Ausbringungsmenge mit minimalen Kosten erstellt werden kann.

In der dritten Stufe der Produktionsplanung werden die Ausbringungsmengen mit ihren Absatzpreisen bewertet.[63] Das Planungsproblem besteht dann darin, das *gewinnmaximale Produktions- bzw. Absatzprogramm* zu finden, d.h., welches die Differenz zwischen Erlösen und Kosten bei vorgegebenen Absatzmöglichkeiten und Faktormengen maximiert (Maximumvariante des Rationalprinzips). Dazu muß neben der Kosten- auch die Erlös- bzw. Umsatzfunktion bekannt sein.

Die drei Stufen der Produktionsplanung sind in der Abbildung 12 zusammenfassend dargestellt.

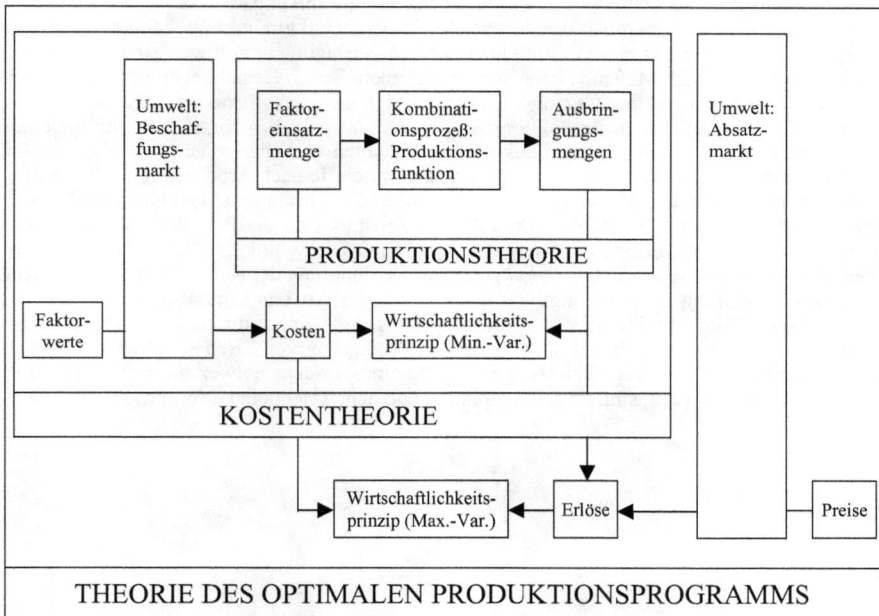

Abb. 12: Die drei Stufen der Produktionsplanung[64]

2.2.2 Produktionstheorie

2.2.2.1 Grundbegriffe der Produktionstheorie

Im Zentrum der Produktionstheorie stehen die Produktionsfunktionen. Eine *Produktionsfunktion* gibt den quantitativen Zusammenhang zwischen den zur Leistungserstellung einzusetzenden Produktionsfaktormengen und der Ausbringung wieder.

Für ein *Einproduktunternehmen*, welches zur Erstellung der Ausbringungsmenge M seines Erzeugnisses die Produktionsfaktoren r_h (h = 1, 2, ..., H) einsetzt, lautet die Produktionsfunk-

---

63 Vgl. *ADAM*, Produktionspolitik (1990), S. 3.
64 In Anlehnung an *ADAM*, Produktionspolitik (1990), S. 4.

tion allgemein:[65]

$$M = f(r_1, r_2, \ldots, r_H).$$

Der *Produktionskoeffizient* PK_h gibt die im Rahmen der gesamten produktiven Kombination zur Produktion einer Mengeneinheit der Ausbringung erforderliche Einsatzmenge des Faktors h an.[66]

Produktionsfunktionen, bei denen die eingesetzten Faktoren nicht gegeneinander ersetzt werden können, besitzen die Eigenschaft der *Limitationalität*.[67] Die effizienten Faktoreinsatzmengen stehen in einer technisch eindeutig determinierten Beziehung zueinander und zur geplanten Ausbringungsmenge, so daß einerseits die Verminderung eines Faktors nicht durch eine Erhöhung eines anderen Faktors ausgeglichen werden kann und andererseits der vermehrte Einsatz nur eines Faktors über das technisch effiziente Faktoreinsatzverhältnis hinaus die Ausbringungsmenge nicht erhöht. Soll eine höhere Ausbringung erzielt werden, so ist das nur möglich, wenn ein nach Maßgabe der vorliegenden technischen Beziehungen vermehrter Einsatz aller Produktionsfaktoren erfolgt. Ein solches konstantes Faktoreinsatzverhältnis zur Erzeugung einer bestimmten Produktionsmenge bedeutet jedoch nicht, daß für limitationale Produktionsfunktionen konstante Produktionskoeffizienten vorliegen müssen, sondern es sind weiterhin auch variable Produktionskoeffizienten möglich. Je nach Art des technischen Kopplungsverhältnisses kann zwischen linearer und nichtlinearer Limitationalität unterschieden werden. Sind das technisch effiziente Faktoreinsatzverhältnis und die Produktionskoeffizienten unabhängig von der Ausbringungsmenge und der Arbeitsgeschwindigkeit (Intensität), liegt eine *linear-limitationale Produktionsfunktion* vor. Eine Verdopplung der Einsatzmengen führt dann zu einer Verdopplung der Ausbringungsmenge. Zu dieser Art von Limitationalität gehört die LEONTIEF-Produktionsfunktion.[68] In Abbildung 13 ist eine linear-limitationale Produktionsfunktion exemplarisch abgebildet. Dabei wird die Produktion von Tischen betrachtet. Es sind eine Tischplatte und vier Tischbeine zur Fertigung eines Tisches notwendig. Sollen nun zwei Tische produziert werden, sind zwei Tischplatten und acht Tischbeine erforderlich.

---

65 Vgl. *GUTENBERG*, Die Produktion (1983), S. 302, *WÖHE/DÖRING/BRÖSEL*, Einführung (2023), S. 281, *ADAM*, Grundzüge (1972), S. 154, *ADAM*, Produktions-Management (1998), S. 283, *SCHIERENBECK/WÖHLE*, Grundzüge (2016), S. 271, *FANDEL*, Produktion (2010), S. 58, *MATSCHKE*, Betriebswirtschaftslehre II (2004), S. 161, *BLOECH et al.*, Produktion (2014), S. 14, *SCHWINN*, Betriebswirtschaftslehre (1996), S. 461, *KISTNER/STEVEN*, Grundstudium (2002), S. 64.
66 Vgl. *ADAM*, Grundzüge (1972), S. 155, *ADAM*, Produktions-Management (1998), S. 287, *CORSTEN/GÖSSINGER*, Produktionswirtschaft (2016), S. 53, *SCHWINN*, Betriebswirtschaftslehre (1996), S. 462, *KISTNER/STEVEN*, Grundstudium (2002), S. 60, *JOHANNWILLE*, Produktionstheorie (2000), S. 552. Vgl. zum Produktionskoeffizienten auch die Ausführungen über die Grundformen von Stücklisten in Unterabschnitt 2.1.3.2.
67 Vgl. *GUTENBERG*, Die Produktion (1983), S. 326 ff., *WÖHE/DÖRING/BRÖSEL*, Einführung (2023), S. 283 f., *ADAM*, Grundzüge (1972), S. 155, *SCHIERENBECK/WÖHLE*, Grundzüge (2016), S. 277, *FANDEL*, Produktion (2010), S. 59 f., *MATSCHKE*, Betriebswirtschaftslehre II (2004), S. 163 f., *BLOECH et al.*, Produktion (2014), S. 40, *CORSTEN/GÖSSINGER*, Produktionswirtschaft (2016), S. 59, *SCHWINN*, Betriebswirtschaftslehre (1996), S. 463 f., *KISTNER/STEVEN*, Grundstudium (2002), S. 67, *JOHANNWILLE*, Produktionstheorie (2000), S. 548.
68 Vgl. *LEONTIEF*, Economics (1951), *LEONTIEF*, Structure (1951), *LEONTIEF*, Analysis (1966), *WÖHE/DÖRING/BRÖSEL*, Einführung (2023), S. 284, *FANDEL*, Produktion (2010), S. 153 ff., *CORSTEN/GÖSSINGER*, Produktionswirtschaft (2016), S. 87 ff., *SCHWINN*, Betriebswirtschaftslehre (1996), S. 490 f., *JOHANNWILLE*, Produktionstheorie (2000), S. 567 ff.

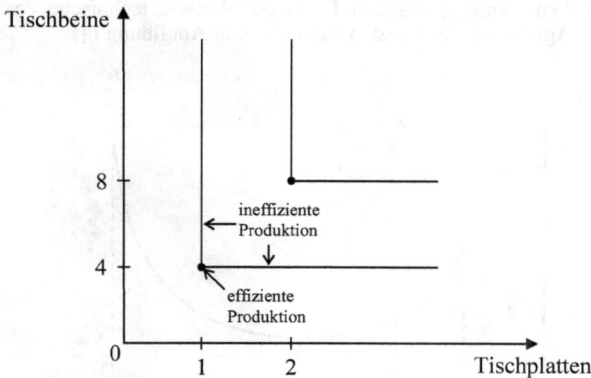

Abb. 13: Linear-limitationale Produktionsfunktion[69]

Sind hingegen das technisch effiziente Faktoreinsatzverhältnis und die Produktionskoeffizienten nicht konstant, sondern lassen sich durch Entscheidungen über die Arbeitsgeschwindigkeit (Intensität), mit der eine Maschine arbeitet, beeinflussen, liegt eine *nichtlinear-limitationale Produktionsfunktion* vor. Diese Situation trifft für die GUTENBERG-Produktionsfunktion zu.

Nach GUTENBERGS Meinung sind in der Regel in der industriellen Produktion Betriebsmittel als Potentialfaktoren (Maschinen) zwischen Faktoreinsatz und Ausbringung geschaltet, welche als Mittler das Verhältnis zwischen Faktoreinsatz und Ausbringung bestimmen (*Produktionsfunktion vom Typ B*).[70] Seine Kernaussage ist, daß man für eine Beschreibung der Beziehungen zwischen Faktoreinsatz- und Ausbringungsmengen die Bedingungen für den Einsatz der Betriebsmittel kennen muß. Diese Bedingungen werden bei GUTENBERG als *z-Situation* bezeichnet, welche alle technisch-konstruktiven Eigenschaften eines Betriebsmittels beinhaltet. Die z-Situation umfaßt z.B. für einen Verbrennungsmotor den Hubraum, die Anzahl der Ventile, das Verdichtungsverhältnis, das Drehmoment etc. Die technisch-konstruktiven Eigenschaften werden von GUTENBERG als konstant angenommen, weshalb seine Betrachtung auch eher kurzfristig und statisch ist. Langfristig kann die z-Situation je nach Konstruktion des Betriebsmittels durch Umbau und Umrüsten in Grenzen verändert werden.

Neben der z-Situation ist die *Intensität*, mit der ein Aggregat betrieben wird, ein weiterer Einflußfaktor des Faktorverbrauchs. Während die Intensität bzw. Produktionsgeschwindigkeit als *technische Leistung* dem Quotienten aus der Anzahl der technisch-physikalischen Arbeitseinheiten und der Einsatzzeit des Aggregats entspricht, ergibt sich die Intensität im Sinne der *ökonomischen Leistung* als Quotient aus der Ausbringungsmenge und der Einsatzzeit des Aggregats.

Mit Hilfe der obigen Aussagen für die Intensität lassen sich nun technische und ökonomische Verbrauchsfunktionen einführen. Die *technische Verbrauchsfunktion* gibt die Verbrauchsmenge einer Faktorart pro technisch-physikalischer Arbeitseinheit bei gegebener technischer Leistung und konstanter z-Situation an. Analog offenbart die *ökonomische Verbrauchsfunktion* die Verbrauchsmenge einer Faktorart pro Ausbringungsmengeneinheit bei gegebener ökonomi-

---

69 In Anlehnung an FANDEL, Produktion (2010), S. 60, MATSCHKE, Betriebswirtschaftslehre II (2004), S. 164, BLOECH et al., Produktion (2014), S. 40, CORSTEN/GÖSSINGER, Produktionswirtschaft (2016), S. 60.
70 Vgl., auch im folgenden, GUTENBERG, Die Produktion (1983), S. 326 ff., WÖHE/DÖRING/BRÖSEL, Einführung (2023), S. 304 ff., ADAM, Grundzüge (1972), S. 255 f., ADAM, Produktions-Management (1998), S. 319 ff., SCHIERENBECK/WÖHLE, Grundzüge (2016), S. 278-280, FANDEL, Produktion (2010), S. 165 ff., MATSCHKE, Betriebswirtschaftslehre II (2004), S. 178-186, BLOECH et al., Produktion (2014), S. 43 ff., CORSTEN/GÖSSINGER, Produktionswirtschaft (2016), S. 96 ff., SCHWINN, Betriebswirtschaftslehre (1996), S. 477 ff., JOHANNWILLE, Produktionstheorie (2000), S. 569 ff.

scher Leistung und konstanter z-Situation. Eine exemplarische technische Verbrauchsfunktion für einen auf dem Aggregat j eingesetzten Faktor h zeigt Abbildung 14.

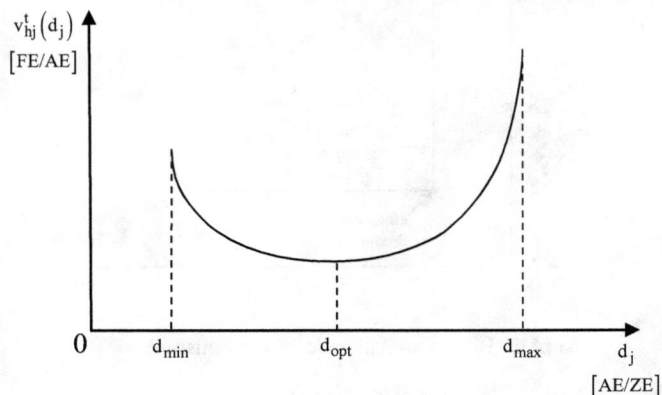

Abb. 14: Technische Verbrauchsfunktion bei kontinuierlicher Leistungsvariation[71]

In diesem Fall wird angenommen, daß sich die technische Leistung (z.B. Umdrehungen pro Minute) stufenlos zwischen einem minimalen Leistungsgrad (d_{min}) als Untergrenze und einem maximalen Leistungsgrad (d_{max}) als Obergrenze variieren läßt. Diese Grenzen sind aufgrund der technisch-konstruktiven Eigenschaften des Aggregats j gegeben. Ausgehend von der Minimalintensität nimmt mit zunehmender Leistung der Verbrauch des eingesetzten Faktors (z.B. Schmiermittelverbrauch pro Umdrehung) ab, um schließlich beim technisch optimalen Leistungsgrad (d_{opt}) sein Minimum zu erreichen. Wird die Leistung über diesen Wert hinaus erhöht, so steigt der Faktorverbrauch bis zum Erreichen der maximal möglichen Intensität an.

Lassen sich die Faktoren hingegen gegenseitig ersetzen, liegt *Substitutionalität* vor.[72] Die zum Einsatz gelangenden Produktionsfaktoren stehen in keiner festen Relation zur Ausbringung, so daß es möglich ist, die Wirkung einer Faktoreinsatzmengenverminderung auf die Ausbringung durch die Erhöhung der Einsatzmenge eines anderen Faktors auszugleichen. In Abbildung 15 ist die durch die Isoquante $\bar{M}$ repräsentierte gleiche Ausbringungsmenge beispielsweise sowohl durch die Kombination der Einsatzfaktoren r_{21} und r_{11} als auch durch die Kombination von r_{22} und r_{12} erzeugbar.[73]

---

71 In Anlehnung an *MATSCHKE*, Betriebswirtschaftslehre II (2004), S. 185, *BLOECH et al.*, Produktion (2014), S. 45, *SCHWINN*, Betriebswirtschaftslehre (1996), S. 480, *KISTNER/STEVEN*, Grundstudium (2002), S. 106.
72 Vgl. *GUTENBERG*, Die Produktion (1983), S. 303 ff., *WÖHE/DÖRING/BRÖSEL*, Einführung (2023), S. 283, *ADAM*, Grundzüge (1972), S. 155, *ADAM*, Produktions-Management (1998), S. 291 ff., *SCHIERENBECK/WÖHLE*, Grundzüge (2016), S. 272, *FANDEL*, Produktion (2010), S. 60 f., *MATSCHKE*, Betriebswirtschaftslehre II (2004), S. 162, *BLOECH et al.*, Produktion (2014), S. 13, *SCHWINN*, Betriebswirtschaftslehre (1996), S. 646 f., *KISTNER/STEVEN*, Grundstudium (2002), S. 67, *JOHANNWILLE*, Produktionstheorie (2000), S. 549.
73 Vgl. zum Begriff der Isoquante auch Unterabschnitt 2.2.2.2.

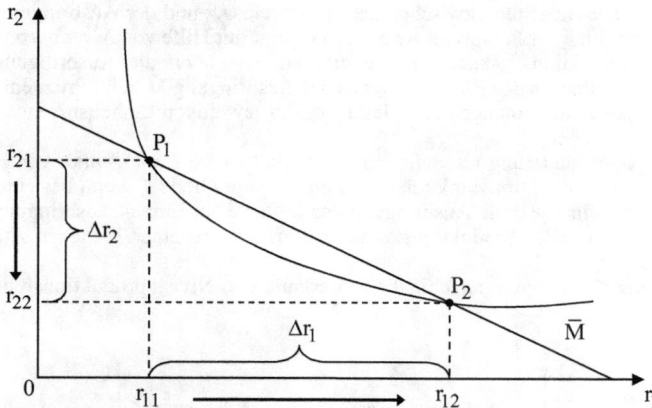

Abb. 15: Faktorsubstitution[74]

Ein weiteres Kennzeichen der Substitutionalität ist, daß die Ausbringungsmenge durch veränderte Einsatzmengen nur eines Faktors bei Konstanz der übrigen Faktormengen beeinflußt werden kann.

Hinsichtlich der Art der Substitutionalität kann man zwischen totaler und peripherer Substitutionalität unterscheiden.[75] *Totale Substitution* liegt vor, wenn ein Faktor vollständig durch einen anderen ersetzt werden kann. Die Einsatzmenge eines Faktors kann mithin auch null betragen. Dieser Fall liegt z.B. bei additiv verknüpften Produktionsfaktoren vor (vgl. Abbildung 16). *Periphere Substitution* ist dadurch gekennzeichnet, daß der Austausch der Produktionsfaktoren nur innerhalb bestimmter Grenzen möglich ist. Die Einsatzmengen aller beteiligten Faktoren müssen also grundsätzlich positiv sein. Periphere Substitutionalität liegt etwa bei multiplikativ verknüpften Produktionsfaktoren vor (vgl. Abbildung 16).

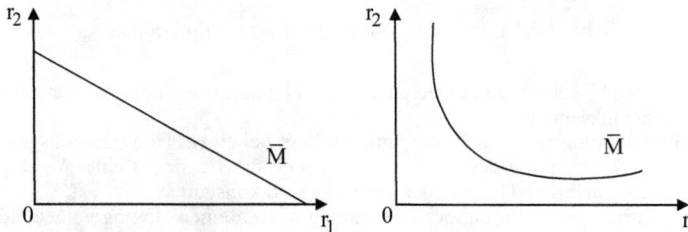

Abb. 16: Totale und periphere Substitutionalität[76]

---

74 In Anlehnung an *BLOECH et al.*, Produktion (2014), S. 31, *CORSTEN/GÖSSINGER*, Produktionswirtschaft (2016), S. 56, *SCHWINN*, Betriebswirtschaftslehre (1996), S. 473.

75 Vgl. *GUTENBERG*, Die Produktion (1983), S. 301 f., 312, *WÖHE/DÖRING/BRÖSEL*, Einführung (2023), S. 283, *ADAM*, Grundzüge (1972), S. 203, *ADAM*, Produktions-Management (1998), S. 293, *FANDEL*, Produktion (2010), S. 61, *MATSCHKE*, Betriebswirtschaftslehre II (2004), S. 161, *BLOECH et al.*, Produktion (2014), S. 13, *CORSTEN/GÖSSINGER*, Produktionswirtschaft (2016), S. 57, *JOHANNWILLE*, Produktionstheorie (2000), S. 549.

76 In Anlehnung an *FANDEL*, Produktion (2010), S. 60, *MATSCHKE*, Betriebswirtschaftslehre II (2004), S. 161, *BLOECH et al.*, Produktion (2014), S. 29 f., *CORSTEN/GÖSSINGER*, Produktionswirtschaft (2016), S. 57, *SCHWINN*, Betriebswirtschaftslehre (1996), S. 465.

Die Darstellung der Beziehung zwischen dem Faktoreinsatz und der Ausbringung bei gleichbleibendem Verhältnis der Faktoreinsatzmengen erfolgt mit Hilfe von *Niveauproduktionsfunktionen* (Skalenproduktionsfunktionen). Sie gibt an, wie hoch die Ausbringungsmenge M – gemessen als Vielfaches des Einheitsniveaus der Ausbringung M̃ beim Prozeßniveau λ = 1 – ist, wenn die Faktoreinsatzmengen ein Vielfaches des jeweiligen Einheitsniveaus der Produktionsfaktoren r̃h betragen.

Ein durch Niveauänderung feststellbarer Spezialfall ist die *Homogenität* von Produktionsfunktionen.[77] Eine Produktionsfunktion ist homogen vom Grade t, wenn bei einer Änderung des Prozeßniveaus für λ > 0 die Ausbringung das λ^t-fache der Einheitsausbringung M̃ beträgt. Ein λ-facher Einsatz aller Produktionsfaktoren führt also zu einer λ^t-fachen Ausbringungsmenge.[78]

In Abbildung 17 werden unterschiedliche Verläufe von Niveauproduktionsfunktionen dargestellt.

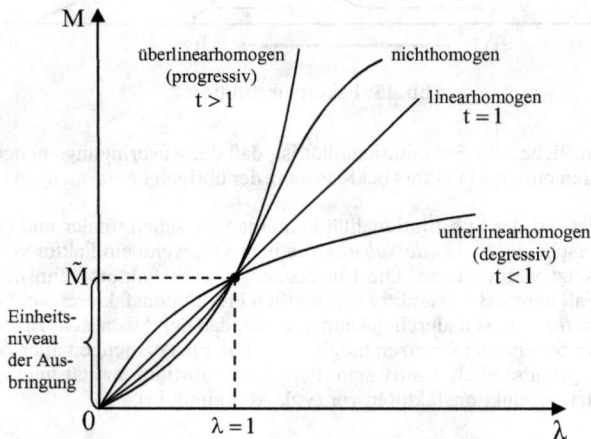

Abb. 17: Verläufe von Niveauproduktionsfunktionen[79]

Wie aus Abbildung 17 hervorgeht, unterscheidet man linear-, überlinear- und unterlinearhomogene Produktionsfunktionen.[80]

- Eine linearhomogene Produktionsfunktion liegt bei einem Homogenitätsgrad von t = 1 vor. Eine Verdopplung der Faktoreinsatzmenge führt dann zu einer Verdopplung der Ausbringungsmenge, d.h., die Skalenerträge sind konstant.
- Überlinearhomogene Produktionsfunktionen weisen einen Homogenitätsgrad von t > 1 auf. In diesem Fall bewirkt eine Faktoreinsatzmengenverdopplung eine Erhöhung der Ausbringung um mehr als das Doppelte. Derartige Funktionen weisen demzufolge steigende Skalenerträge auf.
- Führt eine Verdopplung der Faktoreinsatzmenge zu einer Steigerung der Ausbringung um weniger als das Doppelte, so liegt eine durch sinkende Skalenerträge gekennzeich-

---

77 Vgl. *ADAM*, Grundzüge (1972), S. 155, *ADAM*, Produktions-Management (1998), S. 295 f., *FANDEL*, Produktion (2010), S. 67, *BLOECH et al.*, Produktion (2014), S. 34 f., *CORSTEN/GÖSSINGER*, Produktionswirtschaft (2016), S. 55, *SCHWINN*, Betriebswirtschaftslehre (1996), S. 466, *JOHANNWILLE*, Produktionstheorie (2000), S. 550.
78 Eine Produktionsfunktion die diese Eigenschaft nicht besitzt, wird als nichthomogen bezeichnet.
79 In Anlehnung an *ADAM*, Produktions-Management (1998), S. 295.
80 Vgl. dazu auch *ADAM*, Grundzüge (1972), S. 203, *ADAM*, Produktions-Management (1998), S. 296, *FANDEL*, Produktion (2010), S. 67, *SCHWINN*, Betriebswirtschaftslehre (1996), S. 466, *JOHANNWILLE*, Produktionstheorie (2000), S. 551.

nete unterlinearhomogene Produktionsfunktion mit einem Homogenitätsgrad von t < 1 vor.

Aufgabe 7: Homogenität von Produktionsfunktionen[81]
Untersuchen Sie, ob die folgenden Produktionsfunktionen homogen sind!

$$M = r_1^{\frac{1}{2}} \cdot r_2^{\frac{1}{2}}, \quad M = r_1^{\frac{1}{2}} \cdot r_2^{\frac{1}{4}}, \quad M = r_1^3 \cdot 5r_2, \quad M = r_1 \cdot 2r_2, \quad M = r_1 + 2r_2, \quad M = r_1^3 + 5r_2.$$

Treffen Sie auch eine Aussage über die Art der eventuell vorliegenden Homogenität!

Eine zusätzliche Übungsaufgabe finden Sie hier:

https://www.degruyterbrill.com/publication/isbn/9783119145305/downloadAsset/9783119145305_Aufgabe03.pdf

---

2.2.2.2 Produktionstheorie auf der Basis substitutionaler Produktionsfunktionen

Die ersten Erkenntnisse über die als Ertragsgesetz bezeichnete Klasse substitutionaler Produktionsfunktionen wurden für die landwirtschaftliche Produktion formuliert und später auf Problemstellungen in anderen Bereichen übertragen. Dabei ist es möglich, die Kombination mehrerer Faktoren mit Hilfe ertragsgesetzlicher Produktionsfunktionen, welche von ERICH GUTENBERG als Produktionsfunktionen vom Typ A bezeichnet wurden, abzubilden.[82] Das *Ertragsgesetz* sagt aus, daß die sukzessive Vermehrung eines Produktionsfaktors bei Konstanz aller anderen Faktoreinsatzmengen zunächst zu steigenden, dann zu sinkenden und schließlich zu negativen Ertragszuwächsen führt.[83]

Im folgenden soll die Ausbringungsmenge M konstant gehalten und das Faktoreinsatzverhältnis von zwei Produktionsfaktoren analysiert werden. Um den Einfluß zweier gleichzeitig variierbarer Einsatzfaktoren auf die Ausbringungsmenge in einer gemeinsamen Produktionsfunktion graphisch zu verdeutlichen, ist eine drei-dimensionale Analyse notwendig. Es ergibt sich graphisch ein sogenanntes *Ertragsgebirge* (vgl. Abbildung 18).

Durch das Ertragsgebirge kann ein horizontaler Schnitt parallel zur r_1, r_2-Grundfläche auf der Höhe von $\overline{M}$ = konstant vorgenommen werden, welcher einem senkrechten Blick auf das Ertragsgebirge entspricht.[84] Die Ausbringungsmenge M wird also konstant gehalten und das Faktoreinsatzverhältnis der beiden Faktoren analysiert. Es ergibt sich eine wie in Abbildung 18 dargestellte Fläche, auf der alle Faktormengenkombinationen liegen, mit denen mindestens die Ausbringung M, welche der Schnitthöhe entspricht, hergestellt werden kann.[85] Dieses Schnitt-

---

81 Vgl. für zusätzliche Übungsaufgaben HERING/TOLL, BWL-Klausuren (2022), S. 52-55, ADAM, Produktions-Management (1998), S. 296, FANDEL, Produktion (2010), S. 69, BLOECH et al., Produktion (2014), S. 34 f., CORSTEN/GÖSSINGER, Übungsbuch (2017), S. 17, 21, KISTNER/STEVEN, Grundstudium (2002), S. 66, STEVEN/KISTNER, Übungsbuch (2002), S. 30-32, JOHANNWILLE, Produktionstheorie (2000), S. 549-551, FANDEL/LORTH/BLAGA, Übungsbuch (2008), S. 84 f., 89, 95 f., 102 f., 124 f.

82 Vgl., auch im folgenden, GUTENBERG, Die Produktion (1983), S. 303 ff., WÖHE/DÖRING/BRÖSEL, Einführung (2023), S. 299 ff., ADAM, Produktions-Management (1998), S. 300 ff., SCHIERENBECK/WÖHLE, Grundzüge (2016), S. 272 ff., FANDEL, Produktion (2010), S. 130 ff., MATSCHKE, Betriebswirtschaftslehre II (2004), S. 164 ff., BLOECH et al., Produktion (2014), S. 18 ff., CORSTEN/GÖSSINGER, Produktionswirtschaft (2016), S. 82 ff., SCHWINN, Betriebswirtschaftslehre (1996), S. 467 ff., JOHANNWILLE, Produktionstheorie (2000), S. 555 ff.

83 Vgl. GUTENBERG, Die Produktion (1983), S. 308 f., ADAM, Grundzüge (1972), S. 204, ADAM, Produktions-Management (1998), S. 301, FANDEL, Produktion (2010), S. 130, MATSCHKE, Betriebswirtschaftslehre II (2004), S. 164, BLOECH et al., Produktion (2014), S. 19, CORSTEN/GÖSSINGER, Produktionswirtschaft (2016), S. 83, SCHWINN, Betriebswirtschaftslehre (1996), S. 468, JOHANNWILLE, Produktionstheorie (2000), S. 555.

84 Die Analyse beschränkt sich mithin auf zwei Dimensionen.

85 Vgl. BLOECH et al., Produktion (2014), S. 28.

prinzip führt daher zur Isoquantendarstellung des Ertragsgesetzes. *Isoquanten* sind Linien gleicher Ausbringungsmenge, die durch unterschiedliche Faktoreinsatzmengenkombinationen erreicht werden.[86]

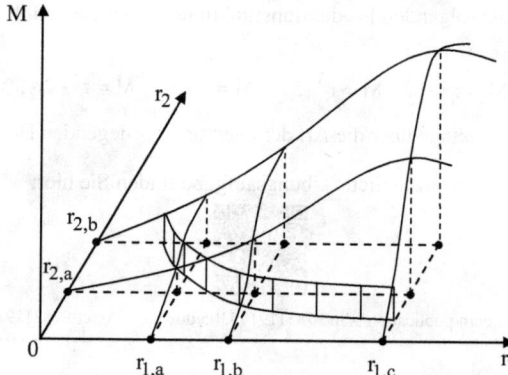

Abb. 18: Ertragsgebirge[87]

Aufgabe 8: Isoquatengleichungen[88]
Bestimmen Sie die Isoquantengleichungen für die folgenden Produktionsfunktionen!

$$M = \sqrt{r_1 \cdot r_2} \, , \; M = r_1^{\frac{1}{2}} \cdot r_2^{\frac{1}{4}} \, , \; M = r_1^3 \cdot 5 r_2 \, , \; M = r_1 \cdot 2 r_2 \, , \; M = r_1 + 2 r_2 \, , \; M = r_1^3 + 5 r_2 \, .$$

Eine zusätzliche Übungsaufgabe finden Sie hier:

https://www.degruyterbrill.com/publication/isbn/9783119145305/downloadAsset/9783119145305_Aufgabe04.pdf

---

Die in Abbildung 19 gestrichelten Isoquantenabschnitte zeigen ineffiziente Faktoreinsatzmengenkombinationen zur Produktion der Ausbringung $\bar{M}$, da diese Menge statt mit der Faktormengenkombination in Punkt P z.B. mit allen auf der Kurve zwischen P_1 und P_2 liegenden Kombinationen erzeugt werden könnte.[89] Alle Kombinationen dieses Bereichs, mit Ausnahme des Punkts P_2, ermöglichen den Einsatz geringerer Mengen beider Einsatzfaktoren. Punkt P_2 würde einen geringeren Einsatz des Faktors 2 zulassen. Eine Substitution ist demnach nur dann technisch sinnvoll, wenn der steigende Einsatz eines Faktors von einer verminderten Einsatzmenge

86 Vgl. *GUTENBERG*, Die Produktion (1983), S. 314, *ADAM*, Grundzüge (1972), S. 206, *MATSCHKE*, Betriebswirtschaftslehre II (2004), S. 168, *BLOECH et al.*, Produktion (2014), S. 29, *CORSTEN/GÖSSINGER*, Produktionswirtschaft (2016), S. 56, *SCHWINN*, Betriebswirtschaftslehre (1996), S. 470, *KISTNER/STEVEN*, Grundstudium (2002), S. 67.
87 In Anlehnung an *GUTENBERG*, Die Produktion (1983), S. 313, *WÖHE/DÖRING/BRÖSEL*, Einführung (2023), S. 283, *BLOECH et al.*, Produktion (2014), S. 28, *SCHWINN*, Betriebswirtschaftslehre (1996), S. 470.
88 Vgl. für zusätzliche Übungsaufgaben *HERING/TOLL*, BWL-Klausuren (2022), S. 47-49, *CORSTEN/GÖSSINGER*, Übungsbuch (2017), S. 21, 23, *KISTNER/STEVEN*, Grundstudium (2002), S. 70, *STEVEN/KISTNER*, Übungsbuch (2000), S. 33 f., 41 f., *JOHANNWILLE*, Produktionstheorie (2000), S. 563 f.
89 Vgl. *ADAM*, Grundzüge (1972), S. 206, *ADAM*, Produktions-Management (1998), S. 303, *MATSCHKE*, Betriebswirtschaftslehre II (2004), S. 162, *BLOECH et al.*, Produktion (2014), S. 29.

des anderen Faktors begleitet wird. Technisch effiziente Faktoreinsatzmengenkombinationen für gegebene Ausbringungsniveaus können sich nur im fallenden Bereich der Isoquante (Kurvenverlauf von P_1 bis P_3) befinden. Dieser durch eine waage- und senkrechte Tangente abgrenzbare Bereich wird als *Substitutionsgebiet* bezeichnet.[90] Welche der effizienten Faktoreinsatzmengenkombinationen am zweckmäßigsten ist, hängt von den Preisen der Faktoren ab. Dieser Frage ist im Rahmen der Kostentheorie nachzugehen (vgl. Abschnitt 2.2.1 sowie 2.2.3).

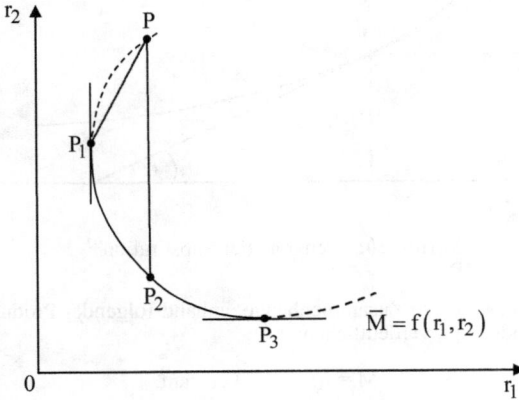

Abb. 19: Isoquante mit technisch effizienten und ineffizienten Faktoreinsatzmengenkombinationen[91]

Fragt man sich, welche Einsatzmenge eines Produktionsfaktors bei konstanter Ausbringungsmenge notwendig ist, um eine infinitesimal kleine Einheit eines anderen Faktors zu ersetzen, so ist die *Grenzrate der Substitution (GRS)* gesucht.[92] Sie gibt also das marginale Faktoraustauschverhältnis an. Mathematisch wird die Grenzrate der Substitution des Faktors r_2 durch den Faktor r_1 ($GRS_{2,1}$) durch den Differentialquotienten dr_2/dr_1 ausgedrückt. Die Grenzrate der Substitution entspricht der Steigung der Tangente am Punkt P (vgl. Abbildung 20).

---

90 Vgl. *ADAM*, Produktions-Management (1998), S. 304, *SCHIERENBECK/WÖHLE*, Grundzüge (2016), S. 274, *BLOECH et al.*, Produktion (2014), S. 29, *SCHWINN*, Betriebswirtschaftslehre (1996), S. 471 f.
91 In Anlehnung an *ADAM*, Produktions-Management (1998), S. 303 f., *MATSCHKE*, Betriebswirtschaftslehre II (2004), S. 163, *BLOECH et al.*, Produktion (2014), S. 28, *SCHWINN*, Betriebswirtschaftslehre (1996), S. 471, *JOHANN-WILLE*, Produktionstheorie (2000), S. 565.
92 Vgl. *GUTENBERG*, Die Produktion (1983), S. 314, *ADAM*, Grundzüge (1972), S. 206, *ADAM*, Produktions-Management (1998), S. 304, *SCHIERENBECK/WÖHLE*, Grundzüge (2016), S. 274, *FANDEL*, Produktion (2010), S. 123, *MATSCHKE*, Betriebswirtschaftslehre II (2004), S. 195, *BLOECH et al.*, Produktion (2014), S. 31, *CORSTEN/GÖS-SINGER*, Produktionswirtschaft (2016), S. 57 f., *SCHWINN*, Betriebswirtschaftslehre (1996), S. 472, *KISTNER/STEVEN*, Grundstudium (2002), S. 70.

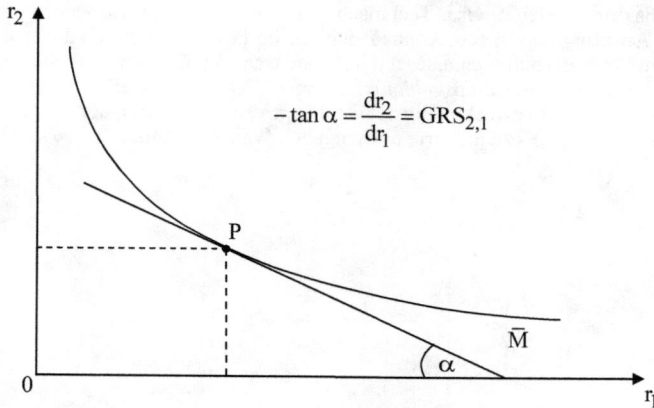

Abb. 20: Grenzrate der Substitution[93]

Mathematisch lassen sich diese Zusammenhänge, anhand folgender Produktionsfunktion, die der Isoquante zugrunde liegt, verdeutlichen:[94]

$$M = f(r_1, r_2) = \text{konstant}.$$

In Bezug auf eine Isoquante gilt, daß die Ausbringung bei Variation der Faktoreinsatzmengen unverändert bleibt. Die isolierte Wirkung einer infinitesimal kleinen Änderung eines Faktors bezeichnet man als partielles Differential: $\partial M / \partial r_h \cdot dr_h$. Ist nun gefragt, wie sich die Ausbringungsmenge bei einer infinitesimal kleinen Einsatzmengenvariation aller Faktoren ändert, dann muß die Summe der partiellen Differentiale gebildet werden, welche man das *totale Grenzprodukt* bzw. das *totale Differential* nennt. Bei einer Beschränkung der Analyse auf zwei Faktoren lautet das totale Differential:

$$dM = \frac{\partial M}{\partial r_1} \cdot dr_1 + \frac{\partial M}{\partial r_2} \cdot dr_2.$$

Da auf einer Isoquante definitionsgemäß eine Variation der Faktoreinsatzmengen zu keiner Veränderung der Ausbringungsmenge führt, muß das totale Differential oder Grenzprodukt bei Bewegungen auf der Isoquante gleich null sein (dM = 0):

$$dM = \frac{\partial M}{\partial r_1} \cdot dr_1 + \frac{\partial M}{\partial r_2} \cdot dr_2 = 0 \quad \Leftrightarrow \quad \frac{\partial M}{\partial r_1} \cdot dr_1 = -\frac{\partial M}{\partial r_2} \cdot dr_2.$$

Die ausbringungssteigernde Wirkung der Erhöhung eines Produktionsfaktors wird durch die produktionsvermindernde Wirkung der Verringerung des anderen Faktors auf der Isoquante genau ausgeglichen.

---

93 In Anlehnung an *FANDEL*, Produktion (2010), S. 124, *MATSCHKE*, Betriebswirtschaftslehre II (2004), S. 196, *BLOECH et al.*, Produktion (2014), S. 32.
94 Vgl. zur Herleitung Grenzrate der Substitution (GRS$_{2,1}$) *GUTENBERG*, Die Produktion (1983), S. 315, *ADAM*, Grundzüge (1972), S. 207 f., *ADAM*, Produktions-Management (1998), S. 308 f., *MATSCHKE*, Betriebswirtschaftslehre II (2004), S. 195, *BLOECH et al.*, Produktion (2014), S. 32, *KISTNER/STEVEN*, Grundstudium (2002), S. 78.

Obige Gleichung läßt sich auch schreiben als:

$$GRS_{2,1} = \frac{dr_2}{dr_1} = -\frac{\frac{\partial M}{\partial r_1}}{\frac{\partial M}{\partial r_2}}.$$

Die Grenzrate der Substitution entspricht bei einer Bewegung auf der Isoquante folglich dem negativen reziproken Verhältnis der Grenzproduktivitäten. Das negative Vorzeichen auf der rechten Seite der Gleichung besagt, daß der Quotient aus den infinitesimalen Faktoränderungen (dr_2/dr_1) einen negativen Wert annehmen muß. Die beiden Variationsmengen dürfen also bei jeweils zwei positiven Grenzproduktivitäten weder beide positiv noch beide negativ sein. Damit es bei einer Variation der Faktoreinsatzmengen nicht zu einer Veränderung der Ausbringungsmenge kommt, also ein Ausgleichseffekt eintritt, muß eine der beiden Variationsmengen positiv und die andere negativ sein. Aus der Gleichung der Grenzrate der Substitution wird deutlich, daß die kompensierende Menge des ersetzenden Faktors r_1 um so größer sein muß, je niedriger die Grenzproduktivität dieses Faktors im Verhältnis zu der des zu ersetzenden Faktors r_2 ist.

Die Grenzproduktivitäten und die laut obiger Gleichung zwischen ihnen bestehenden Beziehungen können daher zum Kriterium für die Bestimmung der als technisch indifferent anzusehenden Faktoreinsatzmengenkombinationen gemacht werden. Anhand dieses Kriteriums kann man jedoch nicht ermitteln, welche dieser möglichen Faktorkombinationen realisiert werden soll. Die ökonomisch zu realisierende Kombination ist diejenige, die am wenigsten kostet. Die Beantwortung dieser von den Faktorpreisen abhängenden Frage erfolgt im Rahmen der Kostentheorie (vgl. Abschnitt 2.2.1 sowie 2.2.3).

2.2.3 Kostentheorie

2.2.3.1 Grundbegriffe der Kostentheorie

Kosten sind die bewerteten Verbrauchsmengen der zur Leistungserstellung eingesetzten Produktionsfaktoren.[95] Der Kostenbegriff besitzt somit ein Wert- und ein Mengengerüst. Für die Verknüpfung von Wert- und Mengengerüst sind verschiedene Modelle entwickelt worden, welche die Grundlage einer eigenständigen Kostenwerttheorie liefern. Die einfachste Hypothese der Kostenbestimmung lautet, den Faktorverbrauch nur dann mit Geldeinheiten zu bewerten, wenn mit ihm ursächlich Geldauszahlungen verbunden sind. Der produktionsbezogene Faktorverbrauch wird demzufolge mit den Preisen des Beschaffungsmarkts bewertet. Folglich dienen diesem *pagatorischen Kostenbegriff* grundsätzlich die Anschaffungspreise als Bewertungsmaßstab.[96] Im Gegensatz zur pagatorischen Kostenbewertung geht der *wertmäßige Kostenbegriff* von individuellen, subjektiven Nutzenvorstellungen bei der Bewertung aus.[97] Die Bewertung des Güterverzehrs baut nicht allein auf den Gegebenheiten des Beschaffungsmarkts auf, sondern bezieht die gesamte Unternehmenssituation und die Zielsetzung des Wirtschaftens ein. Der wertmäßige Kostenbegriff versucht also den Faktorverbrauch im Rahmen des allgemeinen betrieblichen Entscheidungsfelds zu betrachten und die alternative Verwendungsmöglichkeit der Produktionsfaktoren (Opportunitätskosten) im Bewertungsansatz zu berücksichtigen. Demnach wird der Wert eines Produktionsfaktors nicht nur durch dessen Beschaffungspreis, sondern ferner durch den Knappheitsgrad des betreffenden Faktors bestimmt. Zur Wertermittlung

---

95 Vgl. *GUTENBERG*, Die Produktion (1983), S. 338, *WÖHE/DÖRING/BRÖSEL*, Einführung (2023), S. 288, *ADAM*, Produktions-Management (1998), S. 264, *MATSCHKE*, Betriebswirtschaftslehre II (2004), S. 190, *BLOECH et al.*, Produktion (2014), S. 11, *CORSTEN/GÖSSINGER*, Produktionswirtschaft (2016), S. 125 f., *SCHWINN*, Betriebswirtschaftslehre (1996), S. 495, *KISTNER/STEVEN*, Grundstudium (2002), S. 80.

96 Vgl. *ADAM*, Produktions-Management (1998), S. 266, *FANDEL*, Produktion (2010), S. 294 f., *CORSTEN/GÖSSINGER*, Produktionswirtschaft (2016), S. 128.

97 Vgl. *ADAM*, Produktions-Management (1998), S. 267 ff., *FANDEL*, Produktion (2010), S. 293 f., *CORSTEN/GÖSSINGER*, Produktionswirtschaft (2016), S. 128.

werden die verbrauchten Faktoren mit ihrem Grenznutzen, d.h. dem Nutzenbeitrag der letzten von diesem Faktor eingesetzten Mengeneinheit, bewertet. Den folgenden Überlegungen liegt ein wertmäßiger Kostenbegriff zugrunde.

Nach der Einführung des Kostenbegriffs ist der Frage nachzugehen, welche Größen für die Höhe der in einer Unternehmung auftretenden Kosten bestimmend sind. Diese Größen werden in der Literatur als *Kosteneinflußgrößen* bezeichnet.[98] Formal stellen sie die unabhängigen Variablen einer Kostenfunktion dar. Nach GUTENBERG ist die Höhe der Kosten vor allem von der Beschäftigung (z.B. Ausbringung M im Ein-Produkt-Fall), der Qualität der Produktionsfaktoren, dem Preis der Einsatzfaktoren, der Betriebsgröße und dem Produktionsprogramm abhängig. Bei der Analyse der Auswirkungen der Kosteneinflußgrößen auf die Höhe der Kosten im Rahmen einer kurzfristigen Kostenpolitik ist zu beachten, daß die grundsätzlich als Aktionsparameter der Unternehmung anzusehenden Kosteneinflußgrößen Produktionsprogramm, Betriebsgröße und Faktorqualität sowie der von der Unternehmung durch Entscheidungen nicht unmittelbar beeinflußbare Faktorpreis als Daten anzusehen sind. Die Planungssituation ist folglich bereits durch in der Vergangenheit getroffene und realisierte Entscheidungen restringiert. Damit ist lediglich die Beschäftigung kurzfristig variierbar, weshalb zumeist auch nur sie als unabhängige Variable einer Kostenfunktion zugrunde gelegt wird.

Wird lediglich die Beschäftigung, gemessen an der Ausbringungsmenge, als Kosteneinflußgröße betrachtet, so stellt sich im Rahmen der Analyse von Kostenverläufen die Frage, wie sich Veränderungen in den Ausbringungsmengen der Produkte auf das Kostenniveau des Unternehmens auswirken.[99] Unter der Annahme, daß das Unternehmen nur eine Produktart mit der Menge M in einem einstufigen Prozeß herstellt, kann die Abhängigkeit der gesamten Produktionskosten K_T von den Ausbringungen M eines Produkts durch die funktionale Beziehung $K_T = K_T(M)$ dargestellt werden. Zur Charakterisierung von Kostenverläufen bedient man sich verschiedener mathematischer Begriffe, welche die Eigenschaften von Kostenfunktionen unter bestimmten Aspekten in einzelnen Kostenbeziehungen zum Ausdruck bringen sollen. Die dazu typischerweise verwendeten speziellen Kostenbegriffe und die ihnen entsprechenden funktionalen Beziehungen sollen im folgenden besprochen werden. Dabei wird exemplarisch ein linearer Gesamtkostenverlauf unterstellt.

Gesamtkosten K_T – Dimension Geldeinheit [GE]: Unter Gesamtkosten versteht man den gesamten Kostenbetrag, der bei der Herstellung der Ausbringungsmenge M in der betrachteten Planungs-Totalperiode (T) anfällt.

$$K_T = K_T(M).$$

Die Gesamtkosten setzen sich aus variablen und fixen Kosten zusammen.

Variable Gesamtkosten K_V – Dimension [GE]: Als variable Gesamtkosten wird der Teil der Gesamtkosten K_T bezeichnet, dessen Höhe mit Änderungen der Ausbringungsmenge M variiert.

$$K_V = K_V(M).$$

Typische Beispiele für variable Kosten sind Akkordlöhne, Energiekosten eines zur Produktion eingesetzten Betriebsmittels und der bewertete Rohstoffverbrauch.

Fixe Kosten K_f – Dimension [GE]: Fixe Kosten sind diejenigen Kosten, die sich nicht mit der Beschäftigung ändern, d.h., auch wenn die Ausbringungsmenge in einer Periode gleich null

---

98 Vgl. GUTENBERG, Die Produktion (1983), S. 344 ff., WÖHE/DÖRING/BRÖSEL, Einführung (2023), S. 297 f., ADAM, Produktions-Management (1998), S. 261 ff., FANDEL, Produktion (2010), S. 295 ff., MATSCHKE, Betriebswirtschaftslehre II (2004), S. 190 ff., CORSTEN/GÖSSINGER, Produktionswirtschaft (2016), S. 128-130, SCHWINN, Betriebswirtschaftslehre (1996), S. 495 f., KISTNER/STEVEN, Grundstudium (2002), S. 116 ff., JOHANNWILLE, Produktionstheorie (2000), S. 577 f.
99 Vgl., auch im folgenden, GUTENBERG, Die Produktion (1983), S. 338 ff., WÖHE/DÖRING/BRÖSEL, Einführung (2023), S. 292-296, ADAM, Produktions-Management (1998), S. 278 f., 312 f., FANDEL, Produktion (2010), S. 302 ff., CORSTEN/GÖSSINGER, Produktionswirtschaft (2016), S. 131-134, KISTNER/STEVEN, Grundstudium (2002), S. 80 ff.

ist, fallen fixe Kosten an. Sie werden durch die Aufrechterhaltung der Betriebsbereitschaft verursacht, weshalb man diese Kosten auch Bereitschaftskosten nennt. Beispiele für fixe Kosten hinsichtlich eines Betriebsmittels sind etwa die Zeitabschreibungen oder Versicherungskosten, sofern speziell für das Betriebsmittel eine Versicherung abgeschlossen wurde.

Wie oben bereits angedeutet, resultieren die Gesamtkosten aus der Addition der fixen und variablen (Gesamt-)Kosten.

$$K_T(M) = K_f + K_v(M).$$

Graphisch stellt sich der in Abbildung 21 dargestellte Kostenverlauf ein, wenn sich die variablen Kosten proportional zur Beschäftigung M verhalten.

$$K_T(M) = K_f + k_v \cdot M.$$

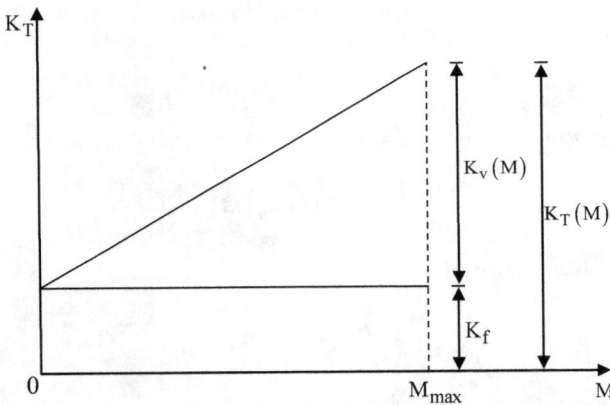

Abb. 21: Linearer Gesamtkostenverlauf[100]

Bezieht man die bisher dargestellten Kostengrößen auf die dazugehörige Ausbringungsmenge, so erhält man die folgenden Stückkostenbegriffe, welche der Kostenumlegung auf die hergestellten Mengeneinheiten dienen.

Gesamtkosten pro Stück $k_T(M)$ – Dimension [GE/ME]: Die Gesamtkosten pro Stück (auch totale Stückkosten) sind als Quotient aus den Gesamtkosten und der Ausbringungsmenge definiert.

$$k_T(M) = \frac{K_T(M)}{M}.$$

Die totalen Stückkosten zeigen also an, was eine Erzeugniseinheit kostet.

---

100 In Anlehnung an *GUTENBERG*, Die Produktion (1983), S. 340, *WÖHE/DÖRING/BRÖSEL*, Einführung (2023), S. 293, *CORSTEN/GÖSSINGER*, Produktionswirtschaft (2016), S. 132.

Variable Kosten pro Stück $k_v(M)$ – Dimension [GE/ME]: Die variablen Stückkosten ergeben sich aus der Division der variablen Gesamtkosten durch die Ausbringungsmenge.

$$k_v(M) = \frac{K_v(M)}{M}.$$

Für $K_v(M) = k_v \cdot M$ gilt: $k_v(M) = k_v = $ konstant.

Fixe Kosten pro Stück $k_f(M)$ – Dimension [GE/ME]: Der Quotient aus den fixen Kosten und der Ausbringungsmenge stellt die fixen Stückkosten dar.

$$k_f(M) = \frac{K_f}{M}.$$

Wie zu erkennen ist, sind die fixen Kosten pro Stück von der Ausbringungsmenge abhängig. Sie sinken mit steigender Beschäftigung (Fixkostendegression).

Gemäß der Beziehung für die *Gesamtkosten*

$$K_T(M) = K_f + K_v(M).$$

setzen sich die *totalen Stückkosten* aus den fixen und variablen Stückkosten zusammen.

$$k_T(M) = \frac{K_T(M)}{M} = k_f(M) + k_v(M) = \frac{K_f}{M} + \frac{K_v(M)}{M}.$$

Bei linearen variablen Kosten gilt:

$$k_T(M) = \frac{K_f}{M} + k_v.$$

Graphisch lassen sich diese Zusammenhänge wie folgt darstellen.

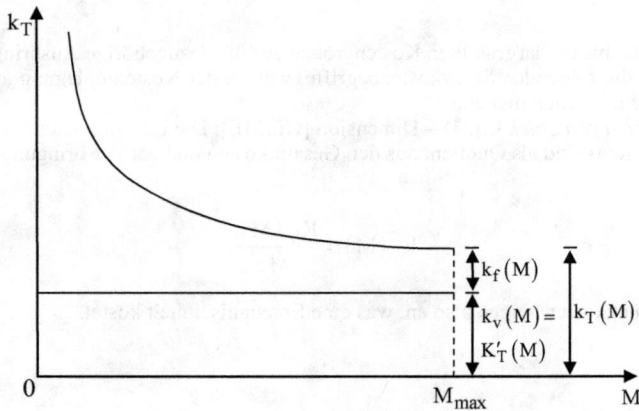

Abb. 22: Stückkosten[101]

---

101 In Anlehnung an *GUTENBERG*, Die Produktion (1983), S. 340, *WÖHE/DÖRING/BRÖSEL*, Einführung (2023), S. 296, *CORSTEN/GÖSSINGER*, Produktionswirtschaft (2016), S. 133.

Grenzkosten $K'_T(M)$ – Dimension [GE/ME]: Unter der Voraussetzung einer differenzierbaren Gesamtkostenfunktion werden die Grenzkosten durch die erste Ableitung dieser Funktion nach der Ausbringungsmenge bestimmt.

$$K'_T(M) = \frac{dK_T(M)}{dM} = \frac{dK_f}{dM} + \frac{dK_v(M)}{dM} = \frac{dK_v(M)}{dM} = K'_v(M).$$

Im linearen Fall resultiert speziell $K'_T(M) = k_v$.

Die Grenzkosten offenbaren mithin, wie sich die Gesamtkosten bei einer marginalen Variation der Ausbringungsmenge verhalten, d.h., sie geben die Steigung der Gesamtkostenfunktion an dem Punkt einer bestimmten Ausbringungsmenge M an.[102] Diese entspricht der Steigung der variablen Kostenfunktion, da die Ableitung der fixen Kosten nach der Ausbringungsmenge gleich null ist ($K'_f = 0$). Aufgrund des exemplarisch betrachteten linearen Gesamtkostenverlaufs sind daher sowohl die variablen Stückkosten als auch die Grenzkosten konstant und entsprechen sich gegenseitig, wie Abbildung 22 zeigt.

2.2.3.2 Produktionsaufteilungsplanung auf der Basis substitutionaler Produktionsfunktionen

Die bisher abgeleiteten produktionstheoretischen Grundlagen sind nunmehr das Fundament, auf dem eine Analyse des Problems einer optimalen bzw. kostenminimalen Produktionsaufteilung vorgenommen werden kann. Dabei basiert die *Analyse des Kostenverlaufs ertragsgesetzlicher Produktionsfunktionen* auf der Annahme konstanter Preise für die Produktionsfaktoren.

Gegenstand der folgenden Überlegungen ist die Frage, wie sich der Kostenverlauf gestaltet, wenn die Einsatzmengen von zwei Faktoren variiert werden. Im Rahmen der oben durchgeführten Analyse des Ertragsgesetzes im Zwei-Faktoren-Fall bei konstanter Ausbringungsmenge wurde lediglich die technische Effizienz der Produktion betrachtet. Es wurden also nur die Faktoreinsatzmengenkombinationen gesucht, die die Herstellung einer gegebenen Ausbringungsmenge ohne Faktorverschwendung ermöglichen. Die Frage nach der ökonomisch effizienten Faktorkombination blieb bislang unbeantwortet. Im Rahmen der Kostentheorie werden die Faktorpreise mit in die Betrachtung einbezogen. Je nach Höhe der Faktorpreise verursachen die als technisch indifferent anzusehenden Faktormengenkombinationen auf der Isoquante unterschiedlich hohe Kosten, so daß diejenige Faktoreinsatzmengenkombination zu finden ist, die bei der Produktion einer vorgegebenen Ausbringungsmenge M die geringsten Kosten verursacht (*Minimalkostenkombination*).[103]

Werden die Preise der Faktoren r_1 und r_2 mit q_1 und q_2 bezeichnet und als konstant betrachtet, so ergibt sich folgende Kostenfunktion:

$$K_T = q_1 \cdot r_1 + q_2 \cdot r_2 =: K. \text{ (Das T sei im folgenden weggelassen.)}$$

Löst man diese Gleichung nach r_2 für einen gegebenen Kostenbetrag $\bar{K}$ auf, erhält man eine Isokostenkurve, welche den geometrischen Ort aller Faktoreinsatzmengenkombinationen darstellt, die die gleichen Kosten $\bar{K}$ verursachen:

$$r_2 = \frac{\bar{K}}{q_2} - \frac{q_1}{q_2} \cdot r_1.$$

---

102 Vgl. *CORSTEN/GÖSSINGER*, Produktionswirtschaft (2016), S. 134.
103 Vgl., auch im folgenden, *GUTENBERG*, Die Produktion (1983), S. 315-318, *ADAM*, Produktions-Management (1998), S. 313-315, *FANDEL*, Produktion (2010), S. 309 ff., *MATSCHKE*, Betriebswirtschaftslehre II (2004), S. 192 ff., *BLOECH et al.*, Produktion (2014), S. 36 f., *CORSTEN/GÖSSINGER*, Produktionswirtschaft (2016), S. 136-139, *SCHWINN*, Betriebswirtschaftslehre (1996), S. 474-476, *KISTNER/STEVEN*, Grundstudium (2002), S. 81 ff.

Werden wie in Abbildung 23 konstante Preise betrachtet, verläuft die Isokostenkurve linear fallend (Isokostenlinie). Je höher die Kosten $\bar{K}$, desto weiter außen liegt die Isokostenlinie (beachte Achsenabschnitte $\bar{K}/q_2$ bzw. $\bar{K}/q_1$).

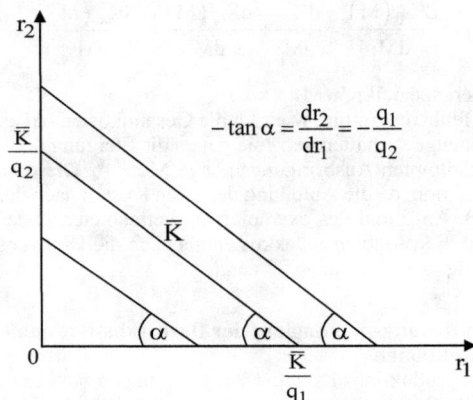

Abb. 23: Isokostenlinie[104]

Wird nun von einer bestimmten Isoquante mit einer geforderten Ausbringungsmenge $\bar{M}$ ausgegangen, so verursacht diejenige Faktoreinsatzmengenkombination die geringsten Kosten, bei der die Isoquante im technisch effizienten Bereich mit der am weitesten untenliegenden Isokostenkurve im Einklang steht, also von dieser gerade tangiert wird (vgl. Abbildung 24).

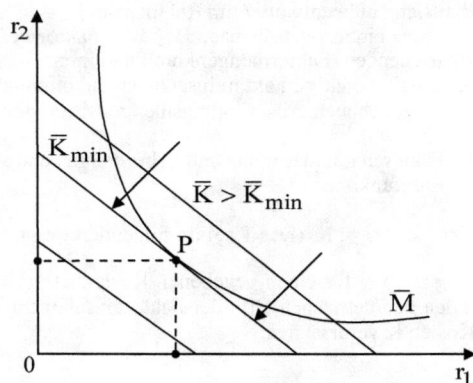

Abb. 24: Minimalkostenkombination[105]

---

104 In Anlehnung an *BLOECH et al.*, Produktion (2014), S. 36, *CORSTEN/GÖSSINGER*, Produktionswirtschaft (2016), S. 137.
105 In Anlehnung an *BLOECH et al.*, Produktion (2014), S. 37.

In dem als *Minimalkostenkombination* bezeichneten Punkt P entspricht die Steigung der Isoquante (GRS) der Steigung der Isokostenkurve:

$$\frac{dr_2}{dr_1} = -\frac{q_1}{q_2}.$$

Da die Grenzrate der Substitution des Faktors r_2 durch den Faktor r_1 dem negativen reziproken Verhältnis der Faktorgrenzproduktivitäten entspricht, gilt in Punkt P zugleich, daß sich die Faktorpreise wie ihre Grenzproduktivitäten verhalten:[106]

$$GRS_{2,1} = \frac{dr_2}{dr_1} = -\frac{\dfrac{\partial M}{\partial r_1}}{\dfrac{\partial M}{\partial r_2}} = -\frac{q_1}{q_2}.$$

In ökonomischer Hinsicht bedeutet dies, daß es sinnvoll ist, bei einer gegebenen Ausbringungsmenge einen Faktor durch einen anderen peripher zu ersetzen, wenn die Grenzproduktivitäten und die Preise dieser Faktoren in einem unterschiedlichen Verhältnis zueinander stehen.[107]

Aufgabe 9: Minimalkostenkombination[108]
Gegeben sei die folgende substitutionale Produktionsfunktion: $M = r_1^3 \cdot 5r_2$. Die Preise der beiden Einsatzfaktoren betragen $q_1 = 60$ und $q_2 = 2$.
  a) Bestimmen Sie die Grenzrate der Substitution des Faktors 2 durch den Faktor 1 ($GRS_{2,1}$) für die angegebene Produktionsfunktion, und ermitteln Sie anschließend den Expansionspfad! Geben Sie dazu die Beziehung an, die im Kostenminimum zwischen $GRS_{2,1}$ und den Faktorpreisen q_1 und q_2 gilt!
  b) Mit welchen Faktoreinsatzmengen r_1 und r_2 wird die Menge $M = 31.250$ kostenminimal hergestellt? Wie hoch sind die minimalen Kosten?

Eine zusätzliche Übungsaufgabe finden Sie hier:

https://www.degruyterbrill.com/publication/isbn/9783119145305/downloadAsset/9783119145305_Aufgabe05.pdf

---

2.2.3.3 Losgrößenplanung
Die im Unterabschnitt 2.1.3.2 ermittelten Materialbedarfsmengen können sowohl durch Fremdbezug von Lieferanten gedeckt als auch im Rahmen der Eigenfertigung erstellt werden. Während im ersten Fall von einer Bestellmenge (vgl. Unterabschnitt 2.1.3.3) gesprochen wird, findet im Rahmen der im folgenden betrachteten Eigenfertigung der Begriff *Produktionsauftrag bzw. Los* Verwendung, worunter die Menge eines Einzelteils, Bauteils oder Fertigprodukts zu verste-

---

106 Vgl. zur Herleitung Grenzrate der Substitution ($GRS_{2,1}$) aus dem totalen Differential Unterabschnitt 2.2.2.2.
107 Vgl. zur Herleitung der Minimalkostenkombination mittels Lagrange-Ansatz FANDEL, Produktion (2010), S. 314-316, CORSTEN/GÖSSINGER, Produktionswirtschaft (2016), S. 139 f., HERING/TOLL, BWL-Klausuren (2022), S. 61-65.
108 Vgl. für zusätzliche Übungsaufgaben HERING/TOLL, BWL-Klausuren (2022), S. 65-67, MATSCHKE, Betriebswirtschaftslehre II (2004), S. 198 f., BLOECH et al., Produktion (2014), S. 38 f., CORSTEN/GÖSSINGER, Produktionswirtschaft (2016), S. 140 f., SCHWINN, Betriebswirtschaftslehre (1996), S. 510 f., KISTNER/STEVEN, Grundstudium (2002), S. 83 f., STEVEN/KISTNER, Übungsbuch (2000), S. 44-46.

hen ist, die ohne Unterbrechung durch die Unternehmung auf ein und derselben Anlage erstellt werden soll.[109]

Hinsichtlich der Planung dieser Losgrößen tritt das Problem auf, daß mehrere produktions- und in der Regel auch absatzverwandte Erzeugnisse (Sorten) in größeren Mengen als geschlossene Posten (Lose) nacheinander auf derselben Produktionsanlage gefertigt werden (Sortenfertigung), weshalb bei jedem Sortenwechsel der Produktionsprozeß unterbrochen und das betreffende Aggregat auf die Erfordernisse der neu aufzulegenden Produktart umgestellt werden muß.[110] Diese Umrüstungsvorgänge verursachen Rüstkosten und erfordern Zeit, so daß ein Unternehmen im Sinne möglichst niedriger Rüstzeiten bzw. -kosten bestrebt sein wird, eine größere Menge gleichartiger Produkte als geschlossenen Posten (Los) hintereinander auf einer Produktionsanlage zu fertigen. Dabei muß jedoch bedacht werden, daß mit großen Losen hohe Lagerbestände verbunden sind, die entsprechend hohe Lagerkosten mit sich bringen. Gegenstand der Losgrößenplanung ist es, für diese gegenläufigen Kostenentwicklungen das Kostenminimum und damit die optimale Losgröße zu ermitteln.[111]

Die zu minimierenden Gesamtkosten der Eigenfertigung können analog zur Vorgehensweise bei der optimalen Bestellmenge in drei Gruppen eingeteilt werden, nämlich in die

- Herstellkosten,
- Lagerkosten und
- Fehlmengenkosten.

Die *Herstellkosten* können in unmittelbare und mittelbare Herstellkosten unterteilt werden. Während die unmittelbaren Herstellkosten in direktem Zusammenhang mit der Erstellung und Bearbeitung der selbstgefertigten Produkte stehen (Material- und Produktionskosten), resultieren die mittelbaren Herstellkosten aus den zur Produktion eines neuen Loses notwendigen Umstellungsarbeiten (*Rüstkosten*). Letztere sind von der Größe des aufzulegenden Loses unabhängig.[112] Sie ergeben sich aus Lohn-, Material- und Werkzeugkosten, sie werden durch die Umrüstungsarbeiten verursacht. Bezüglich der *Lager- und Fehlmengenkosten* gelten die zur Bestellmengenplanung gemachten Ausführungen (vgl. Unterabschnitt 2.1.3.3).[113]

Das *Grundmodell der optimalen Losgröße* ist weitgehend identisch mit dem Modell zur Bestimmung der optimalen Bestellmenge (vgl. Unterabschnitt 2.1.3.3), wobei das zu lösende Problem nunmehr aus der gegenläufigen Entwicklung der Lagerkosten ($K_L(y) = y/2 \cdot Cl \cdot T$) und Rüstkosten ($K_R(y) = n \cdot Cr$) resultiert.

Die *optimale Losgröße bei unendlicher Produktionsgeschwindigkeit* (klassische Losgrößenformel) lautet:[114]

$$y^{opt} = \sqrt{\frac{2 \cdot R \cdot Cr}{Cl \cdot T}} = \sqrt{\frac{2 \cdot V \cdot Cr}{Cl}},$$

109 Vgl. GUTENBERG, Die Produktion (1983), S. 201, WÖHE/DÖRING/BRÖSEL, Einführung (2023), S. 298, BLOECH *et al.*, Produktion (2014), S. 217 f.

110 Vgl. GUTENBERG, Die Produktion (1983), S. 203, WÖHE/DÖRING/BRÖSEL, Einführung (2023), S. 333 f., ADAM, Produktionsdurchführungsplanung (1990), S. 842, ADAM, Produktions-Management (1998), S. 476.

111 Vgl. GUTENBERG, Die Produktion (1983), S. 201 f., ADAM, Produktionsdurchführungsplanung (1990), S. 843 f., ADAM, Produktions-Management (1998), S. 475 f., BLOECH *et al.*, Produktion (2014), S. 218, KISTNER/STEVEN, Grundstudium (2002), S. 246.

112 Vgl. GUTENBERG, Die Produktion (1983), S. 203 f., WÖHE/DÖRING/BRÖSEL, Einführung (2023), S. 333, ADAM, Produktionsdurchführungsplanung (1990), S. 849, ADAM, Produktions-Management (1998), S. 477 f., BLOECH *et al.*, Produktion (2014), S. 218 f., CORSTEN/GÖSSINGER, Produktionswirtschaft (2016), S. 499.

113 Vgl. GUTENBERG, Die Produktion (1983), S. 204 f., ADAM, Produktionsdurchführungsplanung (1990), S. 849, ADAM, Produktions-Management (1998), S. 479, BLOECH *et al.*, Produktion (2014), S. 219.

114 Vgl. WÖHE/DÖRING/BRÖSEL, Einführung (2023), S. 334, CORSTEN/GÖSSINGER, Produktionswirtschaft (2016), S. 500, FANDEL/FISTEK/STÜTZ, Produktionsmanagement (2011), S. 601. Vgl. zum Herleitungsprozeß GUTENBERG, Die Produktion (1983), S. 205 f., BLOECH *et al.*, Produktion (2014), S. 220 ff.

mit R = Gesamtbedarf (= V · T), V = Verbrauchsrate, Cr = Rüstkostensatz, Cl = Lagerkostensatz (= b_H · i), b_H = Herstellkosten pro ME, i = Kapitalbindungskostensatz,
T = Länge des Planungszeitraums.

Mit der optimalen Losgröße y^{opt} sind gleichzeitig festgelegt:
- die optimale Rüsthäufigkeit n^{opt} = R/y^{opt} = V·T/y^{opt} und
- die optimale Lagerzykluszeit t^{opt} = T/n^{opt} = y^{opt}/V.

Aufgabe 10: Optimale Losgröße bei unendlicher Produktionsgeschwindigkeit[115]
Für eine Losgrößenplanung bei unendlicher Produktionsgeschwindigkeit sei folgende Beispiel-
situation gegeben:
- Verbrauchsrate := V = 400 Stück pro Monat,
- unmittelbare Herstellungskosten: = b_H = 5 € pro Stück,
- Rüstkosten: = Cr = 1 € pro Rüstvorgang,
- Lagerkostensatz: = Cl = 0,5 € pro Stück und Monat.

Ermitteln Sie die optimale Losgröße bei unendlicher Produktionsgeschwindigkeit. Wie hoch ist
die optimale Rüsthäufigkeit pro Monat (= 30 Tage) und pro Jahr (= 360 Tage)? Bestimmen Sie
die auf das Jahr bezogenen Lager-, Rüst- und Gesamtkosten!

Da in der Realität davon auszugehen ist, daß die Produktionsgeschwindigkeit einen endlichen
Wert annimmt, welcher größer oder kleiner sein kann als die Verbrauchsgeschwindigkeit, wird
im folgenden die unrealistische Annahme einer unendlich hohen Produktionsgeschwindigkeit
aufgehoben. In Verbindung mit dem Vorliegen einer „offenen" oder „geschlossenen" Produktion ergeben sich bei *endlicher Produktionsgeschwindigkeit* je nach Situation unterschiedlich
hohe Werte für die optimale Losgröße. Während von *offener Produktion* gesprochen wird,
wenn eine produzierte Mengeneinheit sofort nach ihrer Bearbeitung in der betrachteten Ferti-
gungsstufe zur Weiterverarbeitung oder zum Verkauf bereitsteht, auch wenn das Los noch nicht
komplett fertiggestellt wurde, muß bei *geschlossener Produktion* das Los komplett fertiggestellt
sein, bevor Mengeneinheiten daraus weiterverarbeitet oder verkauft werden können.[116]
  Die Analyse soll sich zunächst auf die Situation bei *offener Produktion* konzentrieren (vgl.
Abbildung 25). Dabei wird angenommen, daß die Produktionsrate P größer ist als die Ver-
brauchsrate V (P > V).[117] Ergänzend sind die folgenden Symbole einzuführen:
- P   [ME/ZE]   Produktionsrate
- V   [ME/ZE]   Verbrauchsrate
- t_P [ZE]   Produktionszeitraum
- t_f [ZE]   „freie" Zeit
- t_V [ZE]   Verbrauchszeitraum → t_V = t_P + t_f
- L_{max}[ME]   maximaler Lagerbestand

Da eine offene Produktion dadurch gekennzeichnet ist, daß bereits während des Produktions-
zeitraums des Loses ein gleichzeitiger Verbrauch von Produkten möglich ist, ergibt sich eine
Lagerzuwachsrate von P – V, welche in Abbildung 25 durch den Tangens des Winkels α dargestellt ist.

---

115 Vgl. für zusätzliche Übungsaufgaben *HERING/TOLL*, BWL-Klausuren (2022), S. 76-78, *GUTENBERG*, Die Produktion (1983), S. 207, *WÖHE/DÖRING/BRÖSEL*, Einführung (2023), S. 334, *WÖHE/KAISER/DÖRING*, Übungsbuch
(2023), S. 173, *BLOECH et al.*, Produktion (2014), S. 272, *JUNG*, Betriebswirtschaftslehre (2016), S. 498, *THOMMEN
et al.*, Arbeitsbuch (2022), S. 92 f., *FANDEL/FISTEK/STÜTZ*, Produktionsmanagement (2011), S. 603-610, *AMELY*,
Formeln (2024), S. 46, *FANDEL/GIESECKE/TROCKEL*, Übungsbuch (2018), S. 226 f., 341-343.
116 Vgl. *ADAM*, Produktionsdurchführungsplanung (1990), S. 900, *BLOECH et al.*, Produktion (2014), S. 223, *COR-
STEN/GÖSSINGER*, Produktionswirtschaft (2016), S. 500 ff.
117 Vgl., auch im folgenden, *GUTENBERG*, Die Produktion (1983), S. 201-208, *ADAM*, Produktionsdurchführungsplanung (1990), S. 852-855, *ADAM*, Produktions-Management (1998), S. 479-484, *BLOECH et al.*, Produktion (2014),
S. 223 ff., *CORSTEN/GÖSSINGER*, Produktionswirtschaft (2016), S. 500 f., *KISTNER/STEVEN*, Grundstudium (2002),
S. 245 ff., *FANDEL/FISTEK/STÜTZ*, Produktionsmanagement (2011), S. 601.

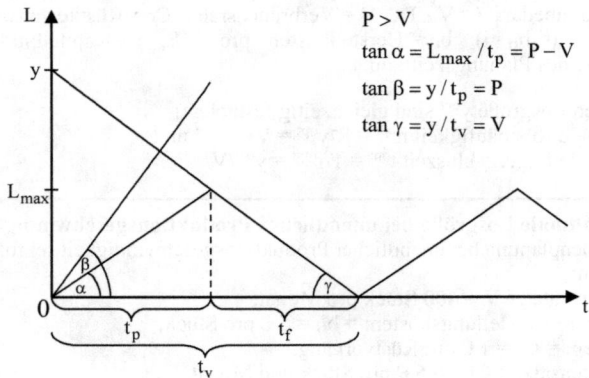

Zum Diagramm gehörende Angaben:

$$P > V$$
$$\tan \alpha = L_{max} / t_p = P - V$$
$$\tan \beta = y / t_p = P$$
$$\tan \gamma = y / t_v = V$$

Abb. 25: Lagerbestandsentwicklung bei offener Produktion[118]

Obige Abbildung zeigt, daß im Produktionszeitraum t_P das gesamte Los herzustellen ist, während es über den gesamten Verbrauchszeitraum t_V verbraucht wird:

$$t_P \cdot P = y = t_V \cdot V \quad \rightarrow \quad t_P = \frac{y}{P} \quad \text{und} \quad t_V = \frac{y}{V}.$$

Der maximale Lagerbestand L_{max} beträgt daher:

$$L_{max} = (P - V) \cdot t_P = (P - V) \cdot \frac{y}{P} = y \cdot \left(1 - \frac{V}{P}\right).$$

Da während des Verbrauchszeitraums t_V durchschnittlich die Hälfte des maximalen Lagerbestandes L_{max} auf Lager liegt, lautet die Lagerkostenfunktion für den gesamten Planungszeitraum T:

$$K_L(y) = \frac{L_{max}}{2} \cdot Cl \cdot T = \frac{y}{2} \cdot \left(1 - \frac{V}{P}\right) \cdot Cl \cdot T.$$

Für die Rüstkosten gilt:

$$K_R(y) = \frac{V \cdot T}{y} \cdot Cr.$$

Als Summe von Lager- und Rüstkosten stellt sich die zu minimierende Gesamtkostenfunktion ein:

$$K_T(y) = K_L(y) + K_R(y) = \frac{y}{2} \cdot \left(1 - \frac{V}{P}\right) \cdot Cl \cdot T + \frac{V \cdot T}{y} \cdot Cr \quad \rightarrow \quad \text{min.}$$

---

[118] In Anlehnung an *BLOECH et al.*, Produktion (2014), S. 224.

Nach Differentiation und Nullsetzen ergibt sich die Formel zur Ermittlung der *optimalen Losgröße bei endlicher Produktionsgeschwindigkeit und offener Produktion* sowie P > V:[119]

$$y^{opt} = \sqrt{\frac{2 \cdot V \cdot Cr}{Cl \cdot \left(1 - \dfrac{V}{P}\right)}} \cdot$$

Für eine unendlich hohe Produktionsgeschwindigkeit (P → ∞) wird der Term 1 − V/P zu eins, so daß obige Formel in die klassische Losgrößen- bzw. Bestellmengenformel übergeht.

Aufgabe 11: Optimale Losgröße bei endlicher Produktionsgeschwindigkeit und offener Produktion[120]

Der am Greifswalder Bodden ansässige Anglerausrüster „Rute und Rolle" vertreibt in mühevoller Detailarbeit selbst hergestellte Perlmuttblinker. Die unmittelbaren Herstellungskosten betragen 10 € pro Stück. Es ist zu überlegen, welche Menge an Perlmuttblinkern ohne Unterbrechung durch die Unternehmung auf ein und derselben Anlage erstellt werden soll. Während die Auflage eines jeden neuen Loses Rüstkosten in Höhe von 1 € pro Rüstvorgang erfordert, beträgt der Lagerkostensatz 0,50 € pro Stück und Monat. Ermitteln Sie die optimale Losgröße bei endlicher Produktionsgeschwindigkeit und offener Produktion! Hierzu sei unterstellt, daß die Produktionsrate P = 2.500 Stück pro Monat und die Verbrauchsrate V = 500 Stück pro Monat beträgt. Wie hoch ist die optimale Rüsthäufigkeit pro Monat (= 30 Tage) und pro Jahr (= 360 Tage)? Bestimmen Sie den maximalen Lagerbestand sowie die auf das Jahr bezogenen Lager- und Rüstkosten!

Eine zusätzliche Übungsaufgabe finden Sie hier:

https://www.degruyterbrill.com/publication/isbn/9783119145305/downloadAsset/9783119145305_Aufgabe06.pdf

---

Im Mittelpunkt der folgenden Betrachtung steht die *geschlossene Produktion*, welche dadurch charakterisiert ist, daß das Los komplett fertiggestellt sein muß, bevor Mengeneinheiten daraus weiterverarbeitet oder verkauft werden können.[121] Bei einem gegebenen Lagerbestand zu t = 0 in Höhe von null ist somit zunächst das gesamte Los y im Produktionszeitraum zu fertigen. Dieses Los wird anschließend im Verbrauchszeitraum vollständig im Rahmen der Weiterverarbeitung verbraucht. Zur permanenten Bedarfsdeckung muß daher t_P Zeiteinheiten vor dem Verbrauch der letzten Mengeneinheit des Loses mit der Produktion eines neuen Loses begonnen werden (vgl. Abbildung 26). Ergänzend sind die folgenden Symbole einzuführen:

- L_{min} [ME]   minimaler Lagerbestand
- L_{durch} [ME]   durchschnittlicher Lagerbestand

---

119 Vgl. *ADAM*, Produktions-Management (1998), S. 483, *MATSCHKE*, Betriebswirtschaftslehre II (2004), S. 49, *BLOECH et al.*, Produktion (2014), S. 225, *CORSTEN/GÖSSINGER*, Produktionswirtschaft (2016), S. 501, *KISTNER/STEVEN*, Grundstudium (2002), S. 247.
120 Vgl. für zusätzliche Übungsaufgaben *HERING/TOLL*, BWL-Klausuren (2022), S. 78-84, 89-93, *ADAM*, Produktionsdurchführungsplanung (1990), S. 856, 873, *ADAM*, Produktions-Management (1998), S. 484, *KISTNER/STEVEN*, Grundstudium (2002), S. 248, *STEVEN/KISTNER*, Übungsbuch (2000), S. 127, *FANDEL/FISTEK/STÜTZ*, Produktionsmanagement (2011), S. 603-607, *FANDEL/GIESECKE/TROCKEL*, Übungsbuch (2018), S. 258 f.
121 Vgl., auch im folgenden, *BLOECH et al.*, Produktion (2014), S. 227 ff., *CORSTEN/GÖSSINGER*, Produktionswirtschaft (2016), S. 502.

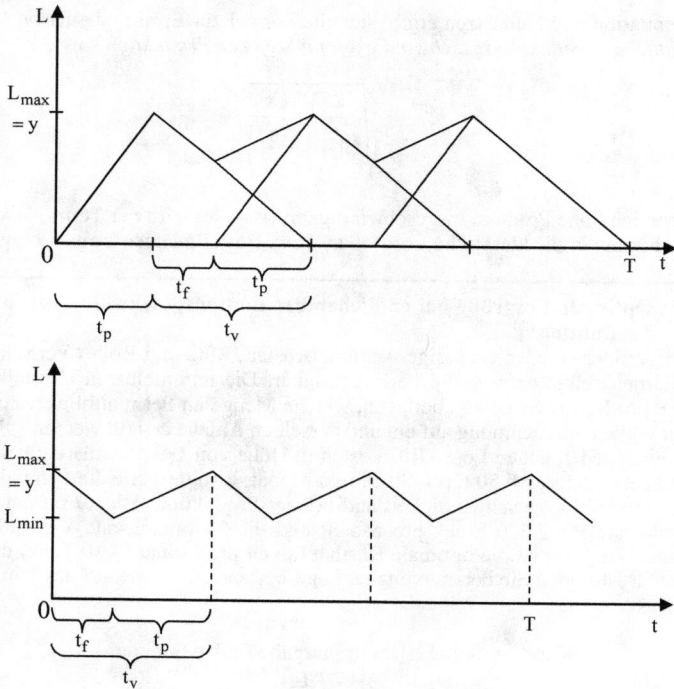

Abb. 26: Lagerbestandsentwicklung bei geschlossener Produktion[122]

Während der maximale Lagerbestand L_{max} bei geschlossener Produktion mit der aufzulegenden Losgröße y übereinstimmt, gilt für den minimalen Lagerbestand L_{min}:

$$L_{min} = y - t_f \cdot V = t_P \cdot V = \frac{y}{P} \cdot V .$$

Daher ergibt sich der für die Lagerkostenfunktion maßgebliche durchschnittliche Lagerbestand nach der Funktion:

$$L_{durch} = \frac{(L_{max} + L_{min})}{2} = \left(\frac{y + t_P \cdot V}{2} \right) = \frac{y}{2} \cdot \left(1 + \frac{V}{P} \right) .$$

Unter Berücksichtigung des durchschnittlichen Lagerbestands resultiert folgende Lagerkostenfunktion für den gesamten Planungszeitraum T:

$$K_L(y) = \frac{y}{2} \cdot \left(1 + \frac{V}{P} \right) \cdot Cl \cdot T .$$

---

122 In Anlehnung an *BLOECH et al.*, Produktion (2014), S. 228.

4. Termintreue: Mit diesem Ziel möchte man Überschreitungen der Fertigstellungstermine verhindern, da diese etwa mit Konventionalstrafen und dem Verlust von Kunden verbunden sein können.

Bezogen auf die abgeleiteten Zielgrößen der Ablaufplanung existiert bei Werkstattfertigung in der Regel eine Zielkonkurrenz.[133] Dies bedeutet, daß mit einer weitergehenden Realisierung des einen Ziels der Grad der Erfüllung des anderen Ziels abnimmt. Soll beispielsweise die Kapazitätsauslastung maximiert werden, so bedingt dies, daß aufgrund unterschiedlicher Bearbeitungsreihenfolgen und Produktionszeiten der Aufträge wartende Aufträge vor den Maschinen eingeplant werden müssen, um auf diese Weise Leerzeiten der Maschinen auszuschließen. Diese Vorgehensweise führt jedoch zu Wartezeiten der Aufträge und somit zu höheren Durchlaufzeiten. Folgendes Beispiel soll dieses *Dilemma der Ablaufplanung bei Werkstattfertigung*, welches sich aufgrund der konkurrierenden Beziehung zwischen dem Ziel der Maximierung der Kapazitätsauslastung und dem Ziel der Minimierung der Durchlaufzeit ergibt, verdeutlichen.[134] In Abbildung 27 sind dazu drei Maschinen mit ungleichen Kapazitäten dargestellt. Exemplarisch wird die Produktion eines Erzeugnisses unterstellt, dessen Fertigung die Herstellung mehrerer Einzelteile bedingt. Die Einzelteile sind auf den Maschinen A, B und C in dieser Reihenfolge zu bearbeiten. Sofern für alle drei Maschinen nahezu der gleiche Arbeitsbedarf vorliegt und der Arbeitsumfang ausreicht, die Maschine A voll auszulasten, bildet sich aufgrund der vergleichsweise geringeren quantitativen Kapazität der Maschine B ein Zwischenlager vor diesem Aggregat. Diese Situation widerspricht jedoch dem Ziel der Minimierung der Durchlaufzeit. Soll hingegen die Durchlaufzeit minimiert werden, so ist dies nur für diejenige Produktionsmenge möglich, die durch die Engpaßkapazität der Maschine B determiniert wird. In diesem Fall verfehlen dann die Maschinen A und C in Höhe der jeweils schraffierten Rechtecke das Ziel der maximalen Kapazitätsauslastung.

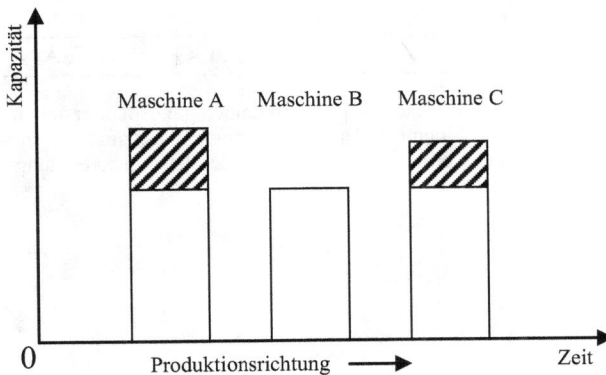

Abb. 27: Zusammenwirken ungleicher Maschinenkapazitäten[135]

Die *Fließfertigung* weist in dieser Hinsicht günstigere Voraussetzungen auf. Da sie die einzelnen Arbeitsgänge durch einen kontinuierlichen Prozeß miteinander verbindet, in dem alle zeitlich und fertigungstechnisch voneinander abhängigen Arbeitsvorgänge hintereinander geschal-

133 Vgl. *GUTENBERG*, Die Produktion (1983), S. 215 ff., *WÖHE/DÖRING/BRÖSEL*, Einführung (2023), S. 341, *ADAM*, Produktionsdurchführungsplanung (1990), S. 738 f., 742 f., *ADAM*, Produktions-Management (1998), S. 535, 549, *MATSCHKE*, Betriebswirtschaftslehre II (2004), S. 101, *BLOECH et al.*, Produktion (2014), S. 239, *SCHWINN*, Betriebswirtschaftslehre (1996), S. 325 ff., *FANDEL/FISTEK/STÜTZ*, Produktionsmanagement (2011), S. 722 f.
134 Vgl., auch im folgenden, *SCHWINN*, Betriebswirtschaftslehre (1996), S. 327 f.
135 In Anlehnung an *SCHWINN*, Betriebswirtschaftslehre (1996), S. 328.

tet werden, *kennt* die Fließfertigung das *Dilemma der Ablaufplanung nicht.*[136] Die zeitliche Abstimmung der Arbeitsoperationen aufeinander bewirkt, daß die Leerzeiten der Arbeitsplätze (manueller und maschineller Art) und die Wartezeiten des Materials stets gleich groß sind, weshalb eine Minimierung der Gesamtdurchlaufzeit auch zu einer Minimierung der Leerzeiten führt.

Zur Unterstützung der Ablaufplanung existieren eine Reihe von Visualisierungstechniken.[137] So lassen sich die Ergebnisse der Ablaufplanung etwa mit Hilfe von GANTT-*Diagrammen* graphisch darstellen.[138] In ihnen können entweder die Maschinenfolgen oder die Auftragsfolgen im Zeitablauf veranschaulicht werden. Je nachdem, ob das GANTT-Diagramm aus der Sichtweise der Maschinen oder der Aufträge aufgestellt wird, lassen sich ein Maschinenbelegungsdiagramm und ein Auftragsfolgediagramm unterscheiden. Entsprechend werden auf der Ordinate des GANTT-Diagramms die Maschinen bzw. die Aufträge und auf der Abszisse die Zeiteinheiten abgetragen.

Zur Veranschaulichung wird die Erstellung eines Maschinenbelegungs- und eines Auftragsfolgediagramms am Beispiel erläutert:
- Ein Unternehmen hat einen Gesamtauftrag zu einem bestimmten Termin fertigzustellen.
- Der Gesamtauftrag läßt sich in die Teilaufträge (1) und (2) zerlegen.
- Beide Teilaufträge beanspruchen die Maschinen A, B und C technologisch bedingt in unterschiedlicher Reihenfolge, wobei die Zahlen in Tabelle 4 die jeweilige Bearbeitungszeit in Stunden angeben.

Tab. 4: Beispieldaten zur Maschinenbelegungs- und Auftragsfolgeplanung

Maschine / Teilauftrag	A	B	C	technisch gebotene Reihenfolge
(1)	3	4	3	A, B, C
(2)	2	2	6	B, C, A

Auf Grundlage obiger Daten läßt sich ein Maschinenbelegungsplan erstellen. Dieser gibt an, wie lange die einzelnen Maschinen mit den Teilaufträgen belegt sind und in welcher Reihenfolge die Aufträge bearbeitet werden. Das entsprechende Maschinenbelegungsdiagramm ist in Abbildung 28 dargestellt.

---

136 Vgl. GUTENBERG, Die Produktion (1983), S. 216, ADAM, Produktionsdurchführungsplanung (1990), S. 786, ADAM, Produktions-Management (1998), S. 535.

137 Vgl. ADAM, Produktions-Management (1998), S. 556 ff.

138 Vgl., auch im folgenden, GUTENBERG, Die Produktion (1983), S. 218-220, WÖHE/DÖRING/BRÖSEL, Einführung (2023), S. 341 f., ADAM, Produktionsdurchführungsplanung (1990), S. 761 f., ADAM, Produktions-Management (1998), S. 558 f., MATSCHKE, Betriebswirtschaftslehre II (2004), S. 100-104, BLOECH et al., Produktion (2014), S. 247 f., CORSTEN/GÖSSINGER, Produktionswirtschaft (2016), S. 542-544, JUNG, Betriebswirtschaftslehre (2016), S. 514 f., FANDEL/FISTEK/STÜTZ, Produktionsmanagement (2011), S. 734 ff.

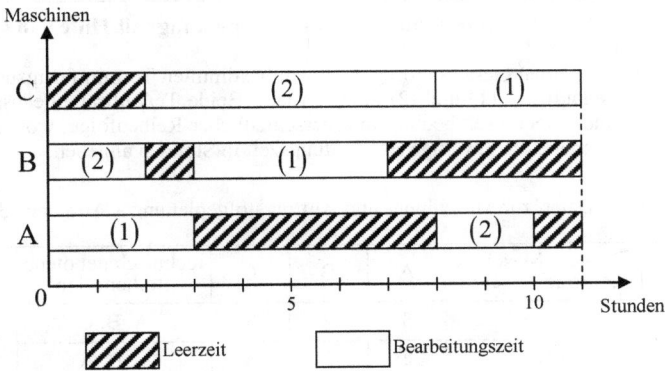

Abb. 28: Maschinenbelegungsdiagramm

Aus dem Maschinenbelegungsdiagramm sind die Produktions- und Leerzeiten an den einzelnen Maschinen (Kapazitätsauslastung) sehr gut ersichtlich, während sich die Arbeitsfortschritte an den einzelnen Aufträgen nur schwer erkennen lassen. Wird bei der Ablaufplanung vor allem darauf Wert gelegt, die Durchlaufzeiten der einzelnen Aufträge transparent zu machen, ist ein Auftragsfolgediagramm zu verwenden (vgl. Abbildung 29).

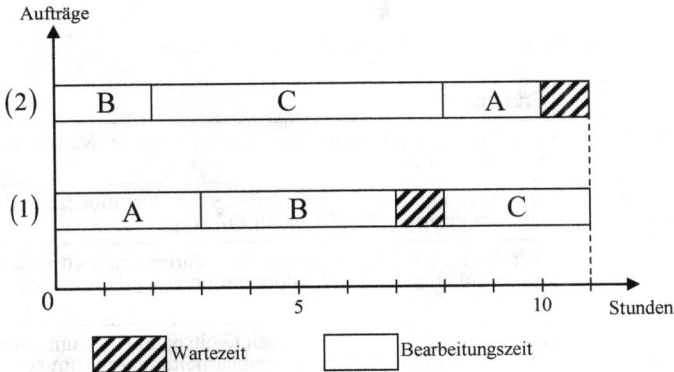

Abb. 29: Auftragsfolgediagramm

Aus dem Auftragsfolgediagramm können die Bearbeitungszeiten, Wartezeiten und der Fertigstellungstermin der einzelnen Teilaufträge entnommen werden.

Aufgabe 13: Maschinenbelegungs- und Auftragsfolgeplanung mit Hilfe von GANTT-Diagrammen[139]

Ein Unternehmen hat einen Gesamtauftrag zu einem bestimmten Termin fertigzustellen, welcher sich in die Teilaufträge (1) und (2) zerlegen läßt. Beide Teilaufträge beanspruchen die Maschinen A, B und C technisch bedingt in unterschiedlicher Reihenfolge, wobei die Zahlen in untenstehender Tabelle die jeweilige Bearbeitungszeit in Stunden angeben.

Tab. 5: Daten zur Maschinen- und Auftragsfolgeplanung – Aufgabe 13

Maschine Teilauftrag	A	B	C	technisch gebotene Reihenfolge
(1)	3	4	3	A, B, C
(2)	2	2	6	C, B, A

Erstellen Sie zur Visualisierung und Unterstützung der zeitlichen Ablaufplanung ein Maschinenbelegungsdiagramm und ein Auftragsfolgediagramm!

Für die Lösung des Auftragsreihenfolge- bzw. Maschinenbelegungsproblems haben sich in der Praxis vor allem *Prioritätsregeln* etabliert (vgl. Tabelle 6).[140] Sie dienen dazu, beim Auftreten von vor einer Maschine wartenden Aufträgen durch die Vergabe von Dringlichkeitsziffern einzelnen Aufträgen hinsichtlich ihrer Bearbeitung an den entsprechenden Maschinen Vorrang gegenüber der Bearbeitung anderer Aufträge einzuräumen.

Tab. 6: Auswahl einfacher Prioritätsregeln[141]

Regel	Erklärung
first-come-first-served	Der Auftrag mit der längsten Wartezeit vor der Maschine genießt Vorrang.
kürzeste/längste Operationszeit	Der Auftrag mit der kürzesten/längsten Operationszeit erhält die höchste Priorität (KOZ-Regel/LOZ-Regel).
Fertigungsrestzeitregel	Der Auftrag mit der kürzesten Restbearbeitungszeit in den noch zu durchlaufenden Produktionsstationen wird als nächster bearbeitet.
Schlupfzeitregel	Der Auftrag, dessen Schlupfzeit (Zeitspanne bis zum vereinbarten Liefertermin abzüglich Restbearbeitungszeit) am geringsten ist, erhält Vorrang.
dynamische Wertregel	Der Auftrag mit dem höchsten Produktwert (Kapitalbindung) erhält die höchste Priorität.

---

139 Vgl. für zusätzliche Übungsaufgaben *HERING/TOLL*, BWL-Klausuren (2022), S. 97-103, *WÖHE/DÖRING/BRÖSEL*, Einführung (2023), S. 340-342, *SCHIERENBECK/WÖHLE*, Übungsbuch (2011), S. 73, *BLOECH et al.*, Produktion (2014), S. 274 f., *CORSTEN/GÖSSINGER*, Produktionswirtschaft (2016), S. 543 f., *CORSTEN/GÖSSINGER*, Übungsbuch (2017), S. 130 f., *FANDEL/FISTEK/STÜTZ*, Produktionsmanagement (2011), S. 734 ff.
140 Vgl. *GUTENBERG*, Die Produktion (1983), S. 220 f., *WÖHE/DÖRING/BRÖSEL*, Einführung (2023), S. 342, *ADAM*, Produktionsdurchführungsplanung (1990), S. 775, *ADAM*, Produktions-Management (1998), S. 566 f., *KISTNER/STEVEN*, Maschinenbelegungsplanung (1990), S. 66 f., *MATSCHKE*, Betriebswirtschaftslehre II (2004), S. 104-107, *BLOECH et al.*, Produktion (2014), S. 257 f., *CORSTEN/GÖSSINGER*, Produktionswirtschaft (2016), S. 569 ff., *SCHWINN*, Betriebswirtschaftslehre (1996), S. 325 ff., *FANDEL/FISTEK/STÜTZ*, Produktionsmanagement (2011), S. 759 ff.
141 In Anlehnung an *CORSTEN/GÖSSINGER*, Produktionswirtschaft (2016), S. 570.

2.2.4 Produktionsprogrammplanung

2.2.4.1 Überblick über die Produktionsprogrammplanung

Im Rahmen der Produktionsprogrammplanung ist von einer Unternehmung eine marktgerechte und zukunftsorientierte Auswahl der in einem bestimmten Zeitraum zu produzierenden Erzeugnisse nach Art und Menge zu treffen.[142] Hinsichtlich der Fristigkeit der Planung sowie der Bedeutung der Entscheidungen für den Unternehmenserfolg wird zwischen der strategischen, operativen und taktischen Produktionsprogrammplanung unterschieden.[143]

Ziel der *strategischen* oder *langfristigen Produktionsprogrammplanung* ist die Sicherung der Überlebensfähigkeit des Unternehmens. Ihr obliegt daher die Aufgabe, durch die Wahl geeigneter Produktfelder Erfolgspotentiale für das Unternehmen und dessen Geschäfts- und Funktionsbereiche aufzubauen, auszubauen und zu erhalten. Ein Produktfeld umfaßt dabei alle Produkte, die sich auf ein allgemeineres Grundprodukt zurückführen lassen.

Die *operative* oder *mittelfristige Produktionsprogrammplanung* hat die Aufgabe, die in strategischen Programmen festgelegten Produktfelder zu konkretisieren. Im Ergebnis führt die mittelfristige Produktionsprogrammplanung zu Entscheidungen über die

- Breite des Produktionsprogramms, d.h. über die Anzahl der auf einem Markt anzubietenden Erzeugnisse aus den jeweiligen Produktfeldern,
- Tiefe des Produktionsprogramms, d.h. über die Anzahl der Produktionsstufen, die ein Erzeugnis durchläuft, sowie über die Frage, welche Produkte und Teile eigengefertigt oder fremdbezogen werden sollen,
- benötigten Kapazitäten, die in mittelfristiger Sicht für den Produktionsprozeß erforderlich sind.

Die *taktische* oder *kurzfristige Produktionsprogrammplanung* legt die Produktionsmengen der Erzeugnisse des mittelfristigen Rahmenprogramms fest, die bei gegebenen Absatzmöglichkeiten und Produktionskapazitäten der Zielsetzung (in der Regel Gewinnmaximierung) genügen.

Je nach Planungshorizont fallen operative und taktische Programmplanung zusammen, weshalb im folgenden nur noch von der operativen Produktionsprogrammplanung die Rede sein soll.

2.2.4.2 Operative Produktionsprogrammplanung

Im Rahmen der operativen Produktionsprogrammplanung wird die Zielsetzung der Gewinnmaximierung wegen der kurzfristig nicht gegebenen Entscheidungsrelevanz der fixen Kosten in eine (Gesamt-)Deckungsbeitragsmaximierung überführt.[144] Beide Zielsetzungen führen in dieser Situation zum gleichen Ergebnis. Der Gewinn G bestimmt sich demnach als Differenz zwischen dem Gesamtdeckungsbeitrag GDB, welcher die Summe der Deckungsbeiträge DB aller ins Produktionsprogramm aufgenommener Produkte j kennzeichnet, und den fixen Kosten K_f:

$$G = GDB - K_f \quad [GE].$$

Die Planungssituation ist im einfachsten Fall durch das *Fehlen eines Produktionsengpasses* gekennzeichnet, so daß alle Produkte mit positiver Deckungsspanne mit ihren Absatzhöchst-

---

142 Vgl. ADAM, Produktions-Management (1998), S. 129, BLOECH et al., Produktion (2014), S. 105, BURCHERT Produktionsplanung (2010), S. 6.
143 Vgl., auch im folgenden, WÖHE/DÖRING/BRÖSEL, Einführung (2023), S. 309 ff., ADAM, Produktions-Management (1998), S. 130 f., SCHIERENBECK/WÖHLE, Grundzüge (2016), S. 264 f., BLOECH et al., Produktion (2014), S. 107 ff., CORSTEN/GÖSSINGER, Produktionswirtschaft (2016), S. 255 f., SCHWINN, Betriebswirtschaftslehre (1996), S. 311-314, FANDEL/FISTEK/STÜTZ, Produktionsmanagement (2011), S. 109 ff.
144 Vgl. WÖHE/DÖRING/BRÖSEL, Einführung (2023), S. 312, ADAM, Produktions-Management (1998), S. 221, SCHIERENBECK/WÖHLE, Grundzüge (2016), S. 295 f., BLOECH et al., Produktion (2014), S. 118.

mengen in das Produktionsprogramm aufgenommen werden, da sie zur Deckung der nicht beeinflußbaren, fixen Kosten beitragen.[145]

Die *Deckungsspanne* DS ist als Differenz zwischen dem gegebenen Preis p und den variablen Stückkosten k_v definiert:

$$DS = p - k_v \quad [GE/ME].$$

Produkte, die eine negative Deckungsspanne aufweisen, d.h. deren Preise noch nicht einmal die variablen Stückkosten decken, leisten keinen Beitrag zur Deckung der fixen Kosten, weshalb diese unvorteilhaften Produkte nicht in das Produktionsprogramm aufzunehmen sind. Diese Aussage ist allerdings nur so lange richtig, wie zwischen den Produkten des Produktionsprogramms kein Absatzverbund besteht.

Die Vorgehensweise bei der operativen Produktionsprogrammplanung ohne Vorliegen eines Engpasses soll anhand des folgenden *Beispiels* verdeutlicht werden. Ein Unternehmen kann die Produkte 1, 2, 3 und 4 herstellen und benötigt dazu die potentiell knappen Rohstoffe A, B und C. Sie werden von der Unternehmensführung mit der Planung des optimalen Produktionsprogramms beauftragt. Dazu erhalten Sie die in Tabelle 5 wiedergegebenen Daten über die Produktionskoeffizienten PK_{ij}, welche den Verbrauch an Rohstoffeinheiten des Rohstoffes i zur Produktion einer Mengeneinheit des Produktes j angeben, über die Absatzpreise p_j und Absatzhöchstmengen x_j^{max} der Produkte j sowie über die Beschaffungspreise q_i und maximal verfügbaren Mengen y_i^{max} der Rohstoffe i. Die fixen Kosten K_f der Periode betragen 5.000 Geldeinheiten.

Tab. 7: Beispieldaten zur operativen Programmplanung ohne Engpaß

Produkt \ Rohstoff	A	B	C	Absatzhöchst- menge [ME]	Absatzpreis [GE/ME]
1	4	4	1	150	47
2	20	7	3	50	119
3	8	9	3	100	58
4	7	10	3	150	93
verfügbare Menge [FE]	3.000	3.000	3.000		
Beschaffungspreis [GE/FE]	2	4	3		

Auf der Basis der Ausgangsdaten sind zunächst die *Deckungsspannen* DS_j der jeweiligen Produkte zu ermitteln:

$$DS_j = p_j - \sum_{i=A}^{C} PK_{ij} \cdot q_i \quad \left[\frac{GE}{ME} \right].$$

$$DS_1 = 47 - 4 \cdot 2 - 4 \cdot 4 - 1 \cdot 3 = 20 > 0 \quad \rightarrow \text{Vorteilhaft!}$$

$$DS_2 = 119 - 20 \cdot 2 - 7 \cdot 4 - 3 \cdot 3 = 42 > 0 \quad \rightarrow \text{Vorteilhaft!}$$

$$DS_3 = 58 - 8 \cdot 2 - 9 \cdot 4 - 3 \cdot 3 = -3 < 0 \quad \rightarrow \text{Nicht vorteilhaft!}$$

$$DS_4 = 93 - 7 \cdot 2 - 10 \cdot 4 - 3 \cdot 3 = 30 > 0 \quad \rightarrow \text{Vorteilhaft!}$$

---

[145] Vgl., auch im folgenden, *WÖHE/DÖRING/BRÖSEL*, Einführung (2023), S. 312 f., *ADAM*, Produktions-Management (1998), S. 221 f., *SCHIERENBECK/WÖHLE*, Grundzüge (2016), S. 295 f., *FANDEL/FISTEK/STÜTZ*, Produktionsmanagement (2011), S. 129.

Da Produkt 3 eine negative Deckungsspanne aufweist, ist es nicht in das Produktionsprogramm aufzunehmen. Die Produkte 1, 2 und 4 sind durch positive Deckungsspannen charakterisiert, so daß sie um die potentiell knappen Rohstoffe konkurrieren. Daher gilt es im nächsten Schritt die *Kapazitätsbeanspruchungen* der Rohstoffe y_i durch die vorteilhaften Produkte 1, 2 und 4 zu bestimmen:

$$y_i = \sum_{j \in \{1,2,4\}} PK_{ij} \cdot x_j^{max} \leq y_i^{max} \quad [FE].$$

$$y_A = 4 \cdot 150 + 20 \cdot 50 + 7 \cdot 150 = 2.650 < 3.000 \quad \rightarrow \quad \text{Kein Engpaß!}$$

$$y_B = 4 \cdot 150 + 7 \cdot 50 + 10 \cdot 150 = 2.450 < 3.000 \quad \rightarrow \quad \text{Kein Engpaß!}$$

$$y_C = 1 \cdot 150 + 3 \cdot 50 + 3 \cdot 150 = 750 < 3.000 \quad \rightarrow \quad \text{Kein Engpaß!}$$

Aufgrund der Tatsache, daß die Kapazitätsbeanspruchungen der Rohstoffe A, B und C durch die vorteilhaften Produkte 1, 2 und 4 geringer sind als ihre maximal verfügbaren Mengen, können alle vorteilhaften Produkte mit ihren Absatzhöchstmengen in das Produktionsprogramm aufgenommen werden. Das *optimale bzw. deckungsbeitragsmaximale Produktionsprogramm* lautet demnach:

$$x_1 = 150, \quad x_2 = 50, \quad x_4 = 150.$$

Gewichtet man nun diese optimalen Mengen mit ihren Deckungsspannen, erhält man jeweils den Deckungsbeitrag DB der Produkte und als deren Summe den *Gesamtdeckungsbeitrag* GDB des optimalen Produktionsprogramms:

$$GDB = \sum_{j \in \{1,2,4\}} DS_j \cdot x_j = \sum_{j \in \{1,2,4\}} DB_j \quad [GE].$$

$$GDB = 20 \cdot 150 + 42 \cdot 50 + 30 \cdot 150 = 3.000 + 2.100 + 4.500 = 9.600 \text{ GE}.$$

Entsprechend beträgt dann der Gewinn G:

$$G = GDB - K_f = \sum_{j \in \{1,2,4\}} DB_j - K_f = \sum_{j \in \{1,2,4\}} DS_j \cdot x_j - K_f \quad [GE].$$

$$G = 9.600 - 5.000 = 4.600 \text{ GE}.$$

Aufgabe 14: Operative Produktionsprogrammplanung ohne Engpaß[146]
Ein Unternehmen kann die Produkte 1 und 2 herstellen und benötigt dazu die potentiell knappen Rohstoffe A und B. Sie werden von der Unternehmensführung mit der Planung des optimalen Produktionsprogramms beauftragt. Dazu erhalten Sie die in Tabelle 8 wiedergegebenen Daten über die Produktionskoeffizienten PK_{ij}, welche den Verbrauch an Rohstoffeinheiten des Rohstoffes i zur Produktion einer Mengeneinheit des Produktes j angeben, über die Absatzpreise p_j und Absatzhöchstmengen x_j^{max} der Produkte j sowie über die Beschaffungspreise q_i und

---
146 Vgl. für zusätzliche Übungsaufgaben *HERING/TOLL*, BWL-Klausuren (2022), S. 103-106, 112-114, *ADAM*, Produktions-Management (1998), S. 222-224, *SCHIERENBECK/WÖHLE*, Grundzüge (2016), S. 296, *SCHIERENBECK/WÖHLE*, Übungsbuch (2011), S. 75, *WEBER/KABST/BAUM*, Einführung (2018), S. 217 f., *TOLL*, Produktionsprogrammplanung (2010), S. 13-15, *KLINGELHÖFER*, Produktionsprogrammplanung (2010), S. 27-29, *AMELY*, Kompakt (2024), S. 78 f.

maximal verfügbaren Mengen y_i^{max} der Rohstoffe i. Die fixen Kosten K_f der Periode betragen 6.000 Geldeinheiten.

Tab. 8: Beispieldaten zur operativen Programmplanung ohne Engpaß – Aufgabe 14

Produkt \ Rohstoff	A	B	Absatzhöchst-menge [ME]	Absatzpreis [GE/ME]
1	5	5	200	120
2	3	8	100	150
verfügbare Menge [FE]	1.500	2.000		
Beschaffungspreis [GE/FE]	6	11		

a) Ermitteln Sie die Deckungsspannen der Produkte 1 und 2!
b) Bestimmen Sie die absoluten Kapazitätsbeanspruchungen der Rohstoffe A und B durch die vorteilhaften Produkte!
c) Geben Sie das deckungsbeitragsmaximale Produktionsprogramm an! Wie hoch sind der zugehörige maximale Gesamtdeckungsbeitrag und der Gewinn?

Die Planungssituation wird nunmehr um *einen Engpaß* erweitert.[147] In dieser Situation reicht die Kapazität nicht aus, um von allen Produkten mit positiver Deckungsspanne die maximal absetzbare Menge herzustellen. Die knappen Faktoreinheiten [FE] sind dann in die Verwendungsrichtung mit dem höchsten Zielbeitrag zu lenken. Demzufolge kann die absolute Deckungsspanne je Erzeugniseinheit nicht mehr als Entscheidungskriterium dafür dienen, ob ein Erzeugnis in das Produktionsprogramm aufzunehmen ist oder nicht. Im Rahmen der Planung des optimalen Produktionsprogramms muß daher vielmehr von Deckungsspannen ausgegangen werden, die diese Engpaßsituation berücksichtigen. Zur Lösung des Planungsproblems wird auf *relative Deckungsspannen* zurückgegriffen, die pro Einheit des Engpasses mit den jeweiligen Produkten erzielt werden können. Die relative Deckungsspanne ist dabei als Quotient der Deckungsspanne je Erzeugniseinheit und des Faktorbedarfs je Erzeugniseinheit im Engpaß definiert:

$$\text{relative DS}_j = \frac{DS_j}{PK_{\text{Engpaß } j}} \quad \left[\frac{GE}{FE} \right].$$

Anhand dieses Entscheidungskriteriums sind die Produkte nach der Höhe ihrer relativen Deckungsspannen in eine Rangfolge zu bringen und anhand derer solange in das Produktionsprogramm aufzunehmen, wie dadurch keine der einzuhaltenden Restriktionen verletzt wird.

Zur Veranschaulichung der Vorgehensweise im Rahmen der Planung des optimalen Produktionsprogramms bei Vorliegen eines Engpasses wird auf das obige *Beispiel* (vgl. Tabelle 7) in leicht modifizierter Form zurückgegriffen (vgl. Tabelle 9).

---

147 Vgl., auch im folgenden, *WÖHE/DÖRING/BRÖSEL*, Einführung (2023), S. 312 f., *ADAM*, Produktions-Management (1998), S. 224 f., *SCHIERENBECK/WÖHLE*, Grundzüge (2016), S. 296 f., *BLOECH et al.*, Produktion (2014), S. 117 ff., *FANDEL/FISTEK/STÜTZ*, Produktionsmanagement (2011), S. 129-131.

Tab. 9: Beispieldaten zur operativen Programmplanung bei einem Engpaß

Produkt \\ Rohstoff	A	B	C	Absatzhöchst-menge [ME]	Absatzpreis [GE/ME]
1	4	4	1	150	47
2	20	7	3	50	119
3	8	9	3	100	58
4	7	10	3	150	93
verfügbare Menge [FE]	3.000	1.000	3.000		
Beschaffungspreis [GE/FE]	2	4	3		

Die *Deckungsspannen* DS_j der jeweiligen Produkte betragen analog zu oben:

$$DS_1 = 20, \quad DS_2 = 42, \quad DS_3 = -3, \quad DS_4 = 30.$$

Das Produkt 3 ist wiederum nicht in das Produktionsprogramm aufzunehmen, so daß lediglich die vorteilhaften Produkte 1, 2 und 4 um die potentiell knappen Rohstoffe konkurrieren. Es gilt daher herauszufinden, ob im Zuge der *Beanspruchung der Rohstoffe* durch die Aufnahme der vorteilhaften Produkte mit ihren Absatzhöchstmengen einer oder mehrere dieser Rohstoffe zum Engpaß werden:

$$y_A = 4 \cdot 150 + 20 \cdot 50 + 7 \cdot 150 = 2.650 < 3.000 \quad \rightarrow \quad \text{Kein Engpaß!}$$

$$y_B = 4 \cdot 150 + 7 \cdot 50 + 10 \cdot 150 = 2.450 > 1.000 \quad \rightarrow \quad \text{Engpaß!}$$

$$y_C = 1 \cdot 150 + 3 \cdot 50 + 3 \cdot 150 = 750 < 3.000 \quad \rightarrow \quad \text{Kein Engpaß!}$$

Da die verfügbare Menge von Rohstoff B nicht ausreicht, um von den vorteilhaften Produkten 1, 2 und 4 die maximal absetzbare Menge herzustellen, ist die Entscheidung über die Aufnahme dieser Produkte in das Produktionsprogramm anhand des Kriteriums der *relativen Deckungs-spanne* zu fällen. Dazu sind die Produkte 1, 2 und 4 nach der Höhe ihrer relativen Deckungs-spannen zunächst in eine Rangfolge zu bringen:

$$\text{relative } DS_j = \frac{DS_j}{PK_{Bj}} .$$

$$\text{relative } DS_1 = 20/4 = 5 \quad \rightarrow \quad \text{Rang 2!}$$

$$\text{relative } DS_2 = 42/7 = 6 \quad \rightarrow \quad \text{Rang 1!}$$

$$\text{relative } DS_4 = 30/10 = 3 \quad \rightarrow \quad \text{Rang 3!}$$

Diese Rangfolge gibt die Reihenfolge an, nach der die Produkte 1, 2 und 4 in das Produktions-programm aufzunehmen sind, um die beschränkt verfügbare Menge des Rohstoffs B optimal auszunutzen. Als erstes ist demnach Produkt 2 in das optimale Produktionsprogramm aufzu-nehmen. Die Produktion der maximal von diesem Produkt absetzbaren 50 Mengeneinheiten erfordert 350 Faktoreinheiten des Rohstoffs B. Die verbleibenden 650 Faktoreinheiten des Roh-stoffs B ermöglichen die Herstellung weiterer Produkte. Daher wird als nächstes das Produkt 1 in das Produktionsprogramm aufgenommen. Die Erzeugung von dessen 150 maximal absetz-baren Mengeneinheiten bedingt einen Bedarf an Rohstoff B in Höhe von 600 Faktoreinheiten. Die restlichen 50 Faktoreinheiten des Rohstoffs B werden für die Erstellung des Produktes 4 eingesetzt. Da für die Produktion einer Mengeneinheit des Erzeugnisses 4 zehn Faktoreinheiten des Rohstoffs B notwendig sind, ist dessen Fertigung auf 5 Mengeneinheiten beschränkt. Das Produkt 4 ist mithin das Grenzprodukt.

Das *optimale bzw. deckungsbeitragsmaximale Produktionsprogramm* lautet also:

$$x_1 = 150, \quad x_2 = 50, \quad x_4 = 5.$$

Der dazugehörige *Gesamtdeckungsbeitrag* GDB beträgt:

$$GDB = 20 \cdot 150 + 42 \cdot 50 + 30 \cdot 5 = 3.000 + 2.100 + 150 = 5.250 \text{ GE}.$$

Entsprechend ergibt sich für den *Gewinn* G:

$$G = 5.250 - 5.000 = 250 \text{ GE}.$$

Das Beispiel zeigt klar, daß die absolute Deckungsspanne je Erzeugniseinheit bei Vorliegen eines Engpasses nicht mehr als Entscheidungskriterium für die Zusammensetzung des optimalen Produktionsprogramms dienen kann. So weist das Produkt 4 im Vergleich mit Produkt 1 zwar die höhere absolute Deckungsspanne auf, aber es besitzt aufgrund der wesentlich höheren Beanspruchung des knappen Rohstoffs B je Produkteinheit eine geringere Deckungsspanne pro Faktoreinheit des knappen Rohstoffs B (relative Deckungsspanne). Obwohl also das Produkt 4 durch eine höhere absolute Deckungsspanne charakterisiert ist, wird ihm nach dem Entscheidungskriterium der relativen Deckungsspanne hinsichtlich der Vorteilhaftigkeit lediglich der dritte Rang zugeordnet. Eine Planung des optimalen Produktionsprogramms auf Basis der absoluten Deckungsspanne würde das Produkt 4 gegenüber dem Produkt 1 begünstigen und somit zu einer falschen Entscheidung führen.

Aufgabe 15: Operative Produktionsprogrammplanung bei einem Engpaß[148]
Ein Unternehmen kann die Produkte 1 und 2 herstellen und benötigt dazu die potentiell knappen Rohstoffe A und B. Sie werden von der Unternehmensführung mit der Planung des optimalen Produktionsprogramms beauftragt. Dazu erhalten Sie die in Tabelle 10 wiedergegebenen Daten über die Produktionskoeffizienten PK_{ij}, welche den Verbrauch an Rohstoffeinheiten des Rohstoffes i zur Produktion einer Mengeneinheit des Produktes j angeben, über die Absatzpreise p_j und Absatzhöchstmengen x_j^{max} der Produkte j sowie über die Beschaffungspreise q_i und maximal verfügbaren Mengen y_i^{max} der Rohstoffe i. Die fixen Kosten K_f der Periode betragen 6.000 Geldeinheiten.

Tab. 10: Beispieldaten zur operativen Programmplanung bei einem Engpaß – Aufgabe 15

Produkt \ Rohstoff	A	B	Absatzhöchst- menge [ME]	Absatzpreis [GE/ME]
1	5	5	200	120
2	3	8	100	150
verfügbare Menge [FE]	1.500	1.600		
Beschaffungspreis [GE/FE]	6	11		

a) Ermitteln Sie die Deckungsspannen der Produkte 1 und 2!
b) Bestimmen Sie die absoluten Kapazitätsbeanspruchungen der Rohstoffe A und B durch die vorteilhaften Produkte!

---

148 Vgl. für zusätzliche Übungsaufgaben *HERING/TOLL*, BWL-Klausuren (2022), S. 103-108, 112-115, *WÖHE/KAISER/DÖRING*, Übungsbuch (2023), S. 151-155, *ADAM*, Produktions-Management (1998), S. 226 f., *SCHIERENBECK/WÖHLE*, Grundzüge (2016), S. 297 f., *SCHIERENBECK/WÖHLE*, Übungsbuch (2011), S. 73-75, *BLOECH et al.*, Produktion (2014), S. 118 f., *WEBER/KABST/BAUM*, Einführung (2018), S. 218 f., *JUNG*, Betriebswirtschaftslehre (2016), S. 472 f., *FANDEL/FISTEK/STÜTZ*, Produktionsmanagement (2011), 131-134, 139 f., *TOLL*, Produktionsprogrammplanung (2010), S. 13-16, *HERING*, Produktionsprogrammplanung (2010), S. 18-20, *ROLLBERG*, Controlling (2012), S. 39-41, *AMELY*, Kompakt (2024), S. 80-82, *FANDEL/GIESECKE/TROCKEL*, Übungsbuch (2018), S. 23-29, 48-51.

c) Geben Sie das deckungsbeitragsmaximale Produktionsprogramm an! Wie hoch sind der zugehörige maximale Gesamtdeckungsbeitrag und der Gewinn?

Das Beispiel der Tabelle 9 wird im folgenden in leicht geänderter Form benutzt, um weitere Probleme im Rahmen der Planung des optimalen bzw. deckungsbeitragsmaximalen Produktionsprogramms anzusprechen.[149]

Tab. 11: Beispieldaten zur operativen Programmplanung bei zwei möglichen Engpässen

Produkt Rohstoff	A	B	C	Absatzhöchst- menge [ME]	Absatzpreis [GE/ME]
1	4	4	1	150	47
2	20	7	3	50	119
3	8	3	3	100	58
4	7	10	3	150	93
verfügbare Menge [FE]	3.000	1.000	3.000		
Beschaffungspreis [GE/FE]	2	4	3		

Auf der Basis der Daten der Tabelle 11 sind zunächst die Deckungsspannen DS_j der jeweiligen Produkte zu ermitteln:

$$DS_1 = 20, \quad DS_2 = 42, \quad DS_3 = 21, \quad DS_4 = 30.$$

Das Produkt 3 konkurriert nun aufgrund seiner positiven absoluten Deckungsspanne neben den Produkten 1, 2 und 4 ebenfalls um die potentiell knappen Rohstoffe. Daher ist herauszufinden, ob im Zuge der Beanspruchung der Rohstoffe durch die Aufnahme aller Produkte mit ihren Absatzhöchstmengen einer oder mehrere dieser Rohstoffe zum Engpaß werden:

$$y_A = 4 \cdot 150 + 20 \cdot 50 + 8 \cdot 100 + 7 \cdot 150 = 3.450 < 3.000 \quad \rightarrow \quad \text{Möglicher Engpaß!}$$

$$y_B = 4 \cdot 150 + 7 \cdot 50 + 3 \cdot 100 + 10 \cdot 150 = 2.750 > 1.000 \quad \rightarrow \quad \text{Möglicher Engpaß!}$$

$$y_C = 1 \cdot 150 + 3 \cdot 50 + 3 \cdot 100 + 3 \cdot 150 = 1.050 < 3.000 \quad \rightarrow \quad \text{Kein Engpaß!}$$

Wie zu sehen ist, ergeben sich zwei mögliche Engpässe. Sowohl Rohstoff A als auch Rohstoff B beschränken also möglicherweise die Herstellung der maximal absetzbaren Mengen der Produkte. In dieser Situation kann jedoch auch der Fall eintreten, daß die Kapazitätsbeanspruchung pro Faktoreinheit des potentiell knappen Rohstoffs (relative Kapazitätsbeanspruchung) für einen Rohstoff bei allen Produkten immer höher ist als für den anderen Rohstoff, so daß dann lediglich der Rohstoff, dessen relative Kapazitätsbeanspruchung bei allen Produkten den maximalen Wert annimmt, zum Engpaß wird. Um herauszufinden ob sich die obige Beispielsituation auf einen wirksamen Engpaß zurückführen läßt, müssen also die relativen Kapazitätsbeanspruchungen der möglichen Engpässe bestimmt werden (vgl. Tabelle 12).

---

[149] Vgl., auch im folgenden, *ADAM*, Produktions-Management (1998), S. 224 f., *SCHIERENBECK/WÖHLE*, Grundzüge (2016), S. 296 f.

Tab. 12: Relative Kapazitätsbeanspruchung der potentiellen Engpässe

Relative Kapazitätsbean-spruchung PK_{ij}/y_i^{max}	Rohstoff A $PK_{Aj}/3.000$		Rohstoff B $PK_{Bj}/1.000$
Produkt 1	$4/3.000 = 0,0013$	$<$	$4/1.000 = 0,004$
Produkt 2	$20/3.000 = 0,0067$	$<$	$7/1.000 = 0,007$
Produkt 3	$8/3.000 = 0,0027$	$<$	$3/1.000 = 0,003$
Produkt 4	$7/3.000 = 0,0023$	$<$	$10/1.000 = 0,01$

Tabelle 12 macht deutlich, daß die relative Kapazitätsbeanspruchung des Rohstoffs B bei allen Produkten immer höher ist als die des Rohstoffs A. Da unabhängig von der Zusammensetzung des Produktionsprogramms immer zuerst der Rohstoff B an seine Kapazitätsgrenze stößt, kann der Engpaß also im voraus bestimmt werden. Mithin ist lediglich der Rohstoff B als wirksamer Engpaß zu betrachten. Die Planung des optimalen Produktionsprogramms kann daher weiterhin anhand des Kriteriums der relativen Deckungsspanne erfolgen.

Zunächst sind die Produkte 1, 2, 3 und 4 nach der Höhe ihrer relativen Deckungsspannen in eine Rangfolge zu bringen:

$$\text{relative } DS_1 = 20/4 = 5 \quad \rightarrow \quad \text{Rang 3!}$$

$$\text{relative } DS_2 = 42/7 = 6 \quad \rightarrow \quad \text{Rang 2!}$$

$$\text{relative } DS_3 = 21/3 = 7 \quad \rightarrow \quad \text{Rang 1!}$$

$$\text{relative } DS_4 = 30/10 = 3 \quad \rightarrow \quad \text{Rang 4!}$$

Als erstes ist demnach Produkt 3 in das optimale Produktionsprogramm aufzunehmen. Die Produktion der maximal von diesem Produkt absetzbaren 100 Mengeneinheiten erfordert 300 Faktoreinheiten des Rohstoffs B. Die verbleibenden 700 Faktoreinheiten ermöglichen die Herstellung weiterer Produkte. Daher wird als nächstes das Produkt 2 in das Produktionsprogramm aufgenommen. Die Erzeugung von dessen 50 maximal absetzbaren Mengeneinheiten bedingt einen Bedarf an Rohstoff B in Höhe von 350 Faktoreinheiten. Die restlichen 350 Faktoreinheiten des Rohstoffs B werden für die Erstellung des Produktes 1 eingesetzt. Da für die Produktion einer Mengeneinheit des Erzeugnisses 1 vier Faktoreinheiten des Rohstoffs B notwendig sind, ist dessen Fertigung auf 87,5 Mengeneinheiten beschränkt. Da das Produkt 1 das Grenzprodukt darstellt, wird Produkt 4 nicht gefertigt.

Das *optimale bzw. deckungsbeitragsmaximale Produktionsprogramm* lautet also:

$$x_1 = 87,5, \quad x_2 = 50, \quad x_3 = 100.$$

Der dazugehörige *Gesamtdeckungsbeitrag* GDB beträgt:

$$GDB = 20 \cdot 87,5 + 42 \cdot 50 + 21 \cdot 100 = 1.750 + 2.100 + 2.100 = 5.950 \text{ GE}.$$

Entsprechend ergibt sich für den *Gewinn* G:

$$G = 5.950 - 5.000 = 950 \text{ GE}.$$

Aufgabe 16: Operative Produktionsprogrammplanung bei zwei möglichen Engpässen[150]
Ein Unternehmen kann die Produkte 1 und 2 herstellen und benötigt dazu die potentiell knappen Rohstoffe A und B. Sie werden von der Unternehmensführung mit der Planung des optimalen Produktionsprogramms beauftragt. Dazu erhalten Sie die in Tabelle 13 wiedergegebenen Daten über die Produktionskoeffizienten PK_{ij}, welche den Verbrauch an Rohstoffeinheiten des Rohstoffes i zur Produktion einer Mengeneinheit des Produktes j angeben, über die Absatzpreise p_j und Absatzhöchstmengen x_j^{max} der Produkte j sowie über die Beschaffungspreise q_i und maximal verfügbaren Mengen y_i^{max} der Rohstoffe i. Die fixen Kosten K_f der Periode betragen 6.000 Geldeinheiten.

Tab. 13: Beispieldaten zur operativen Programmplanung bei zwei möglichen Engpässen – Aufgabe 16

Produkt \ Rohstoff	A	B	Absatzhöchst-menge [ME]	Absatzpreis [GE/ME]
1	5	5	200	120
2	3	8	100	150
verfügbare Menge [FE]	1.200	1.000		
Beschaffungspreis [GE/FE]	6	11		

a) Ermitteln Sie die Deckungsspannen der Produkte 1 und 2!
b) Bestimmen Sie die absoluten Kapazitätsbeanspruchungen der Rohstoffe A und B durch die vorteilhaften Produkte!
c) Berechnen Sie die relativen Kapazitätsbeanspruchungen der in Teilaufgabe b) ermittelten möglichen Engpässe, um die Beispielsituation auf einen eindeutigen wirksamen Engpaß zurückführen zu können!
d) Geben Sie das deckungsbeitragsmaximale Produktionsprogramm an! Wie hoch sind der zugehörige maximale Gesamtdeckungsbeitrag und der Gewinn?

2.3 Absatz

2.3.1 Grundbegriffe

Im Mittelpunkt dieses Kapitels steht der *Absatzmarkt*, an dem das Unternehmen als Anbieter von Gütern und Dienstleistungen in Erscheinung tritt. Unter dem Begriff *Absatz* kann daher
- die Phase der entgeltlichen Verwertung der Güter und Dienstleistungen eines Unternehmens,
- die Menge der abgesetzten betrieblichen Leistungen oder
- im Sinne des Absatz-Marketing die aktive, zielgerichtete Gestaltung der Absatzbeziehungen eines Unternehmens zu den Nachfragern

verstanden werden.[151]

---

150 Vgl. für zusätzliche Übungsaufgaben *HERING/TOLL*, BWL-Klausuren (2022), S. 103-109, 112-115, *ADAM*, Produktions-Management (1998), S. 224 f., *SCHIERENBECK/WÖHLE*, Grundzüge (2016), S. 297 f., *SCHIERENBECK/WÖHLE*, Übungsbuch (2011), S. 74 f., *TOLL*, Produktionsprogrammplanung (2010), S. 13-17.
151 Vgl. *MATSCHKE*, Betriebswirtschaftslehre II (2004), S. 120.

Als Markt ist der Ort des Zusammentreffens von Angebot (Anbietern) und Nachfrage (Nachfragern) anzusehen.[152] Folgende *idealtypische Verhaltensweisen der Marktteilnehmer* können voneinander abgegrenzt werden (vgl. Abbildung 30):[153]

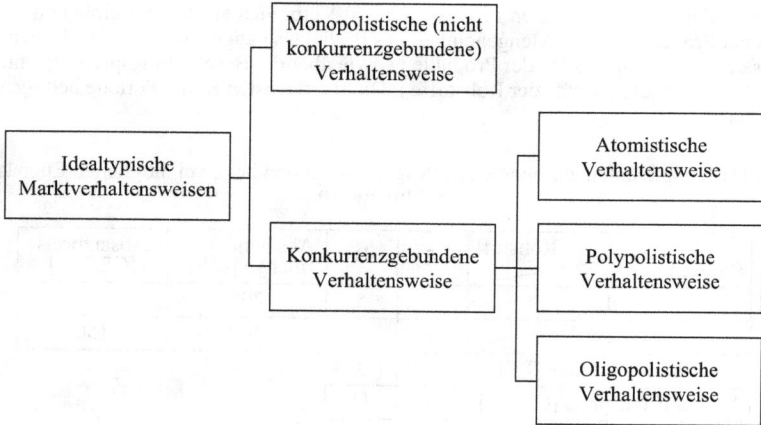

```
                                    ┌─────────────────────────┐
                                    │ Monopolistische (nicht  │
                                    │ konkurrenzgebundene)    │
                                    │ Verhaltensweise         │
                                    └─────────────────────────┘
                                                        ┌──────────────────┐
                                                        │ Atomistische     │
┌──────────────────┐                                    │ Verhaltensweise  │
│ Idealtypische    │                                    └──────────────────┘
│ Marktverhaltens- │
│ weisen           │           ┌─────────────────────┐  ┌──────────────────┐
└──────────────────┘           │ Konkurrenzgebundene │  │ Polypolistische  │
                               │ Verhaltensweise     │  │ Verhaltensweise  │
                               └─────────────────────┘  └──────────────────┘
                                                        ┌──────────────────┐
                                                        │ Oligopolistische │
                                                        │ Verhaltensweise  │
                                                        └──────────────────┘
```

Abb. 30: Idealtypische Verhaltensweisen der Marktteilnehmer[154]

Ein Anbieter verhält sich *monopolistisch* (nicht konkurrenzgebunden), wenn er in seinen Planungen unterstellt, daß die eigene Absatzmenge nur von dem Verhalten der Nachfrager und seiner eigenen Preispolitik, nicht aber vom Verhalten der Konkurrenten abhängt. Die Anbieter agieren wie Monopolisten, ohne daß sie sich tatsächlich in einer Monopolsituation befinden müssen.

Im Rahmen einer *konkurrenzgebundenen Verhaltensweise* berücksichtigen die Anbieter, daß die eigene Preispolitik Reaktionen bei den Nachfragern und Konkurrenten auslösen kann, weshalb die Absatzmenge von dem Verhalten der Nachfrager und Konkurrenten abhängt. Wie Abbildung 30 zeigt, wird die konkurrenzgebundene Verhaltensweise in atomistische, polypolistische und oligopolistische Verhaltensweisen unterteilt.

Bei *atomistischer Verhaltensweise* geht jeder einzelne Anbieter davon aus, daß er nur einen verschwindend geringen Marktanteil besitzt, weshalb er durch Veränderungen seiner Angebotsmenge den Preis nicht beeinflussen kann. Der Preis ist also keine unternehmerische Aktionsvariable. Die Anbieter verfolgen keine eigene Preispolitik, sondern passen ihre Angebotsmenge an den geltenden Marktpreis an. Sie verhalten sich mithin als Mengenanpasser.

Ein Anbieter agiert *polypolistisch*, wenn er trotz seines verschwindend geringen Marktanteils aufgrund von Marktunvollkommenheiten durch die Vorlieben (Präferenzen) der Nachfrager einen gewissen preispolitischen Spielraum besitzt und nutzt. Variiert er die Preise innerhalb dieses sogenannten monopolistischen Preisbereichs, ist weder mit nennenswerten Zuwanderungen oder Abwanderungen der Nachfrager noch mit Reaktionen der Konkurrenz zu rechnen. Sollte der Anbieter den Preis jedoch oberhalb dieses Bereichs festsetzen, dann sind Abwanderungen als Reaktion der Kundschaft zu erwarten. Umgekehrt bewirkt eine Preissetzung unter-

---

152 Vgl. GUTENBERG, Der Absatz (1984), S. 1 f., NIESCHLAG/DICHTL/HÖRSCHGEN, Marketing (2002), S. 81, MEF-FERT et al., Marketing (2024), S. 53, MATSCHKE, Betriebswirtschaftslehre II (2004), S. 120, SCHWINN, Betriebswirtschaftslehre (1996), S. 397.

153 Vgl., auch im folgenden, GUTENBERG, Der Absatz (1984), S. 192 f., MEFFERT et al., Marketing (2024), S. 488 f., SCHIERENBECK/WÖHLE, Grundzüge (2016), S. 326, MATSCHKE, Betriebswirtschaftslehre II (2004), S. 122 f., SCHWINN, Betriebswirtschaftslehre (1996), S. 400-402, KISTNER/STEVEN, Grundstudium (2002), S. 137, KOTLER et al., Marketing (2022), S. 529 f.

154 In Anlehnung an MATSCHKE, Betriebswirtschaftslehre II (2004), S. 122.

halb des monopolistischen Bereichs Reaktionen der Kunden anderer Anbieter (Zuwanderungen). Aufgrund der großen Anzahl von Anbietern und Nachfragern sind die Käuferfluktuationen allerdings kaum spürbar, so daß Preisreaktionen der Konkurrenz unterbleiben.

Bei *oligopolistischer Verhaltensweise* erwartet jeder einzelne Anbieter wegen seines bedeutenden Marktanteils, daß seine Preispolitik sowohl Reaktionen der Nachfrager (Abwanderungen/Zuwanderungen) als auch der Konkurrenten induziert. Es liegt ein oligopolistischer Preisreaktionsverbund vor, der eine eigenständige Preispolitik ohne Berücksichtigung des Verhaltens der Konkurrenten begrenzt. Bei Marktunvollkommenheiten verfügen auch Oligopolisten über einen gewissen monopolistischen Preisbereich.

2.3.2 Das absatzpolitische Instrumentarium

2.3.2.1 Überblick
Je schärfer der Wettbewerbsdruck auf den Absatzmärkten ist, desto größer sind die Absatzwiderstände, denen sich die jeweiligen Anbieter gegenübersehen. Um diese Absatzwiderstände zu reduzieren und damit die eigene Wettbewerbsposition zu stärken, nutzen die einzelnen Anbieter das sogenannte absatzpolitische Instrumentarium, welches sich aus der Preis-, Produkt-, Distributions- und Kommunikationspolitik zusammensetzt und deren optimale Kombination dem gesuchten „*Marketing-Mix*" entspricht.[155]

2.3.2.2 Preispolitik
Die Frage nach dem richtigen bzw. optimalen Preis steht im Mittelpunkt der Preispolitik.[156] Im folgenden soll die *Preispolitik im Angebotsmonopol* betrachtet werden. Dem einzigen Anbieter steht eine Vielzahl von kleinen Nachfragern gegenüber. Da es keine Konkurrenz und auch keinen Nachfrager gibt, der wegen seiner großen Nachfragemenge Einfluß auf die Preisfestlegung nehmen kann, ist der Angebotsmonopolist preispolitisch völlig unabhängig.[157] Er sieht sich der gesamten Nachfrage als Alleinanbieter gegenüber. Dennoch muß der Angebotsmonopolist das Verhalten der Nachfrager berücksichtigen, da er normalerweise davon ausgehen kann, daß infolge einer Preiserhöhung (Preissenkung) die insgesamt nachgefragte Menge abnimmt (zunimmt). Die in Abbildung 31 dargestellte Preisabsatzfunktion verdeutlicht diese Zusammenhänge.

Der Einfachheit halber wurde in Abbildung 31 eine *lineare Preisabsatzfunktion* unterstellt:

$$p = a - b \cdot x \quad (a, b > 0).$$

Man geht davon aus, daß es einen bestimmten Höchstpreis (Prohibitivpreis) $p_{max} = a$ gibt, bei dem keine Nachfrage nach dem angebotenen Produkt besteht. Ausgehend von diesem Höchstpreis bewirken Preissenkungen ein Ansteigen der Absatz- bzw. Nachfragemenge. Allerdings

---

155 Vgl. *WÖHE/DÖRING/BRÖSEL*, Einführung (2023), S. 458 f., *NIESCHLAG/DICHTL/HÖRSCHGEN*, Marketing (2002), S. 329 ff., *MEFFERT et al.*, Marketing (2024), S. 22 f., 377 ff., *SCHIERENBECK/WÖHLE*, Grundzüge (2016), S. 303-305, 313 ff., *SCHMALEN/PECHTL*, Grundlagen (2019), S. 243, *BRUHN*, Marketing (2024), S. 17 ff., *SCHWINN*, Betriebswirtschaftslehre (1996), S. 456 f., *KOTLER et al.*, Marketing (2022), S. 120 f., *OLBRICH*, Marketing (2022), S. 22, 95 ff.
156 Vgl. zur Preispolitik *GUTENBERG*, Der Absatz (1984), S. 181 ff., *WÖHE/DÖRING/BRÖSEL*, Einführung (2023), S. 407 ff., *NIESCHLAG/DICHTL/HÖRSCHGEN*, Marketing (2002), S. 731 ff., *MEFFERT et al.*, Marketing (2024), S. 465 ff., *KOTLER et al.*, Marketing-Management (2023), S. 311 ff., *SCHIERENBECK/WÖHLE*, Grundzüge (2016), S. 321 ff., *SCHMALEN/PECHTL*, Grundlagen (2019), S. 267 ff., *MATSCHKE*, Betriebswirtschaftslehre II (2004), S. 133 ff., *BRUHN*, Marketing (2024), S. 159 ff., *SCHWINN*, Betriebswirtschaftslehre (1996), S. 411 ff., *KISTNER/STEVEN*, Grundstudium (2002), S. 139 ff., *ESCH/HERRMANN/SATTLER*, Marketing (2017), S. 314 ff., *PECHTL*, Preispolitik (2014), *OLBRICH/BATTENFELD*, Preispolitik (2014).
157 Vgl. *GUTENBERG*, Der Absatz (1984), S. 193, *MATSCHKE*, Betriebswirtschaftslehre II (2004), S. 133 f.

ist dieser Prozeß endlich, da selbst bei einem Preis in Höhe von null nur die sogenannte Sättigungsmenge $x_{max} = a/b$ als maximale Menge nachgefragt bzw. abgesetzt werden kann.[158]

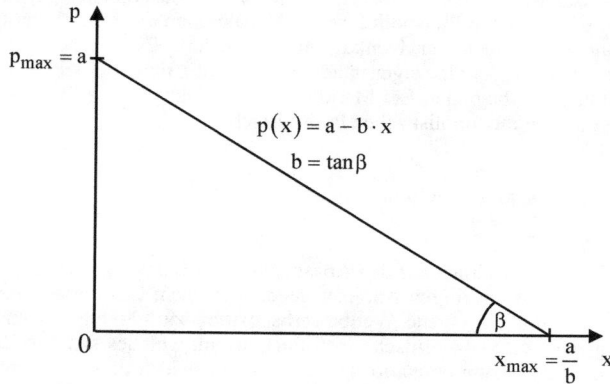

Abb. 31: Preisabsatzfunktion[159]

Der Angebotsmonopolist sucht nun den Preis, der seinen *Gewinn maximiert*.[160] Der Gewinn G ist dabei als Differenz zwischen Umsatz U und Kosten K definiert.[161] Da sich der Umsatz als multiplikative Funktion des Preises p und der Absatzmenge x ergibt, und sich die Kosten linear aus variablen und fixen Kosten zusammensetzen, lautet die Gewinnfunktion wie folgt:

$$G(x) = U(x) - K(x).$$

$$U(x) = \text{Preis} \cdot \text{Menge} = p \cdot x = (a - b \cdot x) \cdot x = a \cdot x - b \cdot x^2.$$

$$K(x) = K_f + k_v \cdot x.$$

$$G(x) = U(x) - K(x) = p \cdot x - (k_v \cdot x + K_f) = (a - b \cdot x) \cdot x - (k_v \cdot x + K_f)$$

$$= a \cdot x - b \cdot x^2 - k_v \cdot x - K_f = (a - k_v) \cdot x - b \cdot x^2 - K_f.$$

Zur Gewinnmaximierung ist die Gewinnfunktion G(x) nach der Absatzmenge x zu differenzieren und gleich null zu setzen. Es gilt allgemein:

$$G'(x) = U'(x) - K'(x) = 0 \Leftrightarrow U'(x) = K'(x).$$

„Grenzumsatz (Grenzerlös) gleich Grenzkosten" lautet mithin die notwendige Bedingung für ein relatives Gewinnmaximum. Sie ist ökonomisch plausibel: Der Gewinn läßt sich erst dann

---

158 Vgl. GUTENBERG, Der Absatz (1984), S. 194, MEFFERT et al., Marketing (2024), S. 523 f., SCHIERENBECK/WÖHLE, Grundzüge (2016), S. 315, MATSCHKE, Betriebswirtschaftslehre II (2004), S. 126, SCHWINN, Betriebswirtschaftslehre (1996), S. 412 f.
159 In Anlehnung an MATSCHKE, Betriebswirtschaftslehre II (2004), S. 125 f.
160 Vgl. zur Preispolitik im Monopol GUTENBERG, Der Absatz (1984), S. 193 ff., WÖHE/DÖRING/BRÖSEL, Einführung (2023), S. 414 ff., NIESCHLAG/DICHTL/HÖRSCHGEN, Marketing (2002), S. 805 ff., MEFFERT et al., Marketing (2024), S. 524 ff., SCHIERENBECK/WÖHLE, Grundzüge (2016), S. 327 f., SCHMALEN/PECHTL, Grundlagen (2019), S. 276 ff., MATSCHKE, Betriebswirtschaftslehre II (2004), S. 133 ff., BRUHN, Marketing (2024), S. 182 ff., SCHWINN, Betriebswirtschaftslehre (1996), S. 412 ff. KISTNER/STEVEN, Grundstudium (2002), S. 145 ff., PECHTL, Preispolitik (2014), S. 148 ff., OLBRICH/BATTENFELD, Preispolitik (2014), S. 29 ff.
161 Vgl., auch im folgenden, HERING, Preispolitik (2003), S. 192-194.

durch Mengenausdehnung nicht mehr steigern, wenn die letzte marginale Mengeneinheit x genau in dem Maße zusätzlichen Umsatz (*Grenzumsatz* $U'(x)$) bringt, wie sie zusätzliche Kosten (*Grenzkosten* $K'(x)$) verursacht.

Speziell gilt hier: $U'(x) = K'(x) \Leftrightarrow a - 2b \cdot x = k_v \Leftrightarrow x = \dfrac{a - k_v}{2b} = x^*.$

Einsetzen in die Preisabsatzfunktion liefert: $p = a - b \cdot x^* = \dfrac{a + k_v}{2} = p^*.$

Es gilt (hinreichend): $U''(x^*) = -2b < 0 = K''(x^*).$

Damit liegen der gewinnmaximale Preis p^* (*COURNOT-Preis*) und die gewinnmaximale Menge x^* (*COURNOT-Menge*) vor. Eingetragen in ein Koordinatensystem, ergeben sie den *COURNOT-Punkt*. Abbildung 32 zeigt die *im Gewinnmaximum geltenden Zusammenhänge*. Es hat in der Preistheorie Tradition, die unabhängige preispolitische Variable p auf der vertikalen Achse abzutragen, so daß p formal als Funktion von x erscheint (und nicht – ökonomisch treffender – x als Funktion von p). Eingetragen sind zunächst die Umsatzfunktion U und die Kostenfunktion K (in Abhängigkeit von x), deren vertikaler Abstand U – K dem Gewinn G entspricht. Der Gewinn $G(x)$ ist bei $x = x^*$ maximal. Auf der Preisabsatzfunktion p liegt der COURNOTsche Punkt C mit der x-Koordinate x^* und der p-Koordinate p^*. Doppelt so schnell wie die Preisabsatzfunktion fällt die Grenzumsatzfunktion U'. An ihrer Nullstelle liegt das Umsatzmaximum. Die Grenzkostenfunktion K' verläuft horizontal auf dem Niveau k_v. Dort, wo sie die Grenzumsatzfunktion schneidet ($U' = K'$), liegt x^*.

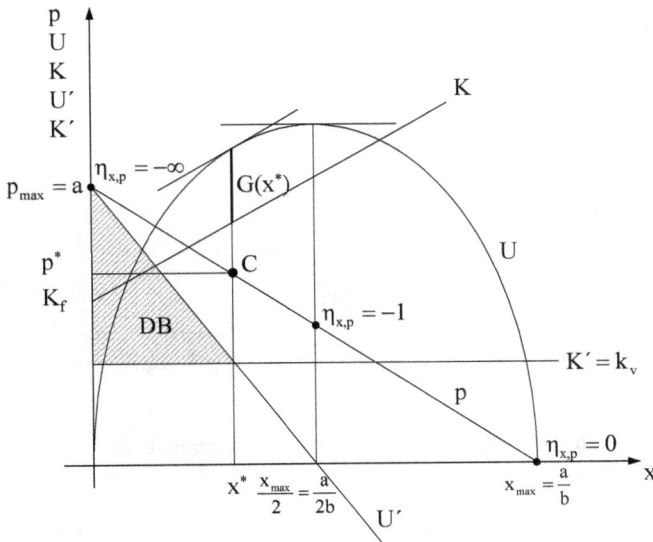

Abb. 32: COURNOTscher Punkt[162]

---

162 In Anlehnung an *HERING*, Preispolitik (2003), S. 193.

Aufgabe 17: Preispolitik im Monopol[163]

Ihnen werden folgende Daten eines monopolistischen Anbieters gegeben:

Preisabsatzfunktion: $p(x) = a - b \cdot x = 200 - 4 \cdot x$,
Kostenfunktion: $K(x) = K_f + k_v \cdot x = 400 + 40 \cdot x$.

a) Stellen Sie die unterstellte Preisabsatzfunktion graphisch dar, und erläutern Sie die geltenden Zusammenhänge! Wie hoch sind der Prohibitivpreis a und die Sättigungsmenge x_{max}?

b) Bestimmen Sie die Umsatz- und Gewinnfunktion in Abhängigkeit von x!

c) Bestimmen Sie die gewinnmaximale Menge x* (COURNOT-Menge) und den gewinnmaximalen Preis p* (COURNOT-Preis) für das gegebene Zahlenbeispiel!

d) Verdeutlichen Sie die im Gewinnmaximum geltenden Zusammenhänge anhand einer (nicht maßstäblichen) Skizze! Gehen sie dabei auch auf die Höhe des maximalen Deckungsbeitrags ein, und kennzeichnen Sie ihn in der Skizze als Fläche!

Eine zusätzliche Übungsaufgabe finden Sie hier:

https://www.degruyterbrill.com/publication/isbn/9783119145305/downloadAsset/9783119145305_Aufgabe07.pdf

Um das Marktverhalten der Nachfrager zu untersuchen, ist in Abbildung 33 die lineare Preisabsatzfunktion eingezeichnet.[164] Wie in der Mathematik üblich, seien die unabhängige Variable p an der Abszisse und die abhängige, durch die Preispolitik p zu erklärende Nachfrage x an der Ordinate abgetragen.

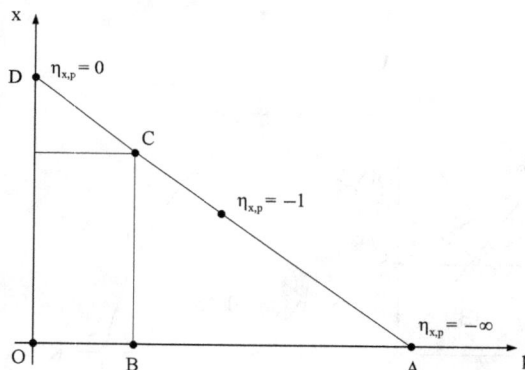

Abb. 33: Elastizitäten entlang der Preisabsatzfunktion[165]

163 Vgl. für zusätzliche Übungsaufgaben HERING/TOLL, BWL-Klausuren (2022), S. 118-136, WÖHE/KAISER/DÖRING, Übungsbuch (2023), S. 235 f., SCHIERENBECK/WÖHLE, Grundzüge (2016), S. 327 f., SCHIERENBECK/WÖHLE (2011), S. 84, KISTNER/STEVEN, Grundstudium (2002), S. 147, STEVEN/KISTNER, Übungsbuch (2000), S. 81 f., SCHMALEN/PECHTL, Übungsbuch (2013), S. 231-261, OLBRICH/BATTENFELD, Preispolitik (2014), S. 67, 202 f., AMELY/KRICKHAHN, BWL (2021), S. 129, AMELY, Formeln (2024), S. 53-55, AMELY, Kompakt (2024), S. 101 f.
164 Vgl., auch im folgenden, HERING, Preispolitik (2003), S. 194-196.
165 In Anlehnung an HERING, Preispolitik (2003), S. 195.

Wie bereits oben erwähnt, gibt die Preisabsatzfunktion an, wie sich die Absatzmenge verändert, wenn der Preis variiert wird. Die *Preiselastizität der Nachfrage* $\eta_{x,p}$ dient dazu, diese Reaktion zu messen.[166] Sie beschreibt die relative Mengenänderung, welche bezogen auf eine relative Preisänderung gemäß der Preisabsatzfunktion eintritt. Eine Änderung des Preises um 1% führt also näherungsweise zu einer Nachfrageänderung von $\eta_{x,p}$%. Eine Preiselastizität von beispielsweise −4 kann also folgendermaßen gedeutet werden: Wird der Preis p um 1% erhöht, geht die nachgefragte Menge x um (ungefähr) 4% zurück. Fällt der Mengenrückgang stärker als der Preisanstieg aus, gilt mithin $\eta_{x,p} < -1$ (z.B. $\eta_{x,p} = -4$), heißt die Nachfrage elastisch. Ist hingegen die relative Änderung der Nachfrage betragsmäßig geringer als die relative Änderung des Preises $(0 > \eta_{x,p} > -1$, z.B. $\eta_{x,p} = -\frac{3}{4}$), so spricht man von einer unelastischen oder starren Nachfrage. Der Grenzfall $\eta_{x,p} = -1$ wird als eins-elastisch bezeichnet und beschreibt die Situation, in der eine Preiserhöhung einen prozentual gleichen Mengenrückgang der Nachfrage auslöst.

2.3.2.3 Produkt-, Distributions- und Kommunikationspolitik

Ziel der *Produktpolitik* ist es, sich positiv vom Angebot der Konkurrenten abzuheben, weshalb auch Entscheidungen hinsichtlich des Angebotsprogramms im Mittelpunkt der Produktpolitik stehen.[167] Dabei werden Veränderungen des Angebotsprogramms über den Weg der Produktinnovation, der Produktvariation und der Produktelimination vollzogen.

Von *Produktinnovation* wird gesprochen, wenn technischer Fortschritt und/oder Bedarfsverschiebungen zur Entwicklung und Einführung völlig neuer Produkte führen.[168]

Produktvariation liegt vor, wenn ein bereits bestehendes Produkt in Teilen seines Leistungsbündels verändert und anschließend wieder auf den Markt gebracht wird.[169] Im Zuge der Variation des Produkts bleiben die Grundfunktionen erhalten, wobei mindestens eine der folgenden Produkteigenschaften geändert wird:[170]

- physikalische und funktionale Eigenschaften (Materialart, Bauart, Qualität, Haltbarkeit),
- ästhetische Eigenschaften (Farbe, Form, Verpackung),
- symbolische Eigenschaften (Markenname),
- Zusatzleistungen (Kundendienst, Garantie).

Mit solchen Produktvariationen wird versucht, die eigene Marktposition gegenüber Konkurrenzaktivitäten zu behaupten sowie die Produkte nach ihrer Markteinführung den sich im Zeitablauf ändernden Ansprüchen der Nachfrager anzupassen.[171]

---

166 Vgl. zur Preiselastizität der Nachfrage GUTENBERG, Der Absatz (1984), S. 195-198, WÖHE/DÖRING/BRÖSEL, Einführung (2023), S. 410-413, NIESCHLAG/DICHTL/HÖRSCHGEN, Marketing (2002), S. 836-840, MEFFERT et al., Marketing (2024), S. 473 ff., SCHIERENBECK/WÖHLE, Grundzüge (2016), S. 322-324, SCHMALEN/PECHTL, Grundlagen (2019), S. 271 ff., MATSCHKE, Betriebswirtschaftslehre II (2004), S. 123-132, BRUHN, Marketing (2024), S. 177-180, SCHWINN, Betriebswirtschaftslehre (1996), S. 402 ff., KISTNER/STEVEN, Grundstudium (2002), S. 142 f., KOTLER et al., Marketing (2022), S. 531 f., OLBRICH, Marketing (2022), S. 167-169, PECHTL, Preispolitik (2014), S. 106 f., OLBRICH/BATTENFELD, Preispolitik (2014), S. 24 ff.
167 Vgl. zur Produktpolitik GUTENBERG, Der Absatz (1984), S. 508 ff., WÖHE/DÖRING/BRÖSEL, Einführung (2023), S. 389 ff., NIESCHLAG/DICHTL/HÖRSCHGEN, Marketing (2017), S. 457 ff., MEFFERT et al., Marketing (2024), S. 377 ff., KOTLER et al., Marketing-Management (2023), S. 229 ff., SCHIERENBECK/WÖHLE, Grundzüge (2016), S. 342 ff., SCHMALEN/PECHTL, Grundlagen (2019), S. 311 ff., MATSCHKE, Betriebswirtschaftslehre II (2004), S. 152 ff., BRUHN, Marketing (2024), S. 117 ff., SCHWINN, Betriebswirtschaftslehre (1996), S. 438 ff., KISTNER/STEVEN, Grundstudium (2002), S. 187 ff., OLBRICH, Marketing (2022), S. 95 ff., ESCH/HERRMANN/SATTLER, Marketing (2017), S. 230 ff.
168 Vgl. NIESCHLAG/DICHTL/HÖRSCHGEN, Marketing (2002), S. 692 f., MEFFERT et al., Marketing (2024), S. 389, SCHIERENBECK/WÖHLE, Grundzüge (2016), S. 342, SCHMALEN/PECHTL, Grundlagen (2019), S. 321, MATSCHKE, Betriebswirtschaftslehre II (2004), S. 153, SCHWINN, Betriebswirtschaftslehre (1996), S. 446.
169 Vgl. OLBRICH, Marketing (2022), S. 104 f.
170 Vgl. MEFFERT et al., Marketing (2024), S. 441 ff., MATSCHKE, Betriebswirtschaftslehre II (2004), S. 153, SCHWINN, Betriebswirtschaftslehre (1996), S. 450, KISTNER/STEVEN, Grundstudium (2002), S. 197.
171 Vgl. MEFFERT et al., Marketing (2024), S. 438, SCHIERENBECK/WÖHLE, Grundzüge (2016), S. 343.

Unter einer *Produktelimination* versteht man die Entfernung eines Produkts aus dem Absatz- und Produktionsprogramm eines Unternehmens.[172] Sie wird in der Regel dann vorgenommen, wenn ein Produkt nicht (mehr) den Erwartungen des Unternehmens entspricht. Dies kann verschiedene Ursachen haben. Beispielsweise könnten negative Auswirkungen des betrachteten Produktes auf das betriebswirtschaftliche Ergebnis, z.B. in Form sinkender Umsätze, Deckungsbeiträge oder Marktanteile ausschlaggebend sein. Es könnten aber auch andere Faktoren, wie die Beschädigung des Firmenimages durch das Produkt oder geänderte rechtliche Rahmenbedingungen, eine Rolle spielen. Gegenstand einer Eliminierungsentscheidung sind aber nicht nur ältere Produkte, die sich nach einer langen Marktpräsenz negativ entwickeln, sondern auch neue Produkte, die nach ihrer Markteinführung weit hinter den gewünschten Mindestzielsetzungen zurückgeblieben sind. Dabei sollte das eliminierungsverdächtige Produkt nicht isoliert betrachtet werden, da unter Umständen Absatzverflechtungen mit anderen Produkten existieren.[173]

Die Aufgabe der *Distributionspolitik* ist es, räumliche und zeitliche Distanzen zwischen der Produktion und dem Konsum eines Gutes zu überbrücken, so daß die angebotenen Güter zur rechten Zeit und am rechten Ort verfügbar sind.[174] Nach GUTENBERG bewirken dies insbesondere Entscheidungen über die Ausgestaltung des Vertriebssystems, der Absatzformen und der Absatzwege.

Die Entscheidung über das *Vertriebssystem* legt fest, inwieweit der Vertrieb rechtlich und wirtschaftlich an die Unternehmensleitung gebunden ist.[175] Nach dem Ausmaß dieses Abhängigkeitsverhältnisses kann zwischen einem werkseigenen, werksgebundenen und werksungebundenen Vertriebssystem unterschieden werden. Dabei erfolgt der *werkseigene Vertrieb* über wirtschaftlich und rechtlich unselbständige Verkaufsniederlassungen oder Filialen. Beim *werksgebundenen Vertrieb* wird die gesamte Vertriebstätigkeit aus dem Unternehmen ausgegliedert und rechtlich selbständigen, aber wirtschaftlich unselbständigen Vertriebsgesellschaften übertragen. Im Rahmen des *werksungebundenen Vertriebs* wird die gesamte Vertriebstätigkeit rechtlich und wirtschaftlich selbständigen Vertriebsgesellschaften überlassen. Sie nehmen die Absatzaktivitäten in Eigenregie wahr, wobei sie meist für mehrere Unternehmen der gleichen Branche tätig sind. Die Herstellerbetriebe treten absatzpolitisch nach außen nicht mehr in Erscheinung, da die Vertriebsgesellschaft den Einsatz des absatzpolitischen Instrumentariums koordiniert.

Die Entscheidung über die *Absatzformen* bezieht sich auf die Kontaktherstellung zwischen Anbieter und Nachfrager.[176] Zum Absatz mittels *betriebseigener Absatzorgane* gehört z.B. der Verkauf über Mitglieder der Geschäftsführung, Reisende und Fabrikläden. In einigen Unternehmen suchen die *Geschäftsinhaber* oder die *Geschäftsführer* ihre Kunden selbst auf, um ihre Waren anzubieten (z.B. Schmuck-, Lederwarenindustrie). Dies geschieht in der Regel bei ungewöhnlicher Größe eines in Aussicht stehenden Auftrags, bei überragender Bedeutung eines Geschäftspartners, aber auch dort, wo lediglich eine begrenzte Anzahl von Kunden zu versor-

---

172 Vgl., auch im folgenden, MEFFERT *et al.*, Marketing (2024), S. 446 ff., SCHWINN, Betriebswirtschaftslehre (1996), S. 451, OLBRICH, Marketing (2022), S. 112 f.

173 Vgl. NIESCHLAG/DICHTL/HÖRSCHGEN, Marketing (2002), S. 710 f., MEFFERT *et al.*, Marketing (2024), S. 448, SCHIERENBECK/WÖHLE, Grundzüge (2016), S. 346, OLBRICH, Marketing (2022), S. 113.

174 Vgl. zur Distributionspolitik GUTENBERG, Der Absatz (1984), S. 104 ff., WÖHE/DÖRING/BRÖSEL, Einführung (2023), S. 445 ff., NIESCHLAG/DICHTL/HÖRSCHGEN, Marketing (2002), S. 880 ff., MEFFERT *et al.*, Marketing (2024), S. 549 ff., KOTLER *et al.*, Marketing-Management (2023), S. 417 ff., SCHIERENBECK/WÖHLE, Grundzüge (2016), S. 351 ff., SCHMALEN/PECHTL, Grundlagen (2019), S. 341 ff., MATSCHKE, Betriebswirtschaftslehre II (2004), S. 156 f., BRUHN, Marketing (2024), S. 237 ff., SCHWINN, Betriebswirtschaftslehre (1996), S. 454 f., KISTNER/STEVEN, Grundstudium (2002), S. 208 ff., OLBRICH, Marketing (2022), S. 239 ff., ESCH/HERRMANN/SATTLER, Marketing (2017), S. 345 ff.

175 Vgl., auch im folgenden, GUTENBERG, Der Absatz (1984), S. 105 ff., MATSCHKE, Betriebswirtschaftslehre II (2004), S. 156, KISTNER/STEVEN, Grundstudium (2002), S. 208-210.

176 Vgl., auch im folgenden, GUTENBERG, Der Absatz (1984), S. 109 ff., NIESCHLAG/DICHTL/HÖRSCHGEN, Marketing (2002), S. 886-888, 908-910, SCHMALEN/PECHTL, Grundlagen (2019), S. 343-346, MATSCHKE, Betriebswirtschaftslehre II (2004), S. 156, BRUHN, Marketing (2024), S. 258 ff., KISTNER/STEVEN, Grundstudium (2002), S. 213-216, THOMMEN *et al.*, Betriebswirtschaftslehre (2023), S. 112 ff., JUNG, Betriebswirtschaftslehre (2016), S. 650 f., OLBRICH, Marketing (2022), S. 250, 255, 288, 292-295.

gen ist. Da sie weisungsunabhängig sind, können sie an Ort und Stelle eine Entscheidung über die Verkaufsbedingungen, insbesondere die Preise sowie die Liefer- und Zahlungsbedingungen treffen. Bei einem *Reisenden* handelt es sich um einen weisungsgebundenen Angestellten eines Unternehmens, der dessen Kunden in regelmäßigen Abständen aufsucht, um die Produkte des Unternehmens zu präsentieren und zu verkaufen. Seine Stärke ist die gute Warenkenntnis. Reisende sind entweder mit einer Vermittlungs- oder einer Abschlußvollmacht ausgestattet. Als Leistungsvergütung erhalten sie ein festes Grundgehalt, eine erfolgsabhängige Provision sowie Reisespesen. Im Rahmen des *Fabrikverkaufs* verkauft ein Hersteller seine Produkte über an die „Fabrik" angeschlossene Läden oder herstellereigene Verkaufsniederlassungen. Dabei werden vor allem Überhang-, Ausschuß-, leicht fehlerhafte und saisonversetzte Waren zu deutlich niedrigeren Preisen angeboten. Zu den *betriebsfremden Absatzorganen* zählen der Handelsvertreter, der Kommissionär und der Makler. *Handelsvertreter* sind selbständige Gewerbetreibende, die für ein oder mehrere Unternehmen in einem fest zugeteilten Gebiet Geschäfte vermitteln (Vermittlungsvertreter) oder abschließen (Abschlußvertreter). Sie agieren also im Namen und auf Rechnung des Auftraggebers, weshalb sie kein Preisrisiko tragen. Die Selbständigkeit kommt in der Möglichkeit zur freien Gestaltung ihrer Tätigkeit bzw. in der freien Einteilung ihrer Arbeitszeit zum Ausdruck. Im Vergleich zum Reisenden erhalten sie für ihre Dienste eine relativ hohe erfolgsabhängige Provision und darüber hinaus bei Übernahme bestimmter Funktionen (z.B. Reklamationsfunktion) ein geringes Fixum. Anders als ein Reisender kann der Handelsvertreter eine Vielzahl von Unternehmen bzw. Produkten vertreten, wobei diese jedoch nicht miteinander konkurrieren dürfen. *Kommissionäre* treten im Gegensatz zum Handelsvertreter Dritten gegenüber im eigenen Namen auf, arbeiten aber ebenfalls auf Rechnung des Auftraggebers (Kommittent). Sie sind daher in der Regel für ihre Kunden nicht als betriebsfremdes Absatzorgan zu erkennen. Der Kommissionär übernimmt für den Kommittenten den Ein- oder Verkauf von Waren und Wertpapieren und erhält dafür eine erfolgsabhängige Provision (Kommission). Kommissionsgeschäfte sind heute besonders im Wertpapierhandel, im Handel mit Agrarprodukten und im Außenhandel anzutreffen. *Makler* vermitteln lediglich Verträge. Sie führen also Anbieter und Nachfrager zusammen, die dann selbst Verträge abschließen. Nachdem das Geschäft rechtswirksam zustande gekommen ist, hat der Makler Anspruch auf den Maklerlohn (Courtage). Während die Bedeutung des Maklers für den ständigen Absatz von Sachgütern außer bei Versteigerungen gering ist, hat er im Immobiliengeschäft sowie im Versicherungs- und Finanzanlagebereich eine bedeutende Marktstellung inne.

Bei der Entscheidung über den *Absatzweg* ergibt sich für einen Hersteller die Frage, ob sich sein Außendienst (z.B. Reisende oder Handelsvertreter) an den Großhandel, den Einzelhandel oder unmittelbar an den Endabnehmer wenden soll.[177] Als Absatzweg bzw. Absatzkanal wird also der Weg eines Produkts vom Hersteller bis zum Endverbraucher, -gebraucher oder Weiterverarbeiter verstanden (vgl. Abbildung 34). Tritt der Produzent als unmittelbarer Verkäufer an den Endabnehmer heran, so spricht man von *direktem Absatz*. Hierdurch sind sehr intensive Kundenkontakte mit hoher Beratungsqualität und eine direkte Kontrolle des Absatzweges möglich. Traditionell kommt dem direkten Absatz etwa bei Produkten mit hohem Erklärungsbedarf und bei starker regionaler Konzentration der Endabnehmer eine große Bedeutung zu (z.B. in der Investitionsgüterindustrie). In neuerer Zeit wird dieser Absatzweg wegen der zunehmenden Nachfragemacht des Handels auch von der Konsumgüterindustrie in immer stärkerem Maße genutzt. Beim *indirekten Absatz* werden vom Hersteller unabhängige Handelsunternehmen (Groß-, Einzelhandel) als Absatzmittler eingeschaltet, welche die Produkte an die Endabnehmer weiterleiten. Während der Großhandel die Produkte an Nichtkonsumenten veräußert, versorgt der Einzelhandel die Endverbraucher. Da dieser Absatzweg im Vergleich zum direkten Absatz länger ist, geht der Kontakt zum Kunden fast vollständig verloren, und eine Kontrolle

---

177 Vgl., auch im folgenden, *Gutenberg*, Der Absatz (1984), S. 141 ff., *Wöhe/Döring/Brösel*, Einführung (2023), S. 450 ff., *Nieschlag/Dichtl/Hörschgen*, Marketing (2002), S. 915-922, *Meffert et al.*, Marketing (2024), S. 560 ff., *Kotler et al.*, Marketing-Management (2023), S. 422 f., *Schierenbeck/Wöhle*, Grundzüge (2016), S. 352 f., *Matschke*, Betriebswirtschaftslehre II (2004), S. 156 f., *Bruhn*, Marketing (2024), S. 243 ff., *Kistner/Steven*, Grundstudium (2002), S. 210-213, *Thommen et al.*, Betriebswirtschaftslehre (2023), S. 108 ff., *Jung*, Betriebswirtschaftslehre (2016), S. 649-653, *Kotler et al.*, Marketing (2022), S. 583 f., *Olbrich*, Marketing (2022), S. 252-256, *Esch/Herrmann/Sattler*, Marketing (2017), S. 349-351.

des Absatzweges ist nahezu ausgeschlossen. Die Unterstützung des Groß- und Einzelhandels in der Distribution erweist sich vor allem in der Konsumgüterindustrie als hilfreich, weshalb dort der indirekte Absatz große Bedeutung hat. So kann man sich beispielsweise der Sortimentsfunktion des Einzelhandels bedienen, welche den Absatz merklich unterstützt.

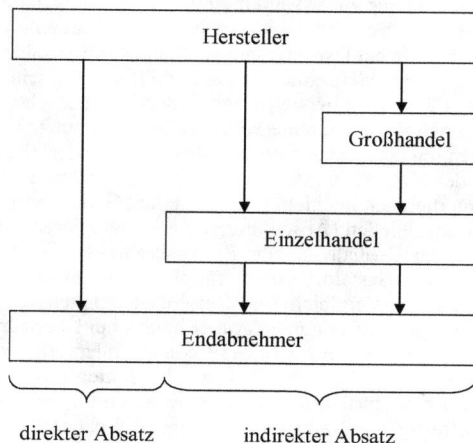

Abb. 34: Absatzwege[178]

Im Rahmen der *Kommunikationspolitik* geht es um die bewußte Gestaltung aller auf den Absatzmarkt gerichteten Informationen eines Unternehmens, mit dem Ziel einer Verhaltenssteuerung vorhandener und potentieller Kunden.[179] Über die Verhaltenssteuerung sollen Marktanteile gesichert oder gesteigert werden. Die Ausprägungen der Kommunikationspolitik gliedern sich üblicherweise in die Bereiche (Media-)Werbung, Verkaufsförderung und Öffentlichkeitsarbeit.

Im Mittelpunkt der Kommunikationspolitik steht eindeutig die *(Media-)Werbung*. Werbung ist als absichtliche und zwangfreie Beeinflussung von (potentiellen) Kunden durch den Einsatz von Massenkommunikationsmitteln zu verstehen, durch die die (potentiellen) Kunden zu einer bestimmten, den unternehmenspolitischen Zielen dienenden Verhaltensweise veranlaßt werden sollen.[180] Die grundsätzlichen *Probleme der Werbeplanung* lassen sich in drei Punkten zusammenfassen:[181]

- Festlegung der Werbeziele und Zielgruppen,
- Bestimmung der Höhe des Werbeetats und
- Festlegung der Werbeobjekte, Werbemittel und Werbeträger.

---

178 In Anlehnung an KISTNER/STEVEN, Grundstudium (2002), S. 211.
179 Vgl. zur Kommunikationspolitik GUTENBERG, Der Absatz (1984), S. 355 ff., WÖHE/DÖRING/BRÖSEL, Einführung (2023), S. 431 ff., NIESCHLAG/DICHTL/HÖRSCHGEN, Marketing (2002), S. 984 ff., MEFFERT et al., Marketing (2024), S. 599 ff., KOTLER et al., Marketing-Management (2023), S. 341 ff., SCHIERENBECK/WÖHLE, Grundzüge (2016), S. 355 ff., SCHMALEN/PECHTL, Grundlagen (2019), S. 289 ff., MATSCHKE, Betriebswirtschaftslehre II (2004), S. 149 ff., BRUHN, Marketing (2024), S. 191 ff., SCHWINN, Betriebswirtschaftslehre (1996), S. 453, KISTNER/STEVEN, Grundstudium (2002), S. 217 ff., OLBRICH, Marketing (2022), S. 193 ff., ESCH/HERRMANN/SATTLER, Marketing (2017), S. 264 ff.
180 Vgl. WÖHE/DÖRING/BRÖSEL, Einführung (2023), S. 433, NIESCHLAG/DICHTL/HÖRSCHGEN, Marketing (2002), S. 989, MEFFERT et al., Marketing (2024), S. 619 f., SCHIERENBECK/WÖHLE, Grundzüge (2016), S. 355, SCHWINN, Betriebswirtschaftslehre (1996), S. 453, OLBRICH, Marketing (2022), S. 226 f..
181 Vgl. SCHIERENBECK/WÖHLE, Grundzüge (2016), S. 355-357, MATSCHKE, Betriebswirtschaftslehre II (2004), S. 149 ff.

Die Festlegung der *Werbeziele* soll helfen, die im Rahmen der Werbeplanung zu ergreifenden Maßnahmen zu kanalisieren.[182] Die Literatur unterscheidet üblicherweise ökonomische und außerökonomische Werbeziele. Während sich *ökonomische Werbeziele* auf Größen wie Gewinn, Umsatz, Kosten und Marktanteil beziehen, sind *außerökonomische Werbeziele* auf die Schaffung bestimmter psychologischer Wirkungen gerichtet. Letztere tragen der Tatsache Rechnung, daß positive Werbewirkungen schon im Vorstadium der eigentlichen Kaufhandlung eintreten können. Dem Kaufakt geht also ein kognitiver Prozeß voraus. Der ideale Ablauf der psychologischen Wirkung der Werbung läßt sich mit Hilfe von Stufenkonzepten beschreiben, von denen das bekannteste das *AIDA-Modell der Werbewirkung* ist.[183] Danach werden folgende Stufen der Werbewirkung unterschieden:

1. Stufe: Aufmerksamkeit (**A**ttention): Werbung macht auf das Produkt aufmerksam und führt zur Wiedererkennung.
2. Stufe: Interesse (**I**nterest): Werbung weckt näheres Interesse an dem Produkt, so daß Informationen darüber eingeholt werden.
3. Stufe: Wunsch/Verlangen (**D**esire): Werbung löst ein Verlangen nach dem Produkt aus.
4. Stufe: Aktion (**A**ction): Werbung führt dazu, daß man den Kaufakt vollzieht und sein Verlangen befriedigt.

Damit der finale Kaufakt ausgelöst wird, ist es notwendig, die *Zielgruppen*, an die sich die Werbung richtet, genau festzulegen.[184] Die Werbebotschaft kann nämlich nur dann psychologische Wirkung erzielen und so den Kaufakt auslösen, wenn die Umworbenen überhaupt als potentielle Nachfrager in Betracht kommen. In diesem Sinn sollten Zielgruppen gebildet werden, die homogener auf entsprechende Werbebotschaften reagieren als der Gesamtmarkt. Eine solche Abgrenzung von Zielgruppen kann z.B. nach demographischen, geographischen oder psychographischen Kriterien erfolgen.

Als *Werbeetat* bezeichnet man einen periodisch aufgestellten Plan, in dem die der Werbung zur Verfügung stehenden finanziellen Mittel im voraus für einen bestimmten Zeitraum festgelegt werden.[185] Die Bestimmung der Höhe des Werbeetats kann dabei mittels heuristischer Verfahren (Praktikerverfahren) oder Optimierungsverfahren erfolgen.[186] Die üblicherweise in der Praxis angewendeten Verfahren ziehen den Umsatz oder Gewinn, den Werbeetat der Konkurrenz, die Höhe der verfügbaren finanziellen Mittel oder ein bestimmtes operationales Werbeziel als Orientierungsgröße zur Festlegung der Höhe des Werbebudgets heran.

Im Rahmen der Festlegung der *Werbeobjekte* sind die Objekte, für die geworben werden soll, zu identifizieren.[187] Hierfür kommen beispielsweise einzelne Produkte (Produktwerbung), aber auch das Unternehmen als Ganzes (Firmenwerbung), z.B. bei einer Imagekampagne, in Betracht. Unter *Werbemittel* werden alle Ausdrucksformen verstanden, in denen die Werbebot-

---

182 Vgl. GUTENBERG, Der Absatz (1984), S. 372 ff., WÖHE/DÖRING/BRÖSEL, Einführung (2023), S. 433 ff., NIESCHLAG/DICHTL/HÖRSCHGEN, Marketing (2002), S. 1059 ff., MEFFERT et al., Marketing (2024), S. 602-605, SCHIERENBECK/WÖHLE, Grundzüge (2016), S. 356, MATSCHKE, Betriebswirtschaftslehre II (2004), S. 150 f., BRUHN, Marketing (2024), S. 199 ff., SCHWINN, Betriebswirtschaftslehre (1996), S. 453.
183 Vgl. WÖHE/DÖRING/BRÖSEL, Einführung (2023), S. 440, SCHMALEN/PECHTL, Grundlagen (2019), S. 296 ff., SCHIERENBECK/WÖHLE, Grundzüge (2016), S. 356, MATSCHKE, Betriebswirtschaftslehre II (2004), S. 151, BRUHN, Marketing (2024), S. 200 f., KISTNER/STEVEN, Grundstudium (2002), S. 218 f., JUNG, Betriebswirtschaftslehre (2016), S. 657, KOTLER et al., Marketing (2022), S. 679 ff., AMELY/KRICKHAHN, BWL (2021), S. 135, AMELY, Kompakt (2024), S. 106.
184 Vgl. GUTENBERG, Der Absatz (1984), S. 409 ff., MEFFERT et al., Marketing (2024), S. 604, SCHIERENBECK/WÖHLE, Grundzüge (2016), S. 356, BRUHN, Marketing (2024), S. 201 ff., OLBRICH, Marketing (2022), S. 195 f.
185 Vgl. MATSCHKE, Betriebswirtschaftslehre II (2004), S. 169, KISTNER/STEVEN, Grundstudium (2002), S. 222.
186 Vgl. GUTENBERG, Der Absatz (1984), S. 491 ff., WÖHE/DÖRING/BRÖSEL, Einführung (2023), S. 435 ff., NIESCHLAG/DICHTL/HÖRSCHGEN, Marketing (2002), S. 1068 ff., MEFFERT et al., Marketing (2024), S. 607 ff., SCHIERENBECK/WÖHLE, Grundzüge (2016), S. 356, SCHMALEN/PECHTL, Grundlagen (2019), S. 299 ff., MATSCHKE, Betriebswirtschaftslehre II (2004), S. 151 f., BRUHN, Marketing (2024), S. 207-210, KISTNER/STEVEN, Grundstudium (2002), S. 222 f., KOTLER et al., Marketing (2022), S. 690 ff., OLBRICH, Marketing (2022), S. 198-201.
187 Vgl. NIESCHLAG/DICHTL/HÖRSCHGEN, Marketing (2002), S. 1058 f., MATSCHKE, Betriebswirtschaftslehre II (2004), S. 152, OLBRICH, Marketing (2022), S. 201 f.

schaft konkretisiert und dargestellt wird.[188] In den Werbemitteln nimmt die Werbebotschaft also ihre mitteilungsfähige Form an. Als Werbemittel kommen daher z.B. das gesprochene bzw. geschriebene Wort, das Bild, die Musik, eine besondere Handlung usw. in Betracht. In diesem Sinn stellt etwa eine konkrete Anzeige oder ein Werbefilm ein Werbemittel dar, welches in verschiedenen Werbeträgern geschaltet wird. *Werbeträger* stellen demnach durch die Übermittlung der Werbebotschaft das Bindeglied zwischen dem werbetreibenden Unternehmen und dem Umworbenen dar.[189] Der Begriff Werbeträger umfaßt die Gesamtheit aller Subjekte (z.B. Reisende, Handelsvertreter) und Objekte (z.B. Zeitungen, Rundfunk, Fernsehen, Kinos, Plakatwände, Litfaßsäulen), welche die Werbemittel an die Zielpersonen heranführen.

Während die Werbung in der Regel auf eine breite Streuung und langfristige Wirkung angelegt ist, sucht die *Verkaufsförderung* durch die gezielte Beeinflussung einer beschränkten Personenzahl den schnellen, meist kurzlebigen Absatzerfolg.[190] Als typische verkaufsfördernde Maßnahmen kommen z.B. Sonderangebote, kostenlose Produktproben, Gutscheine, Treueaktionen und Produktvorführungen am Verkaufsort in Betracht.

Die *Öffentlichkeitsarbeit* zielt vor allem auf die Schaffung eines positiven Firmenimages ab.[191] Sie richtet sich sowohl an die (potentiellen) Kunden als auch an den Staat, kirchliche Institutionen, Gewerkschaften, Verbraucherverbände, Medien, Aktionäre, Lieferanten, Mitarbeiter und viele mehr. Diese Anspruchsgruppen erwarten von einem Unternehmen ein dem Allgemeinwohl dienendes soziales und ökologisches Engagement. Die Öffentlichkeitsarbeit hat nun die Aufgabe, die Anspruchsgruppen glaubhaft über derartige Aktionen zu informieren, um auf diese Weise verstärkt öffentliches Vertrauen zu gewinnen und infolgedessen Absatzwiderstände zu überwinden.

2.4 Organisation

2.4.1 Organisationsbegriffe

In der Organisationstheorie ist zwischen dem institutionellen, funktionellen und instrumentellen Organisationsbegriff zu unterscheiden.[192] Der weitgefaßte *institutionelle Organisationsbegriff* versteht Organisation als zielgerichtetes soziales System, das bestimmten Regeln unterliegt. *Das Unternehmen ist eine Organisation* im Sinne des nach außen in Erscheinung tretenden Gesamtkomplexes und gleicht daher z.B. Verbänden, Parteien und Kirchen. Der *funktionelle Organisationsbegriff* begreift Organisation als Vorgang der Differenzierung eines Systems in arbeitsteilige Subsysteme und deren Integration zu einem zielgerichteten Ganzen.

188 Vgl. *GUTENBERG*, Der Absatz (1984), S. 379 ff., *MEFFERT et al.*, Marketing (2024), S. 616, *SCHIERENBECK/ WÖHLE*, Grundzüge (2016), S. 357, *MATSCHKE*, Betriebswirtschaftslehre II (2004), S. 152, *SCHWINN*, Betriebswirtschaftslehre (1996), S. 453, *OLBRICH*, Marketing (2022), S. 226.
189 Vgl. *GUTENBERG*, Der Absatz (1984), S. 452 ff., *WÖHE/DÖRING/BRÖSEL*, Einführung (2023), S. 437, *NIESCHLAG/DICHTL/HÖRSCHGEN*, Marketing (2002), S. 998 ff., *MEFFERT et al.*, Marketing (2024), S. 616, *SCHIERENBECK/WÖHLE*, Grundzüge (2016), S. 357, *MATSCHKE*, Betriebswirtschaftslehre II (2004), S. 152, *SCHWINN*, Betriebswirtschaftslehre (1996), S. 453, *KISTNER/STEVEN*, Grundstudium (2002), S. 221, *OLBRICH*, Marketing (2022), S. 226.
190 Vgl. *WÖHE/DÖRING/BRÖSEL*, Einführung (2023), S. 443, *NIESCHLAG/DICHTL/HÖRSCHGEN*, Marketing (2002), S. 991 ff., *MEFFERT et al.*, Marketing (2024), S. 697 ff., *SCHIERENBECK/WÖHLE*, Grundzüge (2016), S. 358, *SCHMALEN/PECHTL*, Grundlagen (2019), S. 294, *BRUHN*, Marketing (2024), S. 219 ff., *KISTNER/STEVEN*, Grundstudium (2002), S. 226 f., *KOTLER et al.*, Marketing (2022), S. 694, 787 ff., *OLBRICH*, Marketing (2022), S. 228.
191 Vgl. *GUTENBERG*, Der Absatz (1984), S. 367 f., *WÖHE/DÖRING/BRÖSEL*, Einführung (2023), S. 444, *NIESCHLAG/DICHTL/HÖRSCHGEN*, Marketing (2002), S. 994 f., *MEFFERT et al.*, Marketing (2024), S. 694 ff., *SCHIERENBECK/WÖHLE*, Grundzüge (2016), S. 359 f., *SCHMALEN/PECHTL*, Grundlagen (2019), S. 295, *BRUHN*, Marketing (2024), S. 225 ff., *KISTNER/STEVEN*, Grundstudium (2002), S. 227, *KOTLER et al.*, Marketing (2022), S. 694 f., 747 ff., *OLBRICH*, Marketing (2022), S. 228.
192 Vgl., auch im folgenden, *GUTENBERG*, Die Produktion (1983), S. 235 f., *HILL/FEHLBAUM/ULRICH*, Organisationslehre 1 (1994), S. 1, *MATSCHKE*, Betriebswirtschaftslehre I (2004), S. 215, *SCHWINN*, Betriebswirtschaftslehre (1996), S. 204, *KISTNER/STEVEN*, Grundstudium (2002), S. 293 ff., *SCHULTE-ZURHAUSEN*, Organisation (2014), S. 1 ff., *PICOT et al.*, Organisation (2020), S. 52 f., *BEA/GÖBEL*, Organisation (2019), S. 26 ff., *SCHERM/PIETSCH*, Organisation (2007), S. 3 ff.

Das Unternehmen wird organisiert im Sinne der Schaffung von ordnungsbildenden Regelungen für alle betrieblichen Aktivitäten. Das Ergebnis der Tätigkeit des Organisierens ist der *instrumentelle Organisationsbegriff*, der Organisation als relativ dauerhafte Struktur eines sozialen Systems ansieht. *Die Unternehmung hat eine Organisation*, welche die Gesamtheit von Strukturen und Regelungen umfaßt, die als Mittel für eine zielgerichtete Steuerung der betrieblichen Aktivitäten eingesetzt werden.

In der deutschen Literatur zur betriebswirtschaftlichen Organisationslehre wird zwischen Aufbau- und Ablauforganisation unterschieden.[193] Als *Aufbauorganisation* (Gebildestrukturierung) wird die Aufgliederung des Unternehmens in funktionsfähige, aufgabenteilige Teileinheiten (Stellen, Abteilungen) sowie deren Koordination verstanden. Sie erstreckt sich auf die Verknüpfung der Teileinheiten zu einer organisatorischen Struktur sowie auf den Beziehungszusammenhang zwischen diesen Teileinheiten. Ziel der *Ablauforganisation* (Prozeßstrukturierung) ist es, den mit der Aufbauorganisation vorgegebenen Rahmen auszufüllen, weshalb die sinnvolle zeitliche und räumliche Strukturierung der für die betriebliche Aufgabenerfüllung notwendigen Arbeitsprozesse als Aufgabe der Ablauforganisation anzusehen ist. Während also die Aufbauorganisation die Frage behandelt, welche betrieblichen Vorgänge von welcher Stelle bewältigt werden sollen, behandelt die Ablauforganisation die Frage, wie diese Vorgänge unter zeitlichen sowie Reihenfolgegesichtspunkten bewältigt werden sollen.

2.4.2 Aufbauorganisation

2.4.2.1 Aufgabenanalyse und Aufgabensynthese

Gegenstand der *Aufgabenanalyse* ist die zweckgerichtete Aufspaltung einer komplexen betrieblichen Gesamtaufgabe in einzelne Teilaufgaben (Elementaraufgaben).[194] Ziel der *Aufgabensynthese* ist es, die mittels der Aufgabenanalyse gebildeten Teilaufgaben (Elementaraufgaben) so zusammenzufassen, daß daraus arbeits- und aufgabenteilige Einheiten, die sogenannten Stellen, entstehen.[195] Dieser Vorgang wird auch Stellenbildung genannt.

Eine *Stelle* ist als Kombination einzelner Teilaufgaben die kleinste organisatorische Einheit.[196] Sie bildet daher das Grundelement der Aufbauorganisation. Im Rahmen der Stellenbildung wird in der Regel nicht auf eine bestimmte Person abgestellt, sondern auf die formalen Erwartungen, die ein Unternehmen an eine für die Stelle in Frage kommende Person qualitativ (Normaleignung) und quantitativ (Normalkapazität) richtet. Die Stellenaufgabe legt als sachliches Merkmal einer Stelle die Verantwortung und Kompetenz des Stelleninhabers als persönliches Merkmal einer Stelle fest. Unter Verantwortung wird dabei die Pflicht des Stelleninhabers verstanden, für die zielentsprechende Aufgabenerfüllung persönlich Rechenschaft abzulegen. Um eine adäquate Aufgabenbewältigung zu ermöglichen, kann ein Stelleninhaber

---

193 Vgl., auch im folgenden, KOSIOL, Organisation (1976), S. 32, KOSIOL, Aufbauorganisation (1969), Sp. 172 f., WÖHE/DÖRING/BRÖSEL, Einführung (2023), S. 102, SCHIERENBECK/WÖHLE, Grundzüge (2016), S. 124 f., MATSCHKE, Betriebswirtschaftslehre I (2004), S. 216, SCHWINN, Betriebswirtschaftslehre (1996), S. 205, SCHULTE-ZURHAUSEN, Organisation (2014), S. 14, PICOT et al., Organisation (2020), S. 53, BEA/GÖBEL, Organisation (2019), S. 238, SCHERM/PIETSCH, Organisation (2007), S. 150.

194 Vgl. KOSIOL, Organisation (1976), S. 42 ff., KOSIOL, Aufbauorganisation (1969), Sp. 175 f., MATSCHKE, Betriebswirtschaftslehre I (2004), S. 217-222, SCHWINN, Betriebswirtschaftslehre (1996), S. 206, KISTNER/STEVEN, Grundstudium (2002), S. 300, SCHULTE-ZURHAUSEN, Organisation (2014), S. 40 f., PICOT et al., Organisation (2020), S. 229, BEA/GÖBEL, Organisation (2019), S. 242 ff., SCHERM/PIETSCH, Organisation (2007), S. 151.

195 Vgl. KOSIOL, Organisation (1976), S. 76 ff., KOSIOL, Aufbauorganisation (1969), Sp. 176 ff., MATSCHKE, Betriebswirtschaftslehre I (2004), S. 222 f., SCHWINN, Betriebswirtschaftslehre (1996), S. 206 f., KISTNER/STEVEN, Grundstudium (2002), S. 300 f., SCHULTE-ZURHAUSEN, Organisation (2014), S. 41 f., PICOT et al., Organisation (2020), S. 229, BEA/GÖBEL, Organisation (2019), S. 244 f., SCHERM/PIETSCH, Organisation (2007), S. 152.

196 Vgl., auch im folgenden, KOSIOL, Organisation (1976), S. 89 ff., HILL/FEHLBAUM/ULRICH, Organisationslehre I (1994), S. 130 f., MATSCHKE, Betriebswirtschaftslehre I (2004), S. 223, SCHWINN, Betriebswirtschaftslehre (1996), S. 207 f., KISTNER/STEVEN, Grundstudium (2002), S. 301, SCHULTE-ZURHAUSEN, Organisation (2014), S. 163-172, PICOT et al., Organisation (2020), S. 231 f., BEA/GÖBEL, Organisation (2019), S. 252 f., SCHERM/PIETSCH, Organisation (2007), S. 156 ff.

mit Entscheidungs-, Anordnungs-, Vertretungs-, Verfügungs-, Informations- und Kontrollkompetenz ausgestattet sein.[197]

In Abhängigkeit von der jeweils vorherrschenden Kompetenzart kann man Instanzen (Leitungsstellen), Ausführungsstellen und Stabsstellen (Leitungshilfsstellen) unterscheiden.[198] *Instanzen* sind Stellen mit Leitungsaufgaben, bei denen sich Entscheidungs- und Anordnungskompetenzen konzentrieren. Dagegen sind *Ausführungsstellen* mit der Durchführung operativer Tätigkeiten (Ausführungsaufgaben) betraut, weshalb sie insbesondere mit Verfügungskompetenzen ausgestattet sind. Sie besitzen keine Anordnungskompetenz und handeln ihrerseits auf Anordnung der Instanz. *Stabsstellen* sind einzelnen Instanzen zugeordnet und übernehmen bestimmte, aus diesen Leitungsstellen ausgegliederte Teilaufgaben, ohne daß sie mit Anordnungskompetenz ausgestattet sind. Sie dienen der Entlastung und Unterstützung einer Instanz, insbesondere bei der Vorbereitung und Kontrolle von Entscheidungen. Da sie im Rahmen dessen vor allem Entscheidungsprobleme analysieren, Informationen beschaffen und Lösungsvorschläge erarbeiten, besitzen sie in der Regel Informations- und Verfügungskompetenzen.

Wird aufgrund zusammengehöriger Tätigkeiten ein Stellenverband gebildet, der aus einer Instanz und anderen dieser Leitungsstelle untergeordneten Stellen besteht, so wird dieser Stellenverband auch als *Abteilung* bezeichnet.[199]

Während man von *Zentralisation* spricht, wenn gleichartige Aufgaben in einer Stelle oder Abteilung zusammengefaßt werden, bedeutet *Dezentralisation* die Verteilung gleichartiger Aufgaben auf mehrere Stellen oder Abteilungen.[200] Im Rahmen der Zentralisation von Aufgaben haben vor allem die Verrichtungszentralisation (Verrichtungsprinzip) und die Objektzentralisation (Objektprinzip) besondere Bedeutung. Die *Verrichtungszentralisation* zeichnet sich dadurch aus, daß gleichartige Verrichtungsaufgaben, z.B. im Bereich der Beschaffung, der Produktion und des Absatzes, in einer organisatorischen Einheit zusammengefaßt werden. Bei der *Objektzentralisation* hingegen erfolgt die Zusammenfassung von Aufgaben nach bestimmten Produkten oder Produktgruppen, wobei es unwichtig ist, ob die an den Objekten zu vollziehenden Verrichtungen gleichartig oder ungleichartig sind.

2.4.2.2 Leitungssysteme

Leitungssysteme stellen hierarchische Gefüge dar, welche die Gestaltung der Anordnungs- bzw. Weisungsbefugnisse zwischen den einzelnen Stellen zum Inhalt haben.[201] Dabei soll die Verteilung der Weisungsrechte eine möglichst reibungslose Abstimmung zwischen diesen Organisationseinheiten gewährleisten. Die sich ergebenden Rangverhältnisse können als Über-, Unter- oder Gleichordnungsverhältnisse charakterisiert werden. Grundsätzlich lassen sich hinsichtlich der Gestaltung des Leitungssystems das Einlinien-, Mehrlinien- und Stabliniensystem unterscheiden.

Das in Abbildung 35 dargestellte *Einliniensystem* beruht auf dem Prinzip der Einheit der Auftragserteilung und des Auftragsempfangs.[202] Dies bedeutet, daß jede untergeordnete Stelle

197 Vgl. ULRICH, Kompetenz (1969), Sp. 852-854, HILL/FEHLBAUM/ULRICH, Organisationslehre 1 (1994), S. 124 ff.

198 Vgl., auch im folgenden, KOSIOL, Organisation (1976), S. 77, KOSIOL, Aufbauorganisation (1969), Sp. 182 ff., MATSCHKE, Betriebswirtschaftslehre I (2004), S. 223, SCHWINN, Betriebswirtschaftslehre (1996), S. 208, KISTNER/STEVEN, Grundstudium (2002), S. 304 f., SCHULTE-ZURHAUSEN, Organisation (2014), S. 172 ff., PICOT et al., Organisation (2020), S. 232, BEA/GÖBEL, Organisation (2019), S. 252 ff., SCHERM/PIETSCH, Organisation (2007), S. 157 f.

199 Vgl. KOSIOL, Organisation (1976), S. 91, KOSIOL, Aufbauorganisation (1969), Sp. 184, HILL/FEHLBAUM/ULRICH, Organisationslehre 1 (1994), S. 135, MATSCHKE, Betriebswirtschaftslehre I (2004), S. 224, SCHWINN, Betriebswirtschaftslehre (1996), S. 208, KISTNER/STEVEN, Grundstudium (2002), S. 301, SCHULTE-ZURHAUSEN, Organisation (2014), S. 152, PICOT et al., Organisation (2020), S. 232, BEA/GÖBEL, Organisation (2019), S. 258 f., SCHERM/PIETSCH, Organisation (2007), S. 163.

200 Vgl. MATSCHKE, Betriebswirtschaftslehre I (2004), S. 224, KISTNER/STEVEN, Grundstudium (2002), S. 302 f., SCHULTE-ZURHAUSEN, Organisation (2014), S. 42.

201 Vgl. SCHWINN, Betriebswirtschaftslehre (1996), S. 209, SCHULTE-ZURHAUSEN, Organisation (2014), S. 254, PICOT et al., Organisation (2020), S. 236, SCHERM/PIETSCH, Organisation (2007), S. 168.

202 Vgl., auch im folgenden, KOSIOL, Organisation (1976), S. 110 f., HILL/FEHLBAUM/ULRICH, Organisationslehre 1 (1994), S. 191 ff., SCHIERENBECK/WÖHLE, Grundzüge (2016), S. 139, LAUX/LIERMANN, Organisation (2005), S. 183,

nur von der ihr direkt vorgesetzten Stelle Anweisungen empfangen darf, d.h., der Instanzenzug (Dienstweg) ist streng einzuhalten. Dadurch soll verhindert werden, daß eine Stelle mehrere sich widersprechende Anweisungen erhält.

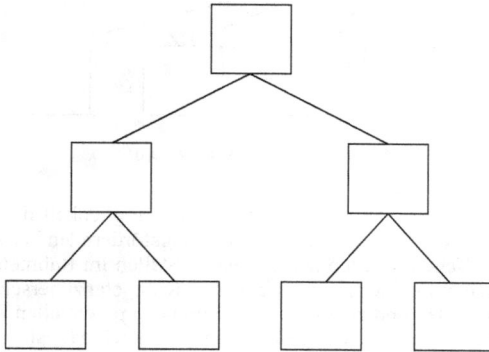

Abb. 35: Einliniensystem[203]

Die *Vorteile* des Einliniensystems bestehen in der klaren Regelung der Leitungs- und Unterstellungsverhältnisse mit einer eindeutigen Abgrenzung der Kompetenz- und Verantwortungsbereiche. *Nachteilig* wirken sich die langen und oft schwerfälligen Dienstwege sowie die Tatsache aus, daß die (Zwischen-)Instanzen häufig aufgrund mangelnder Spezialisierung der Leitungsaufgaben überlastet und/oder überfordert sind. Dies hängt aber auch von der Leitungsspanne (Zahl der unterstellten Stellen) bzw. der Tiefe der Hierarchie ab.

Bei Gestaltung des Leitungssystems nach dem *Mehrliniensystem* wird das Prinzip der Einheit der Auftragserteilung und des Auftragsempfangs aufgegeben und durch die Möglichkeit der Mehrfachunterstellung ersetzt (vgl. Abbildung 36).[204] Dabei erhalten die einzelnen nachgeordneten Stellen von mehreren vorgesetzten Stellen Anweisungen, wobei sich jede dieser übergeordneten Stellen auf eine Leitungsaufgabe spezialisiert hat (Prinzip der Spezialisierung (Funktionalisierung) der Leitung).

MATSCHKE, Betriebswirtschaftslehre I (2004), S. 234, *SCHWINN*, Betriebswirtschaftslehre (1996), S. 207 f., *KISTNER/STEVEN*, Grundstudium (2002), S. 305 f., *SCHULTE-ZURHAUSEN*, Organisation (2014), S. 255, *PICOT et al.*, Organisation (2020), S. 236-238, *BEA/GÖBEL*, Organisation (2019), S. 286, *SCHERM/PIETSCH*, Organisation (2007), S. 168 f.

203 In Anlehnung an *KOSIOL*, Organisation (1976), S. 110, *HILL/FEHLBAUM/ULRICH*, Organisationslehre 1 (1994), S. 193, *SCHIERENBECK/WÖHLE*, Grundzüge (2016), S. 138, *LAUX/LIERMANN*, Organisation (2005), S. 183, *MATSCHKE*, Betriebswirtschaftslehre I (2004), S. 235, *KISTNER/STEVEN*, Grundstudium (2002), S. 305, *SCHULTE-ZURHAUSEN*, Organisation (2014), S. 255, *PICOT et al.*, Organisation (2020), S. 237, *SCHERM/PIETSCH*, Organisation (2007), S. 168.

204 Vgl., auch im folgenden, *KOSIOL*, Organisation (1976), S. 111 ff., *SCHIERENBECK/WÖHLE*, Grundzüge (2016), S. 139, *LAUX/LIERMANN*, Organisation (2005), S. 184 ff., *MATSCHKE*, Betriebswirtschaftslehre I (2004), S. 234, *SCHWINN*, Betriebswirtschaftslehre (1996), S. 210 f., *KISTNER/STEVEN*, Grundstudium (2002), S. 306 f., *SCHULTE-ZURHAUSEN*, Organisation (2014), S. 255 f., *PICOT et al.*, Organisation (2020), S. 239 f., *BEA/GÖBEL*, Organisation (2019), S. 286 f., *SCHERM/PIETSCH*, Organisation (2007), S. 169 f.

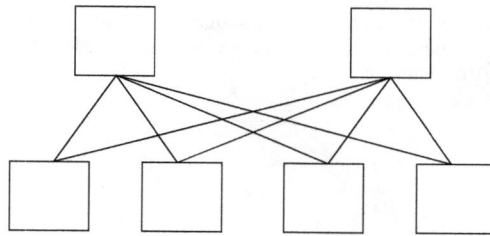

Abb. 36: Mehrliniensystem[205]

Vorteile des Mehrliniensystems liegen eindeutig in der Möglichkeit der Spezialisierung von Leitungsaufgaben sowie den damit verbundenen leistungsfördernden Wirkungen und der Ausnutzung der kürzesten Wege zwischen den einzelnen Stellen im Rahmen von Leitungsbeziehungen. *Probleme* bereiten die meist unvermeidbaren Kompetenzüberschneidungen zwischen den weisungsbefugten Stellen und die daraus resultierenden potentiellen Konflikte, die Gefahr der nicht mehr eindeutigen Verantwortung für gute oder schlechte Leistungen und Fehler sowie der hohe Koordinationsaufwand.

Das *Stabliniensystem* versucht, die Vorteile des Einlinien- und Mehrliniensystems zu vereinen.[206] So wird dem Prinzip der Einheit der Auftragserteilung und des Auftragsempfangs gefolgt und zugleich einer erforderlichen Spezialisierung von Wissen über Stabsstellen Rechnung getragen (vgl. Abbildung 37).

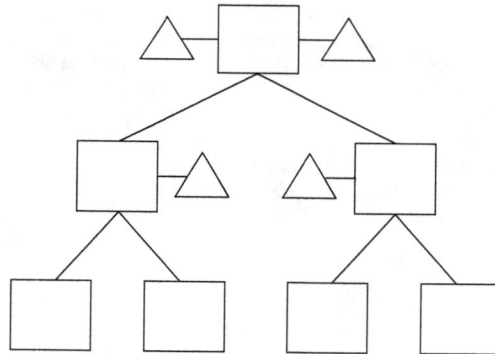

Abb. 37: Stabliniensystem[207]

---

205 In Anlehnung an *KOSIOL*, Organisation (1976), S. 112, *SCHIERENBECK/WÖHLE*, Grundzüge (2016), S. 138, *LAUX/LIERMANN*, Organisation (2005), S. 185, *MATSCHKE*, Betriebswirtschaftslehre I (2004), S. 235, *KISTNER/STEVEN*, Grundstudium (2002), S. 306, *SCHULTE-ZURHAUSEN*, Organisation (2014), S. 256, S. 322.
206 Vgl., auch im folgenden, *KOSIOL*, Organisation (1976), S. 131 ff., *HILL/FEHLBAUM/ULRICH*, Organisationslehre I (1994), S. 197 ff., *SCHIERENBECK/WÖHLE*, Grundzüge (2016), S. 140, *LAUX/LIERMANN*, Organisation (2005), S. 183 f., *MATSCHKE*, Betriebswirtschaftslehre I (2004), S. 234, *SCHWINN*, Betriebswirtschaftslehre (1996), S. 212, *KISTNER/STEVEN*, Grundstudium (2002), S. 309 f., *SCHULTE-ZURHAUSEN*, Organisation (2014), S. 308 ff., *PICOT et al.*, Organisation (2020), S. 238 f., *BEA/GÖBEL*, Organisation (2019), S. 288, *SCHERM/PIETSCH*, Organisation (2007), S. 170 ff.
207 In Anlehnung an *SCHIERENBECK/WÖHLE*, Grundzüge (2016), S. 140, *LAUX/LIERMANN*, Organisation (2005), S. 184, *MATSCHKE*, Betriebswirtschaftslehre I (2004), S. 235, *KISTNER/STEVEN*, Grundstudium (2002), S. 309, *SCHULTE-ZURHAUSEN*, Organisation (2014), S. 309, *PICOT et al.*, Organisation (2020), S. 239, *BEA/GÖBEL*, Organisation (2019), S. 288, *SCHERM/PIETSCH*, Organisation (2007), S. 171.

Die *Vorteile* des Stabliniensystems liegen in der fachlichen Entlastung und qualifizierten Unterstützung der (Zwischen-)Instanzen sowie in der strengen Einhaltung des Dienstwegs. Dem steht als *Nachteil* gegenüber, daß Stäbe aufgrund ihres Informations- und Qualifikationsvorsprungs erheblichen Einfluß auf die Entscheidungen der (Zwischen-)Instanzen haben, ohne sie jedoch verantworten zu müssen. Ferner können aus Stabsperspektive wegen der fehlenden Entscheidungs- und Weisungskompetenz Spannungen und Demotivationen entstehen. Des weiteren besteht die Gefahr, daß die mit umfassenden Informationsrechten ausgestatteten Stabsstellen inoffiziell als Kontrollorgan eingesetzt werden. Dies könnte die Informationsbereitschaft der untergeordneten Stellen negativ beeinflussen, wodurch eine die (Zwischen-)Instanz sinnvoll beratende Tätigkeit der Stäbe nur noch eingeschränkt möglich wäre.

2.4.2.3 Grundstrukturen der Aufbauorganisation

Die im folgenden zu behandelnden Formen der Aufbauorganisation unterscheiden sich einerseits im Hinblick auf die Gestaltung des Leitungssystems (Einlinien-, Mehrliniensystem) und andererseits in bezug auf das Kriterium, nach dem die Zentralisation (Verrichtung, Objekt) von Aufgaben erfolgt (vgl. Tabelle 14).

Tab. 14: Formen der Aufbauorganisation[208]

Zentralisation / Weisungsbefugnis	Verrichtung	Objekt
Einliniensystem	Linienorganisation (funktionale Organisation)	Spartenorganisation (divisionale Organisation)
Mehrliniensystem	Matrixorganisation	

Im Rahmen der in Abbildung 38 dargestellten *funktionalen Organisation* oder *Linienorganisation* werden auf der zweiten Hierarchieebene gleichartige Funktionen (Verrichtungen), z.B. im Bereich der Beschaffung, der Produktion und des Absatzes, zusammengefaßt und zu deren Wahrnehmung auf organisatorische Einheiten übertragen (Verrichtungszentralisation).[209] Geleitet wird nach dem Einliniensystem, wobei Stäbe möglich und üblich sind. Auf der dritten Hierarchieebene kann die Untergliederung dann weiterhin nach Verrichtungen, aber auch nach Objekten erfolgen.

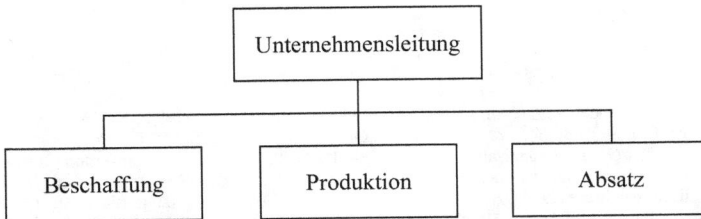

Abb. 38: Funktionale Organisation (Linienorganisation)[210]

---

208 In Anlehnung an KISTNER/STEVEN, Grundstudium (2002), S. 307.
209 Vgl., auch im folgenden, HILL/FEHLBAUM/ULRICH, Organisationslehre 1 (1994), S. 191 ff., KISTNER/STEVEN, Grundstudium (2002), S. 308, SCHULTE-ZURHAUSEN, Organisation (2014), S. 263 ff., PICOT et al., Organisation (2020), S. 282 ff., BEA/GÖBEL, Organisation (2019), S. 341 ff., SCHERM/PIETSCH, Organisation (2007), S. 174 ff.
210 In Anlehnung an SCHIERENBECK/WÖHLE, Grundzüge (2016), S. 134, LAUX/LIERMANN, Organisation (2005), S. 182, MATSCHKE, Betriebswirtschaftslehre I (2004), S. 228, SCHWINN, Betriebswirtschaftslehre (1996), S. 217,

Die *divisionale Organisation* oder *Spartenorganisation* faßt auf der zweiten Hierarchieebene gleichartige oder verwandte Objekte zu organisatorischen Einheiten, den Sparten (z.B. Produkte oder Produktgruppen), zusammen (vgl. Abbildung 39), wobei es unwichtig ist, ob die an den Objekten zu vollziehenden Verrichtungen gleichartig oder ungleichartig sind (Objektzentralisation).[211] Sie orientiert sich am Einliniensystem, wobei Stäbe möglich und üblich sind. Auf der dritten Hierarchieebene besteht dann wieder die Möglichkeit, nach Verrichtungen, aber auch nach Objekten zu untergliedern.[212]

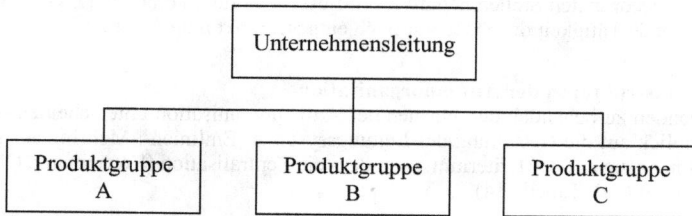

Abb. 39: Divisionale Organisation (Spartenorganisation)[213]

Die zweidimensionale *Matrixorganisation* stellt eine Mischform dar, bei der sich verrichtungs- und objektbezogene Organisationsprinzipien überlagern.[214] Wie Abbildung 40 zeigt, wird nach dem Mehrliniensystem geleitet. Jede Stelle ist bei der Ausführung ihrer Tätigkeiten einerseits einem Funktionsbereichsleiter und andererseits einem Spartenleiter verantwortlich und erhält von diesen Anweisungen. Dabei hat der Spartenleiter alle Maßnahmen zu veranlassen und zu koordinieren, welche sich beispielsweise aus einem bestimmten Produkt oder einer Produktgruppe ergeben, während die Leiter der Funktionsbereiche für die optimale Durchführung der Tätigkeiten innerhalb der ihnen zugeordneten Funktionsbereiche (z.B. Beschaffung, Produktion, Absatz) verantwortlich sind. Beide sind ihrerseits direkt der Unternehmensleitung unterstellt.

KISTNER/STEVEN, Grundstudium (2002), S. 309, *SCHULTE-ZURHAUSEN*, Organisation (2014), S. 264, *PICOT et al.*, Organisation (2020), S. 282, *BEA/GÖBEL*, Organisation (2019), S. 342, *SCHERM/PIETSCH*, Organisation (2007), S. 174.

211 Vgl., auch im folgenden, *HILL/FEHLBAUM/ULRICH*, Organisationslehre 1 (1994), S. 193 ff., *KISTNER/STEVEN*, Grundstudium (2002), S. 310 f., *SCHULTE-ZURHAUSEN*, Organisation (2014), S. 268 ff., *PICOT et al.*, Organisation (2020), S. 302 ff., *BEA/GÖBEL*, Organisation (2019), S. 345 ff., *SCHERM/PIETSCH*, Organisation (2007), S. 176 ff.

212 Vgl. zu den Vor- und Nachteilen der divisionalen gegenüber der funktionalen Organisation *HILL/FEHLBAUM/ULRICH*, Organisationslehre 1 (1994), S. 209 ff., *SCHIERENBECK/WÖHLE*, Grundzüge (2016), S. 135, *MATSCHKE*, Betriebswirtschaftslehre I (2004), S. 231, *SCHWINN*, Betriebswirtschaftslehre (1996), S. 217, *HERING/TOLL*, BWL-Klausuren (2022), S. 159 f.

213 In Anlehnung an *LAUX/LIERMANN*, Organisation (2005), S. 182, *MATSCHKE*, Betriebswirtschaftslehre I (2004), S. 228, *SCHWINN*, Betriebswirtschaftslehre (1996), S. 217, *SCHWINN*, Betriebswirtschaftslehre (1996), S. 217, *KISTNER/STEVEN*, Grundstudium (2002), S. 310, *PICOT et al.*, Organisation (2020), S. 304, *BEA/GÖBEL*, Organisation (2019), S. 346, *SCHERM/PIETSCH*, Organisation (2007), S. 176.

214 Vgl., auch im folgenden, *HILL/FEHLBAUM/ULRICH*, Organisationslehre 1 (1994), S. 206 f., *SCHIERENBECK/WÖHLE*, Grundzüge (2016), S. 141, *LAUX/LIERMANN*, Organisation (2005), S. 186 f., *MATSCHKE*, Betriebswirtschaftslehre I (2004), S. 230, *SCHWINN*, Betriebswirtschaftslehre (1996), S. 218 f., *KISTNER/STEVEN*, Grundstudium (2002), S. 311 f., *SCHULTE-ZURHAUSEN*, Organisation (2014), S. 257 ff., 277 ff., *PICOT et al.*, Organisation (2020), S. 241 f., *BEA/GÖBEL*, Organisation (2019), S. 356 ff., *SCHERM/PIETSCH*, Organisation (2007), S. 184 f.

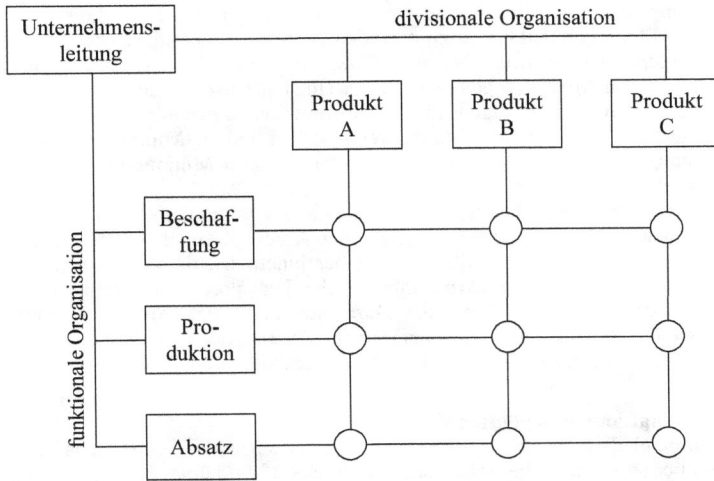

Abb. 40: Matrixorganisation[215]

Im Rahmen der Matrixorganisation wird also versucht, die Vorteile der divisionalen und funktionalen Organisation zu kombinieren. Da die Spartenleiter sich mit den Funktionsbereichsleitern die Kompetenzen teilen müssen, kann es zu Kompetenzüberschneidungen kommen, weshalb ein erhebliches Konfliktpotential bestehen könnte. Dies wiederum würde zu einer Überlastung der Unternehmensleitung bei der Auflösung der Konflikte führen. Aufgrund dessen wird in der Regel einem der beiden Dimensionsleiter die letztendliche Entscheidungskompetenz zugewiesen, so daß der andere hauptsächlich unterstützende Aufgaben wahrnimmt.[216]

2.4.3 Ablauforganisation

2.4.3.1 Arbeitsanalyse und Arbeitssynthese

Die *Arbeitsanalyse* setzt an den als Elementaraufgaben bezeichneten Teilaufgaben niedrigster Ordnung an und zerlegt diese sukzessive in Arbeitsteile.[217] In der anschließenden *Arbeitssynthese* werden die Arbeitsprozesse gestaltet. Sie umfaßt die personale, temporale und lokale Synthese.[218]

Die *personale Arbeitssynthese* vollzieht sich in zwei Teilschritten. Zunächst werden alle Arbeitsteile unter dem Gesichtspunkt, sie auf eine gedachte Person übertragen zu können, zu Arbeitsgängen zusammengefaßt. Anschließend erfolgt die Zuweisung einer bestimmten Arbeitsmenge (festgelegte Anzahl an Arbeitsgängen) auf eine tatsächliche Person als Stellenin-

---

215 In Anlehnung an *HILL/FEHLBAUM/ULRICH*, Organisationslehre 1 (1994), S. 205, *SCHIERENBECK/WÖHLE*, Grundzüge (2016), S. 141, *MATSCHKE*, Betriebswirtschaftslehre I (2004), S. 228, *SCHWINN*, Betriebswirtschaftslehre (1996), S. 218, *KISTNER/STEVEN*, Grundstudium (2002), S. 309, *PICOT et al.*, Organisation (2020), S. 242, *BEA/ GÖBEL*, Organisation (2019), S. 357, *SCHERM/PIETSCH*, Organisation (2007), S. 184.
216 Vgl. zu den wesentlichen Merkmalen der Matrixorganisation *SCHWINN*, Betriebswirtschaftslehre (1996), S. 219, *SCHULTE-ZURHAUSEN*, Organisation (2014), S. 259, 281, *BEA/GÖBEL*, Organisation (2019), S. 359 f., *HERING/ TOLL*, BWL-Klausuren (2022), S. 161.
217 Vgl. *KOSIOL*, Organisation (1976), S. 189 f., 192 ff., *MATSCHKE*, Betriebswirtschaftslehre I (2004), S. 225, *SCHWINN*, Betriebswirtschaftslehre (1996), S. 221, *SCHULTE-ZURHAUSEN*, Organisation (2014), S. 43, *BEA/GÖBEL*, Organisation (2019), S. 247, *SCHERM/PIETSCH*, Organisation (2007), S. 153.
218 Vgl. *KOSIOL*, Organisation (1976), S. 190 f., 211 ff., *MATSCHKE*, Betriebswirtschaftslehre I (2004), S. 225 f., *SCHWINN*, Betriebswirtschaftslehre (1996), S. 221 f., *SCHULTE-ZURHAUSEN*, Organisation (2014), S. 43 f., *BEA/ GÖBEL*, Organisation (2019), S. 247 f., *SCHERM/PIETSCH*, Organisation (2007), S. 153 f.

haber. Im Rahmen der personalen Synthese sind daher Kenntnisse über das Leistungsvermögen der arbeitenden Menschen und der einzusetzenden Betriebsmittel (Aggregate) erforderlich.

Die Teilfragen der *temporalen Arbeitssynthese* erstrecken sich auf die Zusammenfügung und Abstimmung von Arbeitsgängen in zeitlicher Hinsicht, insbesondere auf die Reihung von Arbeitsgängen zu Arbeitsgangfolgen, die Taktabstimmung innerhalb der Arbeitsgangfolgen, die Abstimmung der Arbeitsgangfolgen mehrerer Stellen und die Minimierung organisationsbedingter Lagerbestände. Insgesamt steht bei Fließfertigung die Minimierung der Durchlaufzeit für ein Arbeitsobjekt im Vordergrund.

Die *lokale Arbeitssynthese* beinhaltet die räumliche Anordnung und die zweckmäßige Ausstattung der von den Arbeitsobjekten zu passierenden Arbeitsplätze. So wird mit der räumlichen Anordnung der Arbeitsplätze die Minimierung der innerbetrieblichen Transportwege angestrebt, damit beim Durchlauf der Arbeitsobjekte die Transportzeiten möglichst gering sind. Daneben hängt die Erreichung minimaler Durchlaufzeiten auch von der Minimierung der Bearbeitungszeiten über die Ausstattung der Arbeitsplätze ab, denn nur eine zweckmäßige Ausstattung gewährleistet den Abruf des geplanten Leistungspotentials.

2.4.3.2 Koordination von Abläufen

Koordination beinhaltet die Abstimmung der Pläne der einzelnen Teilbereiche und der damit verbundenen betrieblichen Arbeitsabläufe in Hinblick auf eine übergeordnete Unternehmenszielsetzung.[219] Sie kann grundsätzlich durch folgende *Instrumente* erreicht werden:[220]

- Koordination durch *persönliche Weisung*: Die Koordination durch persönliche Weisung erfolgt über ein durch Über- und Unterordnungsbeziehungen gekennzeichnetes hierarchisches Leitungssystem, in welchem Instanzen (Leitungsstellen) mit Entscheidungs- und Weisungsrechten ausgestattet werden, um der Koordinationsaufgabe gerecht werden zu können. Auftretende Koordinationsprobleme werden solange in der Hierarchie nach oben weitergeleitet, bis die für die zu koordinierenden Bereiche entscheidungsbefugte Stelle als gemeinsame Instanz erreicht ist. Diese übergeordnete Stelle löst das Koordinationsproblem dann durch persönliche Weisung auf.
- Koordination durch *Standardisierung*: Im Rahmen der Standardisierung werden für sich in gleicher oder ähnlicher Weise wiederholende Abläufe bestimmte Verhaltensvorschriften festgelegt, in denen der Wille der Unternehmensleitung niedergelegt ist. Standardisierungen können also persönliche Weisungen ersetzen oder zumindest verringern.
- Koordination durch *Pläne (Budgets)*: Die Koordination erfolgt hier bereits im Rahmen der Planung, die systematisch erarbeitete (Soll-)Vorgaben (z.B. Handlungsziele oder Budgets) für die zukünftigen Handlungen bestimmter Teilbereiche im Unternehmen festlegt. Diese Vorgaben schränken den Handlungsspielraum des betroffenen Teilbereichs ein. Beispielsweise könnte die Vorgabe eines bestimmten Budgets die Verfügungsrechte an teilbereichsübergreifend genutzten finanziellen Mitteln einschränken. Die Koordinationsinstanz hat im Rahmen der Budgetsteuerung die Aufgabe, die knappen finanziellen Mittel so auf die Teilbereiche aufzuteilen, daß die dort erstellten Pläne zu einem zielsetzungsgerechten Gesamtplan führen. Da Budgets das Entscheidungsfeld der betroffenen Teilbereiche einschränken, lassen sie sich als restriktionssetzende Instruktionen ansehen.[221]
- Koordination durch *Verrechnungspreise (Lenkpreise)*: Allgemein handelt es sich bei Verrechnungspreisen um Wertansätze für innerbetrieblich ausgetauschte Leistungen und teilbereichsübergreifend genutzte knappe Ressourcen. Sie dienen der Koordination zwischen den Teilbereichen eines Unternehmens im Hinblick auf die Erfüllung des über-

---

219 Vgl. SCHIERENBECK/WÖHLE, Grundzüge (2016), S. 135, SCHULTE-ZURHAUSEN, Organisation (2014), S. 229, BEA/GÖBEL, Organisation (2019), S. 284, SCHERM/PIETSCH, Organisation (2007), S. 199.
220 Vgl., auch im folgenden, SCHIERENBECK/WÖHLE, Grundzüge (2016), S. 136 f., SCHULTE-ZURHAUSEN, Organisation (2014), S. 236 ff., BEA/GÖBEL, Organisation (2019), S. 284 ff., SCHERM/PIETSCH, Organisation (2007), S. 204 ff.
221 Vgl. zur Koordination durch Budgets ausführlicher ADAM, Planung (1996), S. 363 f., KLEIN/SCHOLL, Planung (2011), S. 260 ff.

geordneten Unternehmensziels. Die Idee der Koordination durch Verrechnungspreise geht auf EUGEN SCHMALENBACH zurück, der dafür den Begriff der pretialen Lenkung prägte. Dabei wird versucht, das Konzept der Preisbildung auf Märkten zur Steuerung knapper Ressourcen innerhalb eines Unternehmens heranzuziehen. Im Rahmen dessen schränkt die Koordinationsinstanz die Verwendung der teilbereichsübergreifend genutzten knappen Ressourcen nicht ein, sondern sie verlangt von den betroffenen Teilbereichen die Zahlung eines Verrechnungspreises pro Einheit der genutzten knappen Ressource. Durch die Vorgabe des Verrechnungspreises soll die Zielfunktion der Teilbereiche so beeinflußt werden, daß die Maximierung der einzelnen Bereichsgewinne zugleich auch den Gesamtgewinn des Unternehmens maximiert.[222]

- Koordination durch *Selbstabstimmung*: Die Koordinationsaufgaben werden bei einer Koordination durch Selbstabstimmung von den betroffenen Personen als Gruppenaufgabe wahrgenommen. Sie erfolgt als horizontale Koordination auf der Grundlage einer nichthierarchischen Kommunikation und durch eine direkte Kontaktaufnahme. Die Selbstabstimmung kann dabei völlig der Eigeninitiative der Gruppenmitglieder überlassen sein; sie kann aber auch durch organisatorische Regelungen unterstützt werden. Beispielsweise können sich die organisatorischen Regelungen auf die Vorgabe abstimmungsbedürftiger Probleme oder die formale Einrichtung von Komitees, Ausschüssen, Arbeitskreisen etc. beziehen.

2.5 Personal und Führung

2.5.1 Personal

Unter dem Begriff *Personal* werden Personen angesehen, die in einem Unternehmen in abhängiger Stellung beschäftigt sind und in arbeitsteiliger Form Leistungen im Sinne der Erreichung der übergeordneten Ziele eines Unternehmens erbringen.[223] *Planungsfelder* im Zusammenhang mit Personal sind der Personalbedarf, die Personalbeschaffung, die Personalauswahl, der Personaleinsatz sowie die Personalentlohnung.

Das Ziel der *Personalbedarfsplanung* ist die Sicherung der Verfügbarkeit von Mitarbeitern in der für die Leistungserstellung notwendigen Anzahl und Qualifikation.[224] Sie erfolgt grundsätzlich in drei Schritten. Nachdem der zukünftige Brutto-Personalbedarf ermittelt wurde, gilt es den künftigen Personalbestand zu prognostizieren, um abschließend den sich als Differenz einstellenden zu deckenden Netto-Personalbedarf oder einen abzubauenden Personalüberhang zu identifizieren.

Gegenstand der *Personalbeschaffungsplanung* ist es, den ermittelten Netto-Personalbedarf fristgerecht und kostengünstig zu decken.[225] Prinzipiell kann zwischen einer internen und einer externen Personalbeschaffung unterschieden werden. Die Vorteile einer *internen Personalbeschaffung* beruhen auf der Kenntnis des Personals, wodurch Fehleinschätzungen vermeidbar sind. Weitere Vorteile resultieren daraus, daß interne Bewerber meist eine hohe Betriebsverbundenheit sowie Vertrautheit mit den Verhältnissen und Problemen im Unternehmen besitzen und innerbetriebliche Aufstiegsmöglichkeiten Motivationspotentiale schaffen, die zu einer Verbesserung des Betriebsklimas führen. Zudem entfallen Kosten für die Personalwerbung und die Personaleinstellung. Auf der anderen Seite besteht die Gefahr, daß Personalengpässe durch

---

222 Vgl. zur Koordination durch Lenkpreise ausführlicher *ADAM*, Planung (1996), S. 361-363, *KLEIN/SCHOLL*, Planung (2011), S. 266 ff.

223 Vgl. *OECHSLER*, Personal (2009), S. 1, *NEUBERGER*, Personalentwicklung (1994), S. 8, *SCHERM/SÜß*, Personalmanagement (2016), S. 4 f.

224 Vgl., auch im folgenden, *OECHSLER*, Personal (2009), S. 161 ff., *DRUMM/SCHOLZ*, Personalplanung (1988), S. 104 ff., *WIMMER/NEUBERGER*, Personalwesen (1998), S. 98 ff., *DRUMM*, Personalwirtschaft (2008), S. 203 ff., *SCHOLZ*, Personalmanagement (2014), S. 273 ff., *SCHERM/SÜß*, Personalmanagement (2016), S. 23 ff.

225 Vgl., auch im folgenden, *OECHSLER*, Personal (2009), S. 214 ff., *DRUMM/SCHOLZ*, Personalplanung (1988), S. 123 ff., *KOMPA*, Personalbeschaffung (1989), S. 12 ff., *DRUMM*, Personalwirtschaft (2008), S. 275 ff., *SCHOLZ*, Personalmanagement (2014), S. 526 ff., *BECKER*, Personalentwicklung (2023), S. 415 ff., *SCHERM/SÜß*, Personalmanagement (2016), S. 31 ff.

Überstunden oder eine Erhöhung der Leistungsintensität gedeckt werden. Verkommt diese Art der Personalabdeckung zu einer Dauerlösung, so kann sie soziale und/oder gesundheitliche Beeinträchtigungen der Mitarbeiter mit sich bringen. Weitere Nachteile äußern sich z.B. in der Betriebsblindheit oder in Konflikten des internen Bewerbers mit bisherigen Kollegen, die dessen Aufstieg neiden. Ein nicht zu unterschätzender Vorteil der *externen Personalbeschaffung* existiert aufgrund des Umstands, daß die Ausbildungs- und/oder Weiterbildungskosten neuer Mitarbeiter nicht der eigene Betrieb tragen mußte. Die Bewerber verfügen zudem schon über Arbeitserfahrung in anderen Unternehmen, die sich z.B. in neuen Impulsen bei der Arbeitsverrichtung niederschlagen können. Des weiteren steht dem Unternehmen eine breitere Auswahl an Bewerbern mit einer gegebenenfalls besseren Qualifikation zur Verfügung. Die Nachteile einer externen Personalbeschaffung gründen nicht nur auf den höheren Beschaffungskosten und einem größeren Zeitaufwand bei der Stellenbesetzung, sondern auch in der Gefahr der Frühfluktuation. Daneben könnten sich vorhandene Mitarbeiter durch die externe Rekrutierung übergangen fühlen, was sich zwar kurzfristig nur in Motivationsverlusten niederschlägt, aber langfristig zu negativen Persönlichkeitsentwicklungen führt, welche auch die Zielerreichung des Unternehmens gefährden. Ebenso ist das Risiko der Fehleinschätzung bei der Arbeitskräfteauswahl nicht zu unterschätzen.

Aufgabe der *Personalauswahlplanung* ist es, denjenigen internen oder externen Bewerber zu identifizieren, dessen Profil am umfassendsten mit der Stellenanforderung übereinstimmt.[226] Das Instrument, welches in der Regel bei einem Personalauswahlverfahren zuerst zur Anwendung gelangt und der Aussonderung ungeeigneter Bewerber dient, ist die Analyse und Bewertung der *Bewerbungsunterlagen*. Fällt die Bewertung positiv aus, so erfolgt in der nächsten Stufe das *Vorstellungsgespräch*.

Im Rahmen der *Personaleinsatzplanung* erfolgt die Zuordnung der Mitarbeiter auf die verschiedenen Stellen eines Unternehmens, womit grundsätzlich auf die Maximierung der Gesamtleistung des Personals abgestellt wird.[227] Um den Personaleinsatz zu planen, müssen die Qualifikationen der Mitarbeiter möglichst übereinstimmend den Anforderungen einer Stelle zugeordnet werden. Über- oder Unterqualifikationen sind so gut es geht zu vermeiden. Die Personaleinsatzplanung kann sich hierbei auf mehreren Wegen vollziehen, wobei grundsätzlich in qualitative und quantitative Vorgehensweisen zu differenzieren ist. Die *qualitativen Vorgehensweisen* beruhen im Kern stets auf der Intuition und Erfahrung des Planers. Eine Möglichkeit stellt z.B. die qualitativ-summarische Zuordnung dar. Hierbei werden die Fähigkeiten einzelner Mitarbeiter in ihrer Gesamtheit pauschal bewertet und auf Basis des Ergebnisses Stellen zugeteilt. Im folgenden soll die qualitativ-summarische Zuordnung eine Illustration erfahren. Die Eignung der einzelnen Mitarbeiter wird über die Ausprägungen „gut geeignet", „geeignet" und „nicht geeignet" erfaßt und für jeden Mitarbeiter eine Stammbeschäftigung festgesetzt. Tabelle 15 zeigt die mögliche Zuordnung einer Baustellenorganisation auf:

---

226 Vgl., auch im folgenden, OECHSLER, Personal (2009), S. 218 ff., KOMPA, Personalbeschaffung (1989), S. 35 ff., DRUMM, Personalwirtschaft (2008), S. 299 ff., SCHOLZ, Personalmanagement (2014), S. 531 ff., VON ROSENSTIEL/NERDINGER Organisationspsychologie (2011), S. 151 ff., BECKER, Personalentwicklung (2023), S. 415 ff., SCHERM/SÜß, Personalmanagement (2016), S. 53 ff.
227 Vgl., auch im folgenden, OECHSLER, Personal (2009), S. 166 f., 243 ff., DRUMM/SCHOLZ, Personalplanung (1988), S. 124 ff., DRUMM, Personalwirtschaft (2008), S. 310 ff., SCHOLZ, Personalmanagement (2014), S. 637 ff., KREUZHOF, Personalwirtschaft (2000), S. 265 f., SCHERM/SÜß, Personalmanagement (2016), S. 72 ff.

Tab. 15: Qualitativ-summarische Zuordnung bei der Personaleinsatzplanung[228]

Mitarbeiter	Stelle				
	Kranfahren	Baggerfahren	Mauern	Betonieren	Verputzen
Papenfuß	□	+	–	–	–
Volger	+	□	=	=	–
Schirmer	–	–	□	+	+
Burhop	–	=	+	□	=
Walther	–	–	–	+	□

Eignung: □ Stammbeschäftigung, + gut geeignet, = geeignet, – nicht geeignet

Die Gestaltung des Entgelts als zentraler materieller Anreiz erfolgt im Rahmen der *Personalentlohnungsplanung*, wobei es grundsätzlich zwischen dem Grundentgelt und der Leistungszulage zu differenzieren gilt, die zusammen die Höhe des Entgelts bestimmen.[229] Ausgangspunkt der Planung ist stets die *Stellenbeschreibung*, welche die vom Mitarbeiter auszuführenden Tätigkeiten und eine Präzisierung der für die Stelle erforderlichen Qualifikationen beinhaltet.

Zur *Bestimmung des Grundentgelts* einer Stelle sind zunächst die an sie geknüpften Anforderungen im Rahmen einer Arbeitsbewertung unabhängig vom Stelleninhaber zu beurteilen. Das Ergebnis stellt einen Arbeitswert für jede Stelle dar. Ausgehend von einem Minimallohn bei einem niedrigen Arbeitswert, wird auf diese Weise jeder Stelle ein Grundgehalt zugeordnet. So wird beim *Lohngruppenverfahren* eine bestimmte Anzahl von Lohngruppen mit unterschiedlichen Schwierigkeitsgraden gebildet. Sämtliche Arbeitsplätze sind entsprechend ihrem Schwierigkeitsgrad in die jeweilige Lohngruppe einzuordnen (vgl. Tabelle 16).

Tab. 16: Lohngruppensystem[230]

Gruppe	Lohngruppendefinition
1	Arbeiten einfacher Art, die ohne vorherige Arbeitskenntnisse nach kurzer Anweisung ausgeführt werden können
2	Arbeiten, die eine abgeschlossene Anlernausbildung in einem anerkannten Anlernberuf erfordern
3	Arbeiten, deren Ausführung eine ordnungsgemäße Berufslehre erfordert

Nach der Ermittlung des Grundentgelts ist zur Bestimmung der *Leistungszulage* eine Leistungsbewertung durchzuführen. Auch sie basiert, wie bereits angesprochen, auf der Stellenbeschreibung, ermöglicht aber die Berücksichtigung individueller Leistungsunterschiede. Ausprägungen der Leistungsabhängigkeit spiegeln sich dabei in unterschiedlichen *Lohnformen* wider.[231] Während beim Zeitlohn das Arbeitsentgelt nach der Dauer der Arbeitszeit ohne direkten Bezug zur erbrachten Arbeitsleistung festgesetzt wird, erfolgt beim Akkordlohn eine unmittelbar leistungsbezogene Entlohnung, so daß ein Anreiz besteht, die Ausbringungsmenge pro Zeiteinheit

---

228 In Anlehnung an *KREUZHOF*, Personalwirtschaft (2000), S. 265.
229 Vgl. auch im folgenden, *WIBBE*, Arbeitsbewertung (1966), S. 28 ff., *OECHSLER*, Personal (2009), S. 373 ff., *REFA*, Arbeitsbewertung (1991), S. 63 ff., *SCHOLZ*, Personalmanagement (2014), S. 846 ff., *LÜCKE*, Arbeitsleistung (1992), S. 64 ff., *MEINE/OHL*, Arbeitsbewertung (2001), S. 145 ff., *MATSCHKE*, Betriebswirtschaftslehre I (2004), S. 93 ff., *SCHWINN*, Betriebswirtschaftslehre (1996), S. 54 ff., *SCHETTGEN*, Arbeit (1996), S. 122 ff., *SCHERM/SÜß*, Personalmanagement (2016), S. 146 ff.
230 In Anlehnung an *REFA*, Arbeitsbewertung (1991), S. 14.
231 Vgl. *OECHSLER*, Personal (2009), S. 438 ff., *DRUMM*, Personalwirtschaft (2008), S. 485 ff., *SCHOLZ*, Personalmanagement (2014), S. 856 ff., *LÜCKE*, Arbeitsleistung (1992), S. 48 ff., 99 ff., *MATSCHKE*, Betriebswirtschaftslehre I (2004), S. 101 ff., *SCHWINN*, Betriebswirtschaftslehre (1996), S. 61 ff., *SCHETTGEN*, Arbeit (1996), S. 297 ff., *SCHERM/SÜß*, Personalmanagement (2016), S. 152 ff.

zu erhöhen. Der Prämienlohn stellt eine flexible Form der Leistungsentlohnung dar, wobei der Mitarbeiter zum Grundlohn eine Prämie für quantitative oder qualitative Mehrleistung erhält. Neben anforderungs- und leistungsorientierten Bestandteilen können weitere Komponenten die Höhe des Entgelts bestimmen. So wird z.B. beim sogenannten Soziallohn ein Entgelt in Abhängigkeit vom Familienstand und/oder der Dauer der Betriebszugehörigkeit gezahlt.

2.5.2 Führung

Allgemein zeichnet sich die *Personalführung* durch eine (Verhaltens-)Beeinflussung aus.[232] Führung heißt gemäß WEIBLER, „andere durch eigenes, sozial akzeptiertes Verhalten so zu beeinflussen, dass dies bei den Beeinflussten mittelbar oder unmittelbar ein intendiertes Verhalten bewirkt"[233]. Führung geht demnach über die Ausnutzung formaler Kompetenzen des Führers hinaus und findet eine grundlegende Charakterisierung anhand der folgenden vier *Kriterien:*[234]

- Verhaltensbeeinflussung,
- Akzeptanz,
- Intentionalität und
- (Un-)Mittelbarkeit.

Die *Beeinflussung* kann sich entweder als ein durch die Führung verhindertes oder durch sie bewirktes Verhalten zeigen. Die Art der Verhaltensbeeinflussung (z.B. durch Anweisung, Überzeugung oder Vorleben) des Führers ist dabei ebenso offen wie die Weise der Wirkung beim zu Beeinflussenden (z.B. Kognition, Emotion).

Darüber hinaus muß der Geführte die Verhaltensbeeinflussung *akzeptieren*. Zu berücksichtigen gilt jedoch, daß die Akzeptanz einer Person als Führer oder dessen Verhalten als Führungsverhalten von den Geführten abhängt. Entscheidend ist nicht, daß der Führer bestimmte Merkmale oder Verhaltensweisen tatsächlich besitzt, sondern ob sie ihm zugeschrieben werden können. Die Wahrnehmung der Geführten trägt in diesem Zusammenhang auch keine willkürlichen Züge, sondern hängt davon ab, ob das Verhalten der zu klassifizierenden Person mit der Vorstellung des Geführten vom idealtypischen Führer übereinstimmt. Decken sich diese, akzeptiert der Geführte die Person als Führer. Das Kriterium der *Akzeptanz* grenzt die Begriffe *Führer* und *Vorgesetzter* voneinander ab: Weist Person A eine Leitungsbeziehung zu einer Person B auf, dann ist sie deren Vorgesetzter. Wird indes der Führungsanspruch von A seitens B negiert, liegt keine Führungsbeziehung vor, da keine Beeinflussung auf Basis A aufgrund sozial akzeptierten Verhaltens erfolgt. Akzeptiert Person B hingegen den Führungsanspruch von Person A, besteht sowohl eine Leitungs- als auch eine Führungsbeziehung. Sind A und B gleichgestellt und wird ein eventueller Führungsanspruch von A durch B akzeptiert, so liegt eine Führungs-, aber keine Leitungsbeziehung vor.

Die Verhaltensbeeinflussung muß vom Führer *intendiert* sein. Das heißt, Führung ist beabsichtigt und zielt auf die Erreichung unternehmerischer Ziele ab.

Das Kriterium der *(Un-)Mittelbarkeit* weist sowohl eine zeitliche als auch eine inhaltliche Dimension auf. Hinsichtlich der zeitlichen Dimension kann die Verhaltensbeeinflussung durch den Führer sofort oder später greifen. Die inhaltliche Dimension rückt einerseits neben dem direkt beobachtbaren Verhalten (z.B. Genauigkeit, Freundlichkeit, Einsatz, Selbständigkeit und Loyalitätsbekundungen) auch mittelbar dem Verhalten vorgelagerte Größen (z.B. Identitäten, Emotionen, Vertrauen, Zufriedenheit, Leistungswille und Fertigkeiten) in den Fokus[235] und

---

232 Vgl. *STEINLE,* Führung (1978), S. 27, *WUNDERER/GRUNWALD,* Führungslehre (1980), S. 62, *NEUBERGER,* Führung (2002), S. 11 ff., *STAEHLE,* Management (1999), S. 328 f., *SEIDEL/JUNG/REDEL,* Führungsstil (1988), S. 3 ff., *HENTZE et al.,* Personalführungslehre (2005), S. 18 ff., *WUNDERER,* Führung (2011), S. 4, *STEINLE,* Führungsdefinitionen (1995), *RIEKHOF,* Personalentwicklung (1995), Sp. 1706, *WEIBLER,* Personalführung (2023), S. 24 f., *BECKER,* Personalentwicklung (2023), S. 315 ff., *SCHERM/SÜß,* Personalmanagement (2016), S. 181.
233 *WEIBLER,* Personalführung (2023), S. 25.
234 Vgl., auch im folgenden, *WEIBLER,* Personalführung (2023), S. 25 ff.
235 Vgl. *WEIBLER,* Personalführung (2023), S. 29.

stellt andererseits darauf ab, daß die Verhaltensbeeinflussung nicht nur direkt durch Führungs-Personen, sondern auch indirekt durch entpersonalisierte Führungs-Medien (Technologie, Bürokratie, Differenzierung und Kultur) bewirkt werden kann.[236] Da die indirekte Verhaltensbeeinflussung durch entpersonalisierte Führungs-Medien vom Mittel der sozialen Interaktion zwischen Personen abstrahiert, läßt sich gemäß WEIBLER folgende erweiterte Definition von Führung formulieren: „Führung ist die akzeptierte Beeinflussung anderer, die bei den Beeinflussten mittelbar oder unmittelbar ein intendiertes Verhalten auslöst."[237]

In ihrer Grundstruktur findet im Rahmen einer *Führungsbeziehung* zwischen zwei oder mehr Personen (ein Führer und ein Geführter bzw. mehrere Geführte) in einer bestimmten Führungssituation eine *soziale Interaktion* statt,[238] welche sich durch in Lernvorgängen (Sozialisations- und Enkulturationsprozesse) sozial geformte Handlungen mit einem wechselseitigen – wenngleich asymmetrischen – aufeinander bezogenen Charakter auszeichnen.[239] Der Führer wirkt auf das Verhalten der Geführten im Sinne der Unternehmensziele ein, die ihrerseits wiederum durch ihre Erwartungen, ihr Verhalten etc. den Führer in seinem Verhalten beeinflussen. Das Ergebnis der Führungsbeziehung ist ein Führungserfolg (z.B. Gewinn, Rentabilität, Marktanteil, Wachstum, Einhaltung von Zeit- und Budgetvorgaben, Projekterfolg sowie Arbeitszufriedenheit, Motivation, Arbeitseinstellung, Absentismus, Fluktuation, Beschwerden, Kooperationsbereitschaft und Freundschaft) durch intendierte und sozial akzeptierte Verhaltensbeeinflussung.[240]

Nach der Definition der Personalführung und der Erörterung der Grundstruktur einer Führungsbeziehung werden im folgenden Führungsstilmodelle vorgestellt, die dazu dienen, Führungsbeziehungen betriebswirtschaftlich zu gestalten, um einen möglichst hohen Führungserfolg zu erzielen.

Der *Führungsstil* stellt ein nach außen gezeigtes grundlegendes Muster im Führungsverhalten des Führers dar und kann somit als eine auf Dauer angelegte, situationsinvariante, grundsätzliche Verhaltenstendenz verstanden werden, die ein typisches Verhalten widerspiegelt.[241]

Ein *Führungsstilmodell* beschreibt ein System von Handlungsempfehlungen bezüglich der Wahl eines geeigneten Führungsstils.[242] In der Literatur vorzufindende Führungsstilmodelle lassen sich nach unterschiedlichen *Kriterien* systematisieren. Zum einen kann eine Untergliederung hinsichtlich der Anzahl der zu betrachtenden Einflußfaktoren auf den Führungsstil erfolgen, zum anderen sind diese anhand ihres inhaltlichen Schwerpunkts differenzierbar. Wichtige Einflußfaktoren sind

- die *Entscheidungspartizipation*, d.h., wie werden die Geführten an Entscheidungen beteiligt,
- die *Beziehungsorientierung*, d.h., in welchem Maße der Führer Rücksicht auf die Bedürfnisse der Geführten nimmt, deren Interessen berücksichtigt und sich um gute Beziehungen bemüht, und
- die *Aufgabenorientierung*, d.h., in welchem Umfang die effiziente Aufgabenerfüllung im Vordergrund steht.[243]

Ein Führungsstilmodell, das auf der eindimensionalen Beschreibung des Führungsverhaltens durch den Einflußfaktor *Entscheidungspartizipation* aufbaut, ist das Führungsstilkontinuum

---

236 Vgl. zu den Medien entpersonalisierter Führung ausführlich *WEIBLER,* Personalführung (2023), S. 102 ff.
237 *WEIBLER,* Personalführung (2023), S. 106.
238 Vgl. *WUNDERER/GRUNWALD,* Führungslehre (1980), S. 59, *HENTZE et al.,* Personalführungslehre (2005), S. 331 ff.
239 Vgl., auch im folgenden, *WEIBLER,* Personalführung (2023), S. 31 ff.
240 Vgl. zum Führungserfolg ausführlich *WEIBLER,* Personalführung (2023), S. 69 ff., *OECHSLER/PAUL,* Personal (2024), S. 317 f.
241 Vgl. *STEINLE,* Führung (1978), S. 163, *WUNDERER/GRUNWALD,* Führungslehre (1980), S. 221, *STAEHLE,* Management (1999), S. 334, *SEIDEL/JUNG/REDEL,* Führungsstil (1988), S. 47 ff., *HENTZE et al.,* Personalführungslehre (2005), S. 60, 236, *SCHOLZ,* Personalmanagement (2014), S. 1122, *WEIBLER,* Personalführung (2023), S. 333 ff., *SCHERM/SÜß,* Personalmanagement (2016), S. 202.
242 Vgl., auch im folgenden, *STAEHLE,* Management (1999), S. 839, *WEIBLER,* Personalführung (2023), S. 335.
243 Vgl. *WEIBLER,* Personalführung (2023), S. 336.

von TANNENBAUM/SCHMIDT.[244] Das Kernelement des Konzepts bilden sieben idealtypische Führungsstile, von denen die Ausprägungen „autoritär" und „autonom" die beiden jeweiligen Extrempunkte eines Kontinuums darstellen (vgl. Abbildung 41).

Entscheidungsspielraum des Führers						Entscheidungsspielraum der Geführten
autoritär	patriar-chalisch	informierend	beratend	kooperativ	delegativ	autonom
Der Führer entscheidet und ordnet an.	Der Führer entscheidet; er versucht aber, die Geführten von seiner Entscheidung zu überzeugen, bevor er sie anordnet.	Der Führer entscheidet; er gestattet jedoch Fragen zu seinen Entscheidungen, um dadurch Akzeptanz zu erreichen.	Der Führer informiert seine Geführten über seine beabsichtigten Entscheidungen; die Geführten können dazu ihre Meinung äußern, bevor der Führer die Entscheidung trifft.	Die Geführten entwickeln Vorschläge; aus den gemeinsam gefundenen und akzeptierten Problemlösungen entscheidet sich der Führer für die von ihm favorisierte Alternative.	Die Geführten entscheiden, nachdem der Führer zuvor das Problem aufgezeigt und die Grenzen des Entscheidungsspielraums festgelegt hat.	Die Geführten entscheiden; der Führer fungiert als Koordinator nach innen und außen.

Abb. 41: Führungsstilmodell von TANNENBAUM/SCHMIDT[245]

Während im Rahmen des autoritären Führungsstils der Führer seine Entscheidungen alleine ohne Beteiligung seiner Geführten trifft, entscheiden beim autonomen Führungsstil die Geführten und der Führer fungiert lediglich als Koordinator. Die weiteren fünf Führungsstile sind zwischen diesen beiden Extrempunkten angesiedelt. In welchem Umfang die Geführten jedoch an den Entscheidungen partizipieren dürfen, obliegt grundsätzlich dem Führer und hängt von dessen Merkmalen (z.B. Vertrauen in die Geführten), den Merkmalen der Geführten (z.B. Bereitschaft zur Übernahme von Verantwortung) sowie den Merkmalen der Situation (z.B. Größe der Organisation) ab. Setzt der Führer bspw. keinerlei Vertrauen in seine Geführten und wollen diese keine Verantwortung übernehmen, so ist ein autoritärer Führungsstil zu wählen.

Ein Führungsstilmodell, welches eine Handlungsempfehlung anhand der zwei Einflußfaktoren Aufgaben- und Beziehungsorientierung darstellt, ist das *Reifegrad-Modell der Führung* von HERSEY/BLANCHARD.[246] Die Verfasser vertreten die Ansicht, daß der Führer seinen Füh-

---

244 Vgl. *TANNENBAUM/SCHMIDT*, Leadership (1958), *STEINLE*, Führung (1978), S. 162 f., *WUNDERER/GRUNWALD*, Führungslehre (1980), S. 225 f., *STAEHLE*, Management (1999), S. 338, *HENTZE et al.*, Personalführungslehre (2005), S. 241-244, *SCHOLZ*, Personalmanagement (2014), S. 1123 f., *WEIBLER*, Personalführung (2023), S. 338 ff.
245 In Anlehnung an *TANNENBAUM/SCHMIDT*, Leadership (1958), S. 96, *STEINLE*, Führung (1978), S. 162 f., *WUNDERER/GRUNWALD*, Führungslehre (1980), S. 226, *STAEHLE*, Management (1999), S. 337, *SEIDEL/JUNG/REDEL*, Führungsstil (1988), S. 91 ff., *HENTZE et al.*, Personalführungslehre (2005), S. 243, *WUNDERER*, Führung (2011), S. 209, *BECKER*, Personalentwicklung (2023), S. 329, *WEIBLER*, Personalführung (2023), S. 339, *OECHSLER/PAUL*, Personal (2024), S. 329.
246 Vgl. *HERSEY/BLANCHARD*, Organizational Behaviour (1988), S. 169 ff., *WUNDERER/GRUNWALD*, Führungslehre (1980), S. 232-234, *NEUBERGER*, Führung (2002), S. 518 ff., *STAEHLE*, Management (1999), S. 844 ff., *SEIDEL/JUNG/REDEL*, Führungsstil (1988), S. 149 ff., *HENTZE et al.*, Personalführungslehre (2005), S. 292 ff., *SCHOLZ*,

rungsstil vom Reifegrad des Geführten abhängig machen sollte. Dieser bestimmt sich erstens aus dessen Fähigkeiten und zweitens aus dessen Bereitschaft zur eigenverantwortlichen Aufgabenerfüllung. Zu beachten gilt in diesem Zusammenhang jedoch auch, daß der Reifegrad nicht absolut ist, sondern von der gestellten Aufgabe abhängt und ebenso eine Erweiterung durch Lernprozesse erfahren kann. Während sich die Fähigkeiten des Geführten in der Ausbildung, im Wissen und in der Arbeitserfahrung widerspiegeln, drückt sich dessen Bereitschaft zur Aufgabenerfüllung in der psychologischen Reife aus und beruht insbesondere auf seiner Selbstverpflichtung und Motivation. In Abhängigkeit vom Reifegrad schlagen HERSEY/BLANCHARD vier Führungsstile vor, die von der vollständigen Leistungskontrolle bis hin zur vollständigen Aufgabendelegation reichen (vgl. Abbildung 42).

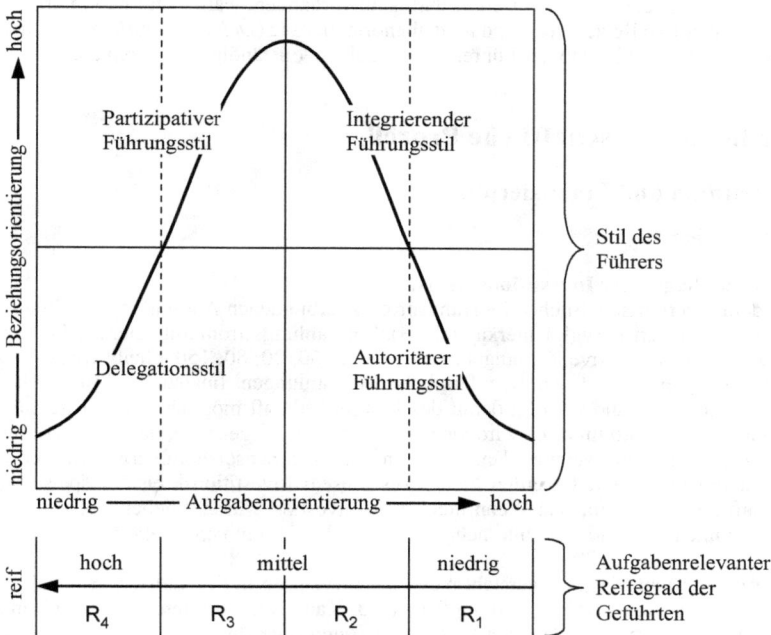

Abb. 42: Beziehungs- und Aufgabenorientierung im Reifegrad-Modell[247]

Liegt ein geringer Reifegrad (R_1) des Geführten vor, d.h., es bestehen weder Fähigkeiten noch Bereitschaft, sollte der Führer eine niedrige Beziehungs- und eine hohe Aufgabenorientierung (*autoritärer Führungsstil*) wählen. Der Führer hat in diesem Fall genaue Vorgaben zu machen und darüber hinaus eine Leistungskontrolle vorzunehmen, da der Geführte hinsichtlich der zu erfüllenden Aufgabe unsicher ist. Weist der Geführte in bezug auf eine Aufgabe einen unterdurchschnittlichen Reifegrad (R_2) auf, d.h., die Bereitschaft besteht, aber es mangelt an Fähigkeiten, hat der Führer eine hohe Aufgaben- und eine hohe Beziehungsorientierung (*integrieren-*

Personalmanagement (2014), S. 1141 ff., *BECKER,* Personalentwicklung (2023), S. 335 ff., *WEIBLER,* Personalführung (2023), S. 353 ff., *OECHSLER/PAUL,* Personal (2024), S. 339 ff.

247 In Anlehnung an *HERSEY/BLANCHARD,* Organizational Behaviour (1988), S. 171, *WUNDERER/GRUNWALD,* Führungslehre (1980), S. 233, *NEUBERGER,* Führung (2002), S. 519, *STAEHLE,* Management (1999), S. 846, *SEIDEL/JUNG/REDEL,* Führungsstil (1988), S. 150, *HENTZE et al.,* Personalführungslehre (2005), S. 296, *WUNDERER,* Führung (2011), S. 212, *STAEHLE,* Management (1999), S. 846, *SCHOLZ,* Personalmanagement (2014), S. 1142, *BECKER,* Personalentwicklung (2023), S. 336, *WEIBLER,* Personalführung (2023), S. 354, *OECHSLER/PAUL,* Personal (2024), S. 341.

der Führungsstil) zu verfolgen. Die unzureichenden Fähigkeiten des Geführten bedürfen hierbei einer intensiven Führung, welche um eine sozio-emotionale Unterstützung des Geführten in Form ausgeprägter Kommunikation zu ergänzen ist, um dessen Bereitschaft zu verstärken. Erweist sich der Reifegrad eines Geführten in Relation zu einer gestellten Aufgabe als überdurchschnittlich (R_3), d.h., die Fähigkeiten bestehen, aber es mangelt an Bereitschaft, ist dem Führungsstilkonzept entsprechend eine niedrige Aufgaben- und eine hohe Beziehungsorientierung (*partizipativer Führungsstil*) zu wählen. Charakteristisch für Geführte, die diesen Reifegrad besitzen, ist die Unsicherheit bei der Aufgabenbewältigung. Der Führer sollte nach einem aktiven Zuhören zu einem Ideenaustausch mit dem Geführten übergehen, was im Ergebnis eine gemeinsame Problembewältigung mit dem Geführten zur Folge hat, die ihm die Aufgabenerfüllung erleichtert. Ist hingegen von einem hohen Reifegrad (R_4) des Geführten auszugehen, d.h., sowohl Fähigkeiten als auch Bereitschaft sind vorhanden, wäre es für den Führer ratsam, sich auf eine niedrige Beziehungs- und Aufgabenorientierung (*Delegationsstil*) zu beschränken. Dies hat zur Konsequenz, daß der Führer die Aufgaben vollständig delegieren kann.

3 Der finanzwirtschaftliche Prozeß

3.1 Investition und Finanzierung

3.1.1 Investition[248]

3.1.1.1 Grundlagen der Investitionstheorie

Die mit dem güterwirtschaftlichen Leistungsprozeß verbundenen Auszahlungen fallen zeitlich vor den Einzahlungen an (vgl. Unterkapitel 1.3). Ein Zahlungsstrom mit einer solchen Struktur (erst negative, dann positive Zahlungen, z.B. (−100, −50, 20, 80, 150)) heißt *Investition*. Die Investitionstätigkeit bindet durch anfängliche Auszahlungen finanzielle Mittel für einen bestimmten Zeitraum und verfolgt damit das Ziel, in Zukunft möglichst hohe Rückflüsse als Einzahlungen herbeizuführen. Es wird also zunächst Geld ausgegeben, damit später erheblich mehr Geld zurückfließt, welches dann von den Unternehmenseigentümern entweder konsumiert oder erneut investiert werden kann. Aus diesem Investitionskreislauf speist sich die Lebenskraft des Unternehmens: Wenn nicht mehr investiert würde, blieben irgendwann auch die Einzahlungen aus, und das Unternehmen stürbe als Einkommensquelle für seine Eigentümer ab.

Unter einer *Sachinvestition* versteht man eine Investition in den Leistungsprozeß, die mit einer materiellen Gegenleistung verknüpft ist (z.B. Kauf von Vorräten, einer Maschine oder eines Betriebsgrundstücks). Dagegen liefert eine *Humanvermögens-* oder *Humankapitalinvestition* (z.B. Fortbildungsmaßnahme) nicht sofort greifbare Vermögenswerte. Es gibt auch Investitionen, die keinerlei Bezug zum güterwirtschaftlichen Prozeß aufweisen: Eine *Finanzinvestition* besteht im Erwerb von Rechten auf künftige Zahlungen (z.B. Kauf einer Obligation oder einer Aktie, Anlegen von Geld auf dem Sparbuch). Auch die Akquisition einer ganzen Unternehmung stellt eine Investition dar.

Da das Fortbestehen des Unternehmens die jederzeitige Zahlungsfähigkeit (finanzielle Flüssigkeit, *Liquidität*) zwingend voraussetzt, bedarf es einer Überbrückung der zeitlichen Spanne zwischen den vorzuleistenden Investitionsauszahlungen und den erst später folgenden Einzahlungen. Um die anfänglichen Auszahlungen jederzeit durch mindestens hohe Einzahlungen zu kompensieren, sind Finanzierungsmaßnahmen erforderlich. *Finanzierung* (z.B. zum Zins 10% (+100, −10, −10, −110)) bedeutet demnach Beschaffung von Zahlungsmitteln (Bargeld oder Sichtguthaben), d.h. die Herbeiführung von Zahlungsströmen, die mit Einzahlungen

---

248 HERING, Investitionstheorie (2022), S. 35-54, 102-129, HERING, Investition und Finanzierung (2008), S. 621-641, HERING, Dynamische Investitionsrechnung (2008). Vgl. zum Thema „Investition" auch KRUSCHWITZ/LORENZ, Investitionsrechnung (2019), MATSCHKE, Investitionsplanung (1993), GÖTZE, Investitionsrechnung (2014), BIEG/KUßMAUL/WASCHBUSCH, Investition (2016), BITZ/EWERT/TERSTEGE, Investition (2018), HIRTH, Finanzierung (2017).

beginnen. Weil Finanzierungen i.d.R. rückzahlbar und nicht „kostenlos" sind, fallen im späteren Verlauf Auszahlungen an, die in ihrer Summe die anfänglichen Einzahlungen übersteigen. Der Zahlungsstrom einer Finanzierung entspricht also formal dem mit -1 multiplizierten Zahlungsstrom einer Investition, da lediglich die zeitliche Folge von Aus- und Einzahlungen umgekehrt wird.

Es sind mühelos Zahlungsströme vorstellbar, die im Sinne der gegebenen Definitionen weder Investition noch Finanzierung sind, weil sich Ein- und Auszahlungen abwechseln (z.B. Kundenanzahlung für ein zu bauendes Seeschiff, gefolgt von Auszahlungen der Werft von der Kiellegung bis zur Fertigstellung, gefolgt von der Zahlung des restlichen Kaufpreises nach Ablieferung des Schiffs an den Kunden). Dies ist jedoch ganz unschädlich, weil die Modelle der Investitionstheorie keine spezielle Struktur des Zahlungsstroms voraussetzen.

In einer *statischen, bilanzorientierten Sichtweise* werden Finanzierung und Investition im weiteren Sinne als Mittelherkunft (Passiva) und Mittelverwendung (Aktiva) definiert. Für die im folgenden darzustellenden betriebswirtschaftlichen Entscheidungsmodelle der Investitions- oder Wirtschaftlichkeitsrechnung wird aber der zahlungsstromorientierte Investitions- und Finanzierungsbegriff zugrunde gelegt, denn er allein erlaubt die finanzmathematisch exakte Bewertung betrieblicher Entscheidungen über die durch sie ausgelösten zeitpunktgenauen Vermögens- oder Einkommenswirkungen.

Gegenstand der *Investitionstheorie* ist demnach die wirtschaftliche Beurteilung von Zahlungsströmen, seien es nun Investitionen, Finanzierungen oder Mischungen beider Grundtypen von Zahlungsströmen. Durch eine *Investitionsrechnung* kann festgestellt werden, ob ein Zahlungsstrom ökonomisch vorteilhaft, d.h. seine Durchführung dem Unternehmensziel förderlich ist.

Was dabei unter „ökonomisch vorteilhaft" zu verstehen ist, wurde bereits im einführenden Unterkapitel 1.1 diskutiert. Sind nun ganze Zahlungsströme (z.B. Investitionen und Finanzierungen) Gegenstand der Beurteilung, so bietet es sich an, das grundsätzlich vorausgesetzte Gewinnmaximierungsziel der Unternehmenseigentümer in seiner zeitlichen Struktur zu konkretisieren, was auf den Begriff der (zeitlichen) *Konsumpräferenz* führt. Konsumierbar ist für die Eigentümer nur, was an sie ausgeschüttet wird (Einkommen, Entnahme). Aber auch ein im Unternehmen angesammeltes (thesauriertes) Vermögen ist unter dem Konsumaspekt interessant, weil es prinzipiell ausschüttbar wäre – etwa als Endvermögen bei Liquidierung der Unternehmung. Die Konsumpräferenz legt nun fest, wie die Eigentümer Geldausschüttungen aus ihrem Unternehmen zeitpunktbezogen bewerten.

Streben nach Wohlstand beinhaltet den Wunsch, einerseits das (End-)Vermögen zu mehren und gleichzeitig über ein hohes (regelmäßiges) Einkommen zu verfügen. Damit existieren zwei grundsätzliche, im allgemeinen nicht äquivalente Möglichkeiten zur Operationalisierung einer Konsumnahmezielsetzung:

1. *Vermögensmaximierung*: Unter der Nebenbedingung eines fest vorgegebenen regelmäßigen Einkommensstroms (der auch null sein kann) wird dasjenige Investitions- und Finanzierungsprogramm gesucht, welches eine maximale Geldausschüttung gemäß der zeitpunktbezogenen Konsumpräferenz ermöglicht. Für jeden Zeitpunkt ist ein Gewichtungsfaktor vorzugeben, der die subjektive Wertschätzung einer Ausschüttung (Konsumentnahme) in Relation zu den anderen möglichen Ausschüttungszeitpunkten widerspiegelt. Die Zielfunktion entspricht der Summe der gewichteten Entnahmebeträge. Als wichtigster Spezialfall der Vermögensmaximierung gilt die Endvermögens- oder *Endwertmaximierung*: Sie liegt vor, wenn Ausschüttungen am Ende des Planungszeitraums mit eins und zu allen übrigen Zeitpunkten mit null gewichtet werden. Umgekehrt liegt *Barwertmaximierung* vor, wenn die Eigentümer ausschließlich an sofortigem Konsum in maximal möglicher Höhe interessiert sind.
2. *Einkommensmaximierung*: Unter der Nebenbedingung fest vorgesehener Ausschüttungen zu einzelnen Zeitpunkten (insbesondere im Endzeitpunkt) wird das Ziel verfolgt, die Breite eines Entnahmestroms mit gegebener Struktur zu maximieren. Im einfachsten Fall eines „uniformen" Entnahmestroms steht den Eignern in jeder Periode der gleiche Betrag als Einkommen neben den fixen Entnahmen zur Verfügung.

Von der Konsumpräferenz abzugrenzen ist die *Zeitpräferenz* (des Geldes), die sich im *Zinssatz* ausdrückt. Sofern auf einem Kapitalmarkt Finanzmittel verzinslich angelegt werden können, hängt der Wert eines Geldbetrages auch von dem Zeitpunkt ab, in dem er zur Verfügung steht. Eine Zahlung ist um so wertvoller, je früher sie anfällt, weil sie dann um so länger Zinsen abwirft. Bei einem Habenzins von $i = 10\%$ p.a. (lat. *per annum* = pro Jahr) ist es z.B. nicht gleichgültig, ob ein Betrag von 100 € heute oder erst in einem Jahr ansteht. Die sofortige Zahlung ist vorzuziehen, weil sie in dem betrachteten Jahr um 10% Zinsen auf 100 € + 10% · 100 € = 100 € · 1,1 = 110 € anwächst. Die Alternative „110 € in einem Jahr" hat daher heute nur den niedrigeren *Barwert* 100 €.

Stellt man die gleiche Überlegung für einen Zeitraum von mehr als einem Jahr an, ergibt sich die aus der Schulmathematik bekannte Formel der *Zinseszinsrechnung*. Bei einem Zinssatz von $i = 10\% = 10/100 = 0{,}1$ p.a. lautet der zur Verkürzung der Schreibweise eingeführte *Zinsfaktor* $q := 1 + i = 1{,}1$. Verfügt man heute über ein Kapital in Höhe von K_0, so wird daraus durch Anlage zum Zinssatz i innerhalb eines Jahres ein Betrag von $K_1 = K_0 \cdot q$. Legt man diese Summe weiter an, resultiert am Ende des zweiten Jahres ein Guthaben von $K_2 = K_1 \cdot q = K_0 \cdot q^2$. Nach drei Jahren beträgt der Kontostand $K_3 = K_2 \cdot q = K_0 \cdot q^3$ und nach n Jahren schließlich:

$$K_n = K_0 \cdot q^n \text{ mit } q = 1 + i.$$

Nach der *Zinseszinsformel* errechnet sich der heutige Wert (Barwert) eines zum Zeitpunkt n verfügbaren Geldbetrages K_n als $K_0 = K_n \cdot q^{-n}$.

Aufgabe 18: Zins- und Zinseszinsrechnung[249]
   a) Sie legen 10.000 € zu 3% p.a. auf einem Sparbuch an. Wie groß ist Ihr Endkapital, wenn die jährlichen Guthabenzinsen thesauriert werden und nach fünf Jahren das Anfangskapital zuzüglich Zinsen ausgezahlt wird?
   b) Sie legen 15.000 € zu 3% p.a. auf einem Sparbuch an. Wieviel Zinsen erhalten Sie, wenn die jährlichen Guthabenzinsen thesauriert werden und nach fünf Jahren das Anfangskapital zuzüglich Zinsen ausgezahlt wird?
   c) Ein Hausbesitzer benötigt in 10 Jahren 20.000 € für die Sanierung des Dachs. Wieviel Geld muß er heute anlegen, wenn die Bank Zinsen in Höhe von 3% p.a. verspricht?
   d) Nach wie vielen Jahren führt eine Geldanlage von 30.000 € bei einem Zins von 3% p.a. zu einem Endkapital in Höhe von 32.781,81 €? Begründen Sie Ihre Vorgehensweise durch die Herleitung der benötigten Formel!
   e) Nach wie vielen Jahren verfünffacht sich ein Anfangskapital bei einem Zinssatz von 5%?
   f) Bei welchem Zinssatz werden aus 200.000 € in vier Jahren 243.101,25 €?
   g) Bei welchem Zinssatz verdoppelt sich ein Anfangskapital in 22 Jahren?

Eine zusätzliche Übungsaufgabe finden Sie hier:

https://www.degruyterbrill.com/publication/isbn/9783119145305/downloadAsset/9783119145305_Aufgabe08.pdf

Häufig ist es notwendig, den Barwert einer *Rente*, d.h. einer ganzen Folge von gleichen Zahlungen g, zu bestimmen. Hierzu müssen lediglich die einzelnen Barwerte ermittelt und aufaddiert werden. Aufgrund der Zeitpräferenz des Geldes ist der Barwertbeitrag jeder einzelnen Rentenrate g um so kleiner, je weiter sie in der Zukunft liegt. Eine aus n gleichen Raten bestehende Rente hat den Barwert $g \cdot q^{-1} + g \cdot q^{-2} + ... + g \cdot q^{-n} = g \cdot (q^{-1} + q^{-2} + ... + q^{-n})$. Die mit g

---

249 Vgl. für zusätzliche Übungsaufgaben *HERING/TOLL*, BWL-Klausuren (2022), S. 168-170, *KUßMAUL*, Betriebswirtschaftslehre (2022), S. 258-262, *BURCHERT/SCHNEIDER/VORFELD*, Finanzierung (2024), S. 147-149.

zu multiplizierende Summe trägt den Namen *Rentenbarwertfaktor* (RBF$_{i,n}$). Sie hängt sowohl von dem in q enthaltenen Zinssatz i als auch von der Laufzeit n ab und läßt sich als geometrische Reihe durch eine kompakte Formel berechnen:

$$\text{RBF}_{i,n} = \frac{q^n - 1}{i \cdot q^n} \text{ mit } i > 0.$$

Die Nützlichkeit dieser Formel zeigt sich auch darin, daß sie leicht zur Lösung verwandter Fragestellungen abgewandelt werden kann: So ergibt sich z.B. der *Endwert* einer Rente nach n Jahren als $g \cdot (q^{n-1} + q^{n-2} + \ldots + q + 1) = g \cdot \text{RBF}_{i,n} \cdot q^n = g \cdot \text{REF}_{i,n}$ mit $\text{REF}_{i,n} = (q^n - 1)/i$ als *Rentenendwertfaktor*. Dieser läßt sich auch schreiben als:

$$\text{REF}_{i,n} = \frac{q^n - 1}{q - 1} \text{ mit } q > 1.$$

Der Kehrwert 1/RBF$_{i,n}$ des Rentenbarwertfaktors heißt *Annuitätenfaktor* ANF$_{i,n}$. Er wird benötigt, um umgekehrt aus einem gegebenen Barwert (heute verfügbarer Geldbetrag) eine (jährliche, lat. *annus* = Jahr) Rente zu berechnen. Es gilt:

$$\text{Rente} \cdot \text{RBF}_{i,n} = \text{Barwert} \Leftrightarrow \text{Barwert} \cdot \text{ANF}_{i,n} = \text{Rente (Annuität)}.$$

Im Falle einer *ewigen Rente* strebt die Laufzeit n der Rente gegen unendlich. Als Grenzwert des Rentenbarwertfaktors resultiert wegen q > 1:

$$\text{RBF}_{i,\infty} = \lim_{n \to \infty} \frac{q^n - 1}{i \cdot q^n} = \frac{1}{i}.$$

Hierbei handelt es sich um die sogenannte *„kaufmännische Kapitalisierungsformel"*. Bei einem Zinssatz von z.B. i = 5% ist demnach eine ewige, bis in alle Unendlichkeit jeweils am Jahresende zahlbare Rente von 1.000 € pro Jahr heute (zu Beginn des ersten Jahres) keineswegs Abermillionen von TEURO wert, sondern „nur" 1.000 €/0,05 = 20.000 €.

Aufgabe 19: Interpretation der kaufmännischen Kapitalisierungsformel[250]
Machen Sie sich diesen mathematisch errechneten Wert ökonomisch plausibel! Warum dürfen Sie für diese Rente maximal 20.000 € zahlen, wenn man sie Ihnen zum Kauf anbietet?

Wie hängt nun die im Zinssatz ausgedrückte Zeitpräferenz des Geldes mit der Konsumpräferenz zusammen? Ein *vollkommener Kapitalmarkt* liegt vor, wenn zu einem einheitlichen Zinssatz i sowohl beliebig hohe Kredite aufgenommen als auch beliebig hohe Geldanlagen getätigt werden können. In diesem Spezialfall ist die Zeitpräferenz des Geldes extern vorgegeben und bestimmt die Vorteilhaftigkeit eines Zahlungsstroms ganz allein. Die Konsumpräferenz der Unternehmenseigner entscheidet nur noch darüber, wann die Ausschüttungen am besten getätigt werden sollen, aber nicht mehr darüber, welche Investitionen und Finanzierungen überhaupt vorteilhaft und erforderlich sind, um die maximalen Ausschüttungen gemäß der präferierten Konsumentnahmestruktur zu erwirtschaften. Investitions-, Finanzierungs- und Konsumentscheidungen sind auf einem vollkommenen Markt voneinander trennbar (sog. *FISHER-Separation*). Was bis jetzt zunächst einmal abstrakt eingeführt wurde, wird im nächsten Abschnitt anhand eines Zahlenbeispiels verdeutlicht.

---

250 Vgl. zu dieser Frage vertiefend *HERING*, Betriebswirtschaftslehre (2023), S. 759 f.

3.1.1.2 Wirtschaftlichkeitsrechnung

Im folgenden sollen die Methoden der Wirtschaftlichkeitsrechnung (Synonym für: Investitionsrechnung) behandelt werden. Dabei sei zunächst von der in der Realität gegebenen *Unsicherheit* der Zahlungsströme abstrahiert. Wenn die zu beurteilenden Zahlungsströme in ihrer Höhe unsicher sind, existiert *im voraus* keine intersubjektiv zwingend, d.h. für jedermann mathematisch eindeutig ableitbare optimale Lösung des Investitionsproblems mehr (*hinterher* ist man natürlich immer „schlauer"). Man muß sich in der Realität unter Unsicherheit mit einem heuristischen, auf Plausibilitätsüberlegungen gestützten Vorgehen behelfen, da niemand die Zukunft sicher voraussagen kann. Die Grundlage für plausible Investitionsrechnungen unter Unsicherheit liefern allerdings die Erkenntnisse der Investitionstheorie bei *Sicherheit*, die daher auch zunächst erlernt werden müssen, bevor man sich mit Heuristiken befaßt. Da sich das Unsicherheitsproblem mit keiner Rechenmethode aus der Welt schaffen läßt, ist es wichtig, zumindest für jeweils angenommene Datensituationen sagen zu können, welche Entscheidungen optimal (also zielsetzungsgerecht) wären, wenn die Datenvorhersagen wie geplant einträfen.

Durch eine Investitionsrechnung soll die Frage beantwortet werden, ob ein mit einer bestimmten Entscheidung verbundener Zahlungsstrom *vorteilhaft* im Sinne der Konsumzielsetzung der Unternehmenseigner ist. Im einfachsten Falle steht die Unternehmung dabei einem *vollkommenen Kapitalmarkt* gegenüber. Der Zinssatz i als Preis des homogenen Gutes „Kapital" ist für alle Marktteilnehmer vorgegeben. Der feste Marktzins i ist sowohl Soll- als auch Habenzins; es gibt keine Konditionenunterschiede bezüglich Eigen- oder Fremdkapital, Bonität und Auszahlungsbetrag. Außerdem ist Kapital kein knappes Gut: *Zum Zinssatz i kann in beliebiger Höhe Kredit aufgenommen oder Geld angelegt werden.*

In der Realität gibt es zwar keinen vollkommenen Kapitalmarkt. Die auf der Vollkommenheitshypothese beruhenden Methoden können aber gleichwohl als Heuristiken eingesetzt werden, wenn die Differenz zwischen Soll- und Habenzins sehr gering ist und nicht damit gerechnet wird, beim Kreditbedarf oder der Geldanlage an Obergrenzen zu stoßen. Die strengen Prämissen müssen nicht wirklich erfüllt sein; aus Vereinfachungsgründen genügt es, wenn sie als näherungsweise gegeben angesehen werden können. Die beiden Prämissen „Soll- = Habenzins = i" und „beliebige Verfügbarkeit von Kredit und Geldanlage" erlauben es, Investitionsentscheidungen auf sehr einfache Weise mit Hilfe der Zinseszinsrechnung zu fällen.

Zu beurteilen sei ein *Zahlungsstrom* auf einem vollkommenen Kapitalmarkt bei Sicherheit. Dieser charakterisiert jeweils ein Investitions- oder Finanzierungsobjekt und besteht aus einer Folge von Zahlungsüberschüssen (Differenzen aus Ein- und Auszahlungen). Aus Vereinfachungsgründen wird die Zeit nicht stetig abgebildet, d.h., es gibt nur eine endliche Anzahl von Zahlungszeitpunkten t zwischen dem *Planungszeitpunkt* t = 0 (heute) und dem *Planungshorizont* t = n. Der Zeitraum zwischen den Punkten t – 1 und t heißt *Periode* t. Beispielsweise liegt die erste Periode (= Periode 1) zwischen den Zeitpunkten 0 und 1. Alle in einer Periode (z.B. Jahr, Monat, Tag) anfallenden Zahlungen werden auf das Periodenende bezogen, also aufsummiert und rechnerisch als Zahlungsüberschuß im Zeitpunkt t behandelt. Es sei nun g_t der Zahlungsüberschuß des zu beurteilenden Investitionsobjekts im Zeitpunkt t. Dann heißt der Vektor $\mathbf{g} := (g_0, g_1, ... , g_t, ... , g_n)$ Zahlungsstrom oder – in der Literatur gebräuchlicher – *Zahlungsreihe* des Objekts. So habe z.B. eine Investition der Unternehmung in ein Neuprodukt die Zahlungsreihe (in Geldeinheiten) $\mathbf{g} = (-1.000, 200, 390, 460, 220)$ mit fünf Zahlungszeitpunkten und einem Planungshorizont von n = 4 Jahren.

Ein Zahlungsstrom ist vorteilhaft, wenn er die Entnahme von Geldbeträgen gemäß der zugrunde gelegten Zielsetzung der Unternehmenseigner (Konsumpräferenz, Konsumnutzenfunktion) gestattet. Angenommen, die Eigner streben nach möglichst hohen Entnahmen im Planungszeitpunkt t = 0 zum sofortigen Konsum (also Vermögensziel „Barwertmaximierung"). Der Zins auf dem vollkommenen Kapitalmarkt betrage i = 5%. Ist unter diesen Umständen die Investition in das Neuprodukt vorteilhaft? Die Frage läßt sich leicht beantworten, indem man die Zahlungsreihe der Investition durch geeignete *Gegengeschäfte* zum Kapitalmarktzins i auf den allein interessierenden Zeitpunkt t = 0 *verdichtet* (vgl. Tabelle 17). Da Kredite und Geldanlagen zu 5% beliebig verfügbar sind, kann zu t = 0 ein Kredit in Höhe von $220 \cdot 1{,}05^{-4}$ aufgenommen werden, der nach vier Jahren mit Zins und Zinseszins auf einen Betrag von

$(220 \cdot 1{,}05^{-4}) \cdot 1{,}05^4 = 220$ angewachsen ist. Der Investitionsüberschuß in $t = 4$ reicht gerade zur Ablösung dieser Schuld aus. Analog erlauben auch die Rückflüsse 200, 390 und 460 Kreditaufnahmen in Höhe des jeweiligen nach der Zinseszinsrechnung ermittelten Barwerts. Die Zahlungsreihe g der Investition wird durch die vier Kredite exakt ausgeglichen, d.h. auf null gestellt. Nur im Zeitpunkt $t = 0$ kann noch ein von null verschiedener Zahlungssaldo verbleiben.

Tab. 17: Kapitalwert als sofortige Konsummöglichkeit

	t = 0	t = 1	t = 2	t = 3	t = 4
	–1.000	**200**	**390**	**460**	**220**
5%	$220 \cdot 1{,}05^{-4}$				–220
5%	$460 \cdot 1{,}05^{-3}$			–460	0
5%	$390 \cdot 1{,}05^{-2}$		–390	0	
5%	$200 \cdot 1{,}05^{-1}$	–200	0		
C	**122,57753**	0			

Ob die Investition nun in bezug auf das Ziel „Barwertmaximierung" vorteilhaft ist, erkennt man durch Berechnung des in $t = 0$ verbleibenden Zahlungssaldos: Die Summe der zufließenden Kreditbeträge übersteigt die Anschaffungsauszahlung der Investition um 122,57753. Dieser Betrag heißt *Kapitalwert* C (Nettobarwert) der Zahlungsreihe und steht sofort zum Konsum zur Verfügung, wenn man die Investition durchführt und ihre späteren Einzahlungen durch Kredite „glattstellt", genau wie es die Tabelle 17 zeigt.

In einer anderen Interpretation läßt sich der Kapitalwert auch als Auszahlungsminderbetrag in $t = 0$ gegenüber einer der Sachinvestition einzahlungsgleichen Finanzinvestition am vollkommenen Kapitalmarkt deuten. Um nämlich die Einzahlungsfolge 200, 390, 460, 220 durch 5%-Geldanlagen am Kapitalmarkt zu erzeugen, müßte ein Gesamtbetrag von 1.122,57753 ausgegeben werden, während die Sachinvestition den gleichen Zahlungsstrom liefert, aber nur 1.000 kostet (vgl. Tabelle 18). Der sofortige Auszahlungsvorteil bei Durchführung der Sachinvestition beträgt $1.122{,}57753 - 1.000 = 122{,}57753 = C$.

Tab. 18: Kapitalwert als Auszahlungsvorteil gegenüber einer einzahlungsgleichen Finanzinvestition

	t = 0	t = 1	t = 2	t = 3	t = 4
	–1.000	**200**	**390**	**460**	**220**
5%	$-220 \cdot 1{,}05^{-4}$				+220
5%	$-460 \cdot 1{,}05^{-3}$			+460	**220**
5%	$-390 \cdot 1{,}05^{-2}$		+390	**460**	
5%	$-200 \cdot 1{,}05^{-1}$	+200	**390**		
	–1.122,57753	**200**			

Die Investition bietet also nach beiden Interpretationen einen Auszahlungsvorteil in Höhe ihres Kapitalwerts. Sie ist demnach genau dann vorteilhaft gegenüber der Unterlassensalternative (nicht zu investieren), wenn dieser Kapitalwert *positiv* ist. Ein Kapitalwert von *null* bringt keine zusätzliche Konsummöglichkeit (schadet aber auch nicht), während ein *negativer* Kapitalwert sogar auf finanziellen Zuschußbedarf seitens der Eigner hindeutet, falls diese die (dann natürlich ökonomisch unvorteilhafte) Investition dennoch durchführen wollten.

Aufgabe 20: Kapitalwert[251]

Es sei eine Sachinvestition mit der Zahlungsreihe $g = (-300, 220, 242)$ gegeben. Der einheitliche Kapitalmarktzins (Kalkulationszins) möge $i = 10\%$ p.a. betragen.

a) Beurteilen Sie unter Verwendung der Kapitalwertmethode, ob die Sachinvestition vorteilhaft ist!

b) Interpretieren Sie den Kapitalwert ökonomisch!

Eine zusätzliche Übungsaufgabe finden Sie hier:

https://www.degruyterbrill.com/publication/isbn/9783119145305/downloadAsset/9783119145305_Aufgabe09.pdf

Jeder Zahlungsstrom mit positivem Kapitalwert ist vorteilhaft, weil er im Gegensatz zur Alternative, das zugehörige Investitions- oder Finanzierungsobjekt nicht zu verwirklichen, in einen *positiven Entnahmebetrag zum Zeitpunkt 0* umgeformt werden kann. Die hierzu benötigten Gegengeschäfte zum Zinssatz i sind die *Grenzobjekte* des vollkommenen Kapitalmarkts, da ihr Beitrag zum Entnahmeziel genau null beträgt. Sie ermöglichen die *Separation* (Trennung) der Investitions- von der Finanzierungsentscheidung (und umgekehrt): Jeder einzelne Zahlungsstrom kann isoliert am *Kalkulationszins* i gemessen werden; eine Simultanbetrachtung aller zur Wahl stehenden Objekte ist unnötig. Hieraus folgt insbesondere, daß kein Finanzierungsproblem mehr existiert: Die Vorteilhaftigkeit einer Investition hängt nicht von der Art der Finanzierung ab (*FISHER-Separation*). Darüber hinaus existiert auch kein Liquiditätsproblem, weil annahmegemäß in jedem Zeitpunkt unbegrenzte Kreditaufnahmemöglichkeiten bestehen.

Die FISHER-Separation impliziert neben der Trennbarkeit von Investition und Finanzierung noch eine weitere wichtige Vereinfachung der Investitionsrechnung: Auch wenn die *Konsumpräferenz* der Unternehmenseigner nicht, wie bisher mit dem Barwertziel unterstellt, die Entnahmen zum Zeitpunkt t = 0 maximieren möchte, bleibt der positive Kapitalwert das ausschlaggebende Vorteilhaftigkeitskriterium. Der im Zeitpunkt 0 als Entnahmemöglichkeit zur Verfügung stehende Kapitalwert C braucht ja keineswegs sofort ausgeschüttet zu werden; statt dessen kann er am Kapitalmarkt zum Marktzins i angelegt und, vermehrt um die Zinsen, später entnommen werden. Die *Unternehmenseigner* können also z.B. wählen, ob sie den Betrag C zu t = 0 oder lieber den Betrag $C \cdot (1 + i)^3$ im Zeitpunkt t = 3 entnehmen möchten. Für die Investitionsentscheidung durch die *Unternehmensleitung* ist es nicht wichtig, die Konsumpräferenz der Eigner zu kennen: Bei vollkommenem Markt hängt die Vorteilhaftigkeit eines Zahlungsstroms nur vom Vorzeichen des Kapitalwerts ab. Die Entscheidung, wann und wie die durch den positiven Kapitalwert verkörperte Vermögensmehrung ausgeschüttet und konsumiert wird, kann von der Investitionsentscheidung gänzlich getrennt werden.

Der auf den Zeitpunkt t aufgezinste Kapitalwert, $C \cdot (1 + i)^t$, wird auch als *Gegenwartswert* bezeichnet. Alle Gegenwartswerte besitzen dasselbe Vorzeichen, so daß es gleichgültig ist, welchen man zur Entscheidung heranzieht. In der Praxis wird zuweilen der Kapitalwert als „zu abstrakt" abgelehnt und statt dessen der (Vermögens-)*Endwert* präferiert, dem als Kontostand am Ende des Planungszeitraums besondere Anschaulichkeit zukommt. Verfügt ein Unternehmen in t = 0 über einen eigenen Kassenbestand von EK und eine vorteilhafte Investition mit

251 Vgl. für zusätzliche Übungsaufgaben *HERING/TOLL*, BWL-Klausuren (2022), S. 171-204, *WÖHE/DÖRING/BRÖSEL*, Einführung (2023), S. 491, *WÖHE/KAISER/DÖRING*, Übungsbuch (2023), S. 297-299, *SCHIERENBECK/WÖHLE*, Grundzüge (2016), S. 411, *MATSCHKE*, Betriebswirtschaftslehre II (2004), S. 385 f., *THOMMEN et al.*, Betriebswirtschaftslehre (2023), S. 423, *SCHWINN*, Betriebswirtschaftslehre (1996), S. 1017, *JUNG*, Betriebswirtschaftslehre (2016), S. 833, *VAHS/SCHÄFER-KUNZ*, Einführung (2021), S. 555 f., *KUßMAUL*, Betriebswirtschaftslehre (2022), S. 265-267, *NEUS*, Einführung (2018), S. 326 f., *HERING*, Dynamische Investitionsrechenverfahren (1999), *HIRTH*, Finanzierung (2017), S. 41 f., *BIEG/KUßMAUL/WASCHBUSCH*, Übungen (2021), S. 72 ff., *BURCHERT/SCHNEIDER/VORFELD*, Finanzierung (2024), S. 150-154, *AMELY/KRICKHAHN*, BWL (2021), S. 208 f., *AMELY*, Formeln (2024), S. 73-75, *OPRESNIK/RENNHAK*, Betriebswirtschaftslehre (2015), S. 119 f.

dem Kapitalwert C, wachsen beide Beträge zusammen bis zum Planungshorizont auf den Endwert $EW = (C + EK) \cdot (1 + i)^n$ an. Die Investition ist vorteilhaft, wenn ihr Endwert mindestens so groß ist wie der Endwert der „Opportunität", d.h. der alternativ möglichen Geldanlage der eigenen liquiden Mittel EK am vollkommenen Kapitalmarkt. Kapitalwert- und Endwertkriterium sind *äquivalent*, denn es gilt:

$$C \geq 0 \Leftrightarrow C + EK \geq EK \Leftrightarrow (C + EK) \cdot (1 + i)^n \geq EK \cdot (1 + i)^n$$

$$\Leftrightarrow \text{Endwert der Investition (EW)} \geq \text{Endwert der Opportunität.}$$

Im Neuprodukt-*Beispiel* mögen eigene Mittel in Höhe von 600 zur Verfügung stehen. Bei einer Geldanlage zu 5% betrüge der Kontostand der eigenen Mittel nach vier Jahren $600 \cdot 1{,}05^4 = 729{,}30$. Wird jedoch in das Neuprodukt investiert, ist der Endwert um den aufgezinsten Kapitalwert (Gegenwartswert zum Zeitpunkt $t = 4$) höher: $EW = 729{,}30 + 122{,}57753 \cdot 1{,}05^4 = 878{,}30 > 729{,}30$. Die Investition ist also nach der Endwertmethode vorteilhaft.

Möchte man allerdings zur Lösung dieses Beispiels nicht auf den bereits bekannten Kapitalwert C zurückgreifen, kann der Endwert alternativ auch mit einem *vollständigen Finanzplan* (VOFI) direkt ermittelt werden (vgl. Tabelle 19):

Tab. 19: Endwert als erreichter Kontostand am Planungshorizont

Zeitpunkt t	t = 0	t = 1	t = 2	t = 3	t = 4
g_t	−1.000	200	390	460	220
EK	600				
Kredit	400				
Tilgung		−180	−220		
Anlage			−159	−467,95	−251,35
Zinsen 5%		−20	−11	7,95	31,35
Schuld	400	220			
Guthaben			159	626,95	878,30

Aufgabe 21: Endwert[252]
Es sei eine Investition mit der Zahlungsreihe $g = (-5.000, 800, 1.000, 2.000, 3.000)$ gegeben. Der einheitliche Kapitalmarktzins (Kalkulationszins) möge $i = 10\%$ p.a. betragen.
   a) Berechnen Sie den Endwert der Investition unter der Annahme, daß eigene Mittel in Höhe von 500 zur Verfügung stehen!
   b) Zeigen Sie in allgemeinen Symbolen, daß Kapitalwert und Endwert äquivalente Vorteilhaftigkeitskriterien sind!

Eine zusätzliche Übungsaufgabe finden Sie hier:

Insgesamt läßt sich festhalten, daß die Varianten der Kapitalwertmethode (Gegenwartswert- und Endwertmethode) keinen zusätzlichen Informationsgehalt besitzen und nur evtl. den didak-

---

252 Vgl. für zusätzliche Übungsaufgaben HERING/TOLL, BWL-Klausuren (2022), S. 171-181, 190-204, MATSCHKE, Betriebswirtschaftslehre II (2004), S. 388 f., NEUS, Einführung (2018), S. 329, HIRTH, Finanzierung (2017), S. 46-48.

tischen Vorteil größerer Anschaulichkeit bieten. Die Beurteilung einzelner Zahlungsströme bei vollkommenem Kapitalmarkt erfordert also lediglich den

$$Kapitalwert: C := \sum_{t=0}^{n} g_t \cdot (1+i)^{-t} .$$

Nach der Kapitalwertmethode gelten zusammenfassend folgende *Regeln*:
1. Ist C > 0, so wird das Objekt in vollem Umfang durchgeführt.
2. Ist C < 0, so wird das Objekt nicht durchgeführt.
3. Ist C = 0, so wird das Objekt in beliebigem Umfang durchgeführt.

Wenn die Unternehmenseigner nicht ihr Geldvermögen zu einem Zeitpunkt, sondern ein *konstantes Einkommen* pro Periode maximieren möchten, wird der Kapitalwert gleichmäßig auf alle n Zeitpunkte als Rente verteilt, d.h.: Der in t = 0 verfügbare Kapitalwert wird am Markte so angelegt, daß er in n gleichen Raten a als Annuität jeweils am Periodenende ausgeschüttet werden kann. Damit gilt für die

$$Annuität: a := C \cdot ANF_{i,n} = C \cdot \frac{i \cdot q^n}{q^n - 1} \quad \text{mit } i > 0.$$

Da der Annuitätenfaktor $ANF_{i,n}$ stets positiv ist, haben Kapitalwert und Annuität immer das gleiche Vorzeichen. Wegen

$$C \geq 0 \Leftrightarrow a = C \cdot ANF_{i,n} \geq 0$$

sind Kapitalwert- und Annuitätenmethode *äquivalent*, d.h., sie liefern immer die gleiche Investitionsentscheidung. Bei positivem Kapitalwert ist auch die Annuität positiv, und umgekehrt.

Die Annuität ist nichts anderes als die *Verrentung des Kapitalwerts* und damit der finanzmathematisch exakte *durchschnittliche Einzahlungsüberschuß* der Investition. Sie gibt an, wie breit der gleichmäßige Einkommensstrom ist, der sich aus der Zahlungsreihe erzeugen läßt. Bei i = 5% hat das Neuprodukt im bekannten Beispiel die Annuität a = 122,57753 · 0,05 · 1,05⁴/ (1,05⁴ − 1) = 34,57.

Tab. 20: Annuität als finanzwirtschaftlicher Durchschnittsüberschuß

Zeitpunkt t	t = 0	t = 1	t = 2	t = 3	t = 4
g_t	−1.000	200	390	460	220
Entnahme		**−34,57**	**−34,57**	**−34,57**	**−34,57**
Kredit	1.000				
Tilgung		−115,43	−311,20	−396,76	−176,61
Anlage					
Zinsen 5%		−50	−44,23	−28,67	−8,83
Schuld	1.000	884,57	573,37	176,61	
Guthaben					**0,0**

Der vorstehende VOFI zeigt, daß bei Durchführung der Investition an jedem Jahresende ein Einkommen in Höhe der Annuität entnommen werden kann. Am Ende ist der Investor schuldenfrei und hat vier Jahre lang ein positives Einkommen bezogen. Also ist die Investition vorteilhaft, denn bei ihrer Unterlassung wäre nur ein Einkommensstrom von 0 erzielbar.

Aufgabe 22: Annuität[253]
Es sei eine Investition mit der Zahlungsreihe g = (–1.000, 200, 500, 800) gegeben. Der einheitliche Kapitalmarktzins (Kalkulationszins) möge i = 10% p.a. betragen.
 a) Berechnen Sie die Annuität der Investition!
 b) Zeigen Sie in allgemeinen Symbolen, daß Kapitalwert und Annuität äquivalente Vorteilhaftigkeitskriterien sind!

Eine zusätzliche Übungsaufgabe finden Sie hier:

https://www.degruyterbrill.com/publication/isbn/9783119145305/downloadAsset/9783119145305_Aufgabe11.pdf

Der Einsatz der Annuitätenmethode ist unentbehrlich, wenn Zahlungsströme zu Konsumentnahmezwecken in eine gleichförmige Einkommensstruktur gebracht werden sollen. Bei Finanzierungszahlungsströmen ist eine annuitätische Darlehensverzinsung und -tilgung in gleichen monatlichen Gesamtraten äußerst typisch; besonders verbreitete Anwendungsfälle der Annuität sind Hypotheken- und Grundschulddarlehen zur Immobilienfinanzierung. Für die eigentliche Investitionsentscheidung benötigt man die Annuität nicht, da es hierfür vollkommen ausreicht, das Vorzeichen des Kapitalwerts zu kennen.

Aufgabe 23: Kapitalwert, Endwert und Annuität[254]
Die eine Autoverwertung betreibenden Brüder Peter, Uwe, Manfred und Günter denken darüber nach, ihren Werkstattbereich durch den Kauf einer zweiten Hebebühne zu erweitern. Der Geschäftsführer und Lagermeister Peter geht davon aus, daß diese Erweiterungsinvestition in den nächsten fünf Jahren jeweils gleichbleibende Rückflüsse in Höhe von 22.500 € pro Jahr erwarten läßt und im Entscheidungszeitpunkt t = 0 eine Investitionsauszahlung in Höhe von 75.000 € erfordert. Da Rechnen nicht die Stärke der Brüder ist, werden Sie beauftragt, bei der Entscheidungsfindung beratend zur Seite zu stehen, wobei von einem Kalkulationszins von 10% p.a. auszugehen ist.
 a) Beurteilen Sie unter Verwendung der Kapitalwertmethode, ob die Investition vorteilhaft ist! Stellen Sie einen vollständigen Finanzplan (VOFI) auf, der den Kapitalwert als sofort konsumierbaren Geldbetrag zu t = 0 zeigt!
 b) Berechnen Sie den Endwert der Investition unter der Annahme, daß keine eigenen Mittel zur Verfügung stehen, und stellen Sie den Endwert mit Hilfe eines VOFIs als Kontostand am Ende des Planungszeitraums dar!
 c) Berechnen Sie die Annuität der Investition, und interpretieren Sie sie als uniforme Entnahme in einem VOFI!
 d) Bestimmen Sie den Kapitalwert und die Annuität für den Fall, daß der Einzahlungsüberschuß von 20.000 € nicht fünfmal, sondern unendlich oft anfällt!

Obwohl der Kapitalwert alles entscheidungslogisch Nötige aussagt, erfreuen sich insbesondere in der Praxis nach wie vor Renditekennzahlen einer großen Beliebtheit. Eine *Rendite* oder *Ren-*

---
253 Vgl. für zusätzliche Übungsaufgaben HERING/TOLL, BWL-Klausuren(2022), S. 171-181, 194-204, WÖHE/KAISER/DÖRING, Übungsbuch (2023), S. 299 f., SCHIERENBECK/WÖHLE, Grundzüge (2016), S. 416, MATSCHKE, Betriebswirtschaftslehre II (2004), S. 390-392, JUNG, Betriebswirtschaftslehre (2016), S. 839, VAHS/SCHÄFER-KUNZ, Einführung (2021), S. 559, KUßMAUL, Betriebswirtschaftslehre (2022), S. 272, HIRTH, Finanzierung (2017), S. 50 f., NEUS, Einführung (2018), S. 330, BIEG/KUßMAUL/WASCHBUSCH, Übungen (2021), S. 82 ff., BURCHERT/SCHNEIDER/VORFELD, Finanzierung (2024), S. 164-168, AMELY/KRICKHAHN, BWL (2021), S. 211, AMELY, Formeln (2024), S. 76, OPRESNIK/RENNHAK (2015), S. 122.
254 Vgl. für zusätzliche Übungsaufgaben HERING/TOLL, BWL-Klausuren (2022), S. 171-181, 190-204.

tabilität oder *Effektivverzinsung* ist eine *relative* Kennzahl, deren Aussage nicht wie beim Kapitalwert in der absoluten Steigerung von Konsummöglichkeiten, sondern in einem Verhältnis von Zinsüberschüssen zu gebundenem Kapital besteht (vgl. schon oben, Unterkapitel 1.1).

Die klassische dynamische Rentabilitätskennzahl der Investitionsrechnung ist der *interne Zinsfuß*. Er leitet sich wie folgt ab: Ein Kapitalwert von null signalisiert bekanntlich *Indifferenz* zwischen der Investition und ihrer Opportunität „Geldanlage bzw. Kreditaufnahme zum Kalkulationszins i". Es ist dann gleichgültig, ob man die Investition durchführt oder z.B. Geld am Kapitalmarkt anlegt. In diesem Falle erbringt die Investition offenbar dieselbe prozentuale „Rendite" wie die Opportunität, mithin ebenfalls i. Die Rendite der Investition heißt interner Zinsfuß r und ist demnach *derjenige gedachte Kalkulationszinsfuß, der zu einem Kapitalwert von null führt*: i = r ⟹ C = 0. Als Bestimmungsgleichung für r resultiert:

$$\textit{Interner Zins: } r > -1 \text{ mit } \sum_{t=0}^{n} g_t \cdot (1+r)^{-t} = 0.$$

Bei der Kapitalwertmethode ist i vorgegeben und C gesucht; bei der internen Zinsfußmethode ist dagegen umgekehrt C gegeben (gleich null) und i = r gesucht. Während sich der Kapitalwert C auf einfache Weise mit Hilfe der Zinseszinsrechnung bestimmen läßt, erfordert die Ermittlung des internen Zinsfußes die Lösung einer Gleichung n-ten Grades. Dabei treten zwei Probleme auf: Zum einen ist es – abgesehen von Spezialfällen – schon für Laufzeiten von $n \geq 5$ nicht mehr möglich, die Bestimmungsgleichung durch Wurzelziehen exakt zu lösen, d.h. den internen Zins mathematisch als geschlossenen Ausdruck zu bestimmen. Zum anderen hat jede Gleichung n-ten Grades genau n reelle oder imaginäre Lösungen. Es kann also sein, daß ein Zahlungsstrom mehr als einen internen Zins besitzt! Welcher ist dann der richtige?

Zunächst sei der einfache Fall n = 1 (*Einperiodenfall*) betrachtet. Der interne Zins der Zahlungsreihe (–1.000, 1.100) ergibt sich aus

$$C = -1.000 + 1.100 \cdot (1 + r)^{-1} = 0 \Leftrightarrow 1 + r = 1.100/1.000 \Leftrightarrow r = 0,1 = 10\%.$$

Dieses Ergebnis stimmt mit dem umgangssprachlichen Verständnis einer Rendite vollkommen überein: Wer 1.000 € anlegt und ein Jahr später 1.100 € zurückerhält, hat offenbar einen Gewinn von 100, d.h. von 10% des eingesetzten Kapitals gemacht. Wäre der Kalkulationszins i gleich r = 10%, hätte die Investition gerade einen Kapitalwert von null. Ist der Marktzins i kleiner als 10%, hat die Investition einen positiven Kapitalwert; ist i dagegen größer als r, wird der Zahlungsstrom unvorteilhaft. Im Einperiodenfall stimmt also die Aussage, daß r der *kritische Zins* für die Kapitalwertmethode ist: Es gilt dann $C \geq 0 \Leftrightarrow r \geq i$, d.h.: Die Investition ist genau dann vorteilhaft, wenn ihre Rendite r nicht kleiner ist als der Kalkulationszins, welcher die Rendite der Opportunität am Kapitalmarkt darstellt.

Aufgabe 24: Interner Zinsfuß im Einperiodenfall[255]
Es sei eine Sachinvestition mit der Zahlungsreihe g = (–50, 60) gegeben. Der einheitliche Kapitalmarktzins (Kalkulationszins) möge i = 10% p.a. betragen. Existiert für die Zahlungsreihe der Investition ein eindeutiger interner Zinsfuß (warum)? Bestimmen Sie den internen Zins der obigen einperiodigen Zahlungsreihe! Ist die Investition nach der internen Zinsfußmethode vorteilhaft?

Negative interne Zinssätze sind durchaus möglich und ökonomisch interpretierbar, solange sie größer sind als –100%. Man kann nicht mehr als 100% des jeweils gebundenen Kapitals verlieren; also sind nur Renditen über –100% (= –1) ökonomisch interpretierbare Lösungen der Bestimmungsgleichung. Daher gilt für den *Definitionsbereich des internen Zinses*: r > –1.

---

255 Vgl. für zusätzliche Übungsaufgaben *HERING/TOLL*, BWL-Klausuren (2022), S. 181-185, 190-194, *MATSCHKE*, Investitionsplanung (1993), S. 216 f., *STEVEN/KISTNER*, Übungsbuch (2000), S. 139.

Schon im *Zweiperiodenfall* kann die interne Zinsfußmethode problematisch sein, auch wenn die Bestimmungsgleichung lösbar ist. So besitzt die Zahlungsreihe (–10.000, +22.000, –12.091) die internen Zinsfüße r = 7% und r = 13%[256].

Aufgabe 25: Interne Zinsfüße im Zweiperiodenfall[257]
Zeigen Sie, wie sich die internen Zinsfüße der obigen zweiperiodigen Zahlungsreihe berechnen lassen!

Beide internen Zinsfüße liegen im ökonomisch relevanten Bereich r > –1. Selbst in dem noch harmlos erscheinenden Fall, daß der Kalkulationszins i nicht zufällig zwischen diesen beiden „Renditen" liegt, leitet die interne Zinsfußmethode hier in die Irre. Gilt etwa i = 5%, so könnte man die Investition für vorteilhaft halten, weil immerhin beide Renditen größer sind als die Verzinsung der Alternativanlage. Dies wäre ein schwerer Fehler! Bei i = 5% hat die Zahlungsreihe einen negativen Kapitalwert, so daß für sie die Regel C ≥ 0 ⇔ r ≥ i offensichtlich nicht gilt. Im vorliegenden Beispiel ist der Kapitalwert der Investition nur für 7% < i < 13% positiv. Aussagen wie „Die Investition ist vorteilhaft, wenn der interne Zinsfuß größer ist als der Kalkulationszinsfuß" sind also ohne die Angabe weiterer Bedingungen nicht richtig. Die Investitionstheorie zeigt, wann man sicher sein kann, daß die in der Praxis liebend gern verwendete Regel „r ≥ i" nicht zu Fehlentscheidungen führt.

Im allgemeinen Fall (*n-Perioden-Fall*) besteht die Aufgabe darin, die Nullstelle(n) r der Kapitalwertfunktion C(i) im für die Suche nach r ökonomisch relevanten Bereich i > –1 zu finden. Die Vorgehensweise sei im folgenden am bekannten Beispiel (–1.000, 200, 390, 460, 220) beschrieben (sog. „Normalinvestition" mit genau einem Vorzeichenwechsel von – auf +). Für i → –1 oder q → 0+ wächst hier C über alle Grenzen, so daß die Kapitalwertfunktion für kleine i positiv ist. Andererseits konvergiert C für i → ∞ gegen –1.000. Hieraus folgt, daß die Kapitalwertfunktion für große i negativ wird. Nach dem Zwischenwertsatz für stetige Funktionen muß es dann mindestens eine Stelle geben, an der C = 0 ist. Bildet man die erste Ableitung der Kapitalwertfunktion nach q, erkennt man: C'(q) < 0. Die Kapitalwertfunktion ist streng monoton fallend und kann deshalb höchstens eine Nullstelle haben. Wenn es aber mindestens eine und zugleich höchstens eine Nullstelle gibt, folgt daraus, daß (in diesem und von der Zahlungsstruktur her analogen Fällen) *genau ein interner Zins im relevanten Bereich* existiert. Um den internen Zinssatz numerisch zu bestimmen, eignet sich sehr gut das *Newton-Verfahren*. Es liefert für das Beispiel r = 10% (siehe auch Abbildung 43).

256 Das Beispiel ist entlehnt aus *KOBELT/SCHULTE*, Finanzmathematik (2006), S. 93 f.
257 Vgl. für zusätzliche Übungsaufgaben *HERING/TOLL*, BWL-Klausuren (2022), S. 181-188, 194-199, *SCHNEIDER*, Investition (1992), S. 81-84, 86 ff., *WÖHE/KAISER/DÖRING*, Übungsbuch (2023), S. 301 f., *MATSCHKE*, Investitionsplanung (1993), S. 217-230, *MATSCHKE*, Finanzwirtschaft (1997), S. 300-303, *STEVEN/KISTNER*, Übungsbuch (2000), S. 139, *BURCHERT/SCHNEIDER/VORFELD*, Finanzierung (2024), S. 157-159.

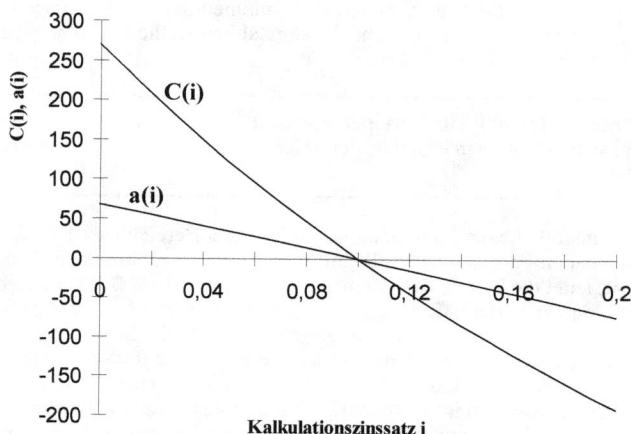

Abb. 43: Kapitalwert und Annuität als Funktionen des Kalkulationszinses i

Im folgenden soll erläutert werden, was diese Kennzahl inhaltlich aussagt und warum sie für Investitionsrechnungen nützlich sein kann. Der interne Zinsfuß läßt sich ökonomisch als *Effektivverzinsung des gebundenen Kapitals* interpretieren (vgl. Tabelle 21). Dazu ist die Vorstellung hilfreich, der zu beurteilende Zahlungsstrom bilde die Bewegungen auf einem in jeder Periode gleich verzinsten Konto ab. Für die Beispielzahlungsreihe bedeutet dies: Das Unternehmen eröffnet gedanklich in t = 0 ein Konto durch eine Einzahlung von 1.000 €. Das gebundene Kapital (Guthaben) erbringt eine Periode später 100 € Zinsen. Da der Investor jedoch gleichzeitig 200 € zum Verbrauch abhebt, sinkt das gebundene Kapital (seine Restforderung an die Investition) auf 900 €. Dieser Kontostand wird von der Investition wieder mit 10% verzinst und schließlich bis t = 4 vollständig getilgt. Die folgende Tabelle zeigt das jeweils gebundene Kapital als „Restschuld der Investition gegenüber dem Investor".

Tab. 21: Interner Zins als Rendite des gebundenen Kapitals

t	Kapitalbindung t−1	Zinsen r = 10%	Tilgung Σ = 1.000	Summe = Rückfluß g_t	Kapitalbindung t
0					**1.000**
1	1.000	100	100	**200**	900
2	900	90	300	**390**	600
3	600	60	400	**460**	200
4	200	20	200	**220**	0

Es läßt sich zeigen, daß *alle Zahlungsreihen mit durchweg nichtnegativem gebundenen Kapital einen eindeutigen internen Zinsfuß im ökonomisch relevanten Bereich r > –100% besitzen.* In all denjenigen Fällen, in denen der interne Zins wie in vorstehender Tabelle sinnvoll als Effektivrendite interpretierbar ist, gibt es also auch keine Mehrdeutigkeitsprobleme. Der eindeutige interne Zinsfuß ist dann zugleich der *kritische Kalkulationszinsfuß*, bei dessen Überschreitung die Investition unvorteilhaft wird. Das Kriterium „Investiere, wenn der interne Zinsfuß r den Kalkulationszinsfuß i übersteigt" ist für diese Klasse von Investitionen (zu der auch die *Normalinvestitionen* mit genau einem Vorzeichenwechsel in der Zahlungsreihe gehören) uneingeschränkt anwendbar. In diesem Falle ist die interne Zinsfußmethode nicht nur sinnvoll interpretierbar (r = Verzinsung des gebundenen Kapitals), sondern darüber hinaus der Kapitalwertmethode äquivalent.

Aufgabe 26: Kapitalwert und interner Zinsfuß im Zweiperiodenfall[258]
Es sei eine Sachinvestition mit der Zahlungsreihe **g** = (–400, 180, 360) gegeben. Der einheitliche Kapitalmarktzins (Kalkulationszins) möge i = 10% p.a. betragen.
  a) Existiert für die Zahlungsreihe der Investition ein eindeutiger interner Zinsfuß (warum)? Bestimmen Sie den internen Zins der obigen zweiperiodigen Zahlungsreihe!
  b) Skizzieren Sie grob den Verlauf der Kapitalwertfunktion in Abhängigkeit vom Kalkulationszins i! Nennen Sie dabei Achsenabschnitte und Asymptoten!
  c) Interpretieren Sie den internen Zins tabellarisch als Rendite des gebundenen Kapitals!
  d) Ist die Investition nach der internen Zinsfußmethode vorteilhaft?

In der Bereitstellung des kritischen Zinses liegt eine echte *Zusatzinformation*, die nicht schon in der Kapitalwertmethode selbst enthalten ist. Häufig kennt man die Alternativanlage i in der Praxis nicht genau, oder ihre künftige Höhe ist unsicher. Kann man aber abschätzen, daß der interne Zins auf jeden Fall größer ist als ein realistischerweise zu erwartender Wert von i, läßt sich die Vorteilhaftigkeit der Investition leicht ersehen.

Bis hierher ist nur das sogenannte „reine Vorteilhaftigkeitsproblem" behandelt worden, d.h. die Frage der Vorteilhaftigkeit einzelner Zahlungsströme. Im folgenden sollen *Wahlentscheidungen* zwischen zwei (oder mehreren) sich gegenseitig ausschließenden Objekten untersucht werden. Zunächst ist darauf hinzuweisen, daß sich Investitionen unter der Prämisse des vollkommenen Kapitalmarkts niemals aus finanziellen Gründen gegenseitig ausschließen, weil annahmegemäß alle Projekte mit positivem Kapitalwert zum Kalkulationszins finanziert werden können. Das Wahlproblem resultiert immer nur aus „technischen" Gründen (z.B. alternative Ausgestaltungsformen eines Fertigungsprozesses oder Vertriebsweges).

Die Wahl zwischen zwei zur selben Zeit gegebenen Entnahmemöglichkeiten fällt denkbar leicht: Das vorteilhafte Objekt ist dasjenige mit dem größeren *Kapitalwert*, weil es eine größere Konsumentnahme erlaubt. Falls zwei oder mehrere Objekte den gleichen maximalen (und nichtnegativen) Kapitalwert besitzen, ist die optimale Lösung nicht eindeutig. Die Objekte sind dann rechnerisch gleichwertig, so daß ein beliebiges ausgewählt werden kann. Sofern alle zu vergleichenden Objekte einen negativen Kapitalwert haben, wird keines von ihnen realisiert. Damit liegt eine sehr allgemeine und einfache Regel zur Lösung von Wahlproblemen vor: *Von mehreren sich gegenseitig ausschließenden Objekten ist dasjenige vorteilhaft, welches den größten nichtnegativen Kapitalwert aufweist.*

Wie aus den oben angegebenen Gegenwartswert-, Endwert- und Annuitätenformeln hervorgeht, nimmt für jede gewünschte Entnahmestruktur der Zielwert (Vermögen oder Einkommen in den beschriebenen Varianten) mit steigendem Kapitalwert zu. Die Konsumzielsetzung der Unternehmenseigner hat somit bei vollkommenem Kapitalmarkt keinen Einfluß auf die optimale Lösung von Wahlproblemen. Der Zahlungsstrom mit dem größten positiven Kapitalwert ist in vollem Umfang zu realisieren. Er liefert dann auch den größten *Endwert* und die größte *Annuität*. Sofern zur Lösung des Wahlproblems auf die Annuitätenmethode zurückgegriffen wird, ist darauf zu achten, daß als einheitlicher Annuitätenfaktor zur Anwendung gelangt, damit man nicht „Äpfel" (z.B. eine drei Jahre laufende Rente) mit „Birnen" (z.B. eine vier Jahre laufende Rente) vergleicht. Welche Laufzeit n man dem Annuitätenfaktor zugrunde legt, ist dabei prinzipiell gleichgültig, da die Annuität a lediglich den – allein ausschlaggebenden – Kapitalwert C auf eine beliebig wählbare Zahl von Zeitpunkten verteilt.

Der Renditebegriff des internen Zinsfußes ist zweckmäßig zur Beurteilung einer einzelnen Zahlungsreihe mit nichtnegativem gebundenen Kapital. Er eignet sich jedoch nicht zur Lösung des Wahlproblems, weil unterschiedliche Objekte i.d.R. zu jedem Zeitpunkt eine voneinander abweichende Kapitalbindung aufweisen. Relative Zielkriterien wie die Rendite sind jedoch

---

258 Vgl. für zusätzliche Übungsaufgaben *HERING/TOLL*, BWL-Klausuren (2022), S. 181-188, 194-199, *BURCHERT/ SCHNEIDER/VORFELD*, Finanzierung (2024), S. 157-159.

unbrauchbar, wenn ihre Bezugsbasis nicht die gleiche ist. Eine niedrige Rendite auf einen im Durchschnitt hohen Kapitalbetrag kann einer hohen Rendite auf einen kleinen Kapitalbetrag vorzuziehen sein, weil unter Umständen mit der niedrigen Rendite insgesamt eine größere Vermögens- oder Einkommensmehrung erreicht wird (vgl. das Buchhändlerbeispiel im Unterkapitel 1.1). *Interne Zinsfüße* verschiedener Objekte sind – abgesehen von Spezialfällen – *nicht vergleichbar*, da ihre Aussage auf die individuelle Struktur der jeweiligen Zahlungsreihe bezogen ist. Die mangelnde Vergleichbarkeit von internen Zinsfüßen findet ihren formalen Ausdruck in dem offensichtlichen Konflikt mit der Kapitalwertmethode beim Wahlproblem. Von zwei Alternativen ist, wie gezeigt, diejenige mit dem größeren Kapitalwert vorzuziehen. Es kann aber ohne weiteres sein, daß sich die Kapitalwertfunktionen im ersten Quadranten des Koordinatensystems schneiden, so daß das Objekt mit dem (beim gegebenen Kalkulationszinsfuß) kleineren Kapitalwert den größeren internen Zins besitzt. *Die interne Zinsfußmethode ist zur Lösung des Wahlproblems im allgemeinen ungeeignet.* Gleichwohl werden in der Praxis gerne Renditen miteinander verglichen (z.B. Effektivzinssätze von Krediten). Man unterstellt dabei offenbar stillschweigend, daß die Kapitalwertfunktionen sich nicht schneiden oder daß der Kalkulationszins im unkritischen Bereich liegt, in dem Kapitalwert- und interne Zinsfußmethode zur gleichen Wahlentscheidung kommen.

Aufgabe 27: Wahlentscheidung[259]
Ein Unternehmer, der sich selbst gerne als „Renditemaximierer" sieht, steht vor der Wahl zwischen den sich gegenseitig ausschließenden Zahlungsreihen $g_A = (-1, 10)$ und $g_B = (-100, 200)$. Wie soll er sich entscheiden, wenn der Marktzins $i = 5\%$ beträgt?

3.1.2 Finanzierung[260]

3.1.2.1 Grundlagen der Finanzwirtschaft
Finanzierung bedeutet Beschaffung von Zahlungsmitteln (Bargeld oder Sichtguthaben), d.h. die Herbeiführung von Zahlungsströmen, die zunächst durch Einzahlungen (als Zahlungsmittelzufluß) und später durch Auszahlungen (als Zahlungsmittelabfluß) gekennzeichnet sind (vgl. Unterkapitel 1.3).[261]

Da Zahlungsunfähigkeit (Illiquidität) ein Konkursgrund ist, muß die Unternehmensplanung nicht allein die betriebswirtschaftliche Vorteilhaftigkeit der Investitions- und Finanzierungszahlungsströme im Auge haben (siehe Abschnitt 3.1.1), sondern zusätzlich immer auch die termingenaue Abstimmung aller Ein- und Auszahlungen im Hinblick auf die Unternehmensliquidität, welche jederzeit sicherzustellen ist. *Liquidität* stellt also weniger ein eigenständiges Finanzierungsziel als vielmehr eine strenge Nebenbedingung der finanzwirtschaftlichen Betätigung dar.[262]

Hiervon zu unterscheiden ist die *Liquidierbarkeit* als graduelle Eigenschaft von Vermögensgegenständen, mehr oder weniger leicht in Geld umgewandelt werden zu können. Marktgängige Gegenstände wie Gold, börsengehandelte Wertpapiere oder Grundstücke in Bestlage gel-

---

259 Vgl. für zusätzliche Übungsaufgaben SCHNEIDER, Investition (1992), S. 81 ff., WÖHE/KAISER/DÖRING, Übungsbuch (2023), S. 302-304, MATSCHKE, Investitionsplanung (1993), S. 233 ff., HIRTH, Finanzierung (2017), S. 71 f.
260 HERING, Investition und Finanzierung (2008), S. 672-688.
261 Vgl. SCHNEIDER, Investition (1992), S. 20 f., PERRIDON/STEINER/RATHGEBER, Finanzwirtschaft (2022), S. 431, MATSCHKE, Finanzierung (1991), S. 14, MATSCHKE, Betriebswirtschaftslehre II (2004), S. 326, ROLLBERG, Finanzierung (1996), S. 493, MATSCHKE, Finanzwirtschaft (1997), S. 257 f., ROLLBERG/OLBRICH, Finanzierung (2002), S. 3, HIRTH, Finanzierung (2017), S. 9 f.
262 Vgl. hierzu und im folgenden PERRIDON/STEINER/RATHGEBER, Finanzwirtschaft (2022), S. 13 ff., MATSCHKE, Finanzierung (1991), S. 26 ff., ROLLBERG, Finanzierung (1996), S. 494 ff., BIEG/KUßMAUL/WASCHBUSCH, Finanzierung (2023), S. 5 ff., ROLLBERG/OLBRICH, Finanzierung (2002), S. 3 ff., MATSCHKE/HERING/KLINGELHÖFER, Finanzanalyse (2002), S. 1 ff.

ten in diesem Sinne als „liquide", während „Ladenhüter" im Vorratsvermögen oder schlecht gelegene Immobilien diese Eigenschaft nicht oder nur eingeschränkt (Notverkauf) aufweisen. Das in der Investitionstheorie zugrunde gelegte Wohlstands- oder Konsumstreben der Unternehmenseigner wird aus Sicht der Finanzierung vielfach vereinfachend als Rentabilitätsziel bezeichnet. Wenn also von einem *Zielkonflikt zwischen Liquidität und Rentabilität* die Rede ist, meint man mit Rentabilität nicht zwangsläufig die Effektivrendite (also den internen Zins), sondern durchaus den im Kapitalwert ausgedrückten finanzwirtschaftlichen Überschuß des betrachteten Zahlungsstroms. In diesem Sinne ist der angesprochene Zielkonflikt zwischen Kapitalwert und Liquidierbarkeit häufig beobachtbar, denn auf geldnahe Anlagen (z.B. Sparbuch) gibt es im allgemeinen nur eine geringe Verzinsung, während potentiell rentablere Investitionsobjekte wie Unternehmen und Immobilien den Nachteil aufweisen, daß das in ihnen dauerhaft gebundene Kapital nicht ohne weiteres kurzfristig wieder verflüssigt werden kann. Derartige langfristige Anlagen lassen sich allenfalls beleihen oder aber unter Verlusten (teil-)veräußern, wenn der Eigentümer plötzlich gezwungen sein sollte, sie in Zahlungsmittel zurückzuverwandeln.

Mit der Erörterung des Zielkonflikts zwischen „Rentabilität" und „Liquidität" ist zugleich die dritte finanzwirtschaftliche „Zielgröße" oder besser Beurteilungskategorie angesprochen, nämlich die *Sicherheit.* Unter sicheren Erwartungen gibt es keine Fehlplanungen und unvorhergesehenen Geldbedarfe und deshalb auch keinen Zielkonflikt zwischen Liquidität und Rentabilität. Optimal wäre dann eindeutig diejenige Maßnahmenkombination, welche die Zielfunktion der Unternehmenseigentümer unter Berücksichtigung der Liquiditätsnebenbedingung maximiert (bei vollkommenem Kapitalmarkt also alle Objekte mit nichtnegativem Kapitalwert). Niemand würde auch noch so geringe Kassenhaltung als Barreserve vorsehen, solange er sein Geld verzinslich anlegen kann. In der Realität herrscht aber *Unsicherheit,* und in einem offenen Entscheidungsfeld ist es deshalb geboten, nicht allein nach dem erwarteten Geldkonsum, sondern auch unter Abwägung der Verlustgefahr und der Liquiditätsgefährdung zu entscheiden.

In einem *bilanzorientierten, statischen Sinne* läßt sich Finanzierung auch als *Kapitalbeschaffung* („Mittelherkunft" als Passivseite der Bilanz) deuten.[263] Wenngleich betriebswirtschaftlich allein die moderne, zahlungsstromorientierte Sicht ausschlaggebend bleibt (Finanzierung als Geldbeschaffung), sind viele in der Praxis geläufige Phänomene und Bezeichnungen (z.B. die oft mißverstandene „Finanzierung aus Rückstellungen") nur vor dem Hintergrund der älteren Begriffswelt verständlich. Daher sollen die Finanzierungsformen nach diesem herkömmlichen Schema systematisiert werden.[264]

Nach der *Herkunft des Kapitals* wird zwischen Außen- und Innenfinanzierung unterschieden (vgl. Abbildung 44). Im Rahmen der *Außenfinanzierung* erfolgt eine Zuführung finanzieller Mittel durch die Kapitalgeber. Das dem Unternehmen von außerhalb zugeführte Kapital kann dabei von Eigen- oder Fremdkapitalgebern stammen, so daß man zwischen Beteiligungs- und Kreditfinanzierung unterscheidet. Von praktischer Bedeutung sind daneben Formen der Hybridfinanzierung, welche bestimmte Eigenschaften der Eigen- und Fremdfinanzierung miteinander kombinieren, sowie Kreditsubstitute[265] als Instrumente zur Vermeidung zusätzlicher Kredite. Bei der *Innenfinanzierung* ergeben sich die zufließenden finanziellen Mittel aus der unternehmerischen Tätigkeit, insbesondere der Verwertung betrieblicher Leistungen auf den Absatzmärkten. Der mit dem Umsatzprozeß verbundene liquide Mittelzufluß einer Abrech-

---

263 Vgl. *Perridon/Steiner/Rathgeber*, Finanzwirtschaft (2022), S. 431 f., *Matschke*, Finanzierung (1991), S. 19 f., *Matschke*, Betriebswirtschaftslehre II (2004), S. 326, *Matschke*, Finanzwirtschaft (1997), S. 259, *Bieg/Kußmaul/Waschbusch*, Finanzierung (2023), S. 15 ff.

264 Vgl., auch im folgenden, *Perridon/Steiner/Rathgeber*, Finanzwirtschaft (2022), S. 432 ff., *Witte*, Finanzwirtschaft (1988), S. 549 ff., *Matschke*, Finanzierung (1991), S. 15 ff., *Matschke*, Betriebswirtschaftslehre II (2004), S. 326 ff., *Schwinn*, Betriebswirtschaftslehre (1996), S. 934 f., *Rollberg*, Finanzierung (1996), S. 504 ff., *Matschke*, Finanzwirtschaft (1997), S. 260 ff., *Bieg/Kußmaul/Waschbusch*, Finanzierung (2023), S. 31 ff., *Rollberg/Olbrich*, Finanzierung (2002), S. 29 ff.

265 Vgl. z.B. zur in der Praxis als „Contracting" bezeichneten Kreditersatzkonstruktion *Hering*, Drittfinanzierungsmodelle (1998), S. 129 ff., *Matschke/Hering*, Kommunale Finanzierung (1998), S. 174 ff., *Hering/Toll*, BWL-Klausuren (2022), S. 240-243.

nungsperiode läßt sich rechentechnisch aufspalten in den als Gewinn ausgewiesenen Betrag (Selbstfinanzierung) sowie in den darüber hinaus verfügbaren Gegenwert von nicht auszahlungswirksamen Aufwandspositionen (Finanzierung aus Abschreibungen und Rückstellungen). Zur Innenfinanzierung zählt schließlich auch die Finanzierung aus Vermögensumschichtung, welche sich im Wege des bilanziellen Aktivtauschs durch Veräußerung von betrieblichen Vermögensgegenständen ergibt (vgl. zum Aktivtausch Unterabschnitt 3.2.3.1).

Finanzierung		Nach der Herkunft des Kapitals	
		Außenfinanzierung	Innenfinanzierung
Nach der Rechtsstellung der Kapitalgeber	Eigenfinanzierung (Eigenkapital)	Beteiligungsfinanzierung	Selbstfinanzierung
			Finanzierung aus Abschreibungen
	Fremdfinanzierung (Fremdkapital)	Kreditfinanzierung	Finanzierung aus Vermögensumschichtung
			Finanzierung aus Rückstellungen

Abb. 44: Arten der Finanzierung[266]

An die *Rechtsbeziehungen zwischen Unternehmen und Kapitalgebern* knüpft die Unterscheidung zwischen Eigen- und Fremdfinanzierung an (vgl. Abbildung 44). Von *Eigenfinanzierung* spricht man, wenn das bilanzielle Eigenkapital (Haftungskapital) zunimmt (vgl. Unterabschnitt 3.2.3.2), sei es durch Einlagen der Anteilseigner (Beteiligungsfinanzierung) oder durch Einbehaltung (Thesaurierung) von Gewinnen (Selbstfinanzierung). Hingegen steigt im Rahmen einer *Fremdfinanzierung* das bilanzielle Fremdkapital (vgl. Unterabschnitt 3.2.3.2), d.h. das den Gläubigern des Unternehmens geschuldete Kapital (Kreditfinanzierung) oder aber das Ausmaß der ungewissen Verpflichtungen gegenüber Dritten (Finanzierung aus Rückstellungen). Die Finanzierungsarten „Vermögensumschichtung" und „Finanzierung aus Abschreibungen" lassen sich nicht eindeutig der Eigen- oder Fremdfinanzierung zuordnen: Eine Verflüssigung von gebundenem Kapital per Aktivtausch hat keine Auswirkungen auf die Kapitalstruktur (Passivseite der Bilanz); analog kann nicht entschieden werden, ob die vereinnahmten Abschreibungsgegenwerte eher mit Fremd- oder mit Eigenfinanzierung zu tun haben, denn sie werden einerseits niemandem geschuldet und zählen andererseits gerade nicht zum Gewinn. In Abbildung 45 sind die aus der Überlassung von Eigen- und Fremdkapital resultierenden Rechte und Pflichten vereinfacht dargestellt.

---

266 In Anlehnung an *MATSCHKE*, Betriebswirtschaftslehre II (2004), S. 327, *SCHWINN*, Betriebswirtschaftslehre (1996), S. 935.

Merkmale	Eigenkapital	Fremdkapital
Haftung	Mindestens in Höhe der Einlage = (Mit-)Eigentümerstellung	Keine Haftung = Gläubigerstellung
Gewinnanteil	Anteil am Erfolg (Gewinn/Verlust)	Kein Anteil am Erfolg, i.d.R. fester Zinsanspruch
Vermögensanspruch	Anteil am Liquidationsgewinn (= Liquidationserlös – Schulden)	In Höhe der Forderung
Zeitliche Verfügbarkeit	„Unbegrenzt"	Begrenzt
Finanzierungskapazität	Begrenzt, abhängig vom Vermögen des Kapitalgebers und seiner Risikobereitschaft	„Unbegrenzt", abhängig von Bonität und Sicherheiten

Abb. 45: Unterscheidungsmerkmale von Eigen- und Fremdkapital[267]

3.1.2.2 Außenfinanzierung

Die *Beteiligungsfinanzierung* (Einlagenfinanzierung) umfaßt alle Formen der Beschaffung von Eigenkapital durch Kapitaleinlagen bisheriger oder neu hinzukommender Anteilseigner eines Unternehmens.[268] Hieraus resultiert für die als Eigentümer auftretenden Eigenkapitalgeber u.a. eine Gewinn- und Verlustbeteiligung mit der Verpflichtung, die Einlagen in voller Höhe zu erbringen und – rechtsformbedingt – eventuell darüber hinaus gegebenenfalls mit dem gesamten Privatvermögen zu haften. Meist erfolgt die Zuführung des Eigenkapitals in Form von Bar- und nur in Ausnahmefällen als Sacheinlagen (z.B. Einbringung von Grundstücken). Die Beteiligungsfinanzierung ist das Fundament einer jeden Unternehmensgründung und findet auch bei späteren Kapitalerhöhungen im Zuge der Wachstumsfinanzierung statt. Insbesondere für junge Unternehmen, die weder über ausreichende Innenfinanzierungskraft noch über hinlängliche Kreditsicherheiten verfügen, stellt sie die primäre Finanzierungsquelle dar.

Die Modalitäten der Beteiligungsfinanzierung sind in entscheidendem Maße von der *Rechtsform* des Unternehmens abhängig. Ohne die entsprechenden rechtsformspezifischen gesetzlichen Regelungen im einzelnen zu betrachten, sollen im folgenden einige wesentliche Merkmale der Einlagenfinanzierung aus der Sichtweise des Einzelkaufmanns sowie der wichtigsten Typen von Personen- und Kapitalgesellschaften angesprochen werden.[269]

Die Beschaffung von Eigenkapital von außen ist für den *Einzelkaufmann* grundsätzlich am schwierigsten. Obwohl er jederzeit durch Zuführungen aus seinem Privatvermögen und Entnahmen aus dem Unternehmen die Höhe der betrieblichen Eigenkapitalbasis verändern kann, findet diese Art der Finanzierung ihre Begrenzung in der Höhe des Privatvermögens des Einzelkaufmanns. Eine darüber hinausgehende Erhöhung des Eigenkapitals kann im Rahmen der Beteiligungsfinanzierung unter Beibehaltung der Rechtsform nur durch die Aufnahme eines stillen Gesellschafters gelingen. Das geschäftliche Bündnis zwischen Einzelkaufmann und stillem Gesellschafter ist nur im Innenverhältnis existent. Der stille Gesellschafter tritt nach außen

267 In Anlehnung an *PERRIDON/STEINER/RATHGEBER*, Finanzwirtschaft (2022), S. 433, *SCHIERENBECK/WÖHLE*, Grundzüge (2016), S. 370.
268 Vgl. zur Beteiligungsfinanzierung *PERRIDON/STEINER/RATHGEBER*, Finanzwirtschaft (2022), S. 435 ff., *WÖHE/DÖRING/BRÖSEL*, Einführung (2023), S. 536 ff., *SCHIERENBECK/WÖHLE*, Grundzüge (2016), S. 505 ff., *WITTE*, Finanzwirtschaft (1988), S. 571 ff., *MATSCHKE*, Finanzierung (1991), S. 63 ff., *SCHWINN*, Betriebswirtschaftslehre (1996), S. 936 ff., *KISTNER/STEVEN*, Grundstudium (2002), S. 385 ff., *ROLLBERG*, Finanzierung (1996), S. 524 ff., *MATSCHKE*, Finanzwirtschaft (1997), S. 262 ff., *BIEG/KUSSMAUL/WASCHBUSCH*, Finanzierung (2023), S. 65 ff., *ROLLBERG/OLBRICH*, Finanzierung (2002), S. 55 ff.
269 Vgl., auch im folgenden, *PERRIDON/STEINER/RATHGEBER*, Finanzwirtschaft (2022), S. 436 ff., *WITTE*, Finanzwirtschaft (1988), S. 597 f., *MATSCHKE*, Finanzierung (1991), S. 64 ff., *ROLLBERG*, Finanzierung (1996), S. 524 ff., *MATSCHKE*, Finanzwirtschaft (1997), S. 262 ff., *ROLLBERG/OLBRICH*, Finanzierung (2002), S. 55 ff.

nicht in Erscheinung, sondern leistet gegen eine angemessene Gewinn- und gegebenenfalls auch Verlustbeteiligung (maximal in Höhe der Einlage) eine Bar- oder Sacheinlage in das Vermögen des Einzelkaufmanns. Während der „typische" stille Gesellschafter bei Ausscheiden mit seiner nominellen Einlage abgefunden wird, ist der „atypische" stille Gesellschafter am Vermögenszuwachs zu beteiligen und als zur Geschäftsführung berechtigter Mitunternehmer anzusehen. Neben der Aufnahme eines stillen Gesellschafters bietet sich für den Einzelkaufmann zur Verbreiterung der Eigenkapitalbasis im Rahmen einer Beteiligungsfinanzierung die Möglichkeit der Umgründung in eine Personengesellschaft.

Während die *offene Handelsgesellschaft* (OHG) gleichsam die Multiplikation des Einzelkaufmanns darstellt, indem sich mehrere Personen als Vollhafter (Komplementäre) zusammenschließen und gemeinsam über ein größeres Vermögen gebieten, treten bei der *Kommanditgesellschaft* (KG) zusätzlich Personen mit auf die Einlage beschränkter Haftung, sogenannte Kommanditisten, auf. Da die Vollhafter zur Geschäftsführung berechtigt sind und jeder letztlich privat für die Fehler der anderen mithaftet, dürften die Zahl der Komplementäre und damit auch das Potential zur Beteiligungsfinanzierung überschaubar bleiben. Gleiches gilt, allerdings aufgrund der schlechten Veräußerbarkeit von Kommanditanteilen, auch für die Zahl möglicher Kommanditisten und die Höhe ihrer Einlagen.

Größere Eigenkapitalbeträge lassen sich mobilisieren, wenn eine haftungsbeschränkte Rechtsform gewählt wird. Allerdings ist nicht selten zu beobachten, daß kreditgebende Banken die Eigentümer über Bürgschaften und Grundschulden in die volle private Haftung für ihre Kapitalgesellschaften nehmen. *Kapitalgesellschaften* zeichnen sich dadurch aus, daß der einzelne Gesellschafter nicht mehr wie ein Einzelkaufmann oder Komplementär mit seinem gesamten Privatvermögen haftet, sondern nur noch mit seiner Kapitaleinlage (lediglich die Kommanditgesellschaft auf Aktien (KGaA) kennt noch Vollhafter). Die Gesellschaft haftet also selbst als juristische Person mit ihrem Gesellschaftsvermögen. Die Haftungsbeschränkung erleichtert der *Gesellschaft mit beschränkter Haftung* (GmbH) die Aufnahme von Eigenkapital. Da eine Mitarbeit eines (jeden) Eigenkapitalgebers in der jeweiligen Gesellschaft eher untypisch ist, können theoretisch unbegrenzt Gesellschafter aufgenommen werden. Allerdings leidet die GmbH-Einlagenfinanzierung (ähnlich wie die Finanzierung durch Kommanditkapital bei der KG) wegen der Nichtexistenz eines organisierten Kapitalmarktes für GmbH-Anteile unter der mangelnden Fungibilität (Handelbarkeit) der Geschäftsanteile. Erst die *Aktiengesellschaft* (AG) kann durch Ausgabe (Emission) von Aktien auf dem anonymen Kapitalmarkt ein breites Massenpublikum erreichen, weshalb sie am besten für die Aufbringung großer Eigenkapitalbeträge im Rahmen der Beteiligungsfinanzierung geeignet ist. Zudem stellen die an der Börse gehandelten Aktien vertretbare Wertpapiere dar, die kleinste (marginale) Unternehmensanteile verbriefen und daher auch für Kleinanleger interessant sind. Ferner wird dem Sicherheitsbedürfnis der zahlreichen Eigenkapitalgeber (Aktionäre) mit dem umfangreichen Aktiengesetz Genüge getan. Dessenungeachtet steigt und fällt die Bereitschaft der Anleger, sich in Aktien zu engagieren, mit der Börsenkonjunktur.

Unter einer *Erstemission* (auch Börsengang genannt) versteht man die erstmalige Veräußerung von Aktien an organisierten Finanzmärkten durch bisher nicht börsennotierte Aktiengesellschaften.[270] Der dabei erzielte Emissionserlös fließt dem ausgebenden Unternehmen zu und verbessert dessen Eigenkapitalausstattung. Spätere, von bereits börsennotierten Aktiengesellschaften durchgeführte, *Kapitalerhöhungen* dienen ebenfalls der Beschaffung von Eigenkapital. Das deutsche Aktiengesetz regelt die zur Beteiligungsfinanzierung in Frage kommenden Formen:[271]

Eine *ordentliche Kapitalerhöhung* erfolgt durch die Ausgabe neuer („junger") Aktien gegen Bar- oder Sacheinlagen. Dabei muß der Bezugskurs (Ausgabekurs) der jungen Aktien min-

270 Vgl. PERRIDON/STEINER/RATHGEBER, Finanzwirtschaft (2022), S. 448 f., BITZ/STARK, Finanzdienstleistungen (2015), S. 181.
271 Vgl., auch im folgenden, PERRIDON/STEINER/RATHGEBER, Finanzwirtschaft (2022), S. 449 ff., WITTE, Finanzwirtschaft (1988), S. 575 ff., BAETGE/KIRSCH/THIELE, Bilanzen (2017), S. 492 ff., MATSCHKE, Finanzierung (1991), S. 87 ff., BITZ/STARK, Finanzdienstleistungen (2015), S. 189, ROLLBERG, Finanzierung (1996), S. 525 ff., MATSCHKE, Finanzwirtschaft (1997), S. 266 f., BIEG/KUßMAUL/WASCHBUSCH, Finanzierung (2023), S. 120 ff., ROLLBERG/OLBRICH, Finanzierung (2002), S. 57 ff.

destens dem (rechnerischen) Nennwert der Aktie entsprechen, weshalb Unter-pari-Emissionen (Bezugskurs der jungen Aktien < Nennwert) nicht zulässig sind. Liegt der Bezugskurs der jungen Aktien über dem Nennwert (Über-pari-Emission), so ist die als Agio (Aufgeld) bezeichnete Differenz in die Kapitalrücklage einzustellen. Das gezeichnete Kapital (Grundkapital) erhöht sich also nur um den Nennwertbetrag der Kapitalerhöhung. Grundsätzlich ist den Altaktionären entsprechend ihren Anteilen am bisherigen Grundkapital ein Bezugsrecht (Vorkaufsrecht) auf die jungen Aktien einzuräumen, um sie vor Kapitalverwässerung zu bewahren: Einerseits sollen die bisherigen Aktionäre die Möglichkeit erhalten, der mit einer Kapitalerhöhung einhergehenden Verschlechterung ihrer Stimmrechtsverhältnisse in der Hauptversammlung entgegenzuwirken. Andererseits drohen ihnen auch Vermögenseinbußen, denn der ursprüngliche Kurs des Wertpapiers wird durch eine Kapitalerhöhung i.d.R. in Mitleidenschaft gezogen, da die jungen Aktien aus Kaufanreizgründen zu einem Kurs unterhalb des aktuellen Börsenkurses der Altaktie ausgegeben werden. Die offenen und stillen Reserven der Aktiengesellschaft verteilen sich nachher auf die gleichberechtigten alten und jungen Aktien, wodurch ein Nivellierungseffekt zu Lasten der vormals höher gehandelten alten Aktien eintritt, den der Wert des Bezugsrechts gerade ausgleichen soll. Bezugsrechte besitzen i.d.R. einen monetären Wert und werden an der Börse wie eigenständige Wertpapiere gehandelt.

Eine *bedingte Kapitalerhöhung* führt nur zu einer Erhöhung des Eigenkapitals, wenn die Inhaber von Umtausch- oder Aktienbezugsrechten auch tatsächlich von ihrem Recht, neue Aktien zu beziehen, Gebrauch machen. Derartige Rechte leiten sich aus Wandel- und Optionsanleihen ab oder werden anläßlich der Ausgabe von „Belegschaftsaktien" für die Mitarbeiter sowie zur Vorbereitung von Unternehmenszusammenschlüssen begründet.

Beim *genehmigten Kapital* handelt es sich um eine durch Hauptversammlungsbeschluß gefaßte, zeitlich befristete Ermächtigung (bis zu fünf Jahre) des Vorstands, das Grundkapital bis zu einem bestimmten Betrag (genehmigtes Kapital) zu einem günstigen Zeitpunkt (vorteilhafte Kapitalmarktsituation) durch Ausgabe neuer Aktien zu erhöhen. Der Vorstand kann dadurch bei Bedarf schnell handeln, ohne die Hauptversammlung erneut einberufen zu müssen, da lediglich die Zustimmung des Aufsichtsrats einzuholen ist.

Eine sogenannte *Kapitalerhöhung aus Gesellschaftsmitteln* stellt übrigens kein Instrument der Beteiligungsfinanzierung dar, weil lediglich innerhalb des Eigenkapitalkontos Rücklagen in Grundkapital umgewandelt werden (Passivtausch), ohne daß ein Zufluß frischen Eigenkapitals erfolgt.[272]

Im Rahmen einer *Kreditfinanzierung* wird Fremdkapital von außen aufgenommen.[273] Wichtigste Voraussetzung für eine Kreditfinanzierung ist die *Kreditwürdigkeit* (Bonität) des potentiellen Kreditnehmers. Zunächst muß er geschäftsfähig, d.h. rechtlich befugt sein, als Kreditnehmer auftreten zu können (Kreditfähigkeit). Darüber hinaus sollte er sich in der Vergangenheit als vertrauenswürdig erwiesen haben und auch für die Zukunft den Ehrgeiz zeigen, seine vertraglichen Verpflichtungen uneingeschränkt zu erfüllen (persönliche Kreditwürdigkeit). Ferner muß eine fundierte Prognose Aufschluß über die vermutliche wirtschaftliche Fähigkeit des Kreditsuchenden geben, die aufgenommenen Zahlungsverpflichtungen aus seinen Einkommensverhältnissen heraus auf Dauer bedienen zu können (wirtschaftliche Kreditwürdigkeit).

---

272 Vgl. *PERRIDON/STEINER/RATHGEBER*, Finanzwirtschaft (2022), S. 455, *WITTE*, Finanzwirtschaft (1988), S. 576, *BAETGE/KIRSCH/THIELE*, Bilanzen (2017), S. 495 f., *MATSCHKE*, Finanzierung (1991), S. 91 f., *ROLLBERG*, Finanzierung (1996), S. 528, *MATSCHKE*, Finanzwirtschaft (1997), S. 267, *BIEG/KUßMAUL/WASCHBUSCH*, Finanzierung (2023), S. 143 ff., *ROLLBERG/OLBRICH*, Finanzierung (2002), S. 60.
273 Vgl. zur Kreditfinanzierung *PERRIDON/STEINER/RATHGEBER*, Finanzwirtschaft (2022), S. 460 ff., *WÖHE/DÖRING/BRÖSEL*, Einführung (2023), S. 539 ff., *SCHIERENBECK/WÖHLE*, Grundzüge (2016), S. 514 ff., *WITTE*, Finanzwirtschaft (1988), S. 551 ff., *MATSCHKE*, Finanzierung (1991), S. 175 ff., *SCHWINN*, Betriebswirtschaftslehre (1996), S. 945 ff., *KISTNER/STEVEN*, Grundstudium (2002), S. 401 ff., *ROLLBERG*, Finanzierung (1996), S. 506 ff., *BIEG/KUßMAUL/WASCHBUSCH*, Finanzierung (2023), S. 173 ff., *ROLLBERG/OLBRICH*, Finanzierung (2002), S. 31 ff.

Bei allem Vertrauen in die Person des Schuldners und die Prognosefähigkeiten des Gläubigers bleibt es dennoch nicht aus, *Sicherheiten* zu verlangen.[274] Verkehrsübliche Kreditsicherheiten sind einerseits *Personalsicherheiten* (Bürgschaft, Garantie, Wechsel), die dem Gläubiger weitere schuldrechtliche Ansprüche gegen den Schuldner oder Dritte einräumen. Andererseits gibt es *Sachsicherheiten* (Verpfändung, Sicherungsübereignung, Forderungsabtretung, Grundpfandrechte), welche auf bestimmten werthaltigen Sachen oder Rechten beruhen, auf die der Gläubiger bei Vertragsverletzung des Schuldners zugreifen kann. Besondere Bedeutung hat die Eintragung einer Grundschuld als abstraktes Sicherungsmittel für eine Kreditgeschäftsbeziehung.

Einem kreditwürdigen potentiellen Kreditnehmer stehen grundsätzlich lang- und kurzfristige Formen der Kreditfinanzierung zur Verfügung. Zu den wichtigsten Formen der *langfristigen Kreditfinanzierung* (Laufzeiten von fünf Jahren oder auch deutlich mehr) zählen die im folgenden zu betrachtenden Anleihen (auch Obligationen oder Schuldverschreibungen genannt), Schuldscheindarlehen und langfristigen Bankkredite.[275]

Mit der Auflegung von *Anleihen* versuchen vor allem der Staat, öffentlich-rechtliche Körperschaften, Kreditinstitute und emissionsfähige Großunternehmen, über den anonymen Kapitalmarkt langfristige Kredite größeren Umfangs (z.B. mehrere 100 Mio. €) aufzunehmen.[276] Sie werden in Teilschuldverschreibungen verbrieft und an der Börse gehandelt. Insbesondere die als annähernd sicher geltenden deutschen Staatsanleihen definieren durch ihre Konditionen den Kapitalmarktzins und die Zinsstruktur. *Industrieobligationen* privater Unternehmen müssen den Gläubigern aus Bonitätsgründen einen etwas höheren Zins bieten als der Staat. Teilschuldverschreibungen können von seiten des Anlegers (Kreditgebers) nicht gekündigt werden; doch besteht die Möglichkeit, das Kreditverhältnis durch Verkauf der Wertpapiere für sich persönlich zu beenden. Genauso ist es für den Kreditnehmer als Aussteller (Emittent) der Anleihe denkbar, von ihm emittierte Teilschuldverschreibungen vorzeitig durch „freihändigen Rückkauf" über den Kapitalmarkt zu tilgen. Daneben kann auch ein Kündigungsrecht des Emittenten vereinbart sein. Da der Börsenkurs von Anleihen täglich neu bestimmt wird, schwankt die als interner Zins zu berechnende Effektivrendite ungeachtet der fixierten, im voraus bekannten Zins- und Tilgungszahlungen.

Sonderformen der eben erwähnten *Industrieobligation* sind Wandel-, Options- und Gewinnschuldverschreibungen, welche sich dadurch auszeichnen, daß sie dem Kreditgeber entweder das Recht einräumen, Anteilseigner zu werden, oder ihm eine an sich nur Anteilseignern vorbehaltene Gewinnbeteiligung zugestehen.[277] Insofern handelt es sich hierbei um Instrumente der Kreditfinanzierung, die nicht gänzlich von der Beteiligungsfinanzierung trennbar sind. *Wandelschuldverschreibungen* gewähren dem Inhaber das Recht, alternativ zu Zins und Tilgung die Obligationen zu vorher genau festgelegten Konditionen (z.B. Zeitpunkt, Frist, Wandlungsverhältnis, Zuzahlungen) in Aktien der emittierenden Gesellschaft einzutauschen. Die Wandelanleihe selbst geht dabei unter; der Kreditgeber wechselt ins Lager der Eigenkapitalgeber. Der „Preis" für das Optionsrecht des Gläubigers liegt in einem relativ niedrigen Zins der Wandelanleihe. *Optionsschuldverschreibungen* im Sinne von *Aktienoptionsanleihen* können nicht in Aktien umgetauscht werden, sondern gewähren dem Inhaber über den Zins- und Til-

274 Vgl. PERRIDON/STEINER/RATHGEBER, Finanzwirtschaft (2022), S. 465 ff., WITTE, Finanzwirtschaft (1988), S. 553, MATSCHKE, Finanzierung (1991), S. 180 ff., ROLLBERG, Finanzierung (1996), S. 507 f., BIEG/KUßMAUL/WASCHBUSCH, Finanzierung (2023), S. 192 ff., ROLLBERG/OLBRICH, Finanzierung (2002), S. 33.
275 Vgl. zur langfristigen Kreditfinanzierung PERRIDON/STEINER/RATHGEBER, Finanzwirtschaft (2022), S. 473 ff., WITTE, Finanzwirtschaft (1988), S. 563-568, MATSCHKE, Finanzierung (1991), S. 327 ff., ROLLBERG, Finanzierung (1996), S. 508 ff., MATSCHKE, Finanzwirtschaft (1997), S. 274 ff., BIEG/KUßMAUL/WASCHBUSCH, Finanzierung (2023), S. 230 ff., ROLLBERG/OLBRICH, Finanzierung (2002), S. 33 ff.
276 Vgl., auch im folgenden, PERRIDON/STEINER/RATHGEBER, Finanzwirtschaft (2022), S. 475 ff., WITTE, Finanzwirtschaft (1988), S. 566 ff., MATSCHKE, Finanzierung (1991), S. 327 ff., ROLLBERG, Finanzierung (1996), S. 508 ff., MATSCHKE, Finanzwirtschaft (1997), S. 279 ff., BIEG/KUßMAUL/WASCHBUSCH, Finanzierung (2023), S. 237 ff., ROLLBERG/OLBRICH, Finanzierung (2002), S. 33 ff.
277 Vgl., auch im folgenden, PERRIDON/STEINER/RATHGEBER, Finanzwirtschaft (2022), S. 478-487, MATSCHKE, Finanzierung (1991), S. 338-345, ROLLBERG, Finanzierung (1996), S. 512 f., MATSCHKE, Finanzwirtschaft (1997), S. 280 ff., BIEG/KUßMAUL/WASCHBUSCH, Finanzierung (2023), S. 296 ff., ROLLBERG/OLBRICH, Finanzierung (2002), S. 38 f., HIRTH, Finanzierung (2017), S. 155 ff.

gungsanspruch hinaus das Recht, Aktien zu bereits am Emissionsstichtag festgelegten Bedingungen zu beziehen. Wird das durch den Optionsschein verkörperte Recht auf Bezug von Aktien in Anspruch genommen, so entsteht neben dem vorhandenen Fremdkapital zusätzliches Eigenkapital; der Kreditgeber bleibt Gläubiger und wird zugleich Anteilseigner. Der Optionsschein selbst kann bis zu seiner Ausübung gemeinsam mit oder getrennt von der Schuldverschreibung gehandelt werden. *Aktienanleihen* gewähren dem emittierenden Unternehmen (Kreditnehmer) bei Fälligkeit der Anleihe das Recht, diese entweder planmäßig zu tilgen oder dem Investor (Kreditgeber) statt dessen eine in den Emissionsbedingungen festgelegte Anzahl von Aktien zu liefern. Der „Preis" für dieses Optionsrecht des Schuldners liegt in einer recht hohen Verzinsung der Anleihe. *Gewinnschuldverschreibungen* unterscheiden sich von gewöhnlichen Industrieobligationen dadurch, daß der den Obligationären zustehende feste Zinsanspruch entweder durch einen zusätzlichen an der Dividende orientierten Gewinnanspruch ergänzt oder aber durch eine nach oben begrenzte Gewinnbeteiligung ersetzt wird. Folglich koppeln Gewinnschuldverschreibungen typische Gläubigerrechte mit normalerweise nur Anteilseignern vorbehaltenen Erfolgschancen und -risiken.

Bei *Anleihen mit variabler Verzinsung* wird der Zinssatz in regelmäßigen Zeitabständen (z.B. drei oder sechs Monaten) an einen Referenzzins angepaßt, der die Zinsentwicklung am Geldmarkt widerspiegelt.[278] Dadurch sind immer „marktkonforme" Konditionen gegeben, und der Kurs des Wertpapiers liegt dann stets nahe am Nennwert: Kurssteigerungen über den Nennwert hinaus treten nämlich nur ein, wenn das Papier sich durch Sinken des Marktzinses plötzlich besser verzinst als die Alternative am Markt, und Kursverluste ergeben sich umgekehrt dann, wenn das Zinsniveau des Marktes steigt, aber der fixierte Zins der Anleihe gleich bleibt. Die variable Verzinsung schließt ein derartiges Kursrisiko aus um den „Preis" des in Kauf genommenen Zinsänderungsrisikos. *Nullkuponleihen* tragen ein erhebliches Kursrisiko, weil sie während der Laufzeit keinerlei Zinsausschüttungen gewähren und erst im abschließenden Tilgungszeitpunkt nicht nur das Kapital zum Nennwert zurückerstatten, sondern auch die jahrelang aufgelaufenen Zinsen und Zinseszinsen in einer Summe auszahlen. Da der Anleger vor dem Ende der Anleihelaufzeit keinerlei Zahlungen erhält, die er bei geändertem Marktzins besser oder schlechter wieder anlegen könnte als zur im voraus festgelegten, unveränderlichen Rendite der Nullkuponanleihe, reagiert der Kurs der Nullkuponanleihe besonders stark auf Änderungen des Marktzinses. Steigt etwa der Marktzins auf 7%, so kann eine erst vor einem Jahr emittierte Nullkuponanleihe, die noch vierzehn Jahre lang läuft und lediglich 5% Rendite erbringt, nur mit einem erheblichen Abschlag auf den Nennwert verkauft werden, welcher den Renditenachteil der Nullkuponanleihe im Vergleich zu aktuell neu ausgegebenen Anleihen kompensiert.

Im folgenden soll die *Berechnung der Emissionsrendite* (Effektivverzinsung, interner Zinsfuß zum Zeitpunkt der Emission) *einer echten Nullkuponanleihe* exemplarisch gezeigt werden. Dabei ist von folgenden aus Anlegersicht relevanten Daten auszugehen, mit denen das emittierende Unternehmen für das Wertpapier wirbt:

- Emissionsstichtag: 03.02.2025
- Laufzeit: 12 Jahre
- Emissionskurs: 30%
- Rückzahlungskurs: 100%
- Durchschnittlicher Wertzuwachs: 19,44%

Der werbewirksam angegebene durchschnittliche Wertzuwachs darf natürlich nicht mit der den Anleihekäufer eigentlich interessierenden und deutlich geringeren Emissionsrendite der echten Nullkuponanleihe verwechselt werden, denn es handelt sich hierbei lediglich um eine Durchschnittsgröße, die Auskunft darüber erteilt, um wieviel Prozent, bezogen auf die ursprünglich

___
278 Vgl., auch im folgenden, PERRIDON/STEINER/RATHGEBER, Finanzwirtschaft (2022), S. 488-490, MATSCHKE, Finanzierung (1991), S. 335 ff., ROLLBERG, Finanzierung (1996), S. 513-515, BIEG/KUßMAUL/WASCHBUSCH, Finanzierung (2023), S. 240 ff., ROLLBERG/OLBRICH, Finanzierung (2002), S. 39-42.

eingesetzten Mittel, der Kapitalbetrag des Investors pro Jahr im Durchschnitt steigt:

$$\text{durchschnittlicher Wertzuwachs} = \frac{\text{durchschnittlicher Ertrag pro Jahr}}{\text{Kapitaleinsatz}} \cdot 100\%$$

$$= \frac{(100-30)/10}{30} \cdot 100\% = 0{,}194444444 \approx 19{,}44\%.$$

Da bei der Bestimmung des durchschnittlichen Wertzuwachses der ursprüngliche Kapitaleinsatz die Bezugsbasis der Rechnung bildet, wird implizit unterstellt, daß sich der zu Laufzeitbeginn eingezahlte und zu verzinsende Kapitalbetrag bis zum Fälligkeitstermin der Nullkuponanleihe nicht ändert, was eine jährlich wiederkehrende Auszahlung der Zinsen erfordert, die jedoch bei der Nullkuponanleihe gerade nicht erfolgt. Insofern handelt es sich beim „durchschnittlichen Wertzuwachs" um eine grobe Milchmädchenrechnung, mit der finanzwirtschaftliche Laien beeindruckt werden sollen.

Die Berechnung der den Anleihekäufer eigentlich interessierenden Emissionsrendite r ist wegen der charakteristischen Struktur einer Nullkuponanleihe, die sich dadurch auszeichnet, daß die Zahlungsreihe jeweils nur eine Einzahlung zu Beginn und eine Auszahlung am Ende der Laufzeit umfaßt, relativ einfach (vgl. auch Unterabschnitt 3.1.1.2):

$$C = -30 + \frac{100}{(1+r)^{12}} = 0 \Leftrightarrow (1+r)^{12} = \frac{100}{30} \Leftrightarrow r = \sqrt[12]{\frac{100}{30}} - 1 = 0{,}105536864 \approx 10{,}55\%.$$

Mit 10,55% liegt die Emissionsrendite der echten Nullkuponanleihe deutlich unter dem zuvor problematisierten durchschnittlichen Wertzuwachs, weil bei der Ermittlung der Rendite berücksichtigt wird, daß die laufenden Zinserträge eben nicht jährlich ausgezahlt, sondern bis zum Fälligkeitstermin der Nullkuponanleihe angesammelt werden. Das gebundene Kapital der Anleihe wächst also stets durch den Zinsausschüttungsverzicht.

Aufgabe 28: Nullkuponanleihe[279]

Eine echte Nullkuponanleihe soll eingehender untersucht werden. Dabei ist von folgenden aus Anlegersicht relevanten Daten auszugehen, mit denen das emittierende Unternehmen für das Wertpapier wirbt:

- Emissionsstichtag: 03.02.2025
- Laufzeit: 10 Jahre
- Emissionskurs: 52%
- Rückzahlungskurs: 100%
- Durchschnittlicher Wertzuwachs: 9,23%

Zeigen Sie, wie sich der durchschnittliche Wertzuwachs allgemein sowie für das obige Beispiel ergibt, und erläutern Sie, warum es sich beim durchschnittlichen Wertzuwachs um eine grobe Milchmädchenrechnung handelt, mit der finanzwirtschaftliche Laien werbewirksam beeindruckt werden sollen! Berechnen Sie die den Anleihekäufer interessierende Emissionsrendite!

Als weitere Möglichkeit der langfristigen Kreditfinanzierung stehen Großunternehmen erstklassiger Bonität, die hohe Fremdkapitalbeträge nachfragen und dabei den Aufwand einer Bör-

---

279 Vgl. für zusätzliche Übungsaufgaben HERING/TOLL, BWL-Klausuren (2022), S. 227-231, 233 f., PERRIDON/STEINER/RATHGEBER, Finanzwirtschaft (2022), S. 213, ROLLBERG, Finanzierung (1996), S. 513-515, BIEG/KUßMAUL/WASCHBUSCH, Übungen (2024), S. 72-74, ROLLBERG/OLBRICH, Finanzierung (2002), S. 40-42.

senzulassung vermeiden wollen, *Schuldscheindarlehen* zur Verfügung.[280] Kreditgeber ist nicht wie bei Anleihen der anonyme Kapitalmarkt, sondern es treten private und öffentliche Kapitalsammelstellen, insbesondere Versicherungsunternehmen, als Darlehensgeber auf. Die Verzinsung des Schuldscheindarlehens ist i.d.R. größer als die Kapitalmarktrendite, aber kleiner als der Zins langfristiger Bankkredite. Als Sicherheiten sind Grundschulden üblich.

Für die Vielzahl von Unternehmen, denen weder der Zugang zur Wertpapierbörse noch zum Schuldscheindarlehen offensteht, insbesondere also für die Masse der Klein- und Mittelunternehmen, verbleibt als Alternative nur der *langfristige Bankkredit*.[281] Aus Mangel an Kreditsicherheiten steht dieses Finanzierungsinstrument jedoch seit jeher nicht in ausreichendem Umfang zur Verfügung („Kreditklemme" des Mittelstands). Aufgrund der „Basel-Vereinbarungen" verteuern sich die Kredite an den Mittelstand zusätzlich, da dieser aufgrund der Bonitätsbeurteilung im sog. „Rating" benachteiligt wird. Vielfach müssen sich Unternehmen deshalb revolvierend finanzieren, d.h. kurzfristige Kreditfinanzierung betreiben und sich stets um deren Verlängerung bemühen. Hinsichtlich der *Tilgungsmodalitäten* langfristiger Bankkredite unterscheidet man im wesentlichen zwischen der endfälligen Tilgung, der Ratentilgung und der Annuitätentilgung. Während bei der *endfälligen Tilgung* die Rückzahlung der Gesamtschuld „en bloc" am Ende der Kreditlaufzeit erfolgt, zeichnet sich die *Ratentilgung* durch eine Rückführung des Kredits mit meist über die Kreditlaufzeit gleichbleibenden Raten aus, wobei die sich aus Tilgungsrate und Zinsanteil zusammensetzende Gesamtzahlung wegen der mit abnehmender Restschuld sinkenden Zinsbelastung im Zeitablauf abnimmt. Sind hingegen über die Kreditlaufzeit gleichbleibende Gesamtraten (Zins und Tilgung) an den Gläubiger zu leisten, so ist eine *Annuitätentilgung* vereinbart. Da auch in diesem Fall die Tilgungszahlungen die Restschuld mindern, sinkt im Zeitablauf der Zinsanteil der Annuität, während der Tilgungsanteil steigt.

Die soeben unterschiedenen Möglichkeiten zur Kredittilgung sollen nun im Rahmen eines *Beispiels* verdeutlicht werden. Dazu sei ein Unternehmen betrachtet, welches für eine Neuproduktplanung einen Kredit in Höhe von 75.000 € zur Deckung der Forschungs- und Entwicklungskosten benötigt. Mit der kreditgebenden Hausbank wird eine zehnjährige Kreditlaufzeit mit einem festgeschriebenen Zinssatz von 10% vereinbart, wobei die endfällige Tilgung, Ratentilgung und Annuitätentilgung zur Auswahl stehen. Um die von den alternativen Tilgungsmodalitäten hervorgerufenen jährlichen Zahlungswirkungen und damit die jährliche Liquiditätsbelastung genauer einschätzen zu können, werden entsprechende Tilgungspläne (vgl. die Tabellen 22 und 23) aufgestellt, nach denen dann eine Entscheidung für eine endfällige, ratenweise oder annuitätische Tilgung erfolgen kann. Tabelle 22 zeigt den Tilgungsplan für die endfällige Tilgung.

---
280 Vgl. PERRIDON/STEINER/RATHGEBER, Finanzwirtschaft (2022), S. 491 ff., WITTE, Finanzwirtschaft (1988), S. 565 f., MATSCHKE, Finanzierung (1991), S. 311 ff., ROLLBERG, Finanzierung (1996), S. 515 f., MATSCHKE, Finanzwirtschaft (1997), S. 278 f., BIEG/KUßMAUL/WASCHBUSCH, Finanzierung (2023), S. 235 f., ROLLBERG/OLBRICH, Finanzierung (2002), S. 43 f.
281 Vgl. PERRIDON/STEINER/RATHGEBER, Finanzwirtschaft (2022), S. 495 ff., WITTE, Finanzwirtschaft (1988), S. 563-565, MATSCHKE, Finanzierung (1991), S. 283 ff., SCHWINN, Betriebswirtschaftslehre (1996), S. 949 f., KISTNER/STEVEN, Grundstudium (2002), S. 401 ff., ROLLBERG, Finanzierung (1996), S. 516 f., MATSCHKE, Finanzwirtschaft (1997), S. 275 f., ROLLBERG/OLBRICH, Finanzierung (2002), S. 44 f.

Tab. 22: Tilgungsplan für die endfällige Tilgung

t	Endfällige Tilgung			Restschuld
	Zinszahlung	Tilgungszahlung	Gesamtzahlung	
0	–	–	–	50.000
1	5.000	0	5.000	50.000
2	5.000	0	5.000	50.000
3	5.000	0	5.000	50.000
4	5.000	0	5.000	50.000
5	5.000	0	5.000	50.000
6	5.000	0	5.000	50.000
7	5.000	0	5.000	50.000
8	5.000	0	5.000	50.000
9	5.000	0	5.000	50.000
10	5.000	50.000	55.000	0

Die bei der Ratentilgung jährlich zu leistende Tilgungszahlung beträgt:

$$75.000/10 = 7.500 \ €.$$

Als jährlich anfallende Annuität (vgl. Unterabschnitt 3.1.1.2) ergibt sich:

$$75.000 \cdot [(1 + 0,1)^{10} \cdot 0,1/((1 + 0,1)^{10} - 1)] = 12.205,90462 \ €.$$

Tab. 23: Raten- und Annuitätentilgungsplan (Angaben in Tausend)

t	Ratentilgung				Annuitätentilgung			
	Zins-zahlung	Tilgungs-zahlung	Gesamt-zahlung	Rest-schuld	Zins-zahlung	Tilgungs-zahlung	Annui-tät	Rest-schuld
0	–	–	–	75	–	–	–	75
1	7,5	7,5	15	67,5	7,5	4,71	12,21	70,29
2	6,75	7,5	14,25	60	7,03	5,18	12,21	65,12
3	6	7,5	13,5	52,5	6,51	5,69	12,21	59,42
4	5,25	7,5	12,75	45	5,94	6,26	12,21	53,16
5	4,5	7,5	12	37,5	5,32	6,89	12,21	46,27
6	3,75	7,5	11,25	30	4,63	7,58	12,21	38,69
7	3	7,5	10,5	22,5	3,87	8,34	12,21	30,35
8	2,25	7,5	9,75	15	3,04	9,17	12,21	21,18
9	1,5	7,5	9	7,5	2,12	10,09	12,21	11,1
10	0,75	7,5	8,25	0	1,11	11,1	12,21	0

Aufgabe 29: Langfristiger Bankkredit[282]

Ein Unternehmen, welches zur Deckung von Forschungs- und Entwicklungsausgaben einen langfristigen Bankkredit in Höhe von 100.000 € benötigt, vereinbart mit seiner Hausbank eine zehnjährige Kreditlaufzeit mit einem festgeschriebenen Zinssatz von 10% p.a. Hinsichtlich der Tilgungsmodalitäten stehen die endfällige Tilgung, Ratentilgung und Annuitätentilgung zur Auswahl. Stellen Sie die jeweiligen Tilgungspläne auf!

282 Vgl. für zusätzliche Übungsaufgaben *HERING/TOLL*, BWL-Klausuren (2022), S. 227-232, 235 f., *PERRIDON/ STEINER/RATHGEBER*, Finanzwirtschaft (2022), S. 500, 502, *MATSCHKE*, Finanzierung (1991), S. 290-294, *SCHWINN*, Betriebswirtschaftslehre (1996), S. 949 f., *KISTNER/STEVEN*, Grundstudium (2002), S. 402 f., *STEVEN/KISTNER*, Übungsbuch (2000), S. 188 f., *ROLLBERG*, Finanzierung (1996), S. 517, *KUßMAUL*, Betriebswirtschaftslehre (2022), S. 333-335, *ROLLBERG/OLBRICH*, Finanzierung (2002), S. 45 f., *BIEG/KUßMAUL/WASCHBUSCH*, Übungen (2024), S. 56-58, *BURCHERT/SCHNEIDER/VORFELD*, Finanzierung (2024), S. 41-46.

Eine zusätzliche Übungsaufgabe finden Sie hier:

https://www.degruyterbrill.com/publication/isbn/9783119145305/downloadAsset/9783119145305_Aufgabe12.pdf

Zu den wichtigsten *Formen der kurzfristigen Kreditfinanzierung* zählen kurzfristige Bankkredite in Form von Geld- oder Kreditleihen und mit Aufträgen gekoppelte Handelskredite.[283]

Der am häufigsten gewährte kurzfristige Bankkredit ist der sog. *Kontokorrentkredit*, welcher sich aus der Überziehungsmöglichkeit des laufenden Kontos (Girokontos) ergibt, also automatisch entsteht, wenn der Kontostand aufgrund von Auszahlungen negativ wird.[284] Während ein Guthaben auf diesem Kontokorrentkonto unbegrenzt anwachsen darf, sind der Schuldenhöhe des laufenden Kontos durch die vereinbarte (oder besser: von der Bank zugestandene) Kreditlinie deutliche Grenzen gesetzt. Der Kontokorrentkredit bietet dem Kreditnehmer eine hohe Flexibilität und einfache Abwicklung, aber auch zu einem hohen Preis: Die Verzinsung von Überziehungskrediten liegt ganz erheblich über den Konditionen von Grundschulddarlehen. Eine nicht oder nicht vollständig beanspruchte Kreditlinie steht immerhin als Liquiditätsreserve für ungeplante Auszahlungen zur Verfügung.

Günstiger als der Kontokorrentkredit ist der *Wechseldiskontkredit*, welcher durch Einreichung eines Wechsels (Zahlungsversprechen mit Wertpapiercharakter) bei der Bank und durch Auszahlung der um den Diskont geminderten Wechselsumme zustande kommt.[285] Wegen der strengen Wechselhaftung kann die Bank ihre Ansprüche leichter durchsetzen und ist deshalb mit einem relativ geringen Diskontsatz als Kreditzins zufrieden.

Beim *Lombardkredit* besteht die Sicherheit in kurzfristig verpfändeten Wertgegenständen (z.B. Aktien, Anleihen, Wechsel, Lebensversicherungen, Guthaben, Waren, Edelmetalle, Münzen).[286] In Abhängigkeit von der Beleihbarkeit des sog. Faustpfands wird ein prozentualer Beleihungswert als Kreditbetrag ausgereicht, wobei der Kreditnehmer zur Sicherung des benötigten Kredits dem Kreditgeber das Pfandobjekt übergibt, so daß der Kreditnehmer zwar Eigentümer bleibt, aber der Kreditgeber Besitzer wird.

Während Kontokorrent-, Wechseldiskont- und Lombardkredite mit einer Bereitstellung finanzieller Mittel einhergehen (*Geldleihe*), stellen Banken ihren Kunden im Rahmen der sogenannten *Kreditleihe* kein Geld, sondern lediglich ihre Kreditwürdigkeit gegen Provision zur Verfügung, d.h., die Bank verpflichtet sich durch ein Zahlungsversprechen gegenüber Dritten zugunsten ihres Kunden im Falle der Nichtleistung der vereinbarten Zahlungen für diesen einzutreten.[287] Die Kreditleihe erleichtert die Geldleihe bei Dritten und senkt die Fremdfinan-

---

283 Vgl. zur kurzfristigen Kreditfinanzierung *PERRIDON/STEINER/RATHGEBER*, Finanzwirtschaft (2022), S. 504 ff., *MATSCHKE*, Finanzierung (1991), S. 221 ff., *ROLLBERG*, Finanzierung (1996), S. 517 ff., *MATSCHKE*, Finanzwirtschaft (1997), S. 268 ff., *BIEG/KUßMAUL/WASCHBUSCH*, Finanzierung (2023), S. 256 ff., *ROLLBERG/OLBRICH*, Finanzierung (2002), S. 45 ff.

284 Vgl. *PERRIDON/STEINER/RATHGEBER*, Finanzwirtschaft (2022), S. 507 f., *WITTE*, Finanzwirtschaft (1988), S. 559 ff., *MATSCHKE*, Finanzierung (1991), S. 246 ff., *BITZ/STARK*, Finanzdienstleistungen (2015), S. 55-57, *ROLLBERG*, Finanzierung (1996), S. 517 f., *MATSCHKE*, Finanzwirtschaft (1997), S. 270-272, *BIEG/KUßMAUL/WASCHBUSCH*, Finanzierung (2023), S. 259 f., *ROLLBERG/OLBRICH*, Finanzierung (2002), S. 46.

285 Vgl. *PERRIDON/STEINER/RATHGEBER*, Finanzwirtschaft (2022), S. 508 ff., *MATSCHKE*, Finanzierung (1991), S. 255 ff., *BITZ/STARK*, Finanzdienstleistungen (2015), S. 63 ff., *ROLLBERG*, Finanzierung (1996), S. 518, *MATSCHKE*, Finanzwirtschaft (1997), S. 272 f., *BIEG/KUßMAUL/WASCHBUSCH*, Finanzierung (2023), S. 260 ff., *ROLLBERG/OLBRICH*, Finanzierung (2002), S. 46 f.

286 Vgl. *PERRIDON/STEINER/RATHGEBER*, Finanzwirtschaft (2022), S. 515 ff., *WITTE*, Finanzwirtschaft (1988), S. 553, *MATSCHKE*, Finanzierung (1991), S. 266 ff., *BITZ/STARK*, Finanzdienstleistungen (2015), S. 57, *ROLLBERG*, Finanzierung (1996), S. 518, *MATSCHKE*, Finanzwirtschaft (1997), S. 273 f., *BIEG/KUßMAUL/WASCHBUSCH*, Finanzierung (2023), S. 266 ff., *ROLLBERG/OLBRICH*, Finanzierung (2002), S. 47.

287 Vgl. *PERRIDON/STEINER/RATHGEBER*, Finanzwirtschaft (2022), S. 517 f., *MATSCHKE*, Finanzierung (1991), S. 270 f., *BITZ/STARK*, Finanzdienstleistungen (2015), S. 31, *ROLLBERG*, Finanzierung (1996), S. 518, *BIEG/KUßMAUL/WASCHBUSCH*, Finanzierung (2023), S. 272, *ROLLBERG/OLBRICH*, Finanzierung (2002), S. 47.

zierungskosten. Der Akzept- und Avalkredit sind die beiden wichtigsten Formen der Kreditleihe.

Beim *Akzeptkredit* erlaubt die Bank ihrem Kunden, einen Wechsel auf sie zu ziehen und diesen nach Belieben zu verwenden.[288] Zum Fälligkeitszeitpunkt muß der Kunde der Bank die Wechselsumme zur Verfügung stellen, damit diese ihre Verpflichtung aus dem Wechsel begleichen kann. Für die Eventualhaftung der Bank bei Zahlungsunfähigkeit des Kunden wird die Akzeptprovision erhoben.

Ähnlich funktioniert der *Avalkredit*, bei dem die Bank für ihren Kunden eine Garantie oder Bürgschaft gegenüber Dritten übernimmt und dafür die Avalprovision erhält.[289] Der Kunde als Avalkreditnehmer gelangt wie beim Akzeptkredit über den Umweg der Kreditleihe zur ursprünglich gewünschten Geldleihe, indem er die Kreditwürdigkeit seiner als Avalkreditgeber auftretenden Bank zur Aufnahme eines Kredits in Form einer Geldleihe nutzt.

Neben den bisher behandelten kurzfristigen Bankdarlehen sind *Handelskredite* unter Geschäftspartnern übliche Möglichkeiten einer kurzfristigen Fremdfinanzierung von außen.[290] Der *Lieferantenkredit* besteht in einer Kaufpreisstundung zwischen Skontofrist (einige Tage) und Zahlungsziel (z.B. zwei oder drei Wochen). Da seine Inanspruchnahme durch den Verzicht auf 2% oder 3% Skonto (Nachlaß auf den Rechnungsbetrag) bezahlt wird und die Kreditlaufzeit nur wenige Tage oder Wochen beträgt, gehört dieser Kredit zu den teuersten überhaupt. Für ihn spricht lediglich die flexible und unkomplizierte Inanspruchnahme. Um den Lieferantenkredit nicht zu benötigen und dafür lieber Skonto ziehen zu können, lohnen sich i.d.R. kurzfristige anderweitige Finanzierungsmaßnahmen (z.B. Überziehungskredit, wenn die Linie noch nicht ausgeschöpft ist). Umgekehrt liegt der Fall der *Kundenanzahlung*, bei der nicht ein Lieferant, sondern ein Warenabnehmer hinsichtlich des Zahlungszeitpunkts scheinbar Großzügigkeit beweist. Indem der Kunde vorzeitig zahlt, gibt er seinem Lieferanten einen Kredit, der z.B. die Fertigung der Ware erst ermöglicht. Zugleich vermindert sich für den Kreditnehmer das Risiko der späteren Nichtabnahme der fertigen Ware oder des Forderungsausfalls, da ein Teil des Preises bereits vereinnahmt wurde. Selbstverständlich ist auch dieses Darlehen i.d.R. nicht zinslos, sondern unter Umständen sogar recht teuer, denn der Kunde wird sich seine Bereitschaft zur Vorauszahlung durch einen spürbaren Preisnachlaß vergüten lassen.

Aufgabe 30: Lieferantenkredit[291]
   a) Erläutern Sie den Lieferantenkredit! Gehen Sie dabei auch auf die sich bei Inanspruchnahme des Zahlungsziels ergebende Zinsbelastung ein!
   b) Der als Geschäftsführer und Lagermeister einer Autoverwertung agierende Peter erhält am 03.02.2025 eine Rechnung seines Lieferanten mit folgenden Angaben: Der Rechnungsbetrag lautet auf 75.000 €. Der Lieferant räumt ein Zahlungsziel von 21 Tagen ab Rechnungsdatum ein. Bei Zahlung innerhalb von sieben Tagen ab Rechnungsdatum wird ein Skonto in Höhe von 3% auf den Rechnungsbetrag gewährt. Nach Meinung seiner Brüder Uwe, Manfred und Günter sollte Peter den Lieferantenkredit vollständig

---

288 Vgl. *PERRIDON/STEINER/RATHGEBER*, Finanzwirtschaft (2022), S. 518 f., *MATSCHKE*, Finanzierung (1991), S. 273 ff., *BITZ/STARK*, Finanzdienstleistungen (2015), S. 76, 362 f., *ROLLBERG*, Finanzierung (1996), S. 518 f., *BIEG/KUßMAUL/WASCHBUSCH*, Finanzierung (2023), S. 272 f., *ROLLBERG/OLBRICH*, Finanzierung (2002), S. 47.
289 Vgl. *PERRIDON/STEINER/RATHGEBER*, Finanzwirtschaft (2022), S. 518-520, *MATSCHKE*, Finanzierung (1991), S. 271 ff., *BITZ/STARK*, Finanzdienstleistungen (2015), S. 76, 361 f., *ROLLBERG*, Finanzierung (1996), S. 519, *BIEG/KUßMAUL/WASCHBUSCH*, Finanzierung (2023), S. 273 f., *ROLLBERG/OLBRICH*, Finanzierung (2002), S. 47.
290 Vgl., auch im folgenden, *PERRIDON/STEINER/RATHGEBER*, Finanzwirtschaft (2022), S. 505 ff., *WITTE*, Finanzwirtschaft (1988), S. 554 f., *MATSCHKE*, Finanzierung (1991), S. 221 ff., *ROLLBERG*, Finanzierung (1996), S. 519 f., *MATSCHKE*, Finanzwirtschaft (1997), S. 268 ff., *BIEG/KUßMAUL/WASCHBUSCH*, Finanzierung (2023), S. 257 ff., *ROLLBERG/OLBRICH*, Finanzierung (2002), S. 48 f.
291 Vgl. für zusätzliche Übungsaufgaben *HERING/TOLL*, BWL-Klausuren (2022), S. 236-240, *SCHNEIDER*, Investition (1992), S. 93 f., *PERRIDON/STEINER/RATHGEBER*, Finanzwirtschaft (2022), S. 506, *BITZ/EWERT*, Übungen (2014), S. 58, *MATSCHKE*, Finanzierung (1991), S. 229-234, *SCHWINN*, Betriebswirtschaftslehre (1996), S. 959 f., *ROLLBERG*, Finanzierung (1996), S. 520, *MATSCHKE*, Finanzwirtschaft (1997), S. 269, *THOMMEN et al.*, Arbeitsbuch (2022), S. 113, *STEVEN/KISTNER*, Übungsbuch (2000), S. 197 f., *ROLLBERG/OLBRICH*, Finanzierung (2002), S. 49, *TERSTEGE/EWERT*, Finanzierung (2018), S. 151 f., 181-184, *BURCHERT/SCHNEIDER/VORFELD*, Finanzierung (2024), S. 37-40, *AMELY/KRICKHAHN*, BWL (2021), S. 167 f., *AMELY*, Formeln (2024), S. 90.

in Anspruch nehmen, da 3% ja nicht viel sei. Obgleich Peter als Meister des „Haufen-prinzips" bekannt ist, fällt ihm die Entscheidung sichtlich schwer, weshalb er Sie um Rat bittet. Bestimmen Sie den sich auf den tatsächlichen Kreditbetrag vor Skonto bezie-henden äquivalenten Jahreszins i_T, und geben Sie Peter eine Handlungsempfehlung!

Eine zusätzliche Übungsaufgabe finden Sie hier:

https://www.degruyterbrill.com/publication/isbn/9783119145305/downloadAsset/9783119145305_Aufgabe13.pdf

3.1.2.3 Innenfinanzierung

Selbstfinanzierung ist die Kapitalbeschaffung aus Gewinneinbehaltung (Thesaurierung), also Innenfinanzierung mit Eigenkapital. Sie kann in offener oder stiller Form erfolgen.[292]

Die *offene Selbstfinanzierung* setzt an dem im Rahmen des Jahresabschlusses (vgl. zum Jahresabschluß Unterabschnitt 3.2.3.3) ermittelten Jahresüberschuß (Gewinn) nach Steuern an, welcher zu Finanzierungszwecken einbehalten und dem dauerhaft verfügbaren Eigenkapital auf der Passivseite der Bilanz zugeführt werden kann.[293] Bei Einzelunternehmen und Personenge-sellschaften wächst mit der Gewinnzuführung bzw. der Nichtentnahme das Kapitalkonto, wäh-rend bei Kapitalgesellschaften die bilanziellen *Rücklagen* in dem Ausmaß ansteigen, in dem der Gewinn nicht ausgeschüttet wird. Die offene Selbstfinanzierung beläßt das durch den Gewinn nach Steuern ausgedrückte, im Geschäftsjahr erwirtschaftete zusätzliche Eigenkapital im Unternehmen, was über die Erhöhung der Eigenkapitalquote auch positive Auswirkungen auf die Kreditwürdigkeit des Unternehmens zeitigt. Sie bewirkt aber ebenfalls, daß den Anteils-eignern entsprechend niedrigere Entnahmen bzw. Dividenden zufließen. Sollte die Konsument-nahmezielsetzung der Eigentümer also sehr hohe Ausschüttungen vorsehen (vgl. Unterab-schnitt 3.1.1.1), wird die Selbstfinanzierungskraft der Unternehmung insoweit beschnitten. Auch wenn der Gewinn während oder nach Ende des Geschäftsjahres entnommen werden sollte und insofern letztlich nicht für die offene Selbstfinanzierung zur Verfügung steht, kann doch zumindest bis zur Ausschüttung über die laufenden Umsatzeinzahlungen und andere einzah-lungswirksame Erträge disponiert werden, so daß immerhin ein vorübergehender Selbstfinan-zierungseffekt gegeben ist.

Die *stille Selbstfinanzierung* entsteht bei der Gewinnermittlung durch Einbehaltung nicht offen ausgewiesenen Gewinns, weshalb diese Form der verdeckten Gewinnthesaurierung auch nicht aus den in der Bilanz gezeigten Rücklagen ersichtlich ist.[294] Dabei wird der tatsächlich erwirtschaftete Gewinn durch bilanzpolitische Maßnahmen, die von einer gezielten Unter-bewertung der Aktiva (etwa durch überhöhte Abschreibungen) bis zur absichtlichen Über-bewertung der Passiva (z.B. durch den zu großzügigen Ansatz von Rückstellungen) reichen, verringert, wodurch sog. *stille Reserven* entstehen. Diese führen erst im Falle ihrer späteren

---

292 Vgl. zur Selbstfinanzierung PERRIDON/STEINER/RATHGEBER, Finanzwirtschaft (2022), S. 556 ff., WÖHE/DÖRING/BRÖSEL, Einführung (2023), S. 585 ff., SCHIERENBECK/WÖHLE, Grundzüge (2016), S. 539 f., WITTE, Finanzwirtschaft (1988), S. 576 ff., MATSCHKE, Finanzierung (1991), S. 118 ff., SCHWINN, Betriebswirtschaftslehre (1996), S. 969 ff., KISTNER/STEVEN, Grundstudium (2002), S. 433 ff., ROLLBERG, Finanzierung (1996), S. 529 f., MATSCHKE, Finanzwirtschaft (1997), S. 284, BIEG/KUSSMAUL/WASCHBUSCH, Finanzierung (2023), S. 466 ff., ROLL-BERG/OLBRICH, Finanzierung (2002), S. 61 f., HIRTH, Finanzierung (2017), S. 164 f.
293 Vgl., auch im folgenden, SCHNEIDER, Investition (1992), S. 58, PERRIDON/STEINER/RATHGEBER, Finanzwirt-schaft (2022), S. 556 ff., WITTE, Finanzwirtschaft (1988), S. 577 f., MATSCHKE, Finanzierung (1991), S. 120 f., ROLLBERG, Finanzierung (1996), S. 529 f., MATSCHKE, Finanzwirtschaft (1997), S. 284, BIEG/KUSSMAUL/WASCH-BUSCH, Finanzierung (2023), S. 469 f., ROLLBERG/OLBRICH, Finanzierung (2002), S. 61 f.
294 Vgl., auch im folgenden, SCHNEIDER, Investition (1992), S. 58 f., PERRIDON/STEINER/RATHGEBER, Finanzwirt-schaft (2022), S. 558 ff., WITTE, Finanzwirtschaft (1988), S. 578, MATSCHKE, Finanzierung (1991), S. 128 ff., ROLL-BERG, Finanzierung (1996), S. 530, MATSCHKE, Finanzwirtschaft (1997), S. 284, BIEG/KUSSMAUL/WASCHBUSCH, Finanzierung (2023), S. 467 f., ROLLBERG/OLBRICH, Finanzierung (2002), S. 62.

Auflösung zu Ertragsteuerzahlungen, beispielsweise auf einen mit dem Verkauf bilanziell unterbewerteter Vermögensgegenstände verbundenen Veräußerungsgewinn. Durch den anfänglich zu niedrigen Gewinnausweis der stillen Selbstfinanzierung ergibt sich ein für das Unternehmen günstiger *zinsloser Steuerstundungseffekt.* Voraussetzung dafür ist natürlich, daß das Unternehmen ohne die stille Selbstfinanzierung überhaupt Ertragsteuern zu zahlen gehabt hätte. Wenn aufgrund von Verlusten keine Steuern zu zahlen sind und durch buchtechnische Verlustmehrung auch keine zusätzlichen Steuerrückerstattungen bewirkt werden können, haben bilanzpolitische Gewinnminderungen keinen Finanzierungseffekt.

Finanzierung aus Abschreibungen und Rückstellungen ist ein Oberbegriff für den Gegenwert bedeutender zahlungsunwirksamer Aufwandspositionen, welcher definitionsgemäß nicht zur Selbstfinanzierung zählt, dem Betrieb aber gleichwohl zahlungswirksam zugeflossen ist.[295] Dabei versteht man unter Abschreibungen den rechnerischen Ausdruck für die Wertminderung eines Vermögensgegenstandes, wobei im Mittelpunkt Vermögensgegenstände des Anlagevermögens (z.B. Gebäude, maschinelle Anlagen, Fahrzeuge) mit einer mehrjährigen Nutzungsdauer stehen (vgl. Unterabschnitt 3.2.2.2). Rückstellungen werden gebildet, um künftige am Bilanzstichtag dem Grunde und/oder ihrer Höhe nach ungewisse Auszahlungs-/Leistungsverpflichtungen aufgrund eines Werteverzehrs, dessen Ursache (tatsächlich oder berechtigt vermutet) in der Abrechnungsperiode liegt, in dieser Verursachungsperiode schon als Aufwand zu erfassen (vgl. Unterabschnitt 3.2.3.3).

Ein Finanzierungseffekt aus der Verrechnung von Abschreibungen und Rückstellungen ergibt sich nur dann, wenn die nicht auszahlungswirksamen Aufwandsgegenwerte über die Absatzerfolge am Markt „verdient" worden sind, d.h., wenn über den Umsatzprozeß genügend liquide Mittel in die Unternehmung geflossen sind und die Aufwandsbuchung der Abschreibung oder Rückstellung verhindert, daß liquide Mittel in dieser Höhe versteuert oder ausgeschüttet werden müssen (wenn das Unternehmen bereits in der Verlustzone ist, hat es unter Umständen finanziell nichts von weiteren zahlungsunwirksamen Verlusterhöhungen). Sollte diese Voraussetzung erfüllt sein, führt die Verrechnung nicht zahlungswirksamer Aufwendungen zu einer buchmäßigen Gewinnminderung, die dann mögliche Ansprüche von Fiskus (Gewinnsteuern) und Eignern an das Unternehmen reduziert und die Aufwandsgegenwerte in annahmegemäß liquider Form an das Unternehmen bindet, wodurch die Liquidität geschont wird. Zeitlich hängt die Finanzierungswirkung verdienter Abschreibungs- und Rückstellungsgegenwerte davon ab, wie lange es dauert, bis Ersatzinvestitionen vorzunehmen sind, oder wann es zu Auszahlungs-/Leistungsverpflichtungen aus den Rückstellungen kommt, denn bis zu diesen Zeitpunkten stehen die aufgelaufenen nicht zahlungswirksamen Aufwandsgegenwerte grundsätzlich zur freien Disposition.

Aufgabe 31: Finanzierung aus Abschreibungen und Rückstellungen[296]
Betrachtet seien folgende Daten der Usdau AG: Neben einzahlungswirksamen Umsatzerlösen von 15.000 € gibt es auszahlungswirksame Produktions-, Verwaltungs- und Vertriebsaufwendungen in Höhe von 4.000 €. Die Abschreibungen aufgrund der Wertminderung des Anlagevermögens belaufen sich auf 3.000 €, und die als Personalaufwand zu verbuchenden Zuführungen zu den Pensionsrückstellungen betragen 2.000 €. Beschreiben Sie die buchhalterische Verrechnung der Abschreibungen und Rückstellungen, und ermitteln Sie den Gewinn nach Steuern sowie den Innenfinanzierungsüberschuß (indirekte und direkte Berechnung)! Nehmen Sie hierzu einen Gewinnsteuersatz in Höhe von 50% an!

---

295 HERING, Investition und Finanzierung (2008), S. 685. Vgl. zur Finanzierung aus Abschreibungen und Rückstellungen ebenda, S. 685-688 sowie PERRIDON/STEINER/RATHGEBER, Finanzwirtschaft (2022), S. 562 ff., WÖHE/DÖRING/BRÖSEL, Einführung (2023), S. 588 ff., SCHIERENBECK/WÖHLE, Grundzüge (2016), S. 540 ff., WITTE, Finanzwirtschaft (1988), S. 579 f., MATSCHKE, Finanzierung (1991), S. 139 ff., SCHWINN, Betriebswirtschaftslehre (1996), S. 973 ff., KISTNER/STEVEN, Grundstudium (2002), S. 402 ff., ROLLBERG, Finanzierung (1996), S. 530 ff., MATSCHKE, Finanzwirtschaft (1997), S. 284 f., BIEG/KUßMAUL/WASCHBUSCH, Finanzierung (2023), S. 472 ff., ROLLBERG/OLBRICH, Finanzierung (2002), S. 63 ff., HIRTH, Finanzierung (2017), S. 165-167.
296 Vgl. für zusätzliche Übungsaufgaben HERING/TOLL, BWL-Klausuren (2022), S. 243-246, HERING, Investition und Finanzierung (2008), S. 685 f.

Eine zusätzliche Übungsaufgabe finden Sie hier:

https://www.degruyterbrill.com/publication/isbn/9783119145305/downloadAsset/9783119145305_Aufgabe14.pdf

Der beschriebene Finanzierungseffekt aus der Verrechnung von Abschreibungen kann bei einem gegebenen, bereits finanzierten Anlagenbestand entweder als *Kapitalfreisetzungseffekt* oder als *Kapazitätserweiterungseffekt* interpretiert werden.[297] Im Rahmen des Kapitalfreiset-zungseffekts wird das im Anlagevermögen gebundene Kapital über Abschreibungsgegenwerte in frei verfügbares Kapital umgewandelt. Diese sukzessive „Devestition" (als Umkehrung der ursprünglichen Investition) zeigt sich in der Bilanz als Vermögensumschichtung, wobei das Anlagevermögen sinkt, während das Umlaufvermögen in Gestalt von Zahlungsmitteln zunimmt. Das durch diesen Kapitalfreisetzungseffekt während der Nutzungsdauer der Betriebs-mittel freigewordene Kapital (sog. „verdiente Abschreibungsgegenwerte") kann in der Unter-nehmung bis zur evtl. erforderlichen Wiederbeschaffung bzw. Ersatzbeschaffung der abge-schriebenen Maschinen zur Finanzierung beliebiger anderer Vorhaben verwendet werden. Nutzt man hingegen die zur Ersatzinvestition noch nicht erforderlichen finanziellen Mittel dazu, jeweils so bald wie möglich zusätzliche gleichartige Maschinen zu erwerben, so erhöht sich die Anzahl funktionsgleicher Betriebsmittel und damit gleichzeitig auf Dauer die pro Periode ver-fügbare Fertigungskapazität (Kapazitätserweiterungseffekt oder *LOHMANN-RUCHTI-Effekt*).

Das folgende *Beispiel* soll die bislang abstrakt gehaltenen Erläuterungen konkretisieren, wobei davon ausgegangen wird, daß die Abschreibungen jährlich am Periodenende erfolgen und nur „ganze" Anlagen beschafft werden können. Angenommen, ein Unternehmen beschafft in drei aufeinanderfolgenden Jahren je eine Maschine im Wert von 120.000 €, wobei jede dieser Maschinen eine Nutzungsdauer von drei Jahren aufweist. Daneben soll gelten, daß jede Maschine linear abzuschreiben und am Ende ihrer Nutzungsdauer durch eine identische Maschine zu ersetzen ist.[298] Die Finanzierung des Kapazitätsaufbaus sei durch den Aufwands-gegenwerten mindestens entsprechende Umsatzerlöse gewährleistet. Von Zinsen, Restver-kaufserlösen und Verschrottungskosten am Ende der Nutzungsdauer wird abstrahiert.

Aufgrund der Datensituation ergibt sich die in Tabelle 24 berechnete dauerhafte *Kapitalfrei-setzung* von 120.000 € pro Jahr (33,33% der anfänglichen Investition). Diese freigesetzten finanziellen Mittel stehen langfristig für beliebige Finanzierungszwecke bzw. Investitionsvor-haben zur Verfügung. Bereits am Ende des zweiten Jahres sind liquide Mittel in Höhe von 120.000 € aufgelaufen, die dem Maschinenpark dauerhaft entzogen und anderen Verwendun-gen zugeführt werden können, ohne die Kapazität von drei Maschinen zu mindern.

---

297 Vgl., auch im folgenden, *PERRIDON/STEINER/RATHGEBER*, Finanzwirtschaft (2022), S. 563 ff., *WITTE*, Finanz-wirtschaft (1988), S. 579 f., *MATSCHKE*, Finanzierung (1991), S. 145 ff., *ROLLBERG*, Finanzierung (1996), S. 531 ff., *BIEG/KUßMAUL/WASCHBUSCH*, Finanzierung (2023), S. 491 ff., *ROLLBERG/OLBRICH*, Finanzierung (2002), S. 64 ff.
298 Die Jahresabschreibung ergibt sich bei der linearen Zeitabschreibung als Quotient von Abschreibungsbetrag (Anschaffungskosten – Restverkaufserlös) und Nutzungsdauer. Für das Beispiel beträgt die Jahresabschreibung mithin 120.000/3 = 40.000 €.

Tab. 24: Kapitalfreisetzungseffekt (Angaben in Zehntausend)

	Kapazitätsaufbau				Reinvestitionsphase			
Ende des Jahres (t)	0	1	2	3	4	5	6	usw.
Abschreibung Maschine 1		4	4	4				
Abschreibung Maschine 2			4	4	4			
Abschreibung Maschine 3				4	4	4		
Abschreibung Maschine 4 (Ersatz 1)					4	4	4	
Abschreibung Maschine 5 (Ersatz 2)						4	4	usw.
Abschreibung Maschine 6 (Ersatz 3)							4	usw.
usw.								usw.
Gesamte Jahresabschreibung	0	4	8	12	12	12	12	usw.
Aufgelaufene liquide Mittel	0	4	12	24	24	24	24	usw.
Ersatzinvestitionen	–	–	–	12	12	12	12	
Kapitalfreisetzung	0	4	12	12	12	12	12	usw.
Anzahl an Maschinen	1	2	3	3	3	3	3	usw.

Sollen nun die über den Kapitalfreisetzungseffekt bereitgestellten liquiden Mittel möglichst sofort wieder zur Beschaffung zusätzlicher gleichartiger Betriebsmittel eingesetzt werden, dann erhöht sich deren Anzahl und damit die mit ihnen langfristig erreichbare Periodenkapazität (vgl. Tabelle 25). Da bereits am Ende des zweiten Jahres liquide Mittel in Höhe von 120.000 € aufgelaufen sind, ergibt sich durch den Zukauf der vierten Maschine eine dauerhafte Erhöhung der Maschinenanzahl und der Periodenkapazität (*Kapazitätserweiterung*). Darüber hinaus können die sich zwischenzeitlich aufgrund von Unteilbarkeiten der Maschinen einer Kapazitätserweiterung entziehenden zusätzlich frei werdenden finanziellen Mittel bis zur erforderlichen Wiederbeschaffung der abgeschriebenen Anlagegüter (Ersatzinvestitionen) in der Unternehmung zur Finanzierung beliebiger Investitionsprojekte verwendet werden.

Tab. 25: Kapazitätserweiterungseffekt (Angaben in Zehntausend)

	Kapazitätsaufbau				Reinvestitionsphase			
Ende des Jahres (t)	0	1	2	3	4	5	6	usw.
Abschreibung Maschine 1		4	4	4				
Abschreibung Maschine 2			4	4	4			
Abschreibung Maschine 3				4	4	4		
Abschreibung Maschine 4 (Zusatz)				4	4	4		
Abschreibung Maschine 5 (Ersatz 1)					4	4	4	
Abschreibung Maschine 6 (Ersatz 2)						4	4	usw.
Abschreibung Maschine 7 (Ersatz 3)							4	usw.
Abschreibung Maschine 8 (Ersatz 4)							4	usw.
usw.								usw.
Gesamte Jahresabschreibung	0	4	8	16	16	16	16	usw.
Aufgelaufene liquide Mittel	0	4	12	16	20	24	16	usw.
Ersatzinvestitionen	–	–	–	12	12	24	12	
Investition	–	–	12	–	–	–	–	usw.
Kapitalfreisetzung	0	4	0	4	8	0	4	usw.
Anzahl an Maschinen	1	2	4	4	4	4	4	usw.

Aufgabe 32: Kapitalfreisetzungs- und Kapazitätserweiterungseffekt[299]
Angenommen, ein Unternehmen beschafft in vier aufeinanderfolgenden Jahren je eine Maschine im Wert von 12.000 €, wobei jede dieser Maschinen eine Nutzungsdauer von vier Jahren aufweist. Daneben soll gelten, daß jede Maschine linear abzuschreiben und am Ende ihrer Nutzungsdauer durch eine identische Maschine zu ersetzen ist. Die Finanzierung des Kapazitätsaufbaus sei durch den Aufwandsgegenwerten mindestens entsprechende Umsatzerlöse gewährleistet. Von Zinsen, Restverkaufserlösen und Verschrottungskosten am Ende der Nutzungsdauer wird abstrahiert. Bestimmen Sie die Höhe der über den Kapitalfreisetzungseffekt bereitgestellten finanziellen Mittel und die über den Kapazitätserweiterungseffekt langfristig erreichbare Anzahl funktionsgleicher Maschinen! Unterstellen Sie hierzu, daß die Abschreibungen jährlich am Jahresende erfolgen und nur „ganze" Anlagen beschafft werden können!

Die „Finanzierung aus Abschreibungen" kann gemäß dem gerade skizzierten Kapitalfreisetzungseffekt als laufende Umschichtung von Anlagevermögen in liquides Vermögen gedeutet werden, welche sich über den Umsatzprozeß vollzieht. Zusätzlich zu diesen Umsatzeinzahlungen, die in dem durch Abschreibungsbuchungen abgesteckten Ausmaß definitionsgemäß zur Selbstfinanzierung zählen, steht es dem Unternehmen frei, gezielt *Vermögensumschichtungen* per Aktivtausch vorzunehmen und dadurch weiteres in Sach- und Finanzgütern gebundenes Kapital freizusetzen, beispielsweise durch Forderungsverkauf (sog. „echtes Factoring").[300] Zur Verflüssigung eignet sich natürlich besonders das nicht betriebsnotwendige Vermögen, zumal dann, wenn durch Ausnutzung der Marktlage ein „guter Preis" erzielt werden kann. Nicht betriebsnotwendig sind beispielsweise überhöhte Vorratsbestände, überdimensionierte Wertpapierportefeuilles oder ungenutzte Liegenschaften. Aber auch betriebsnotwendiges Vermögen läßt sich veräußern und über Miete, Pacht, Kaufmiete („Leasing") oder Erbbaurecht trotzdem weiterhin betrieblich nutzen. Rationalisierungsmaßnahmen im Produktionsbereich (z.B. Senkung der Lagerbestände) können ebenfalls einen Kapitalfreisetzungseffekt aufweisen, wobei die Grenzen zur Selbstfinanzierung fließend sind. Zur Finanzierung aus Vermögensumschichtung zählen nur die erfolgsneutralen Bestandteile der Ausbuchung des verkauften Vermögensgegenstandes („Aktivtausch"); Veräußerungsgewinne sind schon in der Selbstfinanzierung erfaßt und Veräußerungsverluste sowohl in der Selbstfinanzierung als auch in der „Finanzierung aus Abschreibungen" (der den Verkaufspreis übersteigende Teil des Buchwerts ist als Veräußerungsverlust abzuschreiben).

299 Vgl. für zusätzliche Übungsaufgaben HERING/TOLL, BWL-Klausuren (2022), S. 243-250, PERRIDON/STEINER/RATHGEBER, Finanzwirtschaft (2022), S. 563-566, WÖHE/DÖRING/BRÖSEL, Einführung (2023), S. 592 f., SCHIERENBECK/WÖHLE, Grundzüge (2016), S. 541 f., SCHIERENBECK/WÖHLE, Übungsbuch (2011), S. 157, MATSCHKE, Finanzierung (1991), S. 147-152, THOMMEN et al., Betriebswirtschaftslehre (2023), S. 371-373, SCHWINN, Betriebswirtschaftslehre (1996), S. 978 ff., KISTNER/STEVEN, Grundstudium (2002), S. 437 f., JUNG, Betriebswirtschaftslehre (2016), S. 790, ROLLBERG, Finanzierung (1996), S. 532-534, THOMMEN et al., Arbeitsbuch (2022), S. 112 f., BIEG/KUßMAUL/WASCHBUSCH, Finanzierung (2023), S. 497-501, ROLLBERG/OLBRICH, Finanzierung (2002), S. 64-67, BIEG/KUßMAUL/WASCHBUSCH, Übungen (2024), S. 200-206, BURCHERT/SCHNEIDER/VORFELD, Finanzierung (2024), S. 54-57.
300 Vgl. zur Finanzierung aus Vermögensumschichtung PERRIDON/STEINER/RATHGEBER, Finanzwirtschaft (2022), S. 569, WÖHE/DÖRING/BRÖSEL, Einführung (2023), S. 593 ff., SCHIERENBECK/WÖHLE, Grundzüge (2016), S. 544, WITTE, Finanzwirtschaft (1988), S. 580, MATSCHKE, Finanzierung (1991), S. 169 ff., ROLLBERG, Finanzierung (1996), S. 534, MATSCHKE, Finanzwirtschaft (1997), S. 285, BIEG/KUßMAUL/WASCHBUSCH, Finanzierung (2023), S. 489 ff., ROLLBERG/OLBRICH, Finanzierung (2002), S. 67 f.

3.2 Internes und externes Rechnungswesen

3.2.1 Grundbegriffe des Rechnungswesens[301]

3.2.1.1 Der Zweck bestimmt die Rechnung

Im Unterkapitel 1.3 wurde bereits darauf hingewiesen (vgl. Abbildung 1), daß die finanzwirtschaftlichen Abläufe des Unternehmens nicht allein durch eine rein zahlungsstromorientierte Betrachtung der mit den Investitionsobjekten und Finanzierungsinstrumenten verbundenen Geldflüsse abgebildet werden können (*Finanzprozeß im engeren Sinne*: Investition und Finanzierung, vgl. Unterkapitel 3.1), sondern daneben auch durch ein umfassendes monetäres Informationssystem namens *Rechnungswesen*. Wie der Name bereits ausdrückt, geht es dabei um das Spiegelbild des gesamten Unternehmensgeschehens in einem geordneten Rechenwerk, welches in der Dimension von finanziellen Größen geführt wird. Die finanziellen Größen des Rechnungswesens können je nach Verwendungszweck der Rechnung mehr oder weniger stark von den reinen Ein- und Auszahlungsströmen, wie sie z.B. in der Investitionsrechnung entscheidungsrelevant sind, abweichen. Somit bildet das Rechnungswesen den betrieblichen *Finanzprozeß im weiteren Sinne* ab.

Gemäß einem Eugen Schmalenbach zugeschriebenen geflügelten Wort bestimmt der Zweck die Rechnung. Im Abschnitt 3.1.1 haben Sie bereits gelernt, daß man Investitions- oder Wirtschaftlichkeitsrechnungen auf der Basis von Zahlungsgrößen anwenden muß, wenn der *Zweck der Rechnung* in der optimalen betriebswirtschaftlichen Entscheidungsfindung für mehrjährige Planungszeiträume liegt. Optimal ist eine jeweils betrachtete Entscheidung dann, wenn sie das Vermögens- oder Einkommensmaximierungsziel der Eigentümer unter den gegebenen Nebenbedingungen bestmöglich erfüllt (siehe auch erneut Unterkapitel 1.1). Schon im Kapitel 2 haben Sie kennengelernt, daß für kurzfristiger orientierte betriebliche Entscheidungsrechnungen (etwa auf Tages-, Wochen- oder Monatsbasis) auch einfachere Rechengrößen wie Gewinn und Deckungsbeitrag sowie Erlöse und „Kosten" eingesetzt werden, z.B. in der Bestellpolitik, der Produktionsprogrammplanung oder der Preispolitik. Im folgenden lernen Sie, welche Rechengrößen für welche Zwecke benötigt werden und wie ein zweckadäquat ausdifferenziertes Rechnungswesen funktioniert.

Während das interne Rechnungswesen völlig frei gestaltbar ist und kein Betrieb gezwungen werden kann, überhaupt eines zu führen, ist das externe Rechnungswesen aufgrund gesetzlicher Vorschriften für Kaufleute obligatorisch.

Im internen Rechnungswesen dominieren die folgenden *Zwecke*:

1. *Dokumentation*: Festhalten der im Betrieb tatsächlich entstandenen Istgrößen (Mengen, Preise).
2. *Wirtschaftlichkeitskontrolle*: Vergleich der Istgrößen mit den geplanten Sollgrößen (hilfsweise auch Vergleiche von Istgrößen im Zeitablauf oder von Istgrößen ähnlicher Betriebe).
3. *Entscheidungsunterstützung*: Vorbereitung optimaler Entscheidungen durch zukunftsorientierte Kalkulation von Plangrößen.

Leitmotiv des internen Rechnungswesens ist die *Entscheidungsrelevanz* der Daten, für Kontrollzwecke auch die *Vergleichbarkeit*.

Im externen Rechnungswesen dominieren die *Zwecke*:

1. *Dokumentation*: Nach gesetzlichen Vorschriften, insbes. Handelsgesetzbuch (HGB) und Aktiengesetz (AktG).
2. *Rechenschaft*: Information verschiedener, oftmals außenstehender Adressaten, z.B. Eigentümer und Mitarbeiter, Gläubiger, Lieferanten und Kunden, breite Öffentlichkeit und potentielle Geschäftspartner.
3. *Kapitalerhaltung*: Vorsichtige Gewinnermittlung zur Bemessung von Ausschüttungsbegrenzungen im Interesse des Erhalts der Unternehmenssubstanz.

---

301 *HERING*, Grundbegriffe (2018), S. 3-13.

Leitmotiv des externen Rechnungswesens nach HGB ist der *Gläubigerschutz*; die über das EU-Recht zunehmend vordringende „internationale" Rechnungslegung rückt demgegenüber das Informationsinteresse der Eigenkapitalgeber (z.B. Aktionäre einer börsennotierten AG) in den Vordergrund.

In enger Beziehung zum (insbesondere internen, aber auch externen) Rechnungswesen steht der schillernde Begriff des Controllings, so daß oft in einem Atemzug von „Rechnungswesen und Controlling" gesprochen wird. *Controlling* bezeichnet eine Stabsfunktion und Führungsunterstützung durch Informationsbeschaffung und Koordination. Neben der Berichterstattung an die Führungsinstanzen übernimmt der Controller die Versorgung der verantwortlichen Entscheidungsträger mit Planungshilfsmitteln und Daten sowie die zielsetzungsgerechte Abstimmung von Prozessen (Planung, Realisation, Kontrolle) in Organisationsstrukturen (Funktionsbereichen oder Divisionen).

3.2.1.2 Zahlungs- und Erfolgsgrößen

Zahlungsmittel sind Kassenbestände und täglich fällige Bankguthaben. Eine Erhöhung des Zahlungsmittelbestands heißt *Einzahlung*, eine Verminderung *Auszahlung*. Wenn das Vorzeichen der Bestandsveränderung unwichtig ist, spricht man einfach vom *Zahlungsüberschuß*. Ein positiver Zahlungsüberschuß ist demnach eine Einzahlung (oder die Differenz aus Einzahlungen und Auszahlungen, wobei erstere größer sind als letztere), und ein negativer Zahlungsüberschuß resultiert daraus, daß zum Betrachtungszeitpunkt die Auszahlungen größer sind als die Einzahlungen. Beispielsweise bestehen die Zahlungsströme (Zahlungsreihen) der Investitionstheorie aus Zahlungsüberschüssen auf einer zeitlichen Achse (vgl. Unterabschnitt 3.1.1.2).

Erhöht man den Zahlungsmittelbestand um die Forderungen (rechtliche Zahlungsansprüche an Dritte) und vermindert ihn um die Verbindlichkeiten (Schulden), so gelangt man zum *Geldvermögen* des Unternehmens. Eine Erhöhung dieser Bestandsgröße heißt *Einnahme*, eine Verminderung *Ausgabe*. Die Tilgung eines Kredits durch Überweisung vom Bankkonto bedeutet daher eine Auszahlung, aber keine Ausgabe, da das Geldvermögen unverändert bleibt: Den Zahlungsmittelabgang (Auszahlung) kompensiert eine genau gleich hohe Reduktion der Verbindlichkeiten.

Aufgabe 33: Auszahlungen und Ausgaben
Nennen Sie Beispiele für eine Ausgabe, die keine Auszahlung ist, sowie für eine Ausgabe, die zugleich Auszahlung ist!

Wird schließlich das Geldvermögen um das Sachvermögen erhöht, so gelangen wir zur dritten Bestandsgröße, dem *Reinvermögen*. Im externen Rechnungswesen führen *Erträge* zu Erhöhungen des Reinvermögens und *Aufwendungen* zu Verminderungen des Reinvermögens. Die Differenz von Erträgen und Aufwendungen ist der (in der sog. Gewinn- und Verlustrechnung ermittelte) *Gewinn*. Im internen Rechnungswesen nennen wir den Gewinn *Betriebsergebnis* (Betriebsgewinn, Betriebserfolg) sowie betriebsbedingte Zunahmen des Reinvermögens *Leistungen* (neuerdings oft: Erlöse) und betriebsbedingte Abnahmen des Reinvermögens *Kosten*. Ein negativer Gewinn heißt *Verlust*, ein negatives Betriebsergebnis *Betriebsverlust*.

Einzahlungen und Auszahlungen sind *Zahlungsgrößen*, denn sie verändern den Zahlungsmittelbestand. Aufwendungen, Erträge, Leistungen und Kosten heißen dagegen *Erfolgsgrößen*, weil sie Einfluß auf die Höhe des Gewinns oder Betriebserfolgs nehmen. Wie das obige Beispiel der Kredittilgung durch Überweisung vom Bankkonto zeigt, gibt es Vorgänge, die durchaus den Zahlungsmittelbestand mindern, aber nicht den Gewinn. Sowohl Geld- als auch Reinvermögen bleiben durch die Kredittilgung gleich. Auch der Kauf einer Maschine ändert das Reinvermögen nicht, weil er zwar das Geldvermögen senkt, aber das Sachvermögen in gleicher Höhe mehrt. Solche Vorgänge, die zu keinem (Betriebs-)Gewinn oder (Betriebs-)Verlust führen, heißen *erfolgsneutral*. Typische Beispiele für *erfolgswirksame* Ein- oder Auszahlungen sind Zinszahlungen; sie verändern sowohl den Zahlungsmittelbestand als auch das Reinvermögen. Umsatzeinzahlungen aus dem Verkauf von Fertigerzeugnissen am Markt sind zugleich Erträge (Umsatzerlöse).

Aufgabe 34: Nicht zahlungswirksame Erfolge
Nennen Sie ein Beispiel für einen Vorgang, der erfolgswirksam, aber nicht zahlungswirksam ist!

Warum wird zwischen Zahlungs- und Erfolgsgrößen unterschieden? Dafür ist der Betrachtungszeitraum entscheidend, denn „der Zweck bestimmt die Rechnung" (siehe oben).

a) *Langfristige Planung*: Bei Betrachtung der totalen Lebensdauer eines Objekts (sei es eine Investition oder das ganze Unternehmen) interessieren letztlich ausschließlich die Zahlungsgrößen, denn nur Einzahlungsüberschüsse ermöglichen der Unternehmensleitung das Führen der Geschäfte sowie im Ausschüttungsfalle den Eigentümern Konsum gemäß ihrem Einkommens- oder Vermögensziel. Erträge und Aufwendungen, die nicht in gleicher Höhe zahlungswirksam sind, besitzen diesen unmittelbaren Bezug zur mehrperiodigen Zielsetzung des Unternehmens, Zahlungsmittel für beliebige Verwendungen zu erwirtschaften, nicht.

b) *Kurzfristige Planung*: Sofern der Planungshorizont nur Teile der Lebensdauer des betrachteten Objekts umfaßt, entsteht das Bedürfnis nach zeitlicher und sachlicher Abgrenzung des Erfolgs. Oftmals interessiert der Erfolgsbeitrag einer Teilperiode (z.B. Gewinn des Geschäftsjahrs, Betriebsergebnis des Monats) oder eines bestimmten Produktes in einer bestimmten Periode, um Fehlentwicklungen frühzeitig begegnen zu können.

Beispiel: Will man etwa die Wirtschaftlichkeit einer Anlage im Monatsvergleich beurteilen, wäre das Bild verzerrt, wenn die einmal im Jahr anfallende Auszahlung für die Wartung nur dem betreffenden Monat angelastet würde, statt die Wartungskosten im Interesse der Vergleichbarkeit zu periodisieren, also auf alle Monate gleichmäßig zu verteilen. Während über die gesamte Lebensdauer der Anlage eine Kapitalwertrechnung auf Basis zeitpunktgenauer Zahlungsgrößen heranzuziehen ist, erfordert ein kurzfristiger Wirtschaftlichkeitsvergleich die Periodisierung von Zahlungen, also den Übergang von Zahlungs- zu Erfolgsgrößen. Die finanzmathematisch exakte gleichmäßige Umlage einzelner Zahlungen auf alle Perioden geschieht mit der Ihnen bekannten Annuitätenmethode. Die Annuität zerfällt in einen kalkulatorischen Abschreibungs- und einen Zinsteil, also in Kostengrößen, von denen die tatsächlich geleistete punktuelle Wartungsauszahlung abweicht.

3.2.1.3 Interne und externe Erfolgsgrößen
Ebenso, wie Zahlungs- und Erfolgsgrößen ihre jeweils unterschiedlichen Anwendungsfelder haben, gibt es auch Gründe, selbst unter den Erfolgsgrößen noch zwischen externem Gewinn und internem Betriebsergebnis zu unterscheiden. Aufwand und Kosten werden zweckgerichtet abgegrenzt, denn das externe Rechnungswesen dient stärker dem Gläubigerschutz als der Entscheidungsunterstützung. *Kosten* sind definiert als bewerteter Güterverzehr zur Erstellung betrieblicher Leistungen, während *Aufwendungen* nach handelsrechtlichen Vorschriften bestimmte Reinvermögensverluste auf Unternehmensebene darstellen. Die Übereinstimmung beider Größen wäre Zufall, kann aber durchaus vorkommen.

Wird etwa für eine Anlage in der Finanzbuchführung dieselbe Abschreibungsmethode angewendet wie in der Kostenrechnung, so entsprechen sich insoweit Aufwand und Kosten. Kostengleicher Aufwand heißt *Zweckaufwand*, aufwandsgleiche Kosten heißen *Grundkosten*.

Häufiger dürfte der Fall sein, daß aus steuerlichen Gründen im handelsrechtlichen Jahresabschluß andere Abschreibungsverläufe auftreten als im internen Rechnungswesen, welches aufgrund des Vergleichbarkeitsgrundsatzes eher konstante Abschreibungsraten bevorzugt. Aufwand, dem keine entsprechenden Kosten gegenüberstehen, heißt neutral. *Neutraler Aufwand* entsteht aber nicht allein durch Bewertungsunterschiede, sondern auch durch sachliche oder

zeitliche Abgrenzung. *Betriebsfremde* Aufwendungen wie z.b. Spenden finden in der Kostenrechnung keine Entsprechung, ebenso *außerordentliche* Aufwendungen, welche die Vergleichbarkeit der Betriebsergebnisse beeinträchtigen würden, weil sie entweder *außergewöhnlich*
sind (z.b. Explosion einer Fertigungshalle) oder *periodenfremd* (z.B. Nachzahlung einer
betrieblichen Steuerschuld, die mit der betrachteten Periode nichts zu tun hat).

Umgekehrt gibt es selbstverständlich auch Kosten, denen keine Aufwendungen gegenüberstehen. Stellt etwa der Eigentümer seinem Betrieb nicht nur seine Arbeitskraft, sondern auch
sein Grundstück unentgeltlich zur Verfügung (er lebt von den Gewinnentnahmen), so wird der
im externen Rechnungswesen auszuweisende Gewinn weder durch ein Geschäftsführergehalt
noch durch Miete oder Pacht für das Gelände geschmälert. Gleichwohl bedeutet der Einsatz
von Arbeitskraft und Grund und Boden selbstverständlich betriebswirtschaftlich einen Wertverzehr, der im Interesse eines korrekten Wirtschaftlichkeitsvergleichs mit anderen Betrieben
angesetzt werden muß. In der Kostenrechnung tauchen daher sog. „kalkulatorische Kosten",
z.b. kalkulatorische Miete und kalkulatorischer Unternehmerlohn, auch dann auf, wenn sie in
der Finanzbuchhaltung in anderer Höhe oder gar nicht enthalten sind. Dahinter steht der für
Entscheidungszwecke wichtige *Opportunitätsgedanke*: Es ist ja nicht so, daß der Eigentümer-
Betriebsleiter „kostenlos" arbeitet, denn er könnte alternativ in einem anderen Betrieb sein Geld
verdienen, auf das er aber verzichtet, wenn er in seinem eigenen Unternehmen bleibt.

Analog zur Unterscheidung zwischen Aufwand und Kosten erfolgt die Abgrenzung zwischen Ertrag und Leistung. Betriebliche Umsatzerlöse stellen sowohl Erträge als auch Leistungen dar, während z.B. eine Unternehmenssteuerrückerstattung wohl ein Ertrag, aber keine
Betriebsleistung ist. Umgekehrt stellen an eine wohltätige Organisation abgesetzte Produkte,
auf deren Bezahlung die Unternehmensleitung verzichtet (Spende), eine betriebliche Leistung
dar, führen aber nicht zu einem Ertrag im externen Rechnungswesen.

3.2.1.4 Scharnier zwischen Investitions- und Kostenrechnung
Dem bis hierher aufmerksamen Leser wird nicht entgangen sein, daß letzten Endes die langfristige, zahlungsbasierte Investitionsrechnung der Referenzpunkt ist, an dem sich auch einfachere, kurzfristige Entscheidungsrechnungen auf Kostenbasis messen lassen müssen. Wer
beispielsweise einmalige Zahlungen ohne Berücksichtigung von Zins und Zinseszins in perio-
denbezogene Kosten umrechnet, begeht einen methodischen Fehler. Es läßt sich zeigen, daß es
bei korrekter Berechnung der kalkulatorischen Zinsen keinen Unterschied ausmacht, ob der
Kapitalwert auf Basis der Zahlungen oder auf Basis der Betriebsergebnisse ermittelt wird. Diese
fundamentale Erkenntnis zur *Überführbarkeit von Zahlungs- und Erfolgsrechnungen* ist unter
dem Namen LÜCKE-Theorem bekannt und soll an einem *Beispiel* verdeutlicht werden.

Es sei $g = (g_0, g_1, g_2) = (-1.000, 600, 600)$ die Zahlungsreihe eines Betriebs. Dahinter möge
folgendes stehen: Im Zeitpunkt $t = 0$ (Beginn des ersten Jahres) wird eine Fertigungsanlage
beschafft, die zu einer Auszahlung in Höhe von 1.000 führt. Da die wertvolle neue Anlage
zugleich betriebliches Sachvermögen von 1.000 entstehen läßt, ist ihr Zugang erfolgsneutral,
also ohne Auswirkung auf das Betriebsergebnis (den kostenrechnerischen „Gewinn"). Zwei
Jahre lang werden Produkte hergestellt und verkauft; dann ist die Anlage verbraucht und keine
Nachfrage nach dem Produkt mehr vorhanden. Bare Umsatzerlöse von 800 sowie auszahlungsgleiche Fertigungskosten (Lohn- und Materialkosten) von 200 mögen jeweils in beiden Jahren
der Nutzungsdauer anfallen und der Einfachheit halber am Jahresende gezahlt und verbucht
werden, so daß die beiden Zahlungszeitpunkte $t = 1$ (Ende des ersten Jahres) und $t = 2$ (Ende
des zweiten Jahres) zugleich die Abschlußstichtage für die Betriebsergebnisse beider Jahre darstellen. Der Betrieb agiert auf einem vollkommenen Kapitalmarkt (siehe Abschnitt 3.1.1) mit
einem Kalkulationszins von $i = 10\%$ pro Jahr.

Unterschiede zwischen Zahlungs- und Betriebserfolgsrechnung können im Beispiel nur
durch die Art und Weise entstehen, wie der Wertverzehr der Anlage erfaßt wird. In der *Rechnung auf Basis der Ein- und Auszahlungen* ist es denkbar einfach: Die Investitionsauszahlung
1.000 wird genauso zeitpunktgenau erfaßt wie alle übrigen Zahlungen; siehe die nachstehende
Tabelle.

Tab. 26: Zahlungsrechnung

Zahlungsrechnung	Rechengrößen	t = 0	t = 1	t = 2
Einzahlungen	+ Umsatzerlöse	0	800	800
– Auszahlungen	– Löhne, Material	0	–200	–200
=	– Kaufpreis Anlage	–1.000	0	0
Zahlungen	**Summe**	**–1.000**	**600**	**600**

Der *Kapitalwert* der Anlage (oder des Betriebes, der hier nur aus dieser Anlage und ihrer Verwertung am Markt besteht) beträgt in der Zahlungsrechnung beim Kalkulationszins von i = 0,1:

$$C = -1.000 + 600/1,1 + 600/1,1^2 = 41,3223.$$

Dies ist nichts anderes als das, was Sie zum Thema Investitionsrechnung gelernt haben. Die Investition in die Anlage ist vorteilhaft, weil sie einen positiven Kapitalwert hat. Wer es nicht mehr weiß, möge im Abschnitt 3.1.1 nachschlagen, wie Wirtschaftlichkeitsrechnungen auf Basis von Zahlungsströmen funktionieren.

Die *Betriebsergebnisrechnung* interessiert sich nicht für Zahlungen, sondern für den Erfolgsbeitrag der einzelnen Jahre. Da die Anlage ihr Nutzungspotential über zwei Jahre verbraucht, wird der Wertverzehr als Abschreibung über beide Jahre verteilt. In der Kostenrechnung ist man frei, in welcher Weise die Investitionssumme von 1.000 abgeschrieben werden soll. Weil die Anlagennutzung annahmegemäß gleichmäßig verläuft (Erlöse von 800 und Kosten von 200 in beiden Jahren), bietet es sich an, jedem Jahr genau die Hälfte der Anschaffungsauszahlung, also einen Abschreibungsbetrag von 1.000/2 = 500 zuzurechnen. Diese zeitanteilige Zuschlüsselung heißt *lineare Abschreibung*. Nun darf man nicht den Fehler machen, die kalkulatorischen Zinsen zu vergessen oder unbedacht anzusetzen. Solange die Anlage mit ihrem Anschaffungspreis von 1.000 in der Bilanz steht, ist in ihr ein Kapital in gleicher Höhe gebunden, welches gemäß dem LÜCKE-Theorem auch entsprechend dem Abschreibungsverlauf verzinst werden muß. Bei i = 10% fallen also im ersten Jahr kalkulatorische Zinsen von 1.000 · 0,1 = 100 an. Am Ende des ersten Jahres sinkt die kalkulatorische Kapitalbindung um den Abschreibungsbetrag von 500 auf nur noch 1.000 – 500 = 500, so daß die kalkulatorischen Zinsen am Ende des zweiten Jahres nur noch 500 · 0,1 = 50 ausmachen. Damit ergibt sich für das erste Jahr ein Betriebsergebnis von 0 und für das zweite Jahr eines von 50 (siehe folgende Tabelle).

Tab. 27: Erfolgsrechnung bei linearer Abschreibung

Erfolgsrechnung	Rechengrößen	t = 0	t = 1	t = 2
Leistungen	+ Umsatzerlöse		800	800
– Kosten	– Fertigungskosten		–200	–200
	– Abschreibungen		–500	–500
=	– Kalk. Zinsen 10%		–100	–50
Betriebsergebnisse	**Summe**		**0**	**50**

Die Kosten- und Leistungsrechnung weist also darauf hin, daß bei dem für die Abschreibung angenommenen linearen Verlauf der Wertminderung des Anlagevermögens im ersten Jahr noch kein Betriebserfolg erwirtschaftet wird und erst das Betriebsergebnis des zweiten Jahres einem kalkulatorischen Gewinn von 50 entspricht.

Da wir die kalkulatorischen Zinsen auf die Kapitalbindung penibel beachtet haben, finden wir zugleich die Aussage des LÜCKE-Theorems bestätigt:

$$C = 0/1,1 + 50/1,1^2 = 41,3223.$$

Dies ist derselbe *Kapitalwert*, der sich aus der Zahlungsrechnung ergab (siehe oben: $C = -1.000 + 600/1,1 + 600/1,1^2 = 41,3223$). Es ist demnach gleichgültig, ob der Kapitalwert der *Zahlungsreihe* (–1.000, 600, 600) oder eben der *Gewinnreihe* (0, 0, 50) berechnet wird. *Bei korrekt ermitteltem Gewinn* müssen beide gleich sein. Investitions- und Kostenrechnung sind unter dieser wichtigen, in der Praxis oft nicht erfüllten Voraussetzung ineinander überführbar und unterscheiden sich nicht in ihrer prinzipiellen Eignung für Entscheidungszwecke. Welches Rechenwerk man anwendet, sollte vom Zweck der Rechnung und den verfügbaren Daten abhängig gemacht werden.

Ist es beispielsweise wünschenswert, Daten für einen Wirtschaftlichkeitsvergleich einzelner Perioden zu gewinnen, so bildet die mit linearer Abschreibung berechnete Betriebsergebnisreihe (0, 0, 50) die in beiden Jahren gleich hohen Erlöse und Fertigungskosten viel schlechter ab als die Zahlungsreihe (–1.000, 600, 600), bei der man sich nur die Anschaffungsauszahlung „wegdenken" muß, um zu erkennen, daß in beiden Perioden der gleiche Zahlungsüberschuß erarbeitet wird. Steht also bei der Kostenrechnung das *Vergleichbarkeitsinteresse* im Vordergrund, so kann es wünschenswert sein, die beiden Jahren gleichermaßen anzulastende, im nachhinein nicht mehr veränderbare Investitionsauszahlung wegzulassen oder aber *annuitätisch* zu verteilen. Denn daß die erste Periode bei linearer Abschreibung höhere kalkulatorische Zinsen „abbekommt" als die zweite, kann man ihr unter dem Gesichtspunkt des Leistungsvergleichs beider Perioden nicht negativ anrechnen. Aus Sicht der ersten wie auch der zweiten Periode ist an den Gesamtabschreibungen von 1.000 und den dafür anfallenden Zinsen nichts mehr zu ändern; es handelt sich in der Rückbetrachtung um „*versunkene Kosten*", die nicht mehr entscheidungsrelevant sind, wenn man nur noch über ihre Verteilung, aber nicht mehr über ihre Vermeidung entscheiden kann.

Betrachtet man mit dieser Begründung den *Kapitaldienst*, also die Summe aus Abschreibungen und Zinsen, im ganzen als versunkene Kosten, so dient es der Vergleichbarkeit, den beiden Jahren jeweils denselben Kapitaldienst zuzurechnen. Um das LÜCKE-Theorem zu beachten, müssen wir dabei die *Annuität der Investitionsauszahlung* berechnen. Es gilt (siehe oben, 3.1.1):

$$1.000 \cdot ANF_{i,n} = 1.000 \cdot \frac{0,1 \cdot 1,1^2}{1,1^2 - 1} = 576,1904762.$$

Die Betriebsergebnisrechnung liest sich damit so:

Tab. 28: Erfolgsrechnung bei annuitätischem Kapitaldienst

Erfolgsrechnung	Rechengrößen	$t = 0$	$t = 1$	$t = 2$
Leistungen	+ Umsatzerlöse		800	800
– Kosten	– Fertigungskosten		–200	–200
=	– Kapitaldienst		–576,19	–576,19
Betriebsergebnisse	Summe		**23,8095**	**23,8095**

Wir erhalten nunmehr für die beiden Jahre *gleiche Betriebsergebnisse*, nämlich jeweils einen Betriebsgewinn von 23,80952381. Auch damit läßt sich der *Kapitalwert* nach dem LÜCKE-Theorem korrekt berechnen:

$$C = 23,80952381/1,1 + 23,80952381/1,1^2 = 41,3223.$$

Aufgabe 35: Aufschlüsseln des Kapitaldienstes
Welche Abschreibungen stehen implizit hinter dem einheitlichen Kapitaldienst von 576,1904762? Schlüsseln Sie den Kapitaldienst beider Jahre jeweils in Abschreibungen und Zinsen auf!

Das Beispiel zeigt trefflich, daß es keinen allein zwingenden Weg gibt, Abschreibungen zu berechnen und als fixe Kosten auf Perioden oder Produkte umzulegen. Man spricht daher scherzhaft auch eher vom „Umlügen" solcher Kostenblöcke. Im externen Rechnungswesen wird diejenige Abschreibungsmethode präferiert, die einerseits vom Finanzamt anerkannt ist und andererseits für das bilanzierende Unternehmen den Kapitalwert der Investition „nach Steuern" maximiert. Im internen Rechnungswesen stehen hingegen die Vergleichbarkeit und die Entscheidungsrelevanz der Kosten- oder Zahlungsgrößen im Vordergrund, und im Zweifelsfalle wird man der weniger fehlerträchtigen zahlungsstromorientierten Betrachtung (also der Investitionsrechnung = Wirtschaftlichkeitsrechnung) den Vorrang einräumen. Über das LÜCKE-Theorem lassen sich alle Rechnungskreise miteinander versöhnen, was aber nur gelingt, wenn die Zinsen auf die Kapitalbindung konsistent erfaßt werden.

Aufgabe 36: LÜCKE-Theorem[302]
Für einen Betrieb möge folgendes gelten: Im Zeitpunkt t = 0 (Beginn des ersten Jahres) wird eine Fertigungsanlage beschafft, die zu einer Auszahlung in Höhe von 10.000 € führt. Da die wertvolle neue Anlage zugleich betriebliches Sachvermögen von 10.000 € entstehen läßt, ist ihr Zugang erfolgsneutral, also ohne Auswirkung auf das Betriebsergebnis (den kostenrechnerischen „Gewinn"). Zwei Jahre lang werden Produkte hergestellt und verkauft; dann ist die Anlage verbraucht und keine Nachfrage nach dem Produkt mehr vorhanden. Bare Umsatzerlöse von 8.000 € sowie auszahlungsgleiche Fertigungskosten (Lohn- und Materialkosten) von 3.000 € mögen jeweils in beiden Jahren der Nutzungsdauer anfallen und der Einfachheit halber am Jahresende gezahlt und verbucht werden, so daß die beiden Zahlungszeitpunkte t = 1 (Ende des ersten Jahres) und t = 2 (Ende des zweiten Jahres) zugleich die Abschlußstichtage für die Betriebsergebnisse beider Jahre darstellen. Der Betrieb agiert auf einem vollkommenen Kapitalmarkt mit einem Kalkulationszins von i = 10% p.a.
   a) Ermitteln Sie die Zahlungsreihe **g** des Betriebes mit Hilfe einer Zahlungsrechnung, und berechnen Sie den Kapitalwert auf Basis der Zahlungsgrößen!
   b) Ermitteln Sie die Betriebsergebnisse G_t^{kalk} mit Hilfe einer Erfolgsrechnung, und berechnen Sie den Kapitalwert auf Basis der Erfolgsgrößen unter Beachtung des LÜCKE-Theorems! Unterstellen Sie hierzu eine lineare Abschreibung der Fertigungsanlage über zwei Jahre!
   c) Berechnen Sie erneut unter Beachtung des *Lücke*-Theorems den Kapitalwert auf Basis der Erfolgsgrößen für den Fall, daß die Investitionsauszahlung annuitätisch auf die beiden Jahre zu verteilen ist! Ermitteln Sie hierzu erneut die Betriebsergebnisse G_t^{kalk} mit Hilfe einer Erfolgsrechnung, und zeigen Sie dabei die Höhe des annuitätischen Kapitaldienstes!

---

302 Vgl. für zusätzliche Übungsaufgaben *HERING/TOLL*, BWL-Klausuren (2022), S. 257-261.

3.2.2 Kostenrechnung[303]

3.2.2.1 Grundelemente der Kostenrechnung

Man unterscheidet zunächst drei *Systeme der Kostenrechnung*, nämlich die Ist-, Normal- und Plankostenrechnung. Jedes dieser Systeme besteht aus den *Teilgebieten* Kostenarten-, Kostenstellen- und Kostenträgerrechnung und kann alternativ auf Vollkosten- oder Teilkostenbasis erfolgen. Beantwortet werden dadurch die Fragen, in welcher Höhe *welche* Kosten (*Kostenartenrechnung*) *wo* (*Kostenstellenrechnung*) und *wofür* (*Kostenträgerrechnung*) entstehen. Je nachdem, ob alle oder nur Teile der Kosten auf die Kostenträger (z.B. Endprodukte, Perioden) weiterverrechnet werden, liegt entweder eine *Vollkostenrechnung* oder eine *Teilkostenrechnung* vor.

Die *Istkostenrechnung* dient der Verrechnung aller tatsächlich angefallenen Kosten, d.h., sie bewertet die wirklich verbrauchten Mengen der Produktionsfaktoren mit den tatsächlich geltenden Faktorpreisen. Die Istkosten eines Materialverbrauchs ergeben sich also aus dem Produkt von Istmenge und Istpreis, also festgestellte Verbrauchsmenge mal Einstandspreis. Zwecke der Istkostenrechnung sind einerseits die Nachkalkulation für Soll-Ist-Vergleiche und andererseits die Dokumentation (z.B. für Bewertung von Lagerbeständen in der Bilanz). Probleme der Istkostenrechnung liegen darin, daß sie durch Preisschwankungen auf den Faktormärkten beeinflußt wird, mithin ein Istkostenanstieg bei gleicher Ausbringung nicht unbedingt auf höhere Verbrauchsmengen an Produktionsfaktoren hindeutet. Vergleiche von Istkosten im Zeitablauf oder zwischen ähnlichen Betrieben sagen wenig über die Wirtschaftlichkeit aus, da oftmals nur „Schlendrian mit Schlendrian" (SCHMALENBACH) verglichen wird. Schließlich sind vergangenheitsbezogene Istdaten immer nur von begrenzter Aussagekraft für Entscheidungsrechnungen, die auf zukunftsgerichtete Planungsdaten angewiesen sind: „Für das Gewesene gibt der Kaufmann nichts." (Dieses geflügelte Wort wird EUGEN SCHMALENBACH zugeschrieben.)

Eine *Normalkostenrechnung* verrechnet Kosten auf Basis von Durchschnittswerten für Preise und/oder Mengen, um Schwankungen zu glätten und Wirtschaftlichkeitskontrollen sowie Vergleiche im Zeitablauf zu erleichtern: Bei festem Verrechnungspreis deutet ein Normalkostenanstieg tatsächlich auf mengenmäßig gestiegenen Verbrauch und nicht etwa auf Istpreissteigerungen hin. Diese Stärke der Normalkostenrechnung definiert jedoch zugleich ihr Problem: Normalkosten sind fiktiv und bedeuten einen Informationsverlust im Vergleich zu den Istkosten. Abgesehen von der besseren Erkennbarkeit geänderter Verbrauchsmengen helfen Normalkosten trotzdem nur wenig bei Wirtschaftlichkeitskontrollen, denn sie stellen keine Sollkosteninformationen zur Verfügung.

Um zu wissen, ob die Produktion einer gegebenen Ausbringungsmenge wirtschaftlich ist, also zu minimalen Kosten erfolgt, muß man vor allem die minimal möglichen Kosten als Sollkosten kennen, nicht aber irgendwelche Normalkosten. Hier begegnen Ihnen erneut die Wirtschaftlichkeitsdefinition aus Kapitel 1 und die Minimalkostenkombinationen aus der Kostentheorie (Unterabschnitt 2.2.3.2).

Die betriebswirtschaftlichen Erkenntnisse der Produktions- und Kostentheorie finden ihre Anwendung in der *Plankostenrechnung*, deren Aufgabe in der Ermittlung der Sollkosten bei wirtschaftlichem Einsatz der Produktionsfaktoren liegt. Mengen und Preise der Plankostenrechnung sind für die Zukunft geplante Größen; die *Kostenvorgaben* (Budgets) der Plankostenrechnung fließen in Entscheidungsrechnungen über optimale Produktionsprogramme und die optimale Produktionsdurchführung ein (siehe vor allem Unterkapitel 2.2 Produktion, aber auch Unterkapitel 2.1 Beschaffung und Unterkapitel 2.3 Absatz). Schließlich erlaubt erst die Kenntnis der Plankosten den Wirtschaftlichkeitsvergleich mit den Istkosten. Die Analyse der Abweichungen zwischen Plan- (oder Soll-) und Istkosten gehört zu den wichtigsten Aufgaben des Kostenrechners, welcher Unwirtschaftlichkeit aufzudecken und die Ursachen abzustellen hat.

Jedes Kostenrechnungssystem kennt die Teilgebiete Kostenarten, -stellen- und -trägerrechnung (vgl. Abbildung 46).

---

303 HERING, Grundbegriffe (2018), S. 13-39. Ausführlich vgl. z.B. FANDEL et al., Kostenrechnung (2009).

Kostenartenrechnung

• Erfassung der gesamten Kosten, gegliedert nach Produktionsfaktoren
• Trennung in Kostenträger-Einzelkosten (KT-EK) und Kostenträger-Gemeinkosten (KT-GK)

KT-EK	KT-GK

Kostenstellenrechnung   **BAB**

• Primäre Gemeinkosten
• Sekundäre Gemeinkosten durch Umlage, d. h. innerbetriebliche Leistungsverrechnung
• Berechung von Zuschlagssätzen für die Endkostenstellen

Kostenträgerrechnung

• Kostenträgerstückrechung (Kalkulation)
• Kostenträgerzeitrechnung (kurzfristiges Betriebsergebnis)

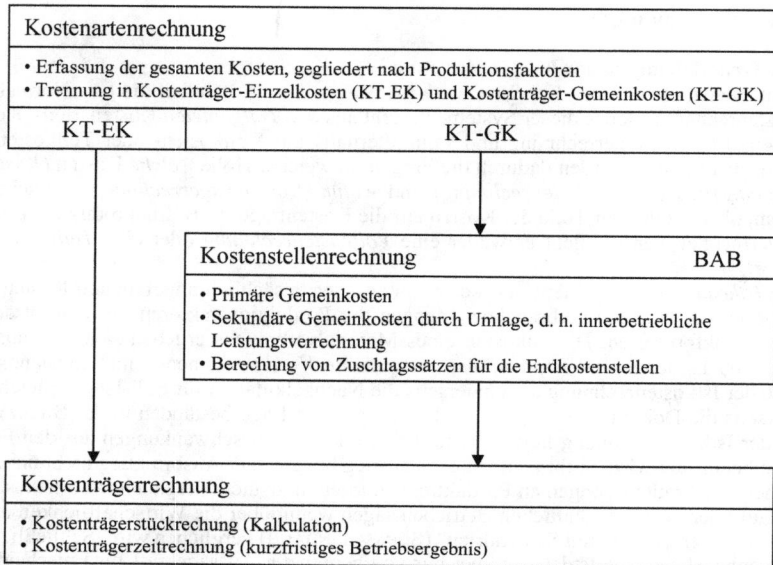

Abb. 46: Teilgebiete der Kostenrechnung

In der *Kostenartenrechnung* werden die gesamten Kosten, gegliedert nach Produktionsfaktoren, erfaßt. Dabei erfolgt eine Trennung zwischen Kostenträgereinzelkosten, die sich einem Bezugsobjekt (Kostenträger, z.B. Produkt) direkt zurechnen lassen, und Kostenträgergemeinkosten, die von mehreren Bezugsobjekten gemeinsam verursacht werden.

Nur die Kostenträgergemeinkosten gelangen in die *Kostenstellenrechnung*, deren Aufgabe darin besteht, diese Gemeinkosten nach dem Ort ihrer Entstehung aufzuschlüsseln. Kostenstellen sind z.B. einzelne Werkstätten oder auch die Verwaltung und der Vertrieb. Die nach Kostenarten gegliederten, sog. primären Gemeinkosten werden durch Umlagen zwischen den einzelnen Kostenstellen über einen *Betriebsabrechnungsbogen* (BAB) in sekundäre Gemeinkosten überführt, das Resultat der innerbetrieblichen Leistungsverrechnung. Daraus lassen sich dann Kostenverrechnungssätze ableiten, welche die sekundären Gemeinkosten von den Kostenstellen auf die Kostenträger zuschlüsseln.

Die *Kostenträgerrechnung* ermittelt mit Hilfe der Einzelkosten sowie der aus der Kostenstellenrechnung zugeschlüsselten Gemeinkosten einerseits die Stückkosten der Produkte (Kostenträgerstückrechnung = Kalkulation) und andererseits die kurzfristigen Betriebsergebnisse der einzelnen Perioden (Kostenträgerzeitrechnung = kurzfristige Betriebsergebnisrechnung, z.B. auf Monatsbasis).

Bevor auf die Ist- und Plankostenrechnung näher eingegangen werden soll, sind zunächst die beiden Systemen gemeinsamen Kostenkategorien vorzustellen (vgl. Abbildung 47).

Kosten werden unterschieden nach	in
dem Umfang der Verrechnung auf Kostenträger (Produkte, Perioden)	*Vollkosten* und *Teilkosten*,
der Veränderbarkeit in bezug auf die Beschäftigung (Ausbringung)	*fixe Kosten* und *variable Kosten* (vgl. Unterabschnitt 2.2.3.1),
der Zurechenbarkeit zu einzelnen Bezugsobjekten (Kostenträger, -stellen)	*Einzelkosten* und *Gemeinkosten*,
der Dimension pro Stück	*Durchschnittskosten* und *Grenzkosten* (vgl. Abschnitt 2.2.3),
dem Konstruktionsprinzip des verwendeten Entscheidungsmodells	*pagatorische Kosten* und *wertmäßige Kosten* (vgl. Unterabschnitt 2.2.3.1).

Abb. 47: Kostenkategorien der Ist- und Plankostenrechnung[304]

Die bislang noch nicht thematisierten Kategorien seien im folgenden überblicksartig erläutert. In einer *Vollkostenrechnung* werden sämtliche Kosten auf die Kostenträger verrechnet. Demgegenüber schreibt eine *Teilkostenrechnung* den Kostenträgern nur bestimmte Kosten zu, während andere direkt in das Betriebsergebnis der Entstehungsperiode eingehen. *Fixe* (feste) *Kosten* hängen nicht von der Höhe der Beschäftigung (Ausbringungsmenge an Produkten) ab und sind kurzfristig nicht abbaufähig. Beispiele: Abschreibungen, Gehälter. *Variable Kosten* verändern sich dagegen mit der Beschäftigung, wobei der Verlauf der variablen Kosten als Funktion der Ausbringungsmenge M linear, progressiv, degressiv oder gar regressiv sein kann (vgl. Abbildung 48).

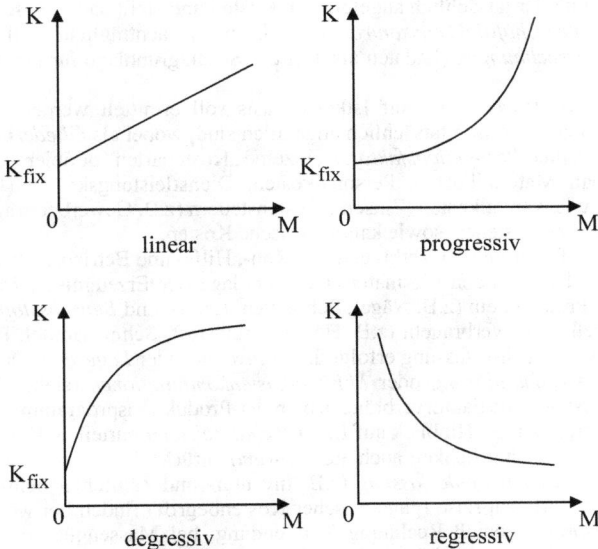

Abb. 48: Kostenverläufe

---

[304] Vgl. zum pagatorischen und wertmäßigen Kostenbegriff sowie für Übungsaufgaben zur Produktionsprogrammplanung mit wertmäßigen Deckungsspannen *HERING*, Investitionstheorie (2022), S. 418-426, *HERING*, Produktionsprogrammplanung (2010), *HERING/TOLL*, BWL-Klausuren (2022), S. 264-270.

Beispiele für variable Kosten sind Materialkosten sowie nach tatsächlichem Einsatz abgerechnete Fertigungslöhne. In modernen Betrieben ist ein Anwachsen des Anteils fixer Kosten an den Gesamtkosten zu beobachten. Bei einem Einbruch der Beschäftigung steht somit dem Rückgang der Erlöse nur eine relativ geringere Abnahme der Kosten gegenüber, so daß die Erfolgslage des Betriebs unter Umständen sehr bald negative Betriebsergebnisse befürchten läßt.

Einzelkosten lassen sich einem Bezugsobjekt (sei dies nun eine Einheit der Ausbringungsmenge oder auch eine Kostenstelle) nach dem Verursachungsprinzip direkt zuordnen, während *Gemeinkosten* von mehreren Objekten gemeinsam verursacht werden. *Sondereinzelkosten* sind zwar einem Kalkulationsobjekt zuordenbar, aber nicht jedem einzelnen Exemplar, wenn mehr als eines in identischer Weise gefertigt wird. Beispiel: Ein Modell oder die Gußform zu einer Serienfertigung stellt Gemeinkosten in bezug auf die einzelnen Stücke dar, aber Sondereinzelkosten in bezug auf das als Oberbegriff aller gefertigten Exemplare verstandene Produkt. *Unechte Gemeinkosten* sind Einzelkosten, die nur aus wirtschaftlichen Gründen nicht einzeln zugeordnet, sondern wie Gemeinkosten behandelt werden. Beispiel: geringwertige Teile wie Nägel und Schrauben. Höherwertige Rohmaterialien werden als Einzelkosten erfaßt.

Aufgabe 37: Kostenkategorien
Wenn als Bezugsobjekt die Beschäftigung gewählt wird, sind dann Einzelkosten immer auch variable Kosten und Gemeinkosten immer fixe Kosten?

3.2.2.2 Istkostenrechnung
Im folgenden sollen am Beispiel des Kostenrechnungssystems „Istkostenrechnung" die drei Teilgebiete Kostenarten-, Kostenstellen- und Kostenträgerrechnung veranschaulicht werden. Die Istkostenrechnung dient, wie bereits im vorangegangenen Unterabschnitt erläutert wurde, der *Dokumentation* aller tatsächlich angefallenen Kosten und stellt damit wesentliche Basisinformationen für *Wirtschaftlichkeitskontrollen* (Istdaten für nachträgliche Soll-Ist-Vergleiche) und *Entscheidungsrechnungen* (Istdaten als Teil der Schätzgrundlage für künftige Plandaten) bereit.

Mit der *Kostenartenrechnung* auf Istkostenbasis soll ermittelt werden, welche Kosten gemäß Istmengen zu Istpreisen tatsächlich angefallen sind, wobei als *Gliederungsprinzip* vorrangig die verbrauchten *Produktionsfaktoren* einzelne „Kostenarten" definieren. Üblicherweise unterscheidet man Materialkosten, Personalkosten, Dienstleistungskosten (fremdbezogen), Abschreibungen und Kapitalkosten (Zinsen), Kostensteuern (z.B. Gewerbeertragsteuer, Grundsteuer und Kraftfahrzeugsteuer) sowie kalkulatorische Kosten.

Materialkosten fallen für den Verbrauch von Roh-, Hilfs- und Betriebsstoffen an. *Rohstoffe* (z.B. Erz, Kohle, Holz) bilden die materielle Grundlage der Erzeugnisse, *Hilfsstoffe* gehen zusätzlich in die Produkte ein (z.B. Nägel, Schrauben, Leim), und *Betriebsstoffe* werden beim Produktionsprozeß selbst verbraucht (z.B. Heizöl, Treibstoff, Schmiermittel, Putzmittel). Die mengenmäßige Verbrauchserfassung erfolgt durch *Inventur* oder *Lagerentnahmescheine*. Nur, wenn durch *Stücklistenauflösung* oder *Minimalkostenkombinationen* (siehe Unterkapitel 2.1 und 2.2) bekannt ist, welche Faktorverbräuche beim Ist-Produktionsprogramm auftreten dürfen, läßt sich der Istverbrauch im Hinblick auf *Unwirtschaftlichkeit* beurteilen. Ein Mehrverbrauch kann außer auf Unwirtschaftlichkeit auch auf *Schwund* zurückführbar sein (Leckage, Verdunstung, Diebstahl) oder auf *Fehlerfassung* (z.B. Inventur- und Zählfehler beim Lagerbestand, -zu- oder -abgang). Als Istpreise (pagatorischer Kostenbegriff) finden bei wertvollen Gütern die *Anschaffungspreise* gemäß Rechnung Verwendung, bei Massengütern rollende *Durchschnittspreise* oder *Verbrauchsfiktionen* (z.B. die Annahme, daß die zuletzt gelieferten Güter zuerst verbraucht werden; oder auch genau umgekehrt, daß die ältesten Bestände vor den Neuzugängen abzubauen sind).

Als *Personalkosten* sind Fertigungslöhne, Hilfslöhne und Gehälter zu verbuchen. Dabei kann es sich um Zeit-, Akkord- oder Prämienlohn handeln (siehe Abschnitt 2.5.1).

Kosten für *fremdbezogene Dienstleistungen* ergeben sich aus der Ausgestaltung der jeweiligen Verträge, z.B. Miete, Pacht, Beratung, Lizenzen, Versicherung.

Abschreibungen sind Kosten, die den durch die allmähliche Abnutzung von Potentialfaktoren (z.B. Gebäude, maschinelle Anlagen, Fahrzeuge) bewirkten Wertverzehr des Anlagevermögens auf die einzelnen Perioden der Nutzung verteilen. In der Kostenrechnung werden aus Gründen der Vergleichbarkeit von Periodenergebnissen nur planmäßige Abschreibungen vorgenommen (also nicht z.B. wie im externen Rechnungswesen auch punktuelle Sonderabschreibungen aufgrund eingetretener Ereignisse, die den wirtschaftlichen Wert einer Anlage schlagartig mindern). Daß der einmalig gezahlte Anschaffungspreis eines Anlagegutes i.d.R. nicht unverändert für immer als Bilanzwert dienen kann, sondern zu Lasten des Reinvermögens abgeschrieben werden muß, kann sowohl verbrauchsbedingte als auch wirtschaftliche *Ursachen* haben: Im ersten Fall tritt entweder ein Gebrauchsverschleiß (z.B. gefahrene Kilometer eines Autos), ein Zeitverschleiß (physisch: Alterung, rechtlich: Lizenzablauf) oder eine nutzungsinhärente Substanzverringerung (z.B. Abbau einer Kies-, Kali-, Ton- oder Kohlengrube) ein. Im zweiten Fall können eine Bedarfsverschiebung oder der technische Fortschritt eine physisch noch einwandfreie Anlage wirtschaftlich entwerten, weil mit ihr keine Erlöse mehr oder doch nur geringere als geplant erzielt werden können.

Als *Abschreibungsausgangsbetrag* dienen der Anschaffungspreis a_0 oder, falls selbst erstellt, die Herstellungskosten des Objekts (z.B. Anlage, Gebäude, Fahrzeug). Sofern noch ein Restwert am Ende der Nutzungsdauer erwartet wird, zu dem sich das Objekt liquidieren läßt, zieht man diesen von a_0 ab. Sollte man die *Nutzungsdauer* n falsch schätzen, erfolgt in der Kostenrechnung meist dennoch keine Korrektur im Zeitablauf, weil darunter die Vergleichbarkeit der einzelnen Betriebsergebnisse vor und nach der Korrektur leiden könnte.

Die wichtigsten *Abschreibungsmethoden* sind die lineare sowie die degressive Abschreibung. Bei *linearer Abschreibung* wird einfach der Abschreibungsausgangsbetrag gleichmäßig auf die Nutzungsdauer verteilt. Mit $a(t)$ als Abschreibungsrate am Ende der Periode t und $RBW(t)$ als Restbuchwert am Ende der Periode t gilt, wenn kein Liquidationserlös am Ende der Nutzungsdauer anfällt:

$$a(t) = \frac{a_0}{n}, \quad RBW(t) = a_0 - t \cdot \frac{a_0}{n}.$$

Beispiel: Eine Anlage kostet heute (t = 0) den Anschaffungspreis a_0 = 15.000 Geldeinheiten (GE). Die Nutzungsdauer beträgt n = 5 Jahre. Am Ende der Nutzungsdauer deckt der Restwert gerade die Abbruchkosten, so daß ein Restbuchwert $RBW(n)$ = 0 herauskommen muß, wie ihn auch die Formeln voraussetzen. Wir erhalten als gleichförmige Abschreibungsrate pro Jahr $a(t)$ = 15.000/5 = 3.000 und damit die folgende Entwicklung des Anlagenwerts in der Betriebsbilanz (Restbuchwert):

Tab. 29: Lineare Abschreibung

t	0	1	2	3	4	5
a(t)		3.000	3.000	3.000	3.000	3.000
RBW(t)	15.000	12.000	9.000	6.000	3.000	0

Die lineare Abschreibung liefert gut vergleichbare Betriebsergebnisse, da die Präsenz der Anlage im Betriebsvermögen Jahr für Jahr jeweils den gleichen Wertverzehr bedingt. Nun kann es aus den verschiedensten Gründen angemessen sein, anzunehmen, daß der Wertverlust eines neuen Objekts am Anfang seiner Nutzung sehr stark ist und später abnimmt, wie man es z.B. auf dem Gebrauchtwagenmarkt beobachtet. Dann erscheint eine *degressive Abschreibung* mit im Zeitablauf sinkenden Abschreibungsraten betriebswirtschaftlich aussagefähiger als die lineare Abschreibung. Je nachdem, ob die Abschreibungsdegression arithmetisch oder geometrisch erfolgen soll, ergeben sich die folgenden Varianten:

Bei *arithmetisch-degressiver Abschreibung* bilden die Abschreibungsbeträge a(t) mathematisch eine arithmetische Folge, denn sie reduzieren sich stets um einen konstanten Betrag. Sofern die Differenz der Abschreibungsbeträge d zweier benachbarter Zeitpunkte so berechnet ist, daß sie zugleich der allerletzten Abschreibungsrate a(n) entspricht, liegt der besonders einfache Fall *digitaler Abschreibung* vor. Man kann dann quasi „an den Fingern" abzählen (1 + 2 + 3 + 4 + 5), wie hoch die Abschreibungsdifferenz sein muß. In obigem Beispiel gilt:

$$d = \frac{15.000}{1+2+3+4+5} = \frac{15.000}{15} = 1.000, \text{ und wir erhalten:}$$

Tab. 30: Digitale Abschreibung

t	0	1	2	3	4	5
a(t)		5.000	4.000	3.000	2.000	1.000
RBW(t)	15.000	10.000	6.000	3.000	1.000	0

In der Praxis sehr gebräuchlich ist die *geometrisch-degressive Abschreibung*, bei der die Abschreibungsbeträge a(t) und auch die Restbuchwerte RBW(t) mathematisch eine geometrische Folge bilden, sich also stets um denselben Prozentsatz reduzieren. Natürlich gelangt man damit nie auf einen Restbuchwert von null, sondern muß irgendwann die Abschreibungsmethode wechseln. Steuerlich wurde sehr lange eine maximale degressive Abschreibung von jeweils 30% auf den Restbuchwert anerkannt. Im Beispiel sähe dies wie folgt aus:

Tab. 31: Geometrisch-degressive Abschreibung

t	0	1	2	3	4	5
a(t)		4.500	3.150	2.205	1.543,5	1.080,45
RBW(t)	15.000	10.500	7.350	5.145	3.601,5	2.521,05

Aufgabe 38: Abschreibungen[305]
Die eine Autoverwertung betreibenden Brüder Peter, Uwe, Manfred und Günter kaufen eine zusätzliche Hebebühne zum Preis von 75.000 €.

a) Es sei unterstellt, daß die Hebebühne über eine Nutzungsdauer von fünf Jahren auf einen Restbuchwert von null € abzuschreiben ist. Wie groß ist der jährliche Abschreibungsbetrag bei linearer Abschreibung? Stellen Sie die Entwicklung Anlagenwerts (Restbuchwerts) tabellarisch dar!

b) Im Unterschied zu Teilaufgabe a) wird jetzt davon ausgegangen, die Hebebühne am Ende der Nutzungsdauer zu einem Restwert in Höhe von 5.000 € verkaufen zu können. Ermitteln Sie erneut die sich bei linearer Abschreibung ergebende jährliche Abschreibungsrate! Stellen Sie wiederum die Entwicklung Anlagenwerts (Restbuchwerts) tabellarisch dar!

c) Anknüpfend an Teilaufgabe a) sei nunmehr die digitale Abschreibungsmethode anzuwenden. Berechnen Sie die sich gemäß dem Degressionsbetrag d (Differenz der Abschreibungsbeträge zweier benachbarter Zeitpunkte sowie letzter Abschreibungsbetrag) ergebenden einzelnen jährlichen Abschreibungsbeträge! Verdeutlichen Sie die Entwicklung Anlagenwerts (Restbuchwerts) tabellarisch!

d) Berechnen Sie die Abschreibungsbeträge nach der geometrisch degressiven Abschreibungsmethode, wenn die Nutzungsdauer auf fünf Jahre geschätzt wird! Unterstellen Sie

---

305 Vgl. für zusätzliche Übungsaufgaben *HERING/TOLL*, BWL-Klausuren (2022), S. 271-274, *THOMMEN et al.*, Betriebswirtschaftslehre (2023), S. 262, *JUNG*, Betriebswirtschaftslehre (2016), S. 1047, 1123 f., *THOMMEN et al.*, Arbeitsbuch (2022), S. 97 f., *AMELY*, Formeln (2024), S. 146 f., *BURCHERT et al.*, Rechnungswesen (2014), S. 87-91.

einen Abschreibungsprozentsatz von 25% auf den Restbuchwert! Zeigen Sie die Entwicklung Anlagenwerts (Restbuchwerts) tabellarisch auf!

In engem Zusammenhang mit den Abschreibungskosten stehen die *Kapitalkosten*, also die Zinskosten auf das im Betriebsvermögen gebundene Eigen- und Fremdkapital. Das interne Rechnungswesen setzt dabei im Gegensatz zum externen Rechnungswesen und der Investitionstheorie nicht tatsächliche pagatorisch entstehende und geschuldete Fremdkapitalzinsen an, sondern gemäß dem Opportunitätsgedanken und der beabsichtigten Trennung zwischen Betriebs- und Finanzergebnis nur einen vergröberten Gesamtkapitalzins, angewandt auf das betriebsnotwendige Vermögen. Dieses Vermögen wird wiederum nicht investitionstheoretisch, sondern rein kostenrechnerisch ermittelt und daher von der Abschreibungsmethode beeinflußt. Dominanter Zweck ist dabei erneut die Vergleichbarkeit der Periodenbelastung. Vom Standpunkt der Investitionstheorie betrachtet, sind die kostenrechnerischen Kapitalkosten nicht entscheidungsrelevant, d.h. für Entscheidungszwecke ungeeignet.

Beispiel: Wir betrachten erneut die über 5 Jahre linear abzuschreibende Anlage mit der Anschaffungsauszahlung $a_0 = 15.000$ GE. Kostenrechnerisch ergeben sich pro Jahr Abschreibungen von 3.000 GE. Da anfangs 15.000 GE und am Ende 0 GE Anlagenwert buchmäßig „gebunden" sind, berechnet die Kostenrechnung einfach eine mittlere Kapitalbindung von $(15.000 + 0)/2 = 7.500$ und hierauf bei einem Zinssatz von z.B. $i = 10\%$ p.a. kalkulatorische Zinskosten in Höhe von 750. Der *Kapitaldienst* stellt sich als Summe von Abschreibungen und Zinsen auf jährlich $3.000 + 750 = 3.750$ dar. Diese simple, aber verbreitete Rechnung ist betriebswirtschaftlich falsch, weil sie die Zinseszinsrechnung vernachlässigt. Sie wird etwas weniger falsch, wenn man zumindest berücksichtigt, daß die Abschreibungen nicht stetig, sondern in Blöcken von 3.000 an jedem Jahresende erfolgen. Die letzte Abschreibungsrate bleibt also während des gesamten Planungszeitraums gebunden, da sie erst in $t = 5$ erfolgt. Also kann die durchschnittliche Kapitalbindung eher durch $(15.000 + 3.000)/2 = 9.000$ approximiert werden, was kalkulatorische Zinsen von 900 bedeutet und den kostenrechnerischen Kapitaldienst auf 3.900 GE erhöht.

Aufgabe 39: Finanzmathematisch korrekter Kapitaldienst
Nutzen Sie Ihre investitionstheoretischen Kenntnisse aus Abschnitt 3.1.1, um den Kapitaldienst korrekt zu ermitteln!

Nachdem die Kostenartenrechnung festgestellt hat, *welche* Kosten in welcher Höhe entstanden sind, kann sie zugleich oder im nächsten Schritt die Trennung zwischen Kostenträgereinzelkosten, die einzelnen Objekten (Produkten) direkt zurechenbar sind, und Kostenträgergemeinkosten, welche von mehreren Kostenträgern gemeinsam verursacht werden, vornehmen.

Um auch noch die Gemeinkosten zumindest näherungsweise auf einzelne Kostenträger umlegen zu können, werden die nach Kostenarten gegliederten, als *primär* bezeichneten Gemeinkosten aus der Kostenartenrechnung in das zweite Teilgebiet der Istkostenrechnung, die *Kostenstellenrechnung*, hineingeführt. Die Kostenstellenrechnung soll die Frage nach dem Ort der Kostenentstehung beantworten. Aus der Kostenartenrechnung ist klar, *welche* primären Gemeinkosten entstanden sind; nun geht es darum, zu analysieren, *wo* sie entstanden sind, um schließlich im letzten Schritt (Kostenträgerrechnung) ersehen zu können, *wofür* sie entstanden sind. Die Kostenstellenrechnung steht also hinsichtlich der Kostenträgergemeinkosten zwischen Kostenarten- und Kostenträgerrechnung. Demgegenüber werden die Kostenträgereinzelkosten von der Kostenartenrechnung direkt in die Kostenträgerrechnung überführt (vgl. Abbildung 40) Neben der *Zuarbeit für die Kostenträgerrechnung* hat die Kostenstellenrechnung aber auch noch den originären Zweck, Istdaten für die *Wirtschaftlichkeitskontrolle* der Kostenstellen zu erheben.

Kostenstellen sind selbständig kostenabrechnende Betriebsteile, z.B. Abteilungen, Werkstätten, Maschinen oder einzelne Arbeitsplätze. Ihre Abgrenzung geschieht so, daß möglichst selbständige und oft auch räumlich benachbarte Bereiche zusammengefaßt werden, für die einheitliche Maßgrößen der Kostenverursachung identifizierbar sind. *Allgemeine Kostenstellen* erbringen Leistungen für den Gesamtbetrieb, z.B. Forschung und Entwicklung, Gebäudewirtschaft, Kraftwerk, Fuhrpark, Instandhaltung oder Kantine. *Hauptoder Endkostenstellen* sind kostenträgerbezogen, dienen also unmittelbar der Herstellung und dem Absatz der Produkte des Betriebes. Typische Hauptkostenstellen sind Materialstellen, Fertigungsstellen sowie Verwaltung und Vertrieb. Im Fertigungsbereich ist eine detailliertere Einteilung der Kostenstellen als im Verwaltungsbereich üblich. Daher gibt es diverse *Hilfskostenstellen*, welche Leistungen nur für bestimmte Hauptkostenstellen erbringen (z.B. das Meisterbüro für die Fertigungshauptkostenstellen Dreherei, Schlosserei und Montage).

Der *Betriebsabrechnungsbogen* (BAB) ist eine Tabelle (vgl. Tabelle 32), in der die zeilenweise nach Kostenarten erfaßten Gemeinkosten (sog. primäre Gemeinkosten) spaltenweise auf Kostenstellen umverteilt werden. Durch diese *innerbetriebliche Leistungsverrechnung* entstehen die sekundären, kostenstellenbezogenen Gemeinkosten. Dabei werden zunächst die Gemeinkosten der Allgemeinen Kostenstellen auf die Hilfs- und Hauptkostenstellen verteilt und anschließend die Gemeinkosten der Hilfskostenstellen auf die Haupt- oder Endkostenstellen. Die Kostenverteilung hat möglichst verursachungsgerecht zu erfolgen, so etwa Stromkosten nach Verbrauchszählerstand und Heizungskosten nach Fläche oder Meßgerätanzeige. Vielfach gerät das Umlegen der Kosten auf die Kostenstellen aber eher zu einem „Umlügen", denn oftmals läßt sich die stellenbezogene Kostenentstehung nicht einwandfrei begründen. Wie sollen beispielsweise Abschreibungskosten verteilt werden: nach Raumgröße, nach Raumvolumen oder auch nach Wert und Qualität der Raumausstattung (z.B. Parkett- und Marmorböden auf der Vorstandsetage versus Estrich in einem Kellerraum)? Tabelle 32 zeigt ein *Beispiel* für einen BAB.

Im Beispiel gibt es eine Allgemeine Kostenstelle (Kraftwerk), eine Fertigungshilfskostenstelle (Meisterbüro) und sechs Hauptkostenstellen von Material bis Vertrieb. Zunächst werden die primären Gemeinkosten des Kraftwerks (18.140) auf alle anderen Kostenstellen verteilt, danach die um die zugeschlüsselten Kraftwerkskosten (40) erhöhten Gemeinkosten des Meisterbüros (primär 6.930, nach Kraftwerksumlage 6.970) auf die drei Fertigungshauptkostenstellen, denen das Meisterbüro dient. Die Kostenstellenrechnung ist abgeschlossen, wenn nur noch für die Hauptkostenstellen Gemeinkosten ausgewiesen sind. Das Rechenergebnis dient sowohl der Wirtschaftlichkeitskontrolle der Kostenstellen (Soll-Ist-Vergleiche) als auch der Ermittlung von Zuschlagssätzen für die Verteilung der sekundären Gemeinkosten auf die Kostenträger.

Tab. 32: Kostenstellenrechnung im Betriebsabrechnungsbogen

Kostenstellenrechnung im Betriebsabrechnungsbogen (BAB)

Kostenstellen Kostenarten	Summe	Kraftwerk	Meisterbüro	Materialstelle	Dreherei	Schlosserei	Montage	Verwaltung	Vertrieb
Einzelkosten									
1. Materialeinzelkosten	12850								
2. Fertigungseinzelkosten	19854				7987	6188	5679		
Primäre Gemeinkosten									
1. Hilfsstoffe	5089	220	80	470	100	390	257	1871	1701
2. Betriebsstoffe	2740	2000	20	100	200	150	50	100	120
3. Hilfslöhne	6299	5000	500	200	300	100	70	30	99
4. Gehälter	24000	10000	6000	2500	0	0	0	3000	2500
5. Kalk. Abschreibungen	2110	900	300	200	100	40	20	200	350
6. Kalk. Zinsen	73	20	30	5	3	1	1	3	10
Summe Gemeinkosten	40311	18140	6930	3475	703	681	398	5204	4780
Sekundäre Gemeinkosten									
Umlage Kraftwerk	18140	↑	40	100	6000	6000	3000	2000	1000
Umlage Meisterbüro	6970		↑	0	2350	2360	2260	0	0
Summe Gemeinkosten	**40311**			**3575**	**9053**	**9041**	**5658**	**7204**	**5780**
Zuschlagsbasis				12850	7987	6188	5679	60031	
Zuschlagssatz				27,82%	113,35%	146,11%	99,63%	21,63%	

Gegenstand der *Kostenträgerstückrechnung* ist die *Kalkulation* der Stückkosten (Durchschnittskosten pro Stück) der Erzeugnisse des Betriebs. Während die Kostenträgereinzelkosten den Produkten per Definition direkt (einzeln) zugeordnet werden können, bedürfen die Kostenträgergemeinkosten der Umschlüsselung auf die Produkteinheiten mit Hilfe der Kostenstellenrechnung.

Im Rahmen der *differenzierten Zuschlagskalkulation* geht man einfach davon aus, daß die sekundären Gemeinkosten der Material- und Fertigungshauptkostenstellen in einem proportionalen Verhältnis zu den in diesen Hauptkostenstellen jeweils angefallenen Einzelkosten stehen. Aus diesem Grunde finden sich die Material- und Fertigungseinzelkosten nachrichtlich auch im Betriebsabrechnungsbogen nach Kostenstellen erfaßt. Im obigen Beispiel-BAB errechnet sich z.B. für die Materialstelle aus dem Verhältnis von Gemein- zu Einzelkosten ein Materialgemeinkostenzuschlagssatz von 3.575/12.850 = 27,82%. Für die drei Fertigungshauptkostenstellen wird analog verfahren; dabei verteilen sich die Fertigungseinzelkosten von 19.854 gemäß der vorletzten Zeile im BAB als Zuschlagsbasis für die Gemeinkosten. Für Verwaltung und Vertrieb wird gewöhnlich ein gemeinsamer Zuschlagssatz gebildet. Als Zuschlagsbasis dienen die sogenannten *Herstellkosten*, also die Summe aus allen Material- und Fertigungseinzel- und -gemeinkosten, im Beispiel 12.850 + 19.854 + 3.575 + 9.053 + 9.041 + 5.658 = 60.031. Als Zuschlagssatz für „V+V" resultiert dann (7.204 + 5.780)/60.031 = 21,63%. Addiert man zu den Herstellkosten noch die Verwaltungs- und Vertriebskosten, so resultieren die *Selbstkosten* des Produkts.

Aufgabe 40: Zuschlagssätze Betriebsabrechnungsbogen
Leiten Sie die im obigen BAB angegebenen Zuschlagssätze für die Hauptkostenstellen Dreherei, Schlosserei und Montage her!

Beispiel: Ein Auftrag verursachte Materialeinzelkosten von 100 und Fertigungseinzelkosten von 70 in der Dreherei, 50 in der Schlosserei und 80 in der Montage. Dann betragen die Selbstkosten gemäß der nach Kostenstellen differenzierten Zuschlagskalkulation (vgl. Tabelle 33):

Tab. 33: Herstell- und Selbstkostenermittlung

Materialeinzelkosten	100,--
+ Materialgemeinkosten 27,82%	27,82
+ Fertigungseinzelkosten Dreherei	70,--
+ Fertigungsgemeinkosten Dreherei 113,35%	79,35
+ Fertigungseinzelkosten Schlosserei	50,--
+ Fertigungsgemeinkosten Schlosserei 146,11%	73,06
+ Fertigungseinzelkosten Montage	80,--
+ Fertigungsgemeinkosten Montage 99,63%	79,70
HERSTELLKOSTEN	559,93
+ Gemeinkosten Verwaltung und Vertrieb 21,63%	121,11
SELBSTKOSTEN	681,04

Aufgabe 41: Betriebsabrechnungsbogen[306]
Es sei der folgende Betriebsabrechnungsbogen (BAB) gegeben:

Tab. 34: Betriebsabrechnungsbogen – Aufgabe 41

Kostenarten / Kostenstellen	Summe	Kraft-werk	Materi-alstelle	Schlos-serei	Mon-tage	Verwal-tung
Einzelkosten						
Materialeinzelkosten	5.000					
Fertigungseinzelkosten	8.000			5.000	3.000	
Primäre Gemeinkosten						
Hilfsstoffe	1.425	140	200	130	230	725
Betriebsstoffe	1.215	1.000	25	80	50	60
Gehälter	5.600	2.600	1.000	0	0	2.000
Kalk. Abschreibungen	576	250	70	38	18	200
Kalk. Zinsen	34	10	5	2	2	15
Summe	8.850	4.000	1.300	250	300	3.000
Sekundäre Gemeinkosten						
Umlage Kraftwerk	4.000	→	60	2.000	1.200	740
Summe Gemeinkosten	8.850		???	???	???	???
Zuschlagsbasis			???	???	???	???
Zuschlagssatz			???	???	???	???

Im Beispiel gibt es eine Allgemeine Kostenstelle (Kraftwerk) und vier Hauptkostenstellen (Material, Schlosserei, Montage, Verwaltung).

a) Ermitteln Sie die Zuschlagssätze der vier Hauptkostenstellen! Bestimmen Sie hierzu zunächst jeweils die Summe der Gemeinkosten und anschließend die Zuschlagsbasen!

b) Ein eingehender Auftrag verursacht Materialeinzelkosten von 250 und Fertigungseinzelkosten in Höhe von 190 in der Schlosserei und 160 in der Montage. Berechnen Sie mit Hilfe der Zuschlagssätze aus Teilaufgabe a) sowohl die Herstellkosten als auch die Selbstkosten des Auftrags!

Falls sich die gefertigten Produktvarianten so ähnlich sind, daß ihre Kostenverursachung als proportional angenommen werden kann (z.B. Biersorten, Bleche verschiedener Stärke), so erübrigt sich die differenzierte Zuschlagskalkulation. Statt dessen bildet man einfach *Äquivalenzziffern* der Kostenverursachung. Erhält etwa die „normale" Blechsorte die Äquivalenzziffer 1, die dickere Sorte die Ziffer 1,3 und die schwache Blechsorte 0,9 zugewiesen, so heißt das, daß ein Stück der dünnen Sorte annahmegemäß nur 90% der Kosten eines Normalblechs verursacht, während das stärkere Blech pro Stück 30% teurer ist als das normale Blech. Werden nun vom normalen Blech 10.000 Stück, vom starken 5.000 und vom schwachen Blech 7.000 Stück bei Gesamtkosten von 114.000 Geldeinheiten (GE) gefertigt, so kalkulieren sich die Stückkosten der Normalsorte einfach wie folgt:

$$k_{normal} = \frac{114.000}{1 \cdot 10.000 + 1,3 \cdot 5.000 + 0,9 \cdot 7.000} = \frac{114.000}{22.800} = 5.$$

Die starke Sorte kostet dann pro Stück $1,3 \cdot 5 = 6,5$ und die schwache Blechsorte $0,9 \cdot 5 = 4,5$.

Noch einfacher wird die Kostenträgerstückrechnung in einem Einproduktunternehmen (z.B. Stromerzeuger). Hier sind lediglich die Gesamtkosten des Betriebes durch die Produktions-

---

306 Vgl. für zusätzliche Übungsaufgaben *Hering/Toll*, BWL-Klausuren (2022), S. 274-276, *Thommen et al.*, Betriebswirtschaftslehre (2023), S. 315-320, *Jung*, Betriebswirtschaftslehre (2016), S. 1140-1147, *Kußmaul*, Betriebswirtschaftslehre (2022), S. 226-230, *Neus*, Einführung (2018), S. 441-443, *Vahs/Schäfer-Kunz*, Einführung (2021), S. 460-474, *Thommen et al.*, Arbeitsbuch (2022), S. 103-106, *Opresnik/Rennhak* (2015), S. 166-172, *Burchert et al.*, Rechnungswesen (2014), S. 94-98.

menge zu dividieren. Falls 1.000 Stück 10.000 Geldeinheiten kosten, dann kostet ein einzelnes Stück 10.000/1.000 = 10 Geldeinheiten. Zwischenerzeugnisse werden analog kalkuliert, wobei lediglich die bis zur erreichten Produktionsstufe angefallenen Kosten zu berücksichtigen sind (mehrstufige *Divisionskalkulation*).

Aufgabe 42: Äquivalenzziffernrechnung[307]
Ein Unternehmen stellt Bleche verschiedener Stärken in folgenden Stückzahlen her:

Tab. 35: Daten zur Äquivalenzziffernrechnung – Aufgabe 42

Blechsorte	Menge	Äquivalenzziffer
Dünn	10.000	0,7
Normal	15.000	1
Dick	5.000	1,3

Bestimmen Sie die Stückkosten der jeweiligen Blechsorten mit Hilfe der Äquivalenzziffernmethode, wenn die Gesamtkosten der Abrechnungsperiode 228.000 € betragen!

Eine zusätzliche Übungsaufgabe finden Sie hier:

https://www.degruyterbrill.com/publication/isbn/9783119145305/downloadAsset/9783119145305_Aufgabe15.pdf

Selbstkosten auf Vollkostenbasis geben einen *ersten Anhaltspunkt* dafür, ob der Verkaufspreis des Produkts rückblickend insgesamt kostendeckend gewesen ist. Entscheidungen über eine Änderung des Absatzpreises oder gar eine Elimination des Produkts aus dem Programm lassen sich natürlich auf dieser vergangenheitsorientierten Basis nicht treffen, denn hierzu werden absatzpolitische und kostenrechnerische Planungsdaten benötigt (Schätzungen der zukünftigen, vom Produkt tatsächlich verursachten Kosten, Annahmen über die Preisabsatzfunktion und etwaige Verbundwirkungen auf den Absatz anderer Produkte, vgl. Abschnitt 2.3.2). Außerdem muß bedacht werden, welche Fixkosten in den zugeschlüsselten Selbstkosten enthalten sind und ob diese Fixkostenanteile überhaupt in der kalkulierten Höhe wegfielen, wenn man das Produkt in Zukunft nicht mehr fertigte (z.B. Abschreibungskosten für Maschinen oder auf Dauer zu zahlende Pacht auf die Lagerhalle). Schließlich können mehrperiodig wirksame Entscheidungen nur mit den Methoden der Investitionstheorie fundiert werden: Langfristig interessiert den Unternehmer der mit seinem Produkt erzielbare *Kapitalwert* zukünftiger Ein- und Auszahlungen, aber nicht die Relation der kalkulatorischen Selbstkosten zum Absatzpreis einer vergangenen Abrechnungsperiode. „Für das Gewesene gibt der Kaufmann nichts." Herstellkosten bilden allerdings die Basis für eine Bewertung von Zwischen- und Fertigerzeugnissen in der Bilanz, weshalb die Kostenrechnung damit auch eine Dokumentationsaufgabe im Hinblick auf eine Übernahme von Wertansätzen in das externe Rechnungswesen besitzt.

3.2.2.3 Plankostenrechnung
Während die Istkostenrechnung die im Betrieb tatsächlich anfallenden Kosten dokumentiert und auf Kostenstellen und -träger verrechnet, ermöglicht erst eine Plankostenrechnung die *zukunftsgerichtete Vorgabe von Kostenbudgets* für die Kostenstellen sowie den *nachträglichen Wirtschaftlichkeitsvergleich* der Istkosten mit den bei Beachtung des ökonomischen Prinzips

---

307 Vgl. für zusätzliche Übungsaufgaben *HERING/TOLL*, BWL-Klausuren (2022), S. 276-278, *JUNG*, Betriebswirtschaftslehre (2016), S. 1148, *VAHS/SCHÄFER-KUNZ*, Einführung (2021), S. 469 f., *AMELY*, Formeln (2024), S. 152, *OPRESNIK/RENNHAK* (2015), S. 171, *BURCHERT et al.*, Rechnungswesen (2014), S. 100-102.

vertretbaren, im voraus budgetierten Sollkosten oder Plankosten. Sämtliche betrieblichen Planungsentscheidungen über die Vorteilhaftigkeit von Investitionen, die optimale Festlegung von Absatzpreisen, Bestellmengen, Produktionsprogrammen usw. sind zukunftsgerichtet und basieren daher zwangsläufig auf geschätzten zukünftigen Datenentwicklungen, also auf geplanten Größen. Für diese Entscheidungsrechnungen hat die Plankostenrechnung relevante Informationen zu liefern. Da für langfristig wirksame Entscheidungen keine Kosten-, sondern Zahlungsgrößen ausschlaggebend sind, beschränkt sich die Entscheidungsrelevanz der Plankosten vordergründig auf eher kurzfristige Planungsprobleme, wie Sie sie insbesondere aus der Produktions- und Absatzplanung kennen. Man darf aber nicht verkennen, daß auch die für mehrperiodige Investitionsentscheidungen benötigten Schätzungen der künftigen Ein- und Auszahlungen von der Existenz einer Plankostenrechnung stark profitieren können. Ein Betrieb, der Kosten plant, kann daraus auch die auszahlungswirksamen Bestandteile ableiten und in die fernere Zukunft fortzuschreiben versuchen.

Eine *Vollplankostenrechnung* schließt sowohl fixe als auch variable Kosten ein. In der *starren* Plankostenrechnung werden nur die Kosten für ein einziges Plan-Beschäftigungsniveau (z.B. geplante Produktionsmenge einer Kostenstelle) vorgegeben. Sinnvoller erscheint die *flexible* Plankostenrechnung, welche Plankosten für alternativ mögliche Beschäftigungsniveaus ermittelt. Dabei erfolgt eine *Kostenspaltung*, die den Fixkostenblock von den mit der Ausbringungsmenge (Beschäftigung) variablen Kosten trennt. Kostenstellen sind möglichst so abzugrenzen, daß die Beschäftigung anhand einer einzigen Größe (z.B. Ausbringungsmenge, Zahl der Buchungsvorgänge, Zahl der verwalteten Aufträge) gemessen werden kann und diese Größe der Kostenentstehung im wesentlichen proportional ist.

Die *flexible Plankostenrechnung* unterstellt eine Kostenspaltung in fixe und in variable Kosten, wobei letztere in Abhängigkeit von der Beschäftigung M linear verlaufen. Diese Annahme muß keineswegs unrealistisch sein, entspricht sie doch z.B. dem Stromtarif vieler Energieversorger, die einen fixen Grundpreis mit einem abschnittsweise konstanten Arbeitspreis pro Kilowattstunde verbinden. Es ergibt sich das folgende Diagramm für die Plankosten einer Kostenstelle:

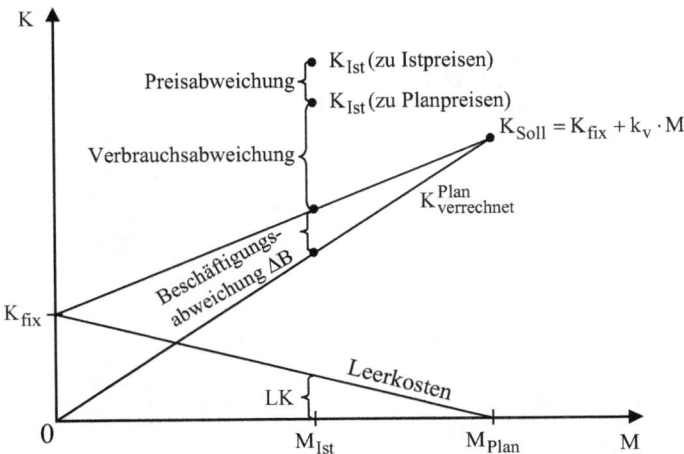

Abb. 49: Flexible Plankostenrechnung

Abbildung 49 zeigt neben den durch die Kostenspaltung entstandenen *Sollkosten* K_{Soll} in Abhängigkeit von der Beschäftigung M auch die Kurve der sog. *verrechneten Plankosten*, welche sich von den Sollkosten um den Betrag der Leerkosten unterscheidet. *Leerkosten* definieren sich als der durch eine Unterschreitung der Planbeschäftigung M_{Plan} nicht „genutzte" Teil der Fixkosten K_{fix}: Bei einer Beschäftigung von $M = 0$ sind alle Fixkosten Leerkosten, weil sie buchstäblich „für nichts" anfallen, während bei Planbeschäftigung $M = M_{Plan}$ definitionsgemäß keine Leerkosten entstehen, da die Kapazität planmäßig ausgenutzt wird.

Die flexible Plankostenrechnung erlaubt es, die Ursachen einer Kostenüberschreitung in der nachträglichen Sicht zu analysieren. Bleibt etwa die Ist-Ausbringungsmenge M_{Ist} der Planperiode hinter der Planbeschäftigung M_{Plan} zurück und verursacht Istkosten K_{Ist}, so ergibt sich aus der Abbildung 49 die folgende *Abweichungsanalyse*: Die *Beschäftigungsabweichung* entspricht den Leerkosten, welche wegen der Unterschreitung der Planbeschäftigung gegenüber dem verrechneten Plankostensatz bei Planbeschäftigung zwangsläufig entstehen. Diese Abweichung hat der Kostenstellenleiter nicht zu verantworten, sofern er keinen Einfluß auf die Istbeschäftigung hat. Anderes gilt für die *Verbrauchsabweichung*: Sind die Istkosten (zu Planpreisen) höher als die aufgrund der Kostenspaltung zulässigen Sollkosten K_{Soll}, so kann dies nur auf Faktormehrverbrauch, also auf Unwirtschaftlichkeit zurückzuführen sein. Die Ursachen dafür sind zu identifizieren und abzustellen (oder die Sollkosten zu korrigieren, falls sich die Kostenspaltung als unrealistisch erweist). Der Unterschied zwischen den Istkosten zu Istpreisen und den Istkosten zu Planpreisen bezeichnet man schließlich als *Preisabweichung*. Sie entsteht allein dadurch, daß für die eingesetzten Produktionsfaktoren andere als die in der Plankostenrechnung im voraus veranschlagten Preise am Markt gezahlt werden mußten.

Mit Hilfe der flexiblen Plankostenrechnung lassen sich kleinere, kurzfristige Entscheidungsprobleme lösen. Diesen ist gemeinsam, daß der Zeitablauf keine Rolle spielt und daher keine genaue Verrechnung von Zins und Zinseszins erfolgt. Sofern sich die Handlungsalternativen oder die finanzwirtschaftliche Auswirkung fixer und variabler Kosten hinsichtlich der Zeitpunkte des Zahlungsanfalls deutlich unterscheiden, müssen jedoch Vergleiche anhand des Kapitalwertkriteriums vorgenommen werden (vgl. Unterabschnitt 3.1.1.2).

Das wohl „berühmteste" Beispiel eines kostenrechnerischen Entscheidungsmodells ist die (statische) *Gewinnschwellenanalyse* (vgl. Abbildung 50). Hier geht es darum, bei gegebenem Absatzmarktpreis p diejenige kritische Produktions- und Absatzmenge M_{krit} zu ermitteln, die erstmals kostendeckend ist. Anders gefragt: Wie viele Einheiten des Produkts müssen mindestens abgesetzt werden, damit der Deckungsbeitrag den Fixkosten gleichkommt, also die Gewinnschwelle bei einem Gewinn von 0 erreicht wird? Bis zur Gewinnschwelle erwirtschaftet der Betrieb Verlust, und für $M > M_{krit}$ erzielt er Gewinn. Die nachstehende Abbildung zeigt die Umsatzfunktion $U = p \cdot M$, die bekannte (Soll- bzw. Plan-) Kostenfunktion $K = K_{fix} + k_v \cdot M$ sowie die Gewinnfunktion $G = U - K$. Es sei $p > k_v$.

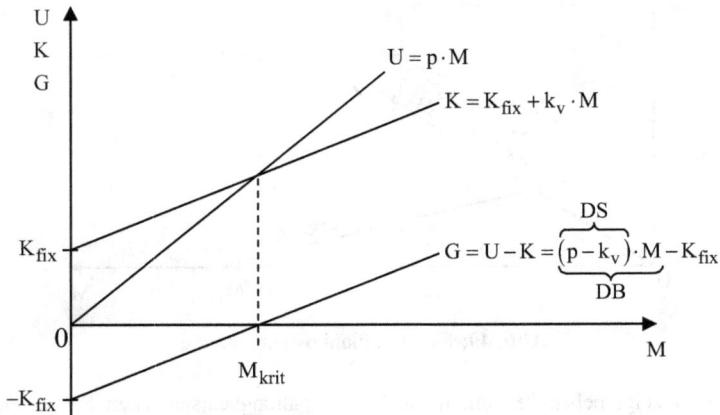

Abb. 50: (Statische) Gewinnschwellenanalyse

Aus dem Gleichsetzen von Umsatz- und Kostenfunktion erhalten wir die Stelle, an der der Gewinn genau gleich null ist, und ersehen durch Auflösen nach M:

$$M_{Krit} = \frac{K_{fix}}{p - k_v}.$$

Diese Gleichung leuchtet unmittelbar ein, denn sie beantwortet die Frage, wie oft die *Deckungs-spanne* $p - k_v$ in die Fixkosten hineinpaßt, wie viele Einheiten M also benötigt werden, bis die Fixkosten gedeckt sind. Aus der Vorstellung der Fixkostenabdeckung stammen ja gerade die Bezeichnungen Deckungsspanne und Deckungsbeitrag, die Sie schon aus dem Produktions- und Absatzteil kennen (vgl. die Unterkapitel 2.2 und 2.3).

Aufgabe 43: Gewinnschwellenanalyse[308]
Der in Suhl ansässige Motorradhersteller Simson muß zur Produktion seiner in liebevoller Detailarbeit entstehenden Motorräder neben beschäftigungsunabhängigen Fixkosten in Höhe von 5.000.000 € auch pro Motorrad anfallende variable Kosten von 7.000 € aufwenden. Wie viele Motorräder müssen mindestens abgesetzt werden, damit bei einem Verkaufspreis in Höhe von 12.000 € pro Stück die Gewinnschwelle erreicht wird?

Eine zusätzliche Übungsaufgabe finden Sie hier:

https://www.degruyterbrill.com/publication/isbn/9783119145305/downloadAsset/9783119145305_Aufgabe16.pdf

Fixkosten sind nur dann entscheidungsrelevant, wenn sie noch abgebaut oder vermieden wer- den können. Anderenfalls handelt es sich um *versunkene Kosten*, so schmerzlich der Gedanke an sie auch sein mag. Wenn es z.B. nicht gelingt, mit dem Produktverkauf die nach Anschaffung der Anlage bereits unvermidlich gewordenen Fixkosten wieder „hereinzuholen", ist es immer noch besser, unterhalb der Menge M_{Krit} zu produzieren als gar nicht, denn jede verkaufte Men- geneinheit erhöht zumindest den (leider aufgrund der Fixkosten unterhalb von M_{Krit} negativ bleibenden) Gewinn um die positive Deckungsspanne ($p - k_v > 0$). Bei Nichtproduktion ($M = 0$) wäre der Gewinn am geringsten überhaupt; es entstünde dann ein Verlust genau in Höhe der Fixkosten (vgl. erneut Abbildung 50).

Offensichtlich sind in solchen Planungssituationen mit „versunkenen" Fixkosten nur noch die variablen Kosten entscheidungsrelevant, denn solange der Preis zumindest die variablen Kosten übersteigt, entsteht Deckungsbeitrag. Bei den in der Plankostenrechnung unterstellten linearen Funktionen der variablen Kosten, $K_v = k_v \cdot M$, entsprechen die variablen Stückkosten zugleich den *Grenzplankosten*, also der ersten Ableitung der Plankostenfunktion nach der Beschäftigung M:

$$\frac{dK_v}{dM} = k_v.$$

Man spricht daher statt von der Teilplankostenrechnung begrifflich klarer von der *Grenzplan-kostenrechnung*, wenn nur variable Kosten im Sinne von Grenzkosten einer Entscheidung relevant sind. Der klassische Fall einer solchen Entscheidung ist diejenige über die Herein- nahme oder Ablehnung eines dem Betrieb angebotenen *Zusatzauftrags* in das bestehende Pro- gramm. Sofern Fixkosten versunken und damit irrelevant sind und außerdem kein Kapazitäts-

---

308 Vgl. für zusätzliche Übungsaufgaben *HERING/TOLL*, BWL-Klausuren (2022), S. 278 f., *VAHS/SCHÄFER-KUNZ*, Einführung (2021), S. 490, *THOMMEN et al.*, Arbeitsbuch (2022), S. 75, *AMELY*, Formeln (2024), S. 47 f.

engpaß besteht, muß ein Zusatzauftrag kurzfristig nur seine variablen Kosten decken, um vorteilhaft zu sein. Die *kurzfristige Preisuntergrenze* pro Stück ist dann einfach $p^* = k_v$. Natürlich möchte der Betrieb gerne mehr erlösen als p^*, aber wenn seine Kapazitäten nicht ausgelastet sind und die Fixkosten ohnehin unabhängig von der Annahme oder Ablehnung des Auftrags „weiterlaufen", wäre es ökonomisch unvernünftig, nicht im äußersten Fall auch zu (wenig mehr als) variablen Kosten anzubieten.

Aufgabe 44: Auftragskalkulation mit Voll- und Grenzkosten[309]
Ein Betrieb erhält die Anfrage, ob er 2.000 Teile zu einem Stückpreis von 20 € liefern könne. Eine bislang untätige Anlage ist vorhanden. Sie verursacht in jeder Planperiode Fixkosten in Höhe von 20.000 € und ist in der Lage, die nachgefragten Teile mit variablen Stückkosten von 15 € zu fertigen. Ermitteln Sie die stückbezogenen Vollkosten und die Grenzkosten der Teile! Soll der Zusatzauftrag angenommen werden? Begründen Sie Ihre Empfehlung!

Eine zusätzliche Übungsaufgabe finden Sie hier:

https://www.degruyterbrill.com/publication/isbn/9783119145305/downloadAsset/9783119145305_Aufgabe17.pdf

---

Dabei ist natürlich zu berücksichtigen, daß die kurzfristige Preisuntergrenze nur eine rein kostenrechnerische und nicht strategische Überlegung darstellt. Sollte der Betrieb z.B. mit einer baldigen Verbesserung der Marktlage rechnen, kann es unter Umständen langfristig vorteilhafter sein, nicht vollkostendeckende Aufträge dennoch auszuschlagen und vorübergehende Gewinneinbußen hinzunehmen, um die Kunden gar nicht erst an die niedrigeren Preise zu gewöhnen. Ein Kunde, der sich an einen niedrigen Preis erinnert, wird diesen womöglich auch in Zukunft verlangen und vielleicht verärgert sein, wenn er ihn später nicht mehr durchsetzen kann, und deshalb den Anbieter wechseln. An diesem Beispiel sehen Sie recht gut, daß ein Entscheidungsträger stets die möglichen *Interdependenzen* aller Teilbereiche vor Augen haben muß, also z.B. auch in der Anwendung der Kostenrechnung nicht ohne Kenntnisse der Absatzpolitik und anderer Zusammenhänge auskommt.

Die *Plankostenrechnung* stößt nicht allein dann an *Grenzen*, wenn es auf die genaue Abbildung *mehrperiodiger Zahlungswirkungen* ankommt, die nur mit Methoden der Investitions- und Finanzierungstheorie bewältigt werden kann. Ein generelles *Problem* ist vielmehr auch die in der Praxis beobachtbare *Verschiebung der Kostenstrukturen*: In modernen Volkswirtschaften gibt es die Tendenz zu einer immer fixkostenintensiveren Produktion. Variable Kosten wie Akkord- und Stundenlöhne für Arbeiter weichen in ihrer größenmäßigen Bedeutung zunehmend fixen Kosten wie Gehältern für Angestellte sowie Abschreibungen und Zinsen für immer komplexere, kapitalintensive technische Anlagen. Der technische Fortschritt sowie die bessere Qualifikation der Arbeitskräfte drängen den Einsatz der tendenziell eher variablen Faktoren „objektbezogene Arbeit" und „Werkstoffe" zugunsten der eher fixkostenlastigen Faktoren „dispositive Arbeit" und „Betriebsmittel" zurück. Beispielsweise sind flexible Fertigungssysteme in der Anschaffung sehr teuer und erzeugen somit hohe Fixkosten; sie erlauben aber durch Reduktion der Zahl von Umrüstvorgängen eine Senkung der variablen Stückkosten. Variable Fertigungslöhne fallen kaum noch an. In der Folge sinken das absolute und das relative Ausmaß der durch eine Grenzplankostenrechnung überhaupt noch beeinflußbaren Kosten. Immer wichtiger wird unter solchen Umständen die *Investitionsrechnung*, mit der im voraus beurteilt werden kann, ob es sich langfristig lohnt, die hohen, später kaum noch abbaufähigen Fixkosten überhaupt erst entstehen zu lassen. Ist bei solchen Kostenstrukturen erst einmal irre-

---

309 Vgl. für zusätzliche Übungsaufgaben *HERING/TOLL*, BWL-Klausuren (2022), S. 279–281, *KUẞMAUL*, Betriebswirtschaftslehre (2022), S. 230 f.

versibel falsch investiert worden, kann auch die beste Kostenrechnung die Fehlinvestition nicht mehr durch besonders gute Planung des laufenden Betriebs kompensieren.

Wenn der fixe Gemeinkostenblock zunimmt und gleichzeitig die Teilkosten bzw. variablen Kosten zurückgehen, wird auch die differenzierte *Zuschlagskalkulation zunehmend ungenau.* Die Zuschlagsbasis nimmt ab, und bei Zuschlagssätzen weit über 100% verstärkt sich jeder Fehler bei der Erfassung der Einzelkosten sofort multiplikativ im Bereich der Gemeinkosten. Durch die Tendenz zur variantenreichen, kundenindividuellen Produktion entsteht zudem das *Problem* der nicht abgebildeten „*Komplexitätskosten*": Da die Zuschlagskalkulation nur von den Einzelkosten ausgeht, aber den hohen Organisations- und Planungsaufwand für „exotische" Produktvarianten ignoriert, bleibt sie blind für den betrieblichen Kostenvorteil standardisierter Massenprodukte gegenüber in geringer Stückzahl gefertigten „Exoten". Neuere Entwicklungen in der Kostenrechnung bemühen sich daher um eine genauere Abbildung der Fertigungsprozesse und der heterogenen Maßgrößen der Kostenverursachung. Alle Kosten sollen möglichst bei den Bezugsobjekten erfaßt werden, wo sie als Einzelkosten direkt zuordenbar sind, damit eine pauschale, fehlerträchtige Verrechnung von „umgelogenen" Gemeinkosten weitgehend unterbleiben kann.

3.2.3 Buchführung und Jahresabschluß

3.2.3.1 Buchführung

Unter *Buchführung* versteht man die planmäßige und lückenlose Aufzeichnung aller Geschäftsvorfälle, die in einem Unternehmen mit Werten verbunden sind, und zwar in zeitlichem Ablauf mit inhalts- und zahlenmäßiger Wertangabe.[310] Die Buchführung sammelt, ordnet und gruppiert dieses Zahlenwerk und entwickelt daraus in regelmäßigen Abständen einen Abschluß, jährlich den Jahresabschluß. Sie erbringt damit einen vollständigen Nachweis über Vermögens- und Kapitaländerungen. Die *doppelte Buchführung* verfolgt das Ziel, ausgehend von dem systembildenden Leitgedanken einer zweifachen Erfolgsermittlung eine Vermögens-(Bilanz) und eine Erfolgsübersicht (Gewinn- und Verlustrechnung) zu entwickeln, in denen jeweils die Reinvermögensänderung als Erfolg ausgewiesen wird. Der Weg zu diesem Ziel führt über Konten (Bestands- und Erfolgskonten) und das geschlossene Kontensystem der doppelten Buchführung.

Die Buchführung setzt an der Bilanz an, welche ihrerseits aus dem durch Inventur gebildeten Inventar hervorgeht.[311] Unter *Inventur* versteht man die körperliche und teils auch buchmäßige Bestandsaufnahme der Vermögensgegenstände und Schulden eines Unternehmens zu einem gegebenen Zeitpunkt durch Messen, Wiegen, Zählen und Heranziehen von Aufzeichnungen. Diese Bestandsaufnahme findet ihren Niederschlag im *Inventar,* welches ein in Staffelform aufgestelltes mengen- und wertmäßiges Verzeichnis aller Vermögensgegenstände und Schulden darstellt. Aus dem Inventar wird durch systematische Gegenüberstellung von Vermögen (Aktiva) und Schulden (Passiva) in Kontoform schließlich die *Bilanz* gebildet. Während sie auf ihrer Aktivseite die Vermögensgegenstände (Anlage- und Umlaufvermögen) aufnimmt und damit die Mittelverwendung zeigt, gibt die Passivseite Aufschluß über die Höhe der Schulden (Fremdkapital) und die als residualer Ausgleichsposten übrigbleibenden eigenen Mittel (Eigenkapital). Die Passivseite zeigt somit die Herkunft des zur Finanzierung der Vermögenswerte notwendigen Kapitals. In diesem Sinn ist die Bilanz als zeitpunktbezogene Gegenüberstellung von Vermögen (Aktiva) und Kapital (Passiva) anzusehen (vgl. Abbildung 51).

---

310 Vgl., auch im folgenden, WÖHE, Bilanzierung (1997), S. 5, EISELE/KNOBLOCH, Rechnungswesen (2019), S. 15 f., 79 ff., DÖRING/BUCHHOLZ, Buchhaltung (2021), S. 2 ff., WÖHE/KUßMAUL, Buchführung (2022), S. 3 f., 63 ff., SCHWINN, Betriebswirtschaftslehre (1996), S. 802 ff., BIEG/WASCHBUSCH, Buchführung (2021), S. 6 ff., LITTKEMANN/HOLTRUP/SCHULTE, Buchführung (2016), S. 23 ff., MINDERMANN/BRÖSEL, Buchführung (2020), S. 1 ff.
311 Vgl., auch im folgenden, WÖHE, Bilanzierung (1997), S. 5 f., 29 ff., EISELE/KNOBLOCH, Rechnungswesen (2019), S. 47 ff., BAETGE/KIRSCH/THIELE, Bilanzen (2017), S. 69 ff., DÖRING/BUCHHOLZ, Buchhaltung (2021), S. 7 ff., WÖHE/KUßMAUL, Buchführung (2022), S. 43 ff., BIEG/WASCHBUSCH, Buchführung (2021), S. 37 ff., LITTKEMANN/HOLTRUP/SCHULTE, Buchführung (2016), S. 8 ff., MINDERMANN/BRÖSEL, Buchführung (2020), S. 17 ff.

Aktivseite (Aktiva)	Passivseite (Passiva)
Anlagevermögen	Eigenkapital
Umlaufvermögen	Fremdkapital

Abb. 51: Grundsätzlicher Aufbau einer Bilanz[312]

Da sich in der Bilanz alle in einem Unternehmen eingesetzten Werte sowohl auf der Aktiv- als auch auf der Passivseite niederschlagen, gilt folgende *Bilanzgleichung:*[313]

$$\text{Summe aller Aktiva} = \text{Summe aller Passiva}$$

Jeder neu hinzutretende Geschäftsvorfall ändert einzelne Bilanzpositionen, wodurch sich auch die Bilanzsumme verändern kann; die Bilanzgleichung (Aktiva = Passiva) jedoch ist unzerstörbar.[314] Die durch Geschäftsvorfälle hervorgerufenen Änderungen einzelner Bilanzpositionen können sich auf eine Bilanzseite beschränken (Aktiv-/Passivtausch) oder auf beide Seiten der Bilanz erstrecken (Bilanzverlängerung/-verkürzung). Während man von einem *Aktivtausch (Passivtausch)* spricht, wenn bei unveränderter Bilanzsumme Umschichtungen innerhalb des Vermögens (Kapitals) stattfinden, zeichnet sich die *Bilanzverlängerung (Bilanzverkürzung)* dadurch aus, daß sich durch eine betragsmäßig gleich hohe Zunahme (Abnahme) von Vermögens- und Kapitalpositionen die Bilanzsumme vergrößert (verkleinert).

Aufgabe 45: Bilanzstrukturveränderungen[315]
Unterscheiden Sie die folgenden Geschäftsvorfälle hinsichtlich ihrer buchungstechnischen Auswirkungen in Geschäfte, die einen Aktivtausch, Passivtausch, eine Bilanzverlängerung oder eine Bilanzverkürzung auslösen!
- Tilgung eines Darlehens durch Banküberweisung,
- Anschaffung eines tragbaren Rechners mittels Barzahlung,
- Anschaffung eines Netzwerkdruckers auf Ziel,
- Banküberweisung verauslagter Reisekosten an Mitarbeiter,
- Verkauf noch nicht fälliger Forderungen aus Lieferungen und Leistungen,
- Umwandlung einer Lieferantenverbindlichkeit in ein Darlehen,
- Honorareingang aus einem Beratungsauftrag auf dem Bankkonto,
- Verkauf eines Firmenwagens gegen Bargeld,
- Kapitalerhöhung aus Gesellschaftsmitteln,
- Banküberweisung der Jahresmiete für die Geschäftsräume,
- Begleichung einer Forderung durch Banküberweisung eines Kunden,
- Barverkauf von Fertigerzeugnissen,
- Geld aus der Kasse wird auf dem Bankkonto eingezahlt,

---

312 In Anlehnung an *WÖHE*, Bilanzierung (1997), S. 31, *SCHIERENBECK/WÖHLE*, Grundzüge (2016), S. 623, *MATSCHKE*, Betriebswirtschaftslehre II (2004), S. 163, *DÖRING/BUCHHOLZ*, Buchhaltung (2021), S. 11, *BIEG/WASCHBUSCH*, Buchführung (2021), S. 42.
313 Vgl. *WÖHE*, Bilanzierung (1997), S. 30, *SCHIERENBECK/WÖHLE*, Grundzüge (2016), S. 623, *EISELE/KNOBLOCH*, Rechnungswesen (2019), S. 81, *LITTKEMANN/HOLTRUP/SCHULTE*, Buchführung (2016), S. 13 f., *BIEG/WASCHBUSCH*, Buchführung (2021), S. 42.
314 Vgl., auch im folgenden, *WÖHE*, Bilanzierung (1997), S. 73 ff., *EISELE/KNOBLOCH*, Rechnungswesen (2019), S. 81 f., *DÖRING/BUCHHOLZ*, Buchhaltung (2021), S. 22 ff., *WÖHE/KUßMAUL*, Buchführung (2022), S. 95 ff., *BIEG/WASCHBUSCH*, Buchführung (2021), S. 48 ff., *LITTKEMANN/HOLTRUP/SCHULTE*, Buchführung (2016), S. 30 f.
315 Vgl. für zusätzliche Übungsaufgaben *HERING/TOLL*, BWL-Klausuren (2022), S. 285 f., *WÖHE*, Bilanzierung (1997), S. 74-77, *STEVEN/KISTNER*, Übungsbuch (2000), S. 219, *JUNG*, Betriebswirtschaftslehre (2016), S. 1092, *BIEG/WASCHBUSCH*, Buchführung (2021), S. 52-54, *LITTKEMANN/HOLTRUP/SCHULTE*, Buchführung (2016), S. 30 f., 47 f., *MINDERMANN/BRÖSEL*, Klausurtraining (2020), S. 3, 12 f., 31, 39 f.

- Begleichung einer Lieferantenverbindlichkeit mittels Ausstellung eines eigenen Wechsels,
- Aufnahme eines Bankdarlehens,
- Barauszahlung vom Bankkonto,
- Umschuldung auf Fremdwährung,
- Überweisung einer Spende an das Deutsche Rote Kreuz.

Die *Grundsätze ordnungsmäßiger Buchführung* (GoB) sind aus den Gepflogenheiten ordentlicher Kaufleute entwickelt worden.[316] Sie stellen allgemein anerkannte Regeln hinsichtlich der Führung von Handelsbüchern sowie der Erstellung des Jahresabschlusses dar. Aufgrund der Erwähnung der GoB im Handelsgesetzbuch (z.B. §§ 238 Abs. 1, 243 Abs. 1 und 264 Abs. 2 HGB) stellen sie zwingende Rechtssätze dar, die das schriftlich fixierte Gesetz ergänzen und überall dort greifen, wo Gesetzeslücken auftreten oder spezifische Gesetzesvorschriften einer Auslegung bedürfen. Die wichtigsten Grundsätze ordnungsmäßiger Buchführung sollen im folgenden näher erläutert werden:

- Grundsatz der *Richtigkeit und Willkürfreiheit*: Der Grundsatz der *Richtigkeit* fordert, daß die Buchführung und der Jahresabschluß unter Beachtung der anderen GoB aus Aufzeichnungen abzuleiten sind, welche die betrieblichen Vorgänge zutreffend wiedergeben. Zudem muß die Übereinstimmung von Buchführung und Jahresabschluß mit den zugrundeliegenden Geschäftsvorfällen objektiv, d.h. intersubjektiv nachprüfbar sein. *Willkürfreiheit* bedeutet, daß der Erstellung des Jahresabschlusses realitätsnahe und für zutreffend gehaltene Annahmen zugrunde liegen, so daß sich die Bilanzinformationen in Übereinstimmung mit der inneren Überzeugung des verantwortlichen Kaufmanns befinden und Bilanzmanipulationen unterbleiben.
- Grundsatz der *Klarheit und Übersichtlichkeit*: Dieser in § 243 Abs. 2 HGB kodifizierte Grundsatz verlangt, daß die einzelnen Posten in Buchführung und Jahresabschluß – Geschäftsvorfälle, Bilanzpositionen und Erfolgsbestandteile – der Art nach eindeutig sowie sachlich zutreffend bezeichnet und so geordnet sein müssen, daß die Bücher und Abschlüsse verständlich und übersichtlich sind. Klarheit und Übersichtlichkeit sollen ermöglichen, daß ein sachkundiger Dritter in angemessener Zeit die momentane Lage des Unternehmens einschätzen kann. Im Handelsgesetzbuch wird beispielsweise über die Gliederungsvorschriften hinsichtlich der Bilanz (§ 266 HGB) und der Gewinn- und Verlustrechnung (§ 275 HGB) dem Grundsatz der Klarheit und Übersichtlichkeit nachgekommen. Wesentliche aus diesem Grundsatz abgeleitete Vorschriften sind das in § 252 Abs. 1 Nr. 3 HGB kodifizierte *Prinzip der Einzelbewertung*, nach dem die Vermögensgegenstände und Schulden bei der Bilanzerstellung einzeln zu erfassen und zu bewerten sind, und das in § 246 Abs. 2 HGB kodifizierte *Saldierungsverbot*, welches die gegenseitige Verrechnung von Aktiv- und Passivposten sowie von Aufwendungen und Erträgen untersagt.
- Grundsatz der *Vollständigkeit*: Der in § 239 Abs. 2 HGB für die Buchführung und in § 246 Abs. 1 HGB für den Jahresabschluß kodifizierte Grundsatz der Vollständigkeit fordert die Erfassung aller buchungspflichtigen Geschäftsvorfälle in der Buchführung und die Erfassung aller Aktiva und Passiva in der Bilanz sowie der Aufwendungen und Erträge in der Gewinn- und Verlustrechnung. Darüber hinaus sind sämtliche Risiken im Jahresabschluß zu berücksichtigen.
- Grundsatz der *Stetigkeit*: Der Grundsatz der Stetigkeit umfaßt die formelle und materielle Stetigkeit. Dabei ist die *formelle Stetigkeit* als erfüllt anzusehen, wenn dem in § 252

---

316 Vgl., auch im folgenden, *LEFFSON*, GoB (1987), *WÖHE/DÖRING/BRÖSEL*, Einführung (2023), S. 668 ff., *WÖHE*, Bilanzierung (1997), S. 173 ff., *COENENBERG/HALLER/SCHULTZE*, Jahresabschluß (2024), S. 39 ff., *SCHIERENBECK/WÖHLE*, Grundzüge (2016), S. 643 ff., *EISELE/KNOBLOCH*, Rechnungswesen (2019), S. 29 ff., *WÖHE/KUßMAUL*, Buchführung (2022), S. 31 ff., *BAETGE/KIRSCH/THIELE*, Bilanzen (2017), S. 104 ff., *BITZ et al.*, Jahresabschluß (2014), S. 126 ff., *SCHWINN*, Betriebswirtschaftslehre (1996), S. 816 ff., *BIEG/KUßMAUL/WASCHBUSCH*, Rechnungswesen (2012), S. 34 ff., *BIEG/WASCHBUSCH*, Buchführung (2021), S. 231 ff., *LITTKEMANN/HOLTRUP/SCHULTE*, Buchführung (2016), S. 6 f., *MINDERMANN/BRÖSEL*, Buchführung (2020), S. 11 ff.

Abs. 1 Nr. 1 HGB kodifizierten Grundsatz der Bilanzidentität und der in § 243 Abs. 2 HGB implizit geforderten Bezeichnungs-, Gliederungs- und Ausweisstetigkeit nachgekommen wird. Der Grundsatz der Bilanzidentität bezieht sich auf den Ansatz und den Ausweis von Aktiv- und Passivpositionen in der Bilanz. Im Rahmen dessen wird gefordert, daß die Wertansätze in der Eröffnungsbilanz eines Geschäftsjahres mit denen der Schlußbilanz des vorangegangenen Jahres übereinstimmen. Dies soll die angestrebte Vergleichbarkeit von Jahresabschlüssen eines Unternehmens im Zeitablauf und verschiedener Unternehmen zu einem Zeitpunkt ermöglichen. Die *materielle Stetigkeit* bezieht sich auf den in § 252 Abs. 1 Nr. 6 HGB kodifizierten Grundsatz der Bewertungsstetigkeit, welcher die Beibehaltung der einmal gewählten Bewertungsmethoden für aufeinanderfolgende Jahresabschlüsse vorschreibt. In diesem Sinn sollen gleichartige Bewertungsobjekte mit den gleichen Methoden bewertet werden (Einheitlichkeit der Bewertung). Auch dieser Grundsatz soll die Vergleichbarkeit von Jahresabschlüssen eines Unternehmens im Zeitablauf gewährleisten.

- Grundsatz der *Vorsicht*: Nach dem in § 252 Abs. 1 Nr. 4 HGB kodifizierten Grundsatz der Vorsicht soll ein Kaufmann die Lage seines Unternehmens im Jahresabschluß auf keinen Fall günstiger als tatsächlich gegeben darstellen. Vielmehr sollte der Kaufmann im Zweifel Aktiva eher zu niedrig und Passiva eher zu hoch ansetzen, so daß er sich also lieber „ärmer" als „reicher" rechnet. Konkretisiert wird dieses Vorsichtsprinzip durch das Realisations- und das Imparitätsprinzip. Während nach dem *Realisationsprinzip* Gewinne nur dann im Jahresabschluß ausgewiesen werden dürfen, wenn sie am Abschlußstichtag tatsächlich schon eingetreten sind, verlangt das *Imparitätsprinzip*, alle vorhersehbaren Risiken und Verluste, die bis zum Abschlußstichtag noch nicht entstanden sind, im Jahresabschluß zu berücksichtigen. Imparität bedeutet Ungleichheit der Behandlung von am Abschlußstichtag noch nicht realisierten aber für die Zukunft absehbaren Gewinnen und Verlusten. Gemäß Imparitätsprinzip sind also im abzuschließenden Geschäftsjahr verursachte, aber noch unrealisierte zukünftige negative Erfolgsbeiträge bereits in der abzuschließenden Periode zu antizipieren, und zwar, indem sie als Aufwand in die Gewinn- und Verlustrechnung eingestellt werden. In engem Zusammenhang mit dem Grundsatz der Vorsicht stehen das Niederstwert- und das Höchstwertprinzip. Dabei schreibt das in § 253 HGB kodifizierte *Niederstwertprinzip* vor, daß Vermögensgegenstände maximal mit ihren Anschaffungs- oder Herstellungskosten in der Bilanz anzusetzen sind, d.h., über die Anschaffungs- oder Herstellungskosten hinausgehende Werterhöhungen dürfen nicht ausgewiesen werden. Daneben müssen vorübergehende oder dauerhafte Wertminderungen bei Vermögensgegenständen des Umlaufvermögens (strenges Niederstwertprinzip) sowie dauerhafte Wertminderungen bei Vermögensgegenständen des Anlagevermögens berücksichtigt werden. Bezüglich des Ansatzes vorübergehender Wertminderungen bei Vermögensgegenständen des Anlagevermögens besteht mithin ein Wahlrecht (gemildertes Niederstwertprinzip). Nach Maßgabe des *Höchstwertprinzips* sind Schulden, die im Wert gestiegen sind, stets mit dem höheren Wert in der Bilanz auszuweisen (§ 253 Abs. 1 Satz 2 HGB).

3.2.3.2 Jahresabschluß

Der handelsrechtliche Jahresabschluß soll die wirtschaftliche Lage des rechnungslegenden Unternehmens gegenüber unternehmensexternen Adressaten (z.B. Gläubigern) und unternehmensinternen Adressaten (z.B. Geschäftsleitung) abbilden.[317] Gemäß § 242 Abs. 1 und 2 HGB ist jeder Kaufmann verpflichtet, einen handelsrechtlichen Jahresabschluß aufzustellen, der nach § 242 Abs. 3 HGB aus der *Bilanz* sowie der *Gewinn- und Verlustrechnung* besteht. Darüber hinaus ist der Jahresabschluß einer Kapitalgesellschaft oder einer haftungsbeschränkten Perso-

---

317 Vgl., auch im folgenden, *WÖHE/DÖRING/BRÖSEL*, Einführung (2023), S. 647 ff., *WÖHE*, Bilanzierung (1997), S. 5 f., *COENENBERG/HALLER/SCHULTZE*, Jahresabschluß (2024), S. 25 ff., *BAETGE/KIRSCH/THIELE*, Bilanzen (2017), S. 35 ff., *BITZ et al.*, Jahresabschluß (2014), S. 23 ff., *MATSCHKE*, Betriebswirtschaftslehre II (2004), S. 162 ff., *SCHWINN*, Betriebswirtschaftslehre (1996), S. 861 ff., *LITTKEMANN/HOLTRUP/REINBACHER*, Jahresabschluß (2016), S. 15 ff.

nenhandelsgesellschaft (z.B. GmbH & Co KG) gemäß der §§ 264 Abs. 1 und 264a HGB um einen *Anhang* zu erweitern, der mit der Bilanz und der Gewinn- und Verlustrechnung eine Einheit bildet. Ferner sind mittelgroße und große Kapitalgesellschaften sowie haftungsbeschränkte Personenhandelsgesellschaften grundsätzlich zur Erstellung eines *Lageberichtes* verpflichtet, welcher jedoch als eigenständiges Informationsinstrument anzusehen ist und deshalb auch neben den Jahresabschluß tritt. Der Lagebericht ist mithin kein Bestandteil des Jahresabschlusses.

Der in Unterabschnitt 3.2.3.1 dargestellte grundsätzliche Aufbau einer Bilanz findet sich auch in der Gliederung der Bilanz nach § 266 HGB wieder. Während für mittelgroße und große Kapitalgesellschaften die Bilanzgliederung entsprechend § 266 Abs. 2 und 3 HGB als Mindestgliederung zwingend vorgeschrieben ist (vgl. Abbildung 46), besteht für kleine Kapitalgesellschaften die Möglichkeit, eine verkürzte Bilanz nach Maßgabe des § 266 Abs. 1 HGB aufzustellen. Sowohl für mittelgroße und große als auch für kleine Kapitalgesellschaften ist die Aufstellung der Bilanz in Kontoform verbindlich.

Wie Abbildung 52 zeigt, besteht die *Aktivseite* aus den Hauptpositionen A bis E. Unter den Positionen des *Anlagevermögens* sind gemäß § 247 Abs. 2 HGB nur die Vermögensgegenstände auszuweisen, die dazu bestimmt sind, dauernd dem Geschäftsbetrieb des Unternehmens zu dienen.[318] Für das *Umlaufvermögen* existiert keine derartige gesetzliche Definition, weshalb es als Negativabgrenzung alle Vermögensgegenstände enthält, die nicht dazu bestimmt sind, dauernd dem Geschäftsbetrieb zu dienen. Bei den *aktivischen Rechnungsabgrenzungsposten* handelt es sich um Ausgaben vor dem Abschlußstichtag, die Aufwand für eine bestimmte Zeit nach diesem Stichtag darstellen (§ 250 Abs. 1 HGB). Zahlt beispielsweise ein Unternehmer im Oktober die Miete für seine Geschäftsräume für ein halbes Jahr im voraus, dann müssen die Beträge für die Monate Januar, Februar und März aktivisch abgegrenzt werden, da sie erst im Folgejahr zu GuV-wirksamem Aufwand werden und bis dahin auf dem Konto aktivische Rechnungsabgrenzungsposten „ruhen".

Auf der *Passivseite* der Bilanz werden die Hauptgliederungspunkte A bis E unterschieden.[319] In Abgrenzung zu den aktivischen Rechnungsabgrenzungsposten sind als *passivische Rechnungsabgrenzungsposten* nach § 250 Abs. 2 HGB Einnahmen vor dem Abschlußstichtag auszuweisen, die Ertrag für eine bestimmte Zeit nach diesem Stichtag darstellen (z.B. im voraus erhaltene Miete). Unter *Verbindlichkeiten* versteht man juristisch erzwingbare Verpflichtungen eines Unternehmens zur Erbringung einer vermögensmindernden Leistung gegenüber einem Dritten, die am Bilanzstichtag dem Grunde und der Höhe nach gewiß sind. Bei der zu erbringenden Leistung kann es sich um eine Geld-, Dienst- oder Sachleistung handeln. Sollte z.B. die Leistungsverpflichtung zweifelhaft oder deren Wert nicht eindeutig feststellbar sein, dann liegt eine ungewisse Verbindlichkeit vor, die nur als Verbindlichkeitsrückstellung berücksichtigt werden kann. *Rückstellungen* unterscheiden sich von Verbindlichkeiten also dadurch, daß die Auszahlungs- bzw. Leistungsverpflichtungen dem Grunde und/oder der Höhe nach ungewiß sind. Sofern sie nicht einem Dritten geschuldet werden, spricht man von Aufwandsrückstellungen (ungewisse Verpflichtungen gegenüber sich selbst, z.B. Aufwand aufgrund von unterlassener Instandhaltung). Rückstellungen werden gebildet, um künftige Auszahlungs-/Leistungsverpflichtungen aufgrund eines Werteverzehrs, dessen Ursache (tatsächlich oder berechtigt vermutet) in der Abrechnungsperiode liegt, in dieser Verursachungsperiode schon als Aufwand zu erfassen. So können beispielsweise für drohende Verluste aus schwebenden Geschäften, für Gewährleistungsverpflichtungen (Garantierückstellungen) und für Gewährleistungen ohne rechtliche Verpflichtung (Kulanzrückstellungen) Rückstellungen gebildet werden.

---

318 Vgl., auch im folgenden, COENENBERG/HALLER/SCHULTZE, Jahresabschluß (2024), S. 159 ff., SCHIERENBECK/WÖHLE, Grundzüge (2016), S. 668 ff., BAETGE/KIRSCH/THIELE, Bilanzen (2017), S. 237 ff., BITZ et al., Jahresabschluß (2014), S. 147 ff., LITTKEMANN/HOLTRUP/REINBACHER, Jahresabschluß (2016), S. 47 ff.
319 Vgl., auch im folgenden, WÖHE/DÖRING/BRÖSEL, Einführung (2023), S. 711 ff., COENENBERG/HALLER/SCHULTZE, Jahresabschluß (2024), S. 359 ff., SCHIERENBECK/WÖHLE, Grundzüge (2016), S. 671 ff., BAETGE/KIRSCH/THIELE, Bilanzen (2017), S. 391 ff., BITZ et al., Jahresabschluß (2014), S. 167 ff., MATSCHKE, Betriebswirtschaftslehre II (2004), S. 170 ff., LITTKEMANN/HOLTRUP/REINBACHER, Jahresabschluß (2016), S. 15 ff.

Aktivseite	Passivseite

A. Anlagevermögen:
  I. Immaterielle Vermögensgegenstände:
    1. Selbst geschaffene gewerbliche Schutzrechte und ähnliche Rechte und Werte;
    2. entgeltlich erworbene Konzessionen, gewerbliche Schutzrechte und ähnliche Rechte und Werte sowie Lizenzen an solchen Rechten und Werten;
    3. Geschäfts- oder Firmenwert;
    4. geleistete Anzahlungen;
  II. Sachanlagen:
    1. Grundstücke, grundstücksgleiche Rechte und Bauten einschließlich der Bauten auf fremden Grundstücken;
    2. technische Anlagen und Maschinen;
    3. andere Anlagen, Betriebs- und Geschäftsausstattung;
    4. geleistete Anzahlungen und Anlagen im Bau;
  III. Finanzanlagen:
    1. Anteile an verbundenen Unternehmen;
    2. Ausleihungen an verbundene Unternehmen;
    3. Beteiligungen;
    4. Ausleihungen an Unternehmen, mit denen ein Beteiligungsverhältnis besteht;
    5. Wertpapiere des Anlagevermögens;
    6. sonstige Ausleihungen.
B. Umlaufvermögen:
  I. Vorräte:
    1. Roh-, Hilfs- und Betriebsstoffe;
    2. unfertige Erzeugnisse, unfertige Leistungen;
    3. fertige Erzeugnisse und Waren;
    4. geleistete Anzahlungen;
  II. Forderungen und sonstige Vermögensgegenstände:
    1. Forderungen aus Lieferungen und Leistungen;
    2. Forderungen gegen verbundene Unternehmen;
    3. Forderungen gegen Unternehmen, mit denen ein Beteiligungsverhältnis besteht;
    4. sonstige Vermögensgegenstände;
  III. Wertpapiere:
    1. Anteile an verbundenen Unternehmen;
    2. sonstige Wertpapiere;
  IV. Kassenbestand, Bundesbankguthaben, Guthaben bei Kreditinstituten und Schecks.
C. Rechnungsabgrenzungsposten.
D. Aktive latente Steuern.
E. Aktiver Unterschiedsbetrag aus der Vermögensverrechnung.
	A. Eigenkapital:
	  I. Gezeichnetes Kapital;
	  II. Kapitalrücklage;
	  III. Gewinnrücklagen:
	    1. gesetzliche Rücklage;
	    2. Rücklage für Anteile an einem herrschenden oder mehrheitlich beteiligten Unternehmen;
	    3. satzungsmäßige Rücklagen;
	    4. andere Gewinnrücklagen;
	  IV. Gewinnvortrag/Verlustvortrag;
	  V. Jahresüberschuß/Jahresfehlbetrag.
	B. Rückstellungen:
	    1. Rückstellungen für Pensionen und ähnliche Verpflichtungen;
	    2. Steuerrückstellungen;
	    3. sonstige Rückstellungen.
	C. Verbindlichkeiten:
	    1. Anleihen, davon konvertibel;
	    2. Verbindlichkeiten gegenüber Kreditinstituten;
	    3. erhaltene Anzahlungen auf Bestellungen;
	    4. Verbindlichkeiten aus Lieferungen und Leistungen;
	    5. Verbindlichkeiten aus der Annahme gezogener Wechsel und der Ausstellung eigener Wechsel;
	    6. Verbindlichkeiten gegenüber verbundenen Unternehmen;
	    7. Verbindlichkeiten gegenüber Unternehmen, mit denen ein Beteiligungsverhältnis besteht;
	    8. sonstige Verbindlichkeiten, davon aus Steuern, davon im Rahmen der sozialen Sicherheit.
	D. Rechnungsabgrenzungsposten.
	E. Passive latente Steuern.

Abb. 52: Gliederung der Bilanz nach § 266 Abs. 2 und 3 HGB

Das in der Bilanz auf der Passivseite insgesamt auszuweisende *Eigenkapital* bestimmt sich als Saldo zwischen sämtlichen Posten der Aktivseite und den restlichen Posten der Passivseite. Die Höhe des Eigenkapitals ergibt sich demnach erst nach Ansatz und Bewertung der übrigen Bilanzposten.

Nach § 266 Abs. 3 HGB ist das *Eigenkapital einer Kapitalgesellschaft* in die Positionen gezeichnetes Kapital, Kapitalrücklage, Gewinnrücklagen, Gewinnvortrag/Verlustvortrag und Jahresüberschuß/Jahresfehlbetrag zu untergliedern.[320]

Das *gezeichnete Kapital* gibt gemäß § 272 Abs. 1 HGB den Betrag an, auf den die Haftung der Gesellschafter für die Verbindlichkeiten der Kapitalgesellschaft gegenüber den Gläubigern beschränkt ist.[321] Während es bei der Aktiengesellschaft (AG) und der Kommanditgesellschaft auf Aktien (KGaA) als „Grundkapital" bezeichnet wird, dessen Nennwert mindestens 50.000 € betragen muß, trägt es bei der Gesellschaft mit beschränkter Haftung (GmbH) den Namen „Stammkapital", welches mindestens einen Nennwert in Höhe von 25.000 € aufweisen muß.

In die *Kapitalrücklage* sind diejenigen Beträge einzustellen, die dem Eigenkapital des Unternehmens von außen über den Nennwert des gezeichneten Kapitals zufließen. Nach Maßgabe des § 272 Abs. 2 HGB ist beispielsweise ein Agio (Aufgeld), welches bei der Ausgabe von Aktien als Differenz zwischen Ausgabekurs und dem Nennbetrag der Aktien entsteht, in der Kapitalrücklage zu erfassen.

Gemäß § 272 Abs. 3 HGB dürfen als *Gewinnrücklagen* nur solche Beträge ausgewiesen werden, die im Geschäftsjahr oder einem früheren Geschäftsjahr aus dem Unternehmensergebnis gebildet worden sind. Es werden also im Rahmen einer Selbstfinanzierung Gewinne einbehalten, wobei die Gewinnthesaurierung erzwungen sein oder auf freiwilliger Basis erfolgen kann. Wie Abbildung 52 zeigt, werden die Gewinnrücklagen in die gesetzliche Rücklage, die Rücklage für Anteile an einem herrschenden oder mehrheitlich beteiligten Unternehmen, die satzungsmäßigen Rücklagen und in andere Gewinnrücklagen untergliedern. *Gesetzliche Rücklagen* sind nur von der AG und der KGaA, aber nicht von der GmbH zu bilden. Zuzuführen sind der gesetzlichen Rücklage 5% des um einen Verlustvortrag aus dem Vorjahr geminderten Jahresüberschusses, bis die gesetzliche Rücklage und die Kapitalrücklagen nach § 272 Abs. 2 Nr. 1-3 HGB zusammen 10% oder den in der Satzung bestimmten höheren Teil des Grundkapitals erreichen. Für *Anteile an einem herrschenden oder mehrheitlich beteiligten Unternehmen* muß nach § 272 Abs. 4 Satz 1 HGB eine Rücklage in Höhe des Betrags gebildet werden, der dem auf der Aktivseite der Bilanz für die Anteile an dem herrschenden oder mit Mehrheit beteiligten Unternehmen angesetzten Betrag entspricht. Sie dient der Ausschüttungssperre der beim Erwerb angesetzten Beträge. In die *satzungsmäßigen Rücklagen* müssen alle Beträge eingestellt werden, die durch Satzung oder Gesellschaftsvertrag zwingend vorgeschrieben sind und nicht unter die gesetzliche Rücklage fallen. Der Posten *„andere Gewinnrücklagen"* enthält alle aus dem Jahresüberschuß in die Gewinnrücklagen eingestellten Beträge, die nicht gesetzliche Rücklage, satzungsmäßige Rücklage oder Rücklage für Anteile an einem herrschenden oder mehrheitlich beteiligten Unternehmen sind (Restposition).[322]

---

320 Vgl., auch im folgenden, *WÖHE/DÖRING/BRÖSEL*, Einführung (2023), S. 704 ff., *COENENBERG/HALLER/SCHULTZE*, Jahresabschluß (2024), S. 363 ff., *SCHIERENBECK/WÖHLE*, Grundzüge (2016), S. 297 ff., *BAETGE/KIRSCH/THIELE*, Bilanzen (2017), S. 475 ff., *BITZ et al.*, Jahresabschluß (2014), S. 203 ff., *LITTKEMANN/HOLTRUP/REINBACHER*, Jahresabschluß (2016), S. 123 ff.

321 Allerdings haften die Komplementäre einer Kommanditgesellschaft auf Aktien unbeschränkt.

322 Vgl. zum Ausweis des Unternehmensergebnisses in der Bilanz *COENENBERG/HALLER/SCHULTZE*, Jahresabschluß (2024), S. 390 ff., *BAETGE/KIRSCH/THIELE*, Bilanzen (2017), S. 514 ff., *HERING/TOLL*, BWL-Klausuren (2022), S. 287-290.

Aufgabe 46: Gliederung der Bilanz einer Kapitalgesellschaft[323]
Ordnen Sie die folgenden Positionen der/n jeweiligen Bilanzseite/n zu!
- Entgeltlich erworbene Konzessionen,
- Verbindlichkeiten gegenüber Kreditinstituten,
- Kapitalrücklage,
- technische Anlagen und Maschinen,
- Rechnungsabgrenzungsposten,
- Ausleihungen an Unternehmen, mit denen ein Beteiligungsverhältnis besteht,
- andere Gewinnrücklagen,
- fertige Erzeugnisse und Waren,
- Rückstellungen für Pensionen und ähnliche Verpflichtungen,
- Forderungen aus Lieferungen und Leistungen,
- Schecks,
- Verbindlichkeiten aus der Annahme gezogener Wechsel und der Ausstellung eigener Wechsel.

Die handelsrechtliche *Gewinn- und Verlustrechnung* (GuV) ermittelt wie die Bilanz durch systematischen Buchungsabschluß den Jahreserfolg, wobei beide Rechnungen über das System der doppelten Buchführung eng miteinander verbunden sind.[324] Während die Erfolgsermittlung in der Bilanz durch Gegenüberstellung von Bestandsgrößen (Vergleich der Eigenkapitalbestände zu Beginn und Ende des Geschäftsjahres) vorgenommen wird, ergibt sich der Erfolg in der Gewinn- und Verlustrechnung als Saldo aller Erträge und Aufwendungen der Abrechnungsperiode. Im Gegensatz zur Bilanz, welche eine zeitpunktbezogene Bestandsgrößenrechnung darstellt, handelt es sich bei der Gewinn- und Verlustrechnung also um eine *zeitraumbezogene Stromgrößenrechnung*. Die Gewinn- und Verlustrechnung ergänzt die Bilanz insofern, als sie über den bloßen Ausweis des Jahreserfolgs auch dessen Zusammensetzung nach Art, Höhe und Quellen sichtbar macht, wodurch ein detaillierter Einblick in den eigentlichen Prozeß der Ertragsbildung und Aufwandsentstehung ermöglicht wird.

Das Handelsgesetzbuch sieht wie bei der Gliederung der Bilanz ein verbindliches Schema für die *Gliederung der Gewinn- und Verlustrechnung* lediglich für Kapitalgesellschaften vor. Gemäß § 275 Abs. 1 HGB ist die Gewinn- und Verlustrechnung für Kapitalgesellschaften in Staffelform entweder nach dem Gesamtkostenverfahren (§ 275 Abs. 2 HGB) oder dem Umsatzkostenverfahren (§ 275 Abs. 3 HGB) aufzustellen (vgl. Abbildung 53).

Gesamt- und Umsatzkostenverfahren unterscheiden sich hinsichtlich des der Rechnung zugrundeliegenden Mengengerüsts.[325] In der Regel ist die in einer Periode erzielte Produktionsmenge nicht mit der Absatzmenge der Periode identisch, da entweder mehr oder weniger produziert als abgesetzt wird, so daß sich der Lagerbestand an fertigen oder unfertigen Erzeugnissen entsprechend erhöht oder vermindert. Aufgrund der Tatsache, daß sich die Erträge und Aufwendungen auf das gleiche Mengengerüst beziehen müssen, ist beim Gesamtkostenverfahren die Produktionsmenge und beim Umsatzkostenverfahren die Absatzmenge Grundlage der Rechnung. Dabei stellt das *Gesamtkostenverfahren* dem gesamten (Produktions-) Aufwand der Periode den dadurch bewirkten Ertrag gegenüber, welcher sich als Gesamtleistung der Periode aus den Umsatzerlösen, den Lagerbestandsveränderungen an fertigen oder unfertigen Erzeug-

---

323 Vgl. für zusätzliche Übungsaufgaben HERING/TOLL, BWL-Klausuren (2022), S. 285 f., THOMMEN et al., Arbeitsbuch (2022), S. 98 f., STEVEN/KISTNER, Übungsbuch (2000), S. 327-329.
324 Vgl., auch im folgenden, WÖHE/DÖRING/BRÖSEL, Einführung (2023), S. 714 ff., WÖHE, Bilanzierung (1997), S. 272 ff., COENENBERG/HALLER/SCHULTZE, Jahresabschluß (2024), S. 555 ff., SCHIERENBECK/WÖHLE, Grundzüge (2016), S. 677 ff., BAETGE/KIRSCH/THIELE, Bilanzen (2017), S. 593 ff., BITZ et al., Jahresabschluß (2014), S. 310 ff., MATSCHKE, Betriebswirtschaftslehre II (2004), S. 178 ff., BIEG/KUßMAUL/WASCHBUSCH, Rechnungswesen (2012), S. 193 ff., LITTKEMANN/HOLTRUP/REINBACHER, Jahresabschluß (2016), S. 195 ff.
325 Vgl., auch im folgenden, WÖHE, Bilanzierung (1997), S. 274 ff., COENENBERG/HALLER/SCHULTZE, Jahresabschluß (2024), S. 556 f., 565 ff., BAETGE/KIRSCH/THIELE, Bilanzen (2017), S. 603 ff., BITZ et al., Jahresabschluß (2014), S. 314 ff., BIEG/KUßMAUL/WASCHBUSCH, Rechnungswesen (2012), S. 199 ff., LITTKEMANN/HOLTRUP/REINBACHER, Jahresabschluß (2016), S. 196 ff.

nissen und anderen aktivierten Eigenleistungen ergibt. Aufgrund der Absatzmengenorientierung des *Umsatzkostenverfahrens* werden den Umsatzerlösen im Rahmen der Erfolgsermittlung lediglich die Aufwendungen gegenübergestellt, welche auf die zur Erzielung der Umsatzerlöse erbrachten Leistungen entfallen. Beide Verfahren führen zum gleichen Ergebnis (Jahresüberschuß/-fehlbetrag).

Gesamtkostenverfahren	Umsatzkostenverfahren

1. Umsatzerlöse
2. Erhöhung oder Verminderung des Bestands an fertigen und unfertigen Erzeugnissen
3. andere aktivierte Eigenleistungen
4. sonstige betriebliche Erträge
5. Materialaufwand:
  a) Aufwendungen für Roh-, Hilfs- und Betriebsstoffe und für bezogene Waren
  b) Aufwendungen für bezogene Leistungen
6. Personalaufwand:
  a) Löhne und Gehälter
  b) soziale Abgaben und Aufwendungen für Altersversorgung und für Unterstützung, davon für Altersversorgung
7. Abschreibungen:
  a) auf immaterielle Vermögensgegenstände des Anlagevermögens und Sachanlagen
  b) auf Vermögensgegenstände des Umlaufvermögens, soweit diese die in der Kapitalgesellschaft üblichen Abschreibungen überschreiten
	1. Umsatzerlöse
	2. Herstellungskosten der zur Erzielung der Umsatzerlöse erbrachten Leistungen
	3. Bruttoergebnis vom Umsatz
	4. Vertriebskosten
	5. allgemeine Verwaltungskosten
	
	6. sonstige betriebliche Erträge

8. (7.) sonstige betriebliche Aufwendungen 9. (8.) Erträge aus Beteiligungen, davon aus verbundenen Unternehmen 10. (9.) Erträge aus anderen Wertpapieren und Ausleihungen des Finanzanlagevermögens, davon aus verbundenen Unternehmen 11. (10.) sonstige Zinsen und ähnliche Erträge, davon aus verbundenen Unternehmen 12. (11.) Abschreibungen auf Finanzanlagen und auf Wertpapiere des Umlaufvermögens 13. (12.) Zinsen und ähnliche Aufwendungen, davon an verbundene Unternehmen 14. (13.) Steuern vom Einkommen und vom Ertrag 15. (14.) Ergebnis nach Steuern 16. (15.) sonstige Steuern 17. (16.) Jahresüberschuß/Jahresfehlbetrag	

Abb. 53: Gliederung der GuV nach § 275 HGB

Grundsätzlich haben alle Kapitalgesellschaften ihre Gewinn- und Verlustrechnung nach obigem Schema zu erstellen, wobei kleinen und mittleren Kapitalgesellschaften jedoch die Möglichkeit eingeräumt wird, die Posten mit den Nummern 1 bis 5 bei Anwendung des Gesamtkostenverfahrens oder die Posten mit den Nummern 1 bis 3 und 6 bei Anwendung des Umsatzkostenverfahrens unter der Bezeichnung „Rohergebnis" zusammenzufassen (§ 276 HGB).

Der Jahresabschluß einer Kapitalgesellschaft oder einer haftungsbeschränkten Personenhandelsgesellschaft besteht gemäß § 264 Abs. 1 HGB aus der Bilanz, der Gewinn- und Verlustrechnung und dem *Anhang*, wobei der Jahresabschluß nach § 264 Abs. 2 HGB die Aufgabe hat, ein den tatsächlichen Verhältnissen entsprechendes Bild der Vermögens-, Finanz- und Ertragslage zu vermitteln.[326] Da die Bilanz und die Gewinn- und Verlustrechnung Informationen zur Vermögens-, Finanz- und Ertragslage überwiegend mittels quantitativer Darstellungsformen liefern, kann nicht allein auf ihrer Basis ein den tatsächlichen Verhältnissen entsprechendes Bild vermittelt werden. Diese nicht aus der Bilanz und der Gewinn- und Verlustrechnung entnehmbaren Informationen stellt der Anhang (§§ 284 ff. HGB) bereit, und zwar, indem er folgende *Funktionen* übernimmt:

- *Erläuterungsfunktion*: Eine Erläuterung erfahren die Posten der Bilanz und der Gewinn- und Verlustrechnung vor allem durch Angaben zu den gewählten Bilanzierungs- und Bewertungsmethoden sowie durch Begründungen hinsichtlich Abweichungen von bisher angewandten Methoden. Das Verständnis wird verbessert und Fehldeutungen vorgebeugt.

- *Korrekturfunktion*: Sollten im Einzelfall besondere Umstände eintreten, die bei Einhaltung der Vorschriften ein den tatsächlichen Verhältnissen entsprechendes Bild der Vermögens-, Finanz- und Ertragslage des Jahresabschlusses verhindern, dann sind nach § 264 Abs. 2 Satz 2 HGB zusätzliche Angaben im Anhang zu machen. Entscheidendes Kriterium hinsichtlich der Notwendigkeit und des Umfangs dieser korrigierenden Angaben ist die Verhinderung von Fehlinterpretationen durch den externen Jahresabschlußadressaten. Als korrigierende Angabe kommt beispielsweise die zahlenmäßige Berichterstattung über Abweichungen zum Vorjahr, wie etwa die Darstellung des Einflusses von Bilanzierungshilfen- und Bewertungsmethodenänderungen auf die Vermögens-, Finanz- und Ertragslage, in Betracht. Generelle Korrekturen sind allerdings nicht möglich.

- *Entlastungsfunktion*: Aufgrund der Tatsache, daß der Anhang gleichrangig neben der Bilanz und der Gewinn- und Verlustrechnung steht, besteht die Möglichkeit, bestimmte Informationen aus der Bilanz und der Gewinn- und Verlustrechnung ohne Informationsverlust in den Anhang zu verlagern, wodurch die Rechenwerke entlastet werden. Da sich die Bilanz und die Gewinn- und Verlustrechnung auf die Angabe wesentlicher Informationen beschränken können, erhöht sich deren Aussagefähigkeit und Übersichtlichkeit, wodurch insbesondere dem Grundsatz der Klarheit und Übersichtlichkeit Rechnung getragen wird.

- *Ergänzungsfunktion*: Im Rahmen der Ergänzungsfunktion des Anhangs sind nicht bilanzierungsfähige, aber für die Beurteilung der Vermögens-, Finanz- und Ertragslage unerläßliche Sachverhalte den Adressaten des Jahresabschlusses bereitzustellen. Hierunter fallen z.B. Angaben über den Gesamtbetrag der sonstigen finanziellen Verpflichtungen (§ 285 Nr. 3a HGB) oder die durchschnittliche Zahl der während des Geschäftsjahres beschäftigten Arbeitnehmer getrennt nach Gruppen (§ 285 Nr. 7 HGB).

Kapitalgesellschaften und haftungsbeschränkte Personenhandelsgesellschaften haben, sofern sie als mittelgroß oder groß gelten, gemäß § 264 Abs. 1 HGB zusätzlich zum Jahresabschluß einen *Lagebericht* zu erstellen.[327] Der Lagebericht ist also ein eigenständiges Informationsinstrument und nicht Bestandteil des Jahresabschlusses. Wegen seiner nicht nur vergangen-

---

326 Vgl., auch im folgenden, *WÖHE/DÖRING/BRÖSEL*, Einführung (2023), S. 722 f., *WÖHE*, Bilanzierung (1997), S. 619 ff., *COENENBERG/HALLER/SCHULTZE*, Jahresabschluß (2024), S. 898 ff., *SCHIERENBECK/WÖHLE*, Grundzüge (2016), S. 682 ff., *BAETGE/KIRSCH/THIELE*, Bilanzen (2017), S. 701 ff., *BITZ et al.*, Jahresabschluß (2014), S. 332 ff., *MATSCHKE*, Betriebswirtschaftslehre II (2004), S. 181 f., *BIEG/KUßMAUL/WASCHBUSCH*, Rechnungswesen (2012), S. 215 ff., *LITTKEMANN/HOLTRUP/REINBACHER*, Jahresabschluß (2016), S. 20.

327 Vgl., auch im folgenden, *WÖHE/DÖRING/BRÖSEL*, Einführung (2023), S. 723 f., *WÖHE*, Bilanzierung (1997), S. 662 ff., *COENENBERG/HALLER/SCHULTZE*, Jahresabschluß (2024), S. 971 ff., *SCHIERENBECK/WÖHLE*, Grundzüge (2016), S. 686 ff., *BAETGE/KIRSCH/THIELE*, Bilanzen (2017), S. 741 ff., *BITZ et al.*, Jahresabschluß (2014), S. 345 ff., *MATSCHKE*, Betriebswirtschaftslehre II (2004), S. 182 f., *BIEG/KUßMAUL/WASCHBUSCH*, Rechnungswesen (2012), S. 237 ff., *LITTKEMANN/HOLTRUP/REINBACHER*, Jahresabschluß (2016), S. 20.

heits-, sondern auch zukunftsorientierten Konzeption soll er den Jahresabschluß durch zusätzliche Informationen ergänzen, so daß mit Hilfe des Lageberichtes eine wirtschaftliche Gesamtbeurteilung des Unternehmens möglich ist. Dazu ist nach § 289 Abs. 1 HGB zumindest der Geschäftsverlauf so darzustellen, daß sich ein den tatsächlichen Verhältnissen entsprechendes Bild ergibt, wobei auch auf die Risiken der künftigen Entwicklung einzugehen ist. Darüber hinaus soll der Lagebericht gemäß § 289 Abs. 2 HGB über den Eintritt besonders bedeutender Vorgänge nach dem Abschlußstichtag, die voraussichtliche Entwicklung, Forschungs- und Entwicklungsaktivitäten und bestehende Zweigniederlassungen der Gesellschaft Auskunft geben.

Lösungen zu den Aufgaben

Aufgabe 1: „Minimaxprinzip"

Nichts. Die Vorgabe ist widersprüchlich, da nicht in beiden Richtungen gleichzeitig optimiert werden kann. Bei einem minimalen Einsatz (von null) ist keinerlei Erfolg zu erwarten, während ein größtmöglicher Erfolg nicht ohne einen beachtlichen Mitteleinsatz zu haben sein wird. Man muß sich also entscheiden, welche der beiden Varianten des Wirtschaftlichkeitsprinzips verfolgt werden soll und was konkret unter Mitteleinsatz und Erfolg zu verstehen ist.

Aufgabe 2: Wirtschaftlichkeitsprinzip

Es gibt ungezählte mögliche Antworten. Einige könnten sein:

- Was nützt es dem Patienten, wenn aus dem Fenster hinausgeheizt wird oder regelmäßig kaum angebrochene Medikamentengroßpackungen im Müll landen? Wenn schlechtes Essen überteuert bereitgestellt wird und Patienten stundenlang auf Fluren warten müssen, weil es keine Ablaufplanung gibt?
- Nur betriebswirtschaftlich erfolgreiche Unternehmen und Bürger können die für alle zugängliche moderne Hochleistungsmedizin finanzieren. In einer arbeitsteiligen Welt tut nicht nur der unmittelbar dem Mitmenschen Helfende Gutes, sondern auch derjenige, dessen wirtschaftlicher Erfolg den steuer- und beitragsfinanzierten Arbeitsplatz des Helfers erst trägt.
- ...

Aufgabe 3: Programmgebundene Bedarfsplanung mittels Stücklisten

Der gegebene Erzeugnisbaum ist um die jeweils neben der Teileart in Klammern stehenden produktionsstufenspezifischen Bedarfsmengen zu ergänzen (vgl. Abbildung 54).

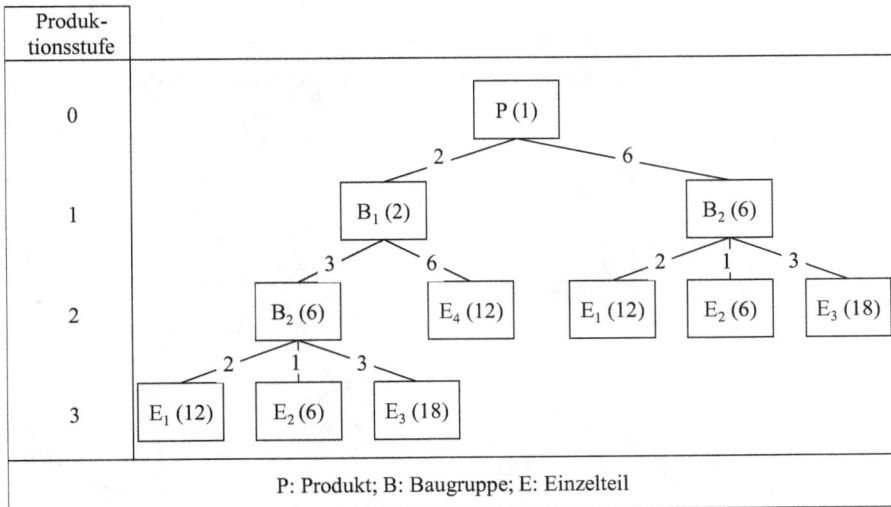

Abb. 54: Erzeugnisbaum, ergänzt um die produktionsstufenspezifischen Bedarfsmengen
– Aufgabe 3

Die für die gegebene Produktionsstruktur gültige Mengenübersichts-, Struktur- und Baukasten-stückliste finden Sie in Abbildung 55.

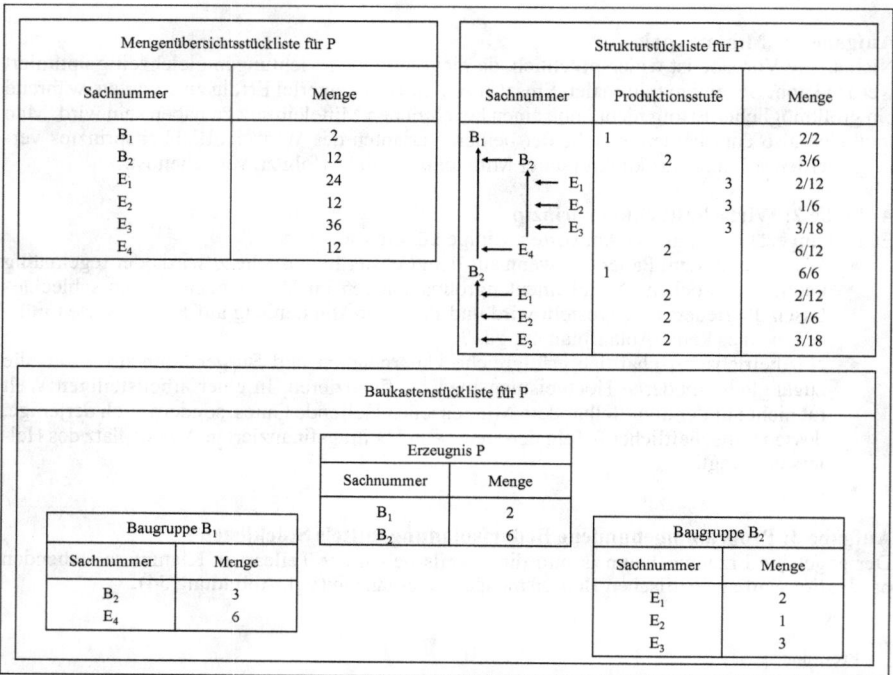

<table>
<tr><th colspan="2">Mengenübersichtsstückliste für P</th></tr>
<tr><th>Sachnummer</th><th>Menge</th></tr>
<tr><td>B_1</td><td>2</td></tr>
<tr><td>B_2</td><td>12</td></tr>
<tr><td>E_1</td><td>24</td></tr>
<tr><td>E_2</td><td>12</td></tr>
<tr><td>E_3</td><td>36</td></tr>
<tr><td>E_4</td><td>12</td></tr>
</table>

<table>
<tr><th colspan="4">Strukturstückliste für P</th></tr>
<tr><th>Sachnummer</th><th>Produktionsstufe</th><th></th><th>Menge</th></tr>
<tr><td>B_1</td><td>1</td><td></td><td>2/2</td></tr>
<tr><td>B_2</td><td>2</td><td></td><td>3/6</td></tr>
<tr><td>E_1</td><td></td><td>3</td><td>2/12</td></tr>
<tr><td>E_2</td><td></td><td>3</td><td>1/6</td></tr>
<tr><td>E_3</td><td></td><td>3</td><td>3/18</td></tr>
<tr><td>E_4</td><td>2</td><td></td><td>6/12</td></tr>
<tr><td>B_2</td><td>1</td><td></td><td>6/6</td></tr>
<tr><td>E_1</td><td>2</td><td></td><td>2/12</td></tr>
<tr><td>E_2</td><td>2</td><td></td><td>1/6</td></tr>
<tr><td>E_3</td><td>2</td><td></td><td>3/18</td></tr>
</table>

Baukastenstückliste für P

<table>
<tr><th colspan="2">Erzeugnis P</th></tr>
<tr><th>Sachnummer</th><th>Menge</th></tr>
<tr><td>B_1</td><td>2</td></tr>
<tr><td>B_2</td><td>6</td></tr>
</table>

<table>
<tr><th colspan="2">Baugruppe B_1</th></tr>
<tr><th>Sachnummer</th><th>Menge</th></tr>
<tr><td>B_2</td><td>3</td></tr>
<tr><td>E_4</td><td>6</td></tr>
</table>

<table>
<tr><th colspan="2">Baugruppe B_2</th></tr>
<tr><th>Sachnummer</th><th>Menge</th></tr>
<tr><td>E_1</td><td>2</td></tr>
<tr><td>E_2</td><td>1</td></tr>
<tr><td>E_3</td><td>3</td></tr>
</table>

Abb. 55: Mengenübersichts-, Struktur- und Baukastenstückliste – Aufgabe 3

Aufgabe 4: Programmgebundene Bedarfsplanung mittels Gozinto-Graphen
Der um den Gesamtbedarf an Einzelteilen (E_1-E_4) und Baugruppen (B_1, B_2) sowie den Primärbedarf des Endprodukts (P) ergänzte Gozinto-Graph ist der Abbildung 56 zu entnehmen.

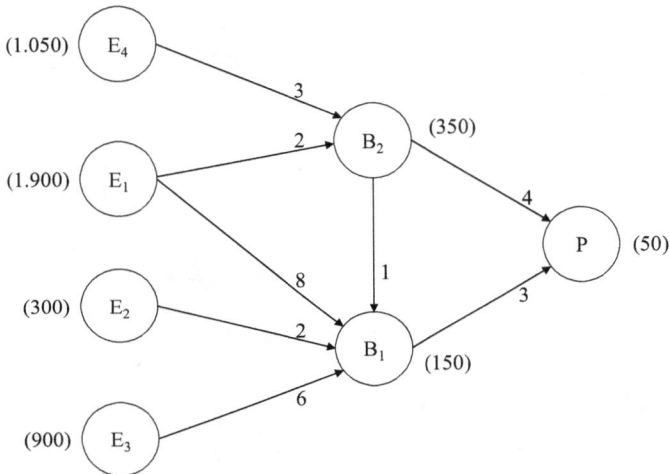

Abb. 56: Gozinto-Graph – Aufgabe 4

Die Gesamtbedarfe M_j ($j = E_1, E_2, E_3, E_4, B_1, B_2, P$) lassen sich durch retrograde Berechnung
wie folgt ableiten:

$$M_P = 50, \ M_{B_1} = 3 \cdot M_P = 3 \cdot 50 = 150, \ M_{B_2} = 4 \cdot M_P + 1 \cdot M_{B_1} = 4 \cdot 50 + 1 \cdot 150 = 350,$$

$$M_{E_1} = 2 \cdot M_{B_2} + 8 \cdot M_{B_1} = 2 \cdot 350 + 8 \cdot 150 = 1.900, \ M_{E_2} = 2 \cdot M_{B_1} = 1 \cdot 150 = 300,$$

$$M_{E_3} = 6 \cdot M_{B_1} = 6 \cdot 150 = 900, \ M_{E_4} = 3 \cdot M_{B_2} = 3 \cdot 350 = 1.050.$$

Aufgabe 5: Verbrauchsgebundene Bedarfsplanung

Aufgabe 5 a)
Der zukünftige Materialbedarf P^{am}_6 lautet unter Rückgriff auf den *arithmetischen Mittelwert*
(Durchschnittsverbrauch aller vorangegangenen fünf Perioden):

$$P^{am}_6 = \frac{1}{5} \cdot (206 + 215 + 209 + 212 + 208) = 210.$$

Aufgabe 5 b)
Der zukünftige Materialbedarf P^{gm}_6 lautet unter Einbezug der letzten vier Vergangenheitswerte:

$$P^{gm}_6 = \frac{1}{4} \cdot (215 + 209 + 212 + 208) = 211.$$

Aufgabe 5 c)

Der Prognosewert P^{ggm}_6 als *gewogener gleitender Mittelwert* ergibt sich wie folgt:

$$P^{ggm}_6 = 0,65 \cdot 208 + 0,25 \cdot 212 + 0,1 \cdot 209 = 209,1 \, .$$

Aufgabe 6: Bestellmengenplanung

Optimale Bestellmenge:

$$y^{opt} = \sqrt{\frac{2 \cdot R \cdot Cr}{Cl \cdot T}} = \sqrt{\frac{2 \cdot R \cdot Cr}{b \cdot i \cdot T}} = \sqrt{\frac{2 \cdot 1.600 \cdot 2}{10 \cdot 0,1 \cdot 1}} = 80 \text{ Stück}$$

$$\text{mit } Cl = b \cdot i + Cl_m \, .$$

Optimale Bestellhäufigkeit:

$$n^{opt} = R/y^{opt} = 1.600/80 = 20.$$

Lagerkosten:

$$K_L(y) = L_d \cdot Cl \cdot T = \frac{y}{2} \cdot Cl \cdot T = \frac{80}{2} \cdot 10 \cdot 0,1 \cdot 1 = 40 \, \text{€}.$$

Bestellkosten:

$$K_B(y) = n \cdot Cr = 20 \cdot 2 = \frac{R}{y} \cdot Cr = \frac{1.600}{80} \cdot 2 = 40 \, \text{€}.$$

Aufgabe 7: Homogenität von Produktionsfunktionen

$$M = r_1^{\frac{1}{2}} \cdot r_2^{\frac{1}{2}}: \ M(\lambda) = (\lambda \cdot \tilde{r}_1)^{\frac{1}{2}} \cdot (\lambda \cdot \tilde{r}_2)^{\frac{1}{2}} = \lambda^{\left(\frac{1}{2}+\frac{1}{2}\right)} \cdot \left(\tilde{r}_1^{\frac{1}{2}} \cdot \tilde{r}_2^{\frac{1}{2}}\right) = \lambda^1 \cdot \tilde{M} \, .$$

Die gegebene Produktionsfunktion ist homogen vom Grade $t = 1$, so daß eine durch konstante Skalenerträge gekennzeichnete linearhomogene Produktionsfunktion vorliegt.

$$M = r_1^{\frac{1}{2}} \cdot r_2^{\frac{1}{4}}: \ M(\lambda) = (\lambda \cdot \tilde{r}_1)^{\frac{1}{2}} \cdot (\lambda \cdot \tilde{r}_2)^{\frac{1}{4}} = \lambda^{\left(\frac{1}{2}+\frac{1}{4}\right)} \cdot \left(\tilde{r}_1^{\frac{1}{2}} \cdot \tilde{r}_2^{\frac{1}{4}}\right) = \lambda^{\frac{3}{4}} \cdot \tilde{M} \, .$$

Obige Produktionsfunktion ist homogen. Da der Homogenitätsgrad $t = 3/4 < 1$ beträgt, liegt eine durch sinkende Skalenerträge gekennzeichnete unterlinearhomogene Produktionsfunktion vor.

$$M = r_1^3 \cdot 5r_2: \ M(\lambda) = (\lambda \cdot \tilde{r}_1)^3 \cdot 5(\lambda \cdot \tilde{r}_2)^1 = \lambda^{(3+1)} \cdot (\tilde{r}_1^3 \cdot 5\tilde{r}_2) = \lambda^4 \cdot \tilde{M} \, .$$

Die gegebene Produktionsfunktion ist homogen. Der Homogenitätsgrad beträgt $t = 4 > 1$, womit eine durch steigende Skalenerträge gekennzeichnete überlinearhomogene Produktionsfunktion vorliegt.

$$M = r_1 \cdot 2r_2 : \ M(\lambda) = (\lambda \cdot \tilde{r}_1)^1 \cdot (\lambda \cdot 2\tilde{r}_2)^1 = \lambda^{(1+1)} \cdot (\tilde{r}_1 \cdot 2\tilde{r}_2) = \lambda^2 \cdot \tilde{M}.$$

Obige Produktionsfunktion ist homogen. Da der Homogenitätsgrad t = 2 > 1 beträgt, liegt eine durch steigende Skalenerträge gekennzeichnete überlinearhomogene Produktionsfunktion vor.

$$M = r_1 + 2r_2 : \ M(\lambda) = (\lambda \cdot \tilde{r}_1)^1 + (\lambda \cdot 2\tilde{r}_2)^1 = \lambda \cdot \tilde{r}_1 + \lambda \cdot 2\tilde{r}_2 = \lambda \cdot (\tilde{r}_1 + 2\tilde{r}_2) = \lambda^1 \cdot \tilde{M}.$$

Die betrachtete Produktionsfunktion ist homogen. Da der Homogenitätsgrad t = 1 beträgt, liegt eine durch konstante Skalenerträge gekennzeichnete linearhomogene Produktionsfunktion vor.

$$M = r_1^3 + 5r_2 : \ M(\lambda) = (\lambda \cdot \tilde{r}_1)^3 + (\lambda \cdot 5\tilde{r}_2) = \lambda^3 \cdot \tilde{r}_1^3 + \lambda \cdot 5\tilde{r}_2 = \lambda^1 \cdot (\lambda^2 \cdot \tilde{r}_1^3 + 5\tilde{r}_2^2).$$

Die analytische Definition $M(\lambda) = f(\lambda\tilde{r}_1, \lambda\tilde{r}_2, ..., \lambda\tilde{r}_H) = \lambda^t \cdot f(\tilde{r}_1, \tilde{r}_2, ..., \tilde{r}_H) = \lambda^t \cdot \tilde{M}$ gilt für die obige Produktionsfunktion nicht, weshalb sie nichthomogen ist.

Aufgabe 8: Isoquantengleichungen

$$M = \sqrt{r_1 \cdot r_2} : \ M^2 = r_1 \cdot r_2 \ \rightarrow \ r_2 = \frac{M^2}{r_1} = M^2 \cdot r_1^{-1}.$$

$$M = r_1^{\frac{1}{2}} \cdot r_2^{\frac{1}{4}} : \ M = \sqrt[4]{r_1^2 \cdot r_2} \ \rightarrow \ M^4 = r_1^2 \cdot r_2 \ \rightarrow \ r_2 = \frac{M^4}{r_1^2} = M^4 \cdot r_1^{-2}.$$

$$M = r_1^3 \cdot 5r_2 : \ r_2 = \frac{M}{5r_1^3} = \frac{M}{5} \cdot r_1^{-3}.$$

$$M = r_1 \cdot 2r_2 : \ r_2 = \frac{M}{2r_1} = \frac{M}{2} \cdot r_1^{-1}.$$

$$M = r_1 + 2r_2 : \ r_2 = \frac{M - r_1}{2} = \frac{1}{2} \cdot (M - r_1).$$

$$M = r_1^3 + 5r_2 : \ r_2 = \frac{M - r_1^3}{5} = \frac{1}{5} \cdot (M - r_1^3).$$

Aufgabe 9: Minimalkostenkombination

Aufgabe 9 a)

Zur Bestimmung der $GRS_{2,1}$ ist zunächst die Isoquantengleichung aufzustellen:

$$r_2 = \frac{M}{5r_1^3} = \frac{M}{5} \cdot r_1^{-3}.$$

Die erste Ableitung dieser Gleichung nach r_1 liefert $GRS_{2,1}$:

$$GRS_{2,1} = \frac{dr_2}{dr_1} = -\frac{M}{5} \cdot 3r_1^{-4} = -\frac{3M}{5r_1^4}.$$

Der *Expansionspfad* ist der geometrische Ort aller Minimalkostenkombinationen, die sich bei konstanten Faktorpreisen und sukzessiver Variation der Ausbringungsmenge M ergeben. Er gibt daher das optimale Faktoreinsatzverhältnis bei variabler Beschäftigung M an. Zur Bestimmung des Expansionspfads muß die Beziehung, die im Kostenminimum zwischen der $GRS_{2,1}$ und den Faktorpreisen q_1 und q_2 gilt, bekannt sein.

Diese lautet: $\dfrac{dr_2}{dr_1} = -\dfrac{q_1}{q_2}$.

$$-\frac{3M}{5r_1^4} = -\frac{60}{2} = -\frac{3r_1^3 \cdot 5r_2}{5r_1^4} = -30 = -\frac{3r_2}{r_1} = -30$$

Expansionspfad: $r_2 = 10r_1$.

Aufgabe 9 b)
Die Menge $M = 31.250$ kann mit folgenden Faktoreinsatzmengen r_1 und r_2 kostenminimal erzeugt werden:

$$M = r_1^3 \cdot 5r_2 = r_1^3 \cdot 50r_1 = 50r_1^4 = 31.250.$$

$$r_1 = 5 \text{ und } r_2 = 10r_1 = 50.$$

Die sich dabei ergebenden minimalen Kosten betragen:

$$K = q_1 \cdot r_1 + q_2 \cdot r_2 = 60 \cdot 5 + 2 \cdot 50 = 400.$$

Aufgabe 10: Optimale Losgröße bei unendlicher Produktionsgeschwindigkeit
Optimale Losgröße:

$$y^{opt} = \sqrt{\frac{2 \cdot V \cdot Cr}{Cl}} = \sqrt{\frac{2 \cdot 400 \cdot 1}{0,5}} = \sqrt{\frac{2 \cdot R \cdot Cr}{Cl \cdot T}} = \sqrt{\frac{2 \cdot 4.800 \cdot 1}{0,5 \cdot 12}} = 40 \text{ Stück}$$

mit $Cl = b_H \cdot i$.

Optimale Rüsthäufigkeit:

$$n^{opt}{}_{Monat} = R_{Monat}/y^{opt} = 400/40 = 10 \text{ pro Monat.}$$

$$n^{opt}{}_{Jahr} = R_{Jahr}/y^{opt} = 4.800/40 = 120 \text{ pro Jahr.}$$

Lagerkosten:

$$K_L(y) = L_d \cdot Cl \cdot T = \frac{y}{2} \cdot Cl \cdot T = \frac{40}{2} \cdot 0,5 \cdot 12 = 120 \text{ € pro Jahr.}$$

Rüstkosten:

$$K_R(y) = n_{Jahr}^{opt} \cdot Cr = 120 \cdot 1 = \frac{V \cdot T}{y} \cdot Cr = \frac{4.800}{40} \cdot 1 = 120 \text{ € pro Jahr.}$$

Aufgabe 11: Optimale Losgröße bei endlicher Produktionsgeschwindigkeit und offener Produktion

Optimale Losgröße:

$$y^{opt} = \sqrt{\frac{2 \cdot V \cdot Cr}{Cl \cdot \left(1 - \dfrac{V}{P}\right)}} = \sqrt{\frac{2 \cdot 500 \cdot 1}{0,5 \cdot \left(1 - \dfrac{500}{2.500}\right)}} = 50 \text{ Stück.}$$

Optimale Rüsthäufigkeit:

$$n^{opt}_{Monat} = R_{Monat}/y^{opt} = 500/50 = 10 \text{ pro Monat.}$$

$$n^{opt}_{Jahr} = R_{Jahr}/y^{opt} = 6.000/50 = 120 \text{ pro Jahr.}$$

Maximaler Lagerbestand:

$$L_{max} = (P - V) \cdot t_P = (P - V) \cdot \frac{y}{P} = y \cdot \left(1 - \frac{V}{P}\right) = 50 \cdot \left(1 - \frac{500}{2.500}\right) = 40 \text{ Stück.}$$

Lagerkosten:

$$K_L(y) = \frac{L_{max}}{2} \cdot Cl \cdot T = \frac{y}{2} \cdot \left(1 - \frac{V}{P}\right) \cdot Cl \cdot T = \frac{50}{2} \cdot 0,8 \cdot 0,5 \cdot 12 = 120 \text{ € pro Jahr.}$$

Rüstkosten:

$$K_R(y) = n_{Jahr}^{opt} \cdot Cr = 120 \cdot 1 = \frac{V \cdot T}{y} \cdot Cr = \frac{500 \cdot 12}{50} \cdot 1 = 120 \text{ € pro Jahr.}$$

Aufgabe 12: Optimale Losgröße bei endlicher Produktionsgeschwindigkeit und geschlossener Produktion

Optimale Losgröße:

$$y^{opt} = \sqrt{\frac{2 \cdot V \cdot Cr}{Cl \cdot \left(1 + \dfrac{V}{P}\right)}} = \sqrt{\frac{2 \cdot 500 \cdot 6}{0,5 \cdot \left(1 + \dfrac{500}{2.500}\right)}} = 100 \text{ Stück.}$$

Optimale Rüsthäufigkeit:

$$n^{opt}_{Monat} = R_{Monat}/y^{opt} = 500/100 = 5 \text{ pro Monat.}$$

$$n^{opt}_{Jahr} = R_{Jahr}/y^{opt} = 6.000/100 = 60 \text{ pro Jahr.}$$

Maximaler Lagerbestand:

$$L_{max} = y = 100 \text{ Stück.}$$

Minimaler Lagerbestand:

$$L_{min} = y - t_f \cdot V = \frac{y}{P} \cdot V = \frac{100}{2.500} \cdot 500 = 20 \text{ Stück.}$$

Durchschnittlicher Lagerbestand:

$$L_{durch} = \frac{(L_{max} + L_{min})}{2} = \frac{100 + 20}{2} = \frac{y}{2} \cdot \left(1 + \frac{V}{P}\right) = \frac{100}{2} \cdot \left(1 + \frac{500}{2.500}\right) = 60 \text{ Stück.}$$

Lagerkosten:

$$K_L(y) = \frac{y}{2} \cdot \left(1 + \frac{V}{P}\right) \cdot Cl \cdot T = \frac{100}{2} \cdot 1,2 \cdot 0,5 \cdot 12 = 360 \, \text{€ pro Jahr.}$$

Rüstkosten:

$$K_R(y) = n_{Jahr}^{opt} \cdot Cr = 60 \cdot 6 = \frac{V \cdot T}{y} \cdot Cr = \frac{6.000}{100} \cdot 6 = 360 \, \text{€ pro Jahr.}$$

Aufgabe 13: Maschinenbelegungs- und Auftragsfolgeplanung mit Hilfe von GANTT-Diagrammen

Auf Grundlage der Daten läßt sich ein Maschinenbelegungsplan erstellen. Dieser gibt an, wie lange die einzelnen Maschinen mit den Teilaufträgen belegt sind und in welcher Reihenfolge die Aufträge bearbeitet werden. Das entsprechende *Maschinenbelegungsdiagramm* sieht wie folgt aus:

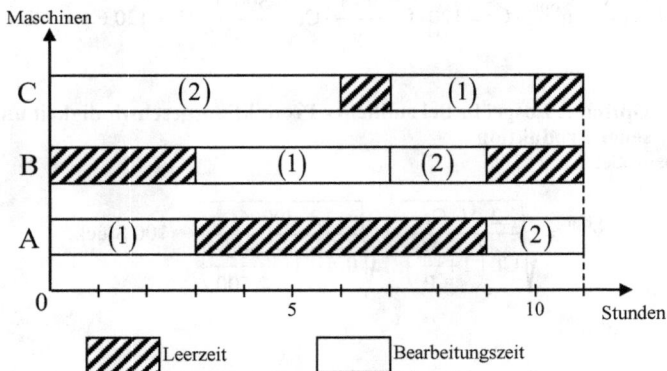

Abb. 57: Maschinenbelegungsdiagramm – Aufgabe 13

Aus dem Maschinenbelegungsdiagramm sind die Produktions- und Leerzeiten an den einzelnen Maschinen (Kapazitätsauslastung) sehr gut ersichtlich, während sich die Arbeitsfortschritte an den einzelnen Aufträgen nur schwer erkennen lassen. Wird bei der Ablaufplanung vor allem darauf Wert gelegt, die Durchlaufzeiten der einzelnen Aufträge transparent zu machen, ist ein *Auftragsfolgediagramm* zu verwenden:

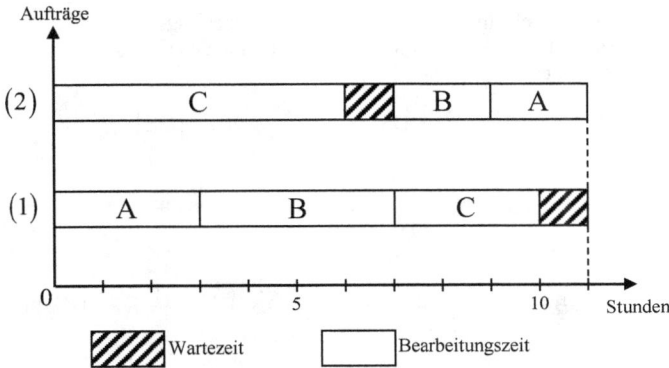

Abb. 58: Auftragsfolgediagramm – Aufgabe 13

Aus dem Auftragsfolgediagramm können die Bearbeitungszeiten, Wartezeiten und der Fertigstellungstermin der einzelnen Teilaufträge entnommen werden.

Aufgabe 14: Operative Produktionsprogrammplanung ohne Engpaß

Aufgabe 14 a)
Die *Deckungsspannen* der Produkte j ergeben sich wie folgt:

$$DS_j = p_j - \sum_{i=A}^{B} PK_{ij} \cdot q_i \quad \left[\frac{GE}{ME} \right].$$

$$DS_1 = 120 - 5 \cdot 6 - 5 \cdot 11 = 35 > 0 \quad \rightarrow \quad \text{Vorteilhaft!}$$

$$DS_2 = 150 - 3 \cdot 6 - 8 \cdot 11 = 44 > 0 \quad \rightarrow \quad \text{Vorteilhaft!}$$

Aufgabe 14 b)
Die *absoluten Kapazitätsbeanspruchungen* der Rohstoffe A und B durch die vorteilhaften Produkte 1 und 2 betragen:

$$y_i = \sum_{j \in \{1,2\}} PK_{ij} \cdot x_j^{max} \leq y_i^{max} \quad [ME].$$

$$y_A = 5 \cdot 200 + 3 \cdot 100 = 1.300 < 1.500 \quad \rightarrow \quad \text{Kein Engpaß!}$$

$$y_B = 5 \cdot 200 + 8 \cdot 100 = 1.800 < 2.000 \quad \rightarrow \quad \text{Kein Engpaß!}$$

Aufgabe 14 c)
Aufgrund der Tatsache, daß die absoluten Kapazitätsbeanspruchungen der Rohstoffe A und B durch die vorteilhaften Produkte 1 und 2 geringer sind als ihre maximal verfügbaren Mengen, können beide Produkte mit ihren Absatzhöchstmengen in das Produktionsprogramm aufgenom-

men werden. Das *optimale bzw. deckungsbeitragsmaximale Produktionsprogramm* lautet demnach:

$$x_1 = 200, \quad x_2 = 100.$$

Gewichtet man nun diese optimalen Mengen mit ihren Deckungsspannen, erhält man jeweils den Deckungsbeitrag DB der Produkte und als deren Summe den *Gesamtdeckungsbeitrag* GDB des optimalen Produktionsprogramms:

$$GDB = \sum_{j \in \{1,2\}} DS_j \cdot x_j = \sum_{j \in \{1,2\}} DB_j \quad [GE].$$

$$GDB = 35 \cdot 200 + 44 \cdot 100 = 11.400 \text{ GE}.$$

Entsprechend beträgt dann der *Gewinn* G:

$$G = GDB - K_f = \sum_{j \in \{1,2\}} DB_j - K_f = \sum_{j \in \{1,2\}} DS_j \cdot x_j - K_f \quad [GE].$$

$$G = 11.400 - 6.000 = 5.400 \text{ GE}.$$

Aufgabe 15: Operative Produktionsprogrammplanung bei einem Engpaß

Aufgabe 15 a)
Die *Deckungsspannen* der Produkte j ergeben sich wie folgt:

$$DS_j = p_j - \sum_{i=A}^{B} PK_{ij} \cdot q_i \quad \left[\frac{GE}{ME} \right].$$

$$DS_1 = 120 - 5 \cdot 6 - 5 \cdot 11 = 35 > 0 \quad \rightarrow \quad \text{Vorteilhaft!}$$

$$DS_2 = 150 - 3 \cdot 6 - 8 \cdot 11 = 44 > 0 \quad \rightarrow \quad \text{Vorteilhaft!}$$

Aufgabe 15 b)
Die *absoluten Kapazitätsbeanspruchungen* der Rohstoffe A und B durch die vorteilhaften Produkte 1 und 2 betragen:

$$y_i = \sum_{j \in \{1,2\}} PK_{ij} \cdot x_j^{max} \leq y_i^{max} \quad [ME].$$

$$y_A = 5 \cdot 200 + 3 \cdot 100 = 1.300 < 1.500 \quad \rightarrow \quad \text{Kein Engpaß!}$$

$$y_B = 5 \cdot 200 + 8 \cdot 100 = 1.800 > 1.600 \quad \rightarrow \quad \text{Engpaß!}$$

Aufgabe 15 c)
Da die verfügbare Menge von Rohstoff B nicht ausreicht, um von den vorteilhaften Produkten 1 und 2 die maximal absetzbare Menge herzustellen, ist die Entscheidung über die Aufnahme dieser Produkte in das Produktionsprogramm anhand des Kriteriums der *relativen Deckungsspanne* zu fällen. Dazu sind die Produkte 1 und 2 nach der Höhe ihrer relativen Deckungsspan-

nen zunächst in eine Rangfolge zu bringen:

$$\text{relative DS}_j = \frac{\text{DS}_j}{\text{PK}_{Bj}} \quad \left[\frac{\text{GE}}{\text{FE}}\right].$$

$$\text{relative DS}_1 = 35/5 = 7 \quad \rightarrow \quad \text{Rang 1!}$$

$$\text{relative DS}_2 = 44/8 = 5,5 \quad \rightarrow \quad \text{Rang 2!}$$

Diese Rangfolge gibt die Reihenfolge an, nach der die Produkte 1 und 2 in das Produktionsprogramm aufzunehmen sind, um die beschränkt verfügbare Menge des Rohstoffs B optimal auszunutzen. Als erstes ist demnach Produkt 1 in das optimale Produktionsprogramm aufzunehmen. Die Produktion der maximal von diesem Produkt absetzbaren 200 Mengeneinheiten erfordert 1.000 Faktoreinheiten des Rohstoffs B. Die verbleibenden 600 Faktoreinheiten des Rohstoffs B werden für die Herstellung des Produktes 2 eingesetzt. Da für die Produktion einer Mengeneinheit dieses Erzeugnisses acht Faktoreinheiten des Rohstoffs B notwendig sind, ist dessen Fertigung auf 75 Mengeneinheiten beschränkt. Das Produkt 2 ist mithin das Grenzprodukt.

Das *optimale bzw. deckungsbeitragsmaximale Produktionsprogramm* lautet also:

$$x_1 = 200, \quad x_2 = 75.$$

Der dazugehörige *Gesamtdeckungsbeitrag* GDB beträgt:

$$\text{GDB} = \sum_{j \in \{1,2\}} \text{DS}_j \cdot x_j = \sum_{j \in \{1,2\}} \text{DB}_j \quad [\text{GE}].$$

$$\text{GDB} = 35 \cdot 200 + 44 \cdot 75 = 10.300 \text{ GE}.$$

Entsprechend ergibt sich für den *Gewinn* G:

$$G = \text{GDB} - K_f = \sum_{j \in \{1,2\}} \text{DB}_j - K_f = \sum_{j \in \{1,2\}} \text{DS}_j \cdot x_j - K_f \quad [\text{GE}].$$

$$G = 10.300 - 6.000 = 4.300 \text{ GE}.$$

Aufgabe 16: Operative Produktionsprogrammplanung bei zwei möglichen Engpässen

Aufgabe 16 a)
Die *Deckungsspannen* der Produkte j ergeben sich wie folgt:

$$\text{DS}_j = p_j - \sum_{i=A}^{B} \text{PK}_{ij} \cdot q_i \quad \left[\frac{\text{GE}}{\text{ME}}\right].$$

$$\text{DS}_1 = 120 - 5 \cdot 6 - 5 \cdot 11 = 35 > 0 \quad \rightarrow \quad \text{Vorteilhaft!}$$

$$\text{DS}_2 = 150 - 3 \cdot 6 - 8 \cdot 11 = 44 > 0 \quad \rightarrow \quad \text{Vorteilhaft!}$$

Aufgabe 16 b)

Die *absoluten Kapazitätsbeanspruchungen* der Rohstoffe A und B durch die vorteilhaften Produkte 1 und 2 betragen:

$$y_i = \sum_{j \in \{1,2\}} PK_{ij} \cdot x_j^{max} \le y_i^{max} \quad [ME].$$

$$y_A = 5 \cdot 200 + 3 \cdot 100 = 1.300 > 1.200 \quad \rightarrow \quad \text{Möglicher Engpaß!}$$

$$y_B = 5 \cdot 200 + 8 \cdot 100 = 1.800 > 1.000 \quad \rightarrow \quad \text{Möglicher Engpaß!}$$

Wie zu sehen ist, ergeben sich zwei mögliche Engpässe. Sowohl Rohstoff A als auch Rohstoff B beschränken also möglicherweise die Herstellung der maximal absetzbaren Mengen der Produkte. In dieser Situation kann jedoch auch der Fall eintreten, daß die Kapazitätsbeanspruchung pro Faktoreinheit des potentiell knappen Rohstoffs (relative Kapazitätsbeanspruchung) für einen Rohstoff bei beiden Produkten immer höher ist als für den anderen Rohstoff, so daß dann lediglich der Rohstoff, dessen relative Kapazitätsbeanspruchung bei allen Produkten den maximalen Wert annimmt, zum Engpaß wird.

Aufgabe 16 c)

Um herauszufinden, ob sich die obige Beispielsituation auf einen eindeutigen wirksamen Engpaß zurückführen läßt, müssen die relativen Kapazitätsbeanspruchungen der möglichen Engpässe bestimmt werden (vgl. Tabelle 36).

Tab. 36: Relative Kapazitätsbeanspruchung der potentiellen Engpässe – Aufgabe 16

Relative Kapazitätsbeanspruchung PK_{ij}/y_i^{max}	Rohstoff A $PK_{Aj}/1.200$		Rohstoff B $PK_{Bj}/1.000$
Produkt 1	5/1.200 = 0,0042	<	5/1.000 = 0,005
Produkt 2	3/1.200 = 0,0025	<	8/1.000 = 0,008

Obige Tabelle macht deutlich, daß die relative Kapazitätsbeanspruchung des Rohstoffs B bei beiden vorteilhaften Produkten 1 und 2 immer höher ist als die des Rohstoffs A. Da unabhängig von der Zusammensetzung des Produktionsprogramms immer zuerst der Rohstoff B an seine Kapazitätsgrenze stößt, kann der Engpaß also im voraus bestimmt werden. Mithin ist lediglich der Rohstoff B als wirksamer Engpaß zu betrachten. Die Planung des optimalen Produktionsprogramms kann daher weiterhin anhand des Kriteriums der relativen Deckungsspanne erfolgen.

Aufgabe 16 d)

Zur Lösung des Planungsproblems wird auf *relative Deckungsspannen* zurückgegriffen, die pro Einheit des Engpasses mit den jeweiligen Produkten erzielt werden können. Für den Beispielsfall ergeben sich die relativen Deckungsspannen der Produkte j wie folgt:

$$\text{relative } DS_j = \frac{DS_j}{PK_{Bj}} \quad \left[\frac{GE}{FE}\right].$$

$$\text{relative } DS_1 = 35/5 = 7 \quad \rightarrow \quad \text{Rang 1!}$$

$$\text{relative } DS_2 = 44/8 = 5,5 \quad \rightarrow \quad \text{Rang 2!}$$

Diese Rangfolge gibt die Reihenfolge an, nach der die Produkte 1 und 2 in das Produktionsprogramm aufzunehmen sind, um die beschränkt verfügbare Menge des Rohstoffs B optimal auszunutzen. Als erstes ist demnach Produkt 1 in das optimale Produktionsprogramm aufzunehmen. Da die Produktion der maximal von diesem Produkt absetzbaren 200 Mengeneinheiten genau 1.000 Faktoreinheiten des Rohstoffs B erfordert, ist die Herstellung von Produkt 2 nicht möglich.

Das *optimale bzw. deckungsbeitragsmaximale Produktionsprogramm* lautet also:

$$x_1 = 200, \quad x_2 = 0.$$

Der dazugehörige *Gesamtdeckungsbeitrag* GDB beträgt:

$$GDB = \sum_{j \in \{1,2\}} DS_j \cdot x_j = \sum_{j \in \{1,2\}} DB_j \quad [GE].$$

$$GDB = 35 \cdot 200 + 44 \cdot 0 = 7.000 \text{ GE.}$$

Entsprechend ergibt sich für den *Gewinn* G:

$$G = GDB - K_f = \sum_{j \in \{1,2\}} DB_j - K_f = \sum_{j \in \{1,2\}} DS_j \cdot x_j - K_f \quad [GE].$$

$$G = 7.000 - 6.000 = 1.000 \text{ GE.}$$

Aufgabe 17: Preispolitik im Monopol

Aufgabe 17 a)
Graphisch stellt sich die Situation wie folgt dar:

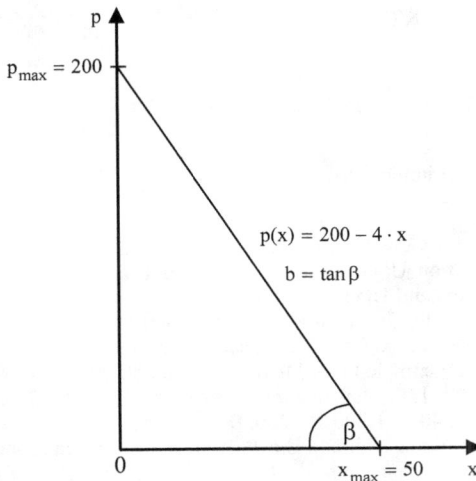

Abb. 59: Exemplarische Darstellung der Preisabsatzfunktion – Aufgabe 17

Man geht davon aus, daß es einen bestimmten Höchstpreis (Prohibitivpreis) $p_{max} = a = 200$ gibt, bei dem keine Nachfrage nach dem angebotenen Produkt besteht. Ausgehend von diesem Höchstpreis bewirken Preissenkungen ein Ansteigen der Absatz- bzw. Nachfragemenge. Allerdings ist dieser Prozeß endlich, da selbst bei einem Preis in Höhe von null nur die sogenannte Sättigungsmenge $x_{max} = a/b = 50$ als maximale Menge nachgefragt bzw. abgesetzt werden kann.

Aufgabe 17 b)

Der Angebotsmonopolist sucht den Preis, der seinen Gewinn maximiert. Der Gewinn G ist dabei als Differenz zwischen Umsatz U und Kosten K definiert. Da sich der Umsatz als multiplikative Funktion des Preises p und der Absatzmenge x ergibt und die Kostenfunktion gegeben ist, lauten die Umsatz- und Gewinnfunktion:

$$G(x) = U(x) - K(x).$$

$$U(x) = \text{Preis} \cdot \text{Menge} = p \cdot x = (200 - 4 \cdot x) \cdot x = 200 \cdot x - 4 \cdot x^2.$$

$$K(x) = K_f + k_v \cdot x = 400 + 40 \cdot x.$$

$$G(x) = U(x) - K(x) = p \cdot x - (k_v \cdot x + K_f) = 200 \cdot x - 4 \cdot x^2 - (400 + 40 \cdot x)$$

$$= (200 - 40) \cdot x - 4 \cdot x^2 - 400 = 160 \cdot x - 4 \cdot x^2 - 400$$

$$= -4 \cdot x^2 + 160 \cdot x - 400.$$

Aufgabe 17 c)

Zur Gewinnmaximierung ist die Gewinnfunktion G(x) nach der Absatzmenge x zu differenzieren und gleich null zu setzen. Es gilt allgemein:

$$G'(x) = U'(x) - K'(x) = 0 \Leftrightarrow U'(x) = K'(x).$$

Speziell gilt hier: $U'(x) = K'(x) \Leftrightarrow a - 2b \cdot x = k_v \Leftrightarrow x = \dfrac{a - k_v}{2b} = x^* = \dfrac{200 - 40}{2 \cdot 4} = 20.$

Einsetzen in die Preisabsatzfunktion liefert: $p = a - b \cdot x^* = \dfrac{a + k_v}{2} = p^* = \dfrac{200 + 40}{2} = 120.$

Es gilt (hinreichend): $U''(x^*) = -2 \cdot 4 = -8 < 0 = K''(x^*).$

Aufgabe 17 d)

Abbildung 60 zeigt die im Gewinnmaximum geltenden Zusammenhänge. Eingetragen sind zunächst die Umsatzfunktion $U(x) = 200 \cdot x - 4 \cdot x^2$ und die Kostenfunktion $K(x) = 400 + 40 \cdot x$, deren vertikaler Abstand U(x) – K(x) dem Gewinn $G(x) = -4 \cdot x^2 + 160 \cdot x - 400$ entspricht. Daneben sind auch die Grenzumsatzfunktion $U'(x) = 200 - 8 \cdot x$ und die Grenzkostenfunktion $K'(x) = 40$ abgebildet. Auf der Preisabsatzfunktion $p(x) = 200 - 4 \cdot x$ liegt der *COURNOT*sche Punkt C (gewinnmaximale Preis-Mengen-Kombination) mit der x-Koordinate $x^* = 20$ und der p-Koordinate $p^* = 120$. Der Gewinn G(x) ist bei $x = x^* = 20$ maximal. Er beträgt $G(x^*) = U(x^*) - K(x^*) = 2.400 - 1.200 = 1.200$. Doppelt so schnell wie die Preisabsatzfunktion fällt die Grenzumsatzfunktion. Während die Polstellen dieser Funktionen übereinstimmend $a = 200$ betragen, unterscheiden sich also die Nullstellen. Die Preisabsatzfunktion schneidet die Abszisse bei $x_{max} = a/b = 50$ und die Grenzumsatzfunktion hat ihre Nullstelle bei $x = x_{max}/2 = a/2b = 25$, weshalb an dieser Stelle auch das Umsatzmaximum $U_{max} = 2.500$ liegt. Die Grenzkostenfunktion $K'(x) = 40$ verläuft horizontal auf dem Niveau $k_v = 40$. Dort, wo sie die Grenzumsatzfunktion schneidet (U'(x) = K'(x)), liegt x*. Für das Beispiel ergibt sich ein Deckungs-beitrag in Höhe von DB(x*) = G(x*) + K_f = 1.200 + 400 = 1.600.

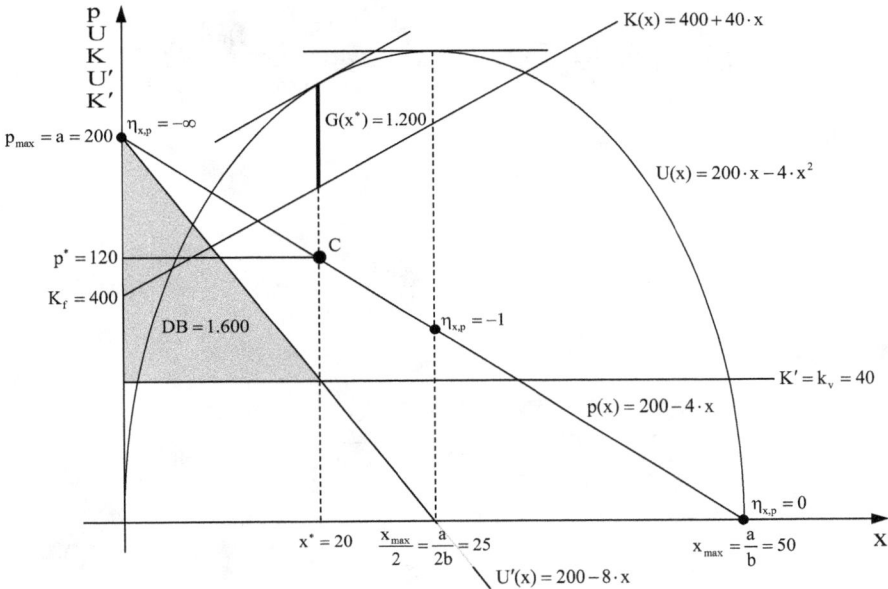

Abb. 60: Exemplarische Darstellung des *COURNOT*schen Punktes – Aufgabe 17

Aufgabe 18: Zins- und Zinseszinsrechnung

Aufgabe 18 a)

$$K_n = K_0 \cdot q^n \text{ mit } q = 1 + i.$$

$$K_5 = K_0 \cdot q^5 = 10.000 \cdot 1,03^5 = 11.592,74074 \approx 11.592,74 \text{ €.}$$

Aufgabe 18 b)

$$\text{Zinsen} = K_n - K_0.$$

$$\text{Zinsen} = K_5 - K_0 = K_0 \cdot q^5 - K_0 = K_0 \cdot (q^5 - 1) = 15.000 \cdot (1,03^5 - 1)$$
$$= 2.389,111115 \approx 2.389,11 \text{ €.}$$

Aufgabe 18 c)

$$K_n = K_0 \cdot q^n \text{ mit } q = 1 + i.$$

$$K_0 = K_n/q^n = 20.000/1,03^{10} = 14.881,8783 \approx 14.881,88 \text{ €.}$$

Aufgabe 18 d)

$$K_n = K_0 \cdot q^n \text{ mit } q = 1 + i.$$

$$q^n = \frac{K_n}{K_0} \Leftrightarrow \ln q^n = \ln \frac{K_n}{K_0} \Leftrightarrow n \cdot \ln q = \ln \frac{K_n}{K_0} \Leftrightarrow n = \frac{\ln \frac{K_n}{K_0}}{\ln q} = \frac{\ln \frac{32.781,81}{30.000}}{\ln 1,03} = 3 \text{ Jahre.}$$

Aufgabe 18 e)

$$K_n = K_0 \cdot q^n \text{ mit } q = 1 + i.$$

$$K_n = 5 \cdot K_0 \Leftrightarrow n = \frac{\ln \frac{K_n}{K_0}}{\ln q} = \frac{\ln \frac{5 \cdot K_0}{K_0}}{\ln q} = \frac{\ln 5}{\ln 1,05} = 32,98693374 \approx 33 \text{ Jahre.}$$

Aufgabe 18 f)

$$K_n = K_0 \cdot q^n \text{ mit } q = 1 + i.$$

$$q^n = \frac{K_n}{K_0} \Leftrightarrow q = \sqrt[n]{\frac{K_n}{K_0}} = \sqrt[4]{\frac{243.101,25}{200.000}} = 1,05 \Rightarrow i = 5\%.$$

Aufgabe 18 g)

$$K_n = K_0 \cdot q^n \text{ mit } q = 1 + i.$$

$$K_n = 2 \cdot K_0 \Leftrightarrow q = \sqrt[n]{\frac{K_n}{K_0}} = \sqrt[22]{\frac{2 \cdot K_0}{K_0}} = \sqrt[22]{2} = 1,03200828 \Rightarrow i \approx 3,2\%.$$

Aufgabe 19: Interpretation der kaufmännischen Kapitalisierungsformel

Bei einem Zinssatz von 5% p.a. benötigt man lediglich 20.000 €, um ohne Verringerung des Kapitals für immer einen jährlichen Zinsertrag von 20.000 € · 0,05 = 1.000 € zu erzielen und damit die ewige Rente nachzubilden. Also kann auch ohne Finanzmathematik leicht nachvollzogen werden, daß diese ewige Rente genau 20.000 € wert ist und man maximal diesen Betrag im Tausch für sie ausgeben darf.

Aufgabe 20: Kapitalwert

Aufgabe 20 a)
Der Kapitalwert C für ein beliebiges Investitionsobjekt mit der Zahlungsreihe $\mathbf{g} := (g_0, g_1, \dots, g_t, \dots, g_n)$ ergibt sich wie folgt:

$$C := \sum_{t=0}^{n} g_t \cdot (1+i)^{-t}.$$

Für obige Beispielkonstruktion bedeutet dies:

$$C = -300 + 220 \cdot 1{,}1^{-1} + 242 \cdot 1{,}1^{-2} = -300 + 400$$

$$= 100 > 0 \rightarrow \text{Die Sachinvestition ist vorteilhaft!}$$

Aufgabe 20 b)
Interpretation des Kapitalwerts:
1. Der Kapitalwert ist interpretierbar als *heutiger Kassenüberschuß* bei Ausgleich der künftigen Rückflüsse des Sachinvestitionsobjekts durch einen Kredit zum Zinssatz i:

Tab. 37: Kapitalwerts als sofortige Konsummöglichkeit – Aufgabe 20

	t = 0	t = 1	t = 2
	−300	**220**	**242**
10%	$242 \cdot 1{,}1^{-2}$		−242
10%	$220 \cdot 1{,}1^{-1}$	−220	0
C	**100**	0	

Die Summe der zufließenden Kreditbeträge übersteigt die Anschaffungsauszahlung der Sachinvestition um 100. Dieser Betrag heißt *Kapitalwert* (Nettobarwert) der Zahlungsreihe und steht sofort zum Konsum zur Verfügung, wenn man die Sachinvestition durchführt und ihre späteren Einzahlungen durch Kredite „glattstellt", genau wie es Tabelle 37 zeigt.

2. Der Kapitalwert kann auch als *Auszahlungsminderbetrag* einer Sachinvestition im Vergleich zur alternativ möglichen einzahlungsgleichen Finanzinvestition am vollkommenen Kapitalmarkt gedeutet werden: Um nämlich die Zahlungsreihe der Sachinvestition durch 10%-Geldanlagen am Kapitalmarkt zu erzeugen, müßte ein Gesamtbetrag von 400 ausgegeben werden, während die Sachinvestition den gleichen Zahlungsstrom liefert, aber nur 300 kostet (vgl. Tabelle 38). Der sofortige Auszahlungsvorteil bei Durchführung der Sachinvestition beträgt 400 − 300 = 100 = C.

Tab. 38: Kapitalwert als Auszahlungsvorteil gegenüber einer einzahlungsgleichen Finanzinvestition – Aufgabe 20

	t = 0	t = 1	t = 2
	−300	**220**	**242**
10%	$-242 \cdot 1{,}1^{-2}$		+242
10%	$-220 \cdot 1{,}1^{-1}$	+220	242
	−400	**220**	

Die Sachinvestition bietet also nach beiden Interpretationen einen Auszahlungsvorteil in Höhe ihres Kapitalwerts. Sie ist demnach genau dann vorteilhaft gegenüber der Unterlassensalternative (nicht zu investieren), wenn dieser Kapitalwert *positiv* ist. Ein Kapitalwert von *null* bringt keine zusätzliche Konsummöglichkeit (schadet aber auch nicht), während ein *negativer* Kapitalwert sogar auf finanziellen Zuschußbedarf seitens der Eigner hindeutet, falls diese die (dann natürlich ökonomisch unvorteilhafte) Sachinvestition dennoch durchführen wollten.

Aufgabe 21: Endwert

Aufgabe 21 a)

Falls zu t = 0 eigene liquide Mittel in Höhe von EK verfügbar sind und mit dem zu beurteilenden Zahlungsstrom verrechnet werden, beträgt der *Endwert* EW:

$$EW := (C + EK) \cdot (1 + i)^n.$$

Für obige Beispielkonstruktion bedeutet dies:

$$EW = (105,3889762 + 500) \cdot 1,1^4 = 154,30 + 732,05 = 886,35.$$

Bei einer Geldanlage zu 10% p.a. betrüge der Kontostand der eigenen Mittel nach vier Jahren $500 \cdot 1,1^4 = 732,05$. Wird jedoch die Investition durchgeführt, ist der Endwert um den aufgezinsten Kapitalwert (Gegenwartswert zum Zeitpunkt t = 4) höher: EW = 732,05 + 105,39 · $1,1^4$ = 886,35 > 732,05. Die Investition ist also nach der Endwertmethode vorteilhaft.

Möchte man allerdings zur Lösung dieses Beispiels nicht auf den bereits bekannten Kapitalwert C zurückgreifen, kann der Endwert *alternativ* auch mit einem vollständigen Finanzplan (VOFI) direkt ermittelt werden (vgl. Tabelle 39):

Tab. 39: Endwert als erreichter Kontostand am Planungshorizont – Aufgabe 21

Zeitpunkt t	t = 0	t = 1	t = 2	t = 3	t = 4
g_t	−5.000	800	1.000	2.000	3.000
EK	**500**				
Kredit	4.500				
Tilgung		−350	−585	−1.643,50	−1.921,50
Anlage					
Zinsen 10%		−450	−415	−356,50	−192,15
Schuld	4.500	4.150	3.565	1.921,50	
Guthaben					**886,35**

Aufgabe 21 b)

Die Investition ist vorteilhaft, wenn ihr Endwert mindestens so groß ist wie der Endwert der „Opportunität", d.h. der alternativ möglichen Geldanlage der eigenen liquiden Mittel EK am vollkommenen Kapitalmarkt. Kapitalwert- und Endwertkriterium sind *äquivalent*, denn es gilt:

$$C \geq 0 \Leftrightarrow C + EK \geq EK \Leftrightarrow (C + EK) \cdot (1 + i)^n \geq EK \cdot (1 + i)^n \Leftrightarrow EW \geq EK \cdot (1 + i)^n$$

$$\Leftrightarrow \text{Endwert der Investition (EW)} \geq \text{Endwert der Opportunität.}$$

Der Endwert der Investition ist genau dann größer als der Endwert der eigenen Mittel (Endwert der Opportunität bzw. Alternativanlage), wenn der Kapitalwert C positiv ist.

Aufgabe 22: Annuität

Aufgabe 22 a)

Für die Annuität a gilt:

$$a := C \cdot ANF_{i,n} = C \cdot \frac{i \cdot q^n}{q^n - 1} \quad \text{mit } i > 0.$$

Für obige Beispielkonstruktion bedeutet dies:

$$a = 196{,}093163 \cdot \frac{0{,}1 \cdot 1{,}1^3}{1{,}1^3 - 1} = 196{,}093163 \cdot 0{,}402114803 = 78{,}85196375 \approx 78{,}85.$$

Aufgabe 22 b)
Da der Annuitätenfaktor $ANF_{i,n}$ stets positiv ist, haben Kapitalwert und Annuität immer das gleiche Vorzeichen. Wegen

$$C \geq 0 \Leftrightarrow C \cdot ANF_{i,n} \geq 0 \Leftrightarrow a \geq 0$$

sind Kapitalwert- und Annuitätenmethode *äquivalent*, d.h., sie liefern immer die gleiche Investitionsentscheidung. Bei positivem Kapitalwert ist auch die Annuität positiv, und umgekehrt.

Aufgabe 23: Kapitalwert, Endwert und Annuität

Aufgabe 23 a)
Der Kapitalwert C für ein beliebiges Investitionsobjekt mit der Zahlungsreihe $g := (g_0, g_1, \dots, g_t, \dots, g_n)$ ergibt sich wie folgt:

$$C := \sum_{t=0}^{n} g_t \cdot (1+i)^{-t}.$$

Für obige Beispielkonstruktion bedeutet dies:

$$C = -75.000 + 22.500 \cdot 1{,}1^{-1} + 22.500 \cdot 1{,}1^{-2} + 22.500 \cdot 1{,}1^{-3} + 22.500 \cdot 1{,}1^{-4} + 22.500 \cdot 1{,}1^{-5}$$

$$= -75.000 + 85.292{,}70231 = 10.292{,}70231$$

$$\approx 10.292{,}70 \ \text{€} > 0 \rightarrow \text{Die Investition ist vorteilhaft!}$$

Da es sich bei den zukünftigen Zahlungsüberschüssen des Zahlenbeispiels um eine endliche Folge von gleichen Zahlungen g handelt, muß nicht jede Zahlung einzeln abdiskontiert werden. Für diesen Spezialfall gilt der *Rentenbarwertfaktor* $RBF_{i,n}$, mit dessen Hilfe der gleichwertige Geldbetrag einer Rente zu $t = 0$ ermittelt werden kann. Zur Kapitalwertberechnung ist der Rentenbarwert mit der Anfangsauszahlung zu vergleichen:

$$C = g_0 + g \cdot RBF_{i,n} = g_0 + g \cdot \frac{q^n - 1}{i \cdot q^n} = g_0 + g \cdot \frac{(1+i)^n - 1}{i \cdot (1+i)^n}.$$

Für die gegebene Erweiterungsinvestition resultiert:

$$C = -75.000 + 22.500 \cdot \frac{1{,}1^5 - 1}{0{,}1 \cdot 1{,}1^5} = -75.000 + 22.500 \cdot 3{,}790786769$$

$$= -75.000 + 85.292{,}70231 = 10.292{,}70231$$

$$\approx 10.292{,}70 \ \text{€} > 0 \rightarrow \text{Die Investition ist vorteilhaft!}$$

Der für die Beispielsituation resultierende, sofort konsumierbare Geldbetrag ist in nachstehendem VOFI als Entnahme zu t = 0 ausgewiesen.

Tab. 40: Vollständiger Finanzplan: Kapitalwert – Aufgabe 23

Zeitpunkt t	t = 0	t = 1	t = 2	t = 3	t = 4	t = 5
g_t	−75.000	22.500	22.500	22.500	22.500	22.500
Entnahme	**−10.292,70**					
Kredit	85.292,70					
Tilgung		−13.970,73	−15.367,80	−16.904,58	−18.595,04	−20.454,55
Anlage						
Zinsen 10%		−8.529,27	−7.132,20	−5.595,42	−3.904,96	−2.045,45
Schuld	85.292,70	71.321,97	55.954,17	39.049,59	20.454,55	
Guthaben						0

Aufgabe 23 b)

Da zu t = 0 keine eigenen liquiden Mittel EK verfügbar sind, resultiert für den *Endwert* EW:

$$EW := \sum_{t=0}^{n} g_t \cdot (1+i)^{n-t} = g_0 \cdot (1+i)^n + \sum_{t=1}^{n} g_t \cdot (1+i)^{n-t} = C \cdot (1+i)^n.$$

Die Investition in die zweite Hebebühne erwirtschaftet einen Endwert in Höhe von:

$$EW = -75.000 \cdot 1,1^5 + 22.500 \cdot 1,1^4 + 22.500 \cdot 1,1^3 + 22.500 \cdot 1,1^2 + 22.500 \cdot 1,1^1$$

$$+ 22.500 \cdot 1,1^0 = 10.292,70231 \cdot 1,1^5$$

$$= 16.576,50 \, € > 0 \rightarrow \text{Die Investition ist vorteilhaft!}$$

Da es sich bei den zukünftigen Zahlungsüberschüssen wie bisher um eine endliche Folge von gleichen Zahlungen g handelt, kann erleichternd auf den *Rentenendwertfaktor* $REF_{i,n}$ zurückgegriffen werden, mit dessen Hilfe der gleichwertige Geldbetrag einer Rente zum Ende des Planungshorizonts bestimmt wird. Der Endwert stellt sich dann wie folgt dar:

$$C = g_0 \cdot (1+i)^n + g \cdot REF_{i,n} = g_0 \cdot (1+i)^n + g \cdot \frac{q^n - 1}{q-1} = g_0 \cdot (1+i)^n + g \cdot \frac{(1+i)^n - 1}{i}.$$

Der Kauf der zusätzlichen Hebebühne führt zu nachstehendem Endwert:

$$EW = -75.000 \cdot 1,1^5 + 22.500 \cdot \frac{1,1^5 - 1}{0,1} = -75.000 \cdot 1,1^5 + 22.500 \cdot 6,1051$$

$$= -120.788,25 + 137.364,75 = 16.576,50 \, € > 0 \rightarrow \text{Die Investition ist vorteilhaft!}$$

Tabelle 41 zeigt die Ermittlung des Endwerts mit Hilfe eines VOFIs:

Tab. 41: Vollständiger Finanzplan: Endwert – Aufgabe 23

Zeitpunkt t	t = 0	t = 1	t = 2	t = 3	t = 4	t = 5
g_t	−75.000	22.500	22.500	22.500	22.500	22.500
EK	0					
Kredit	75.000					
Tilgung		−15.000	−16.500	−18.150	−19.965	−5.385
Anlage						
Zinsen 10%		−7.500	−6.000	−4.350	−2.535	−538,50
Schuld	75.000	60.000	43.500	25.350	5.385	
Guthaben						16.576,50

Aufgabe 23 c)

Der zu t = 0 verfügbare Kapitalwert wird am Markte so angelegt, daß er in n gleichen Raten a als Annuität jeweils am Periodenende ausgeschüttet werden kann. Damit gilt für die *Annuität*:

$$a := C \cdot ANF_{i,n} = C \cdot \frac{i \cdot q^n}{q^n - 1} \quad \text{mit } i > 0.$$

Bei Kauf der zweiten Hebebühne könnten die Brüder zusätzlich folgendes konstantes Einkommen pro Jahr erzielen:

$$a = 10.292,70231 \cdot \frac{0,1 \cdot 1,1^5}{1,1^5 - 1} = 10.292,70231 \cdot 0,26379748$$

$$= 2.715,18894 \approx 2.715,19 \text{ € } > 0 \rightarrow \text{Die Investition ist vorteilhaft!}$$

Da die Zahlungsreihe ab t = 1 bereits annuitätisch ist, ergibt sich als zweiter Lösungsweg:

$$a := g - g_0 \cdot ANF_{i,n} = g - g_0 \cdot \frac{i \cdot (1 + i)^n}{(1 + i)^n - 1}.$$

$$a = 22.500 - 75.000 \cdot \frac{0,1 \cdot 1,1^5}{1,1^5 - 1} = 22.500 - 19.784,81106$$

$$= 2.715,18894 \approx 2.715,19 \text{ € } > 0 \rightarrow \text{Die Investition ist vorteilhaft!}$$

Der nachstehende VOFI zeigt, daß bei Durchführung der Investition an jedem Jahresende ein Einkommen in Höhe der Annuität entnommen werden kann.

Tab. 42: Vollständiger Finanzplan: Annuität – Aufgabe 23

Zeitpunkt t	t = 0	t = 1	t = 2	t = 3	t = 4	t = 5
g_t	−75.000	22.500	22.500	22.500	22.500	22.500
Entnahme		−2.715,19	−2.715,19	−2.715,19	−2.715,19	−2.715,19
Kredit	75.000					
Tilgung		−12.284,81	−13.513,29	−14.864,62	−16.351,08	−17.986,19
Anlage						
Zinsen 10%		−7.500	−6.271,52	−4.920,20	−3.433,73	−1.798,62
Schuld	75.000	62.715,19	49.201,90	34.337,28	17.986,19	
Guthaben						0

Aufgabe 23 d)

Für eine endliche Rente ergab sich der *Kapitalwert* C in Aufgabenteil a) wie folgt:

$$C = g_0 + g \cdot RBF_{i,n}.$$

Fällt nun aber die Rente zeitlich unbegrenzt („ewig") an, strebt die Laufzeit n der Rente gegen unendlich. Als Grenzwert des Rentenbarwertfaktors resultiert wegen i > 0 bzw. q > 1:

$$RBF_{i,\infty} = \lim_{n\to\infty} \frac{q^n - 1}{i \cdot q^n} = \lim_{n\to\infty} \frac{q^n \cdot \left(1 - \dfrac{1}{q^n}\right)}{q^n \cdot i} = \lim_{n\to\infty} \frac{1 - \dfrac{1}{q^n}}{i} = \frac{1-0}{i} = \frac{1}{i}.$$

Der Kapitalwert C für ein Investitionsobjekt mit zeitlich unendlich anfallenden gleich hohen Einzahlungsüberschüssen ergibt sich demnach wie folgt:

$$C = g_0 + g \cdot RBF_{i,\infty} = g_0 + g \cdot \frac{1}{i}.$$

Die Investition in die zweite Hebebühne weist bei Unterstellung einer unendlichen Rente nachstehenden Kapitalwert auf:

$$C = -75.000 + 22.500 \cdot \frac{1}{0,1} = -75.000 + 225.000 \cdot 10 = -75.000 + 225.000$$

$$= 150.000\ \text{€} > 0 \rightarrow \text{Die Investition ist vorteilhaft!}$$

Die *Annuität* a wurde für eine endliche Rente in Aufgabenteil c) wie folgt definiert:

$$a := C \cdot ANF_{i,n} = C \cdot \frac{i \cdot q^n}{q^n - 1} = C \cdot \frac{1}{RBF_{i,n}}.$$

Bei unendlicher Laufzeit der Rente stellt sich für den Annuitätenfaktor der nachstehende Grenzwert ein:

$$ANF_{i,\infty} = \lim_{n\to\infty} \frac{i \cdot q^n}{q^n - 1} = \lim_{n\to\infty} \frac{q^n \cdot i}{q^n \cdot \left(1 - \dfrac{1}{q^n}\right)} = \lim_{n\to\infty} \frac{i}{1 - \dfrac{1}{q^n}} = i.$$

Für die Beispielkonstruktion des Aufgabenteils e) bedeutet dies:

$$a = C \cdot i = 150.000 \cdot 0{,}1 = 15.000\ \text{€} > 0 \rightarrow \text{Die Investition ist vorteilhaft!}$$

Da die Zahlungsreihe ab $t = 1$ bereits annuitätisch ist, kann die Annuität auch folgendermaßen ermittelt werden:

$$a = g - g_0 \cdot \text{ANF}_{i,\infty} = g - g_0 \cdot i.$$

$$a = 22.500 - 75.000 \cdot 0{,}1 = 22.500 - 7.500 = 15.000\ \text{€} > 0 \rightarrow \text{Die Investition ist vorteilhaft!}$$

Aufgabe 24: Interner Zinsfuß im Einperiodenfall

Die Zahlungsreihe weist genau einen Vorzeichenwechsel auf (Normalinvestition) und besitzt deshalb einen eindeutigen internen Zinsfuß r im ökonomisch relevanten Bereich $r > -100\%$.

Der interne Zins der Zahlungsreihe $(-50, 60)$ ergibt sich aus:

$$C = \sum_{t=0}^{n} g_t \cdot (1+i)^{-t}.$$

$$C = -50 + 60 \cdot (1+r)^{-1} = 0 \Leftrightarrow 1 + r = 60/50$$

$$\Leftrightarrow r = 1{,}2 - 1 = 0{,}2 = 20\%.$$

Dieses Ergebnis stimmt mit dem umgangssprachlichen Verständnis einer Rendite vollkommen überein: Wer 50 € anlegt und ein Jahr später 60 € zurückerhält, hat offenbar einen Gewinn von 10 €, d.h. von 20% des eingesetzten Kapitals gemacht. Wäre der Kalkulationszins $i = r = 20\%$, hätte die Investition gerade einen Kapitalwert von null. Ist der Marktzins i kleiner als 20%, hat die Investition einen positiven Kapitalwert; ist i dagegen größer als r, wird der Zahlungsstrom unvorteilhaft. Im Einperiodenfall stimmt also die Aussage, daß r der kritische Zins für die Kapitalwertmethode ist: Es gilt dann $C \geq 0 \Leftrightarrow r \geq i$.

Die Sachinvestition mit der Zahlungsreihe $(-50, 60)$ ist vorteilhaft, da ihre Rendite r größer ist als der Kalkulationszins i, welcher die Rendite der Opportunität am Kapitalmarkt darstellt.

Aufgabe 25: Interne Zinsfüße im Zweiperiodenfall

Die internen Zinsfüße der Zahlungsreihe $(-10.000, +22.000, -12.091)$ ergeben sich aus

$$C = -10.000 + 22.000 \cdot (1+r)^{-1} - 12.091 \cdot (1+r)^{-2} = 0$$

über

$$-10.000 \cdot (1+r)^2 + 22.000 \cdot (1+r)^1 + 12.091 \cdot (1+r)^0 = 0$$

$$\Leftrightarrow -10.000 \cdot (1+r)^2 + 22.000 \cdot (1+r) + 12.091 = 0$$

$$\Leftrightarrow (1+r)^2 - 2{,}2 \cdot (1+r) + 1{,}2091 = 0$$

durch Anwendung der p,q-Formel wie folgt:

$$(1+r)_{1,2} = -\frac{p}{2} \pm \sqrt{\left(\frac{p}{2}\right)^2 - q}$$

$$\Leftrightarrow r_{1,2} = -\frac{p}{2} \pm \sqrt{\left(\frac{p}{2}\right)^2 - q} - 1 = \frac{2,2}{2} \pm \sqrt{\left(\frac{-2,2}{2}\right)^2 - 1,2091} - 1$$

$$\Leftrightarrow r_{1,2} = 1,1 \pm \sqrt{0,0009} - 1$$

$$\Leftrightarrow r_{1,2} = 1,1 \pm 0,03 - 1$$

$$r_1 = 1,1 + 0,03 - 1 = 0,13 = 13\%.$$

$$r_2 = 1,1 - 0,03 - 1 = 0,07 = 7\%.$$

Aufgabe 26: Kapitalwert und interner Zinsfuß im Zweiperiodenfall

Aufgabe 26 a)

Die Zahlungsreihe weist genau einen Vorzeichenwechsel auf (Normalinvestition) und besitzt deshalb einen eindeutigen internen Zinsfuß r im ökonomisch relevanten Bereich r > –100%. Der interne Zinsfuß der Zahlungsreihe (–400, 180, 360) ergibt sich aus

$$C = -400 + 180 \cdot (1 + r)^{-1} + 360 \cdot (1 + r)^{-2} = 0$$

über

$$-400 \cdot (1 + r)^2 + 180 \cdot (1 + r)^1 + 360 \cdot (1 + r)^0 = 0$$

$$\Leftrightarrow -400 \cdot (1 + r)^2 + 180 \cdot (1 + r) + 360 = 0$$

$$\Leftrightarrow (1 + r)^2 - 0,45 \cdot (1 + r) - 0,9 = 0$$

durch Anwendung der p,q-Formel wie folgt:

$$(1 + r)_{1,2} = -\frac{p}{2} \pm \sqrt{\left(\frac{p}{2}\right)^2 - q}$$

$$\Leftrightarrow r_{1,2} = -\frac{p}{2} \pm \sqrt{\left(\frac{p}{2}\right)^2 - q} - 1 = \frac{0,45}{2} \pm \sqrt{\left(\frac{-0,45}{2}\right)^2 + 0,9} - 1$$

$$\Leftrightarrow r_{1,2} = 0,225 \pm \sqrt{0,950625} - 1$$

$$\Leftrightarrow r_{1,2} = 0,225 \pm 0,975 - 1$$

$$r_1 = 0,225 + 0,975 - 1 = 0,2 = 20\%.$$

$$r_2 = 0,225 - 0,975 - 1 = -1,75 = -175\%.$$

Die zweite Lösung (r_2) scheidet aus, denn ökonomisch relevant sind nur interne Zinssätze größer als –1. Die Zahlungsreihe (–400, 180, 360) hat demnach den eindeutigen internen Zins r = 20%.

Aufgabe 26 b)

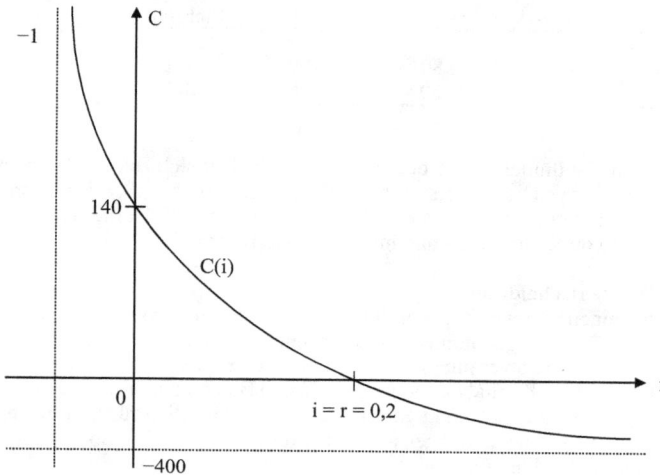

Abb. 61: Kapitalwert als Funktion des Kalkulationszinses i – Aufgabe 26

Für $i \to -1$ oder $q \to 0+$ wächst hier C über alle Grenzen, so daß die Kapitalwertfunktion für kleine i positiv ist. Andererseits konvergiert C für $i \to \infty$ gegen –400. Hieraus folgt, daß die Kapitalwertfunktion für große i negativ wird. Nach dem Zwischenwertsatz für stetige Funktionen muß es dann mindestens eine Stelle geben, an der $C = 0$ ist. Bildet man die erste Ableitung der Kapitalwertfunktion nach q, erkennt man: $C'(q) < 0$. Die Kapitalwertfunktion ist streng monoton fallend und kann deshalb höchstens eine Nullstelle haben. Wenn es aber mindestens eine und zugleich höchstens eine Nullstelle gibt, folgt daraus, daß (in diesem und von der Zahlungsstruktur her analogen Fällen) genau ein interner Zins im relevanten Bereich existiert. Der interne Zins $r = 0,2$ gibt die Nullstelle der Kapitalwertfunktion ($C = 0$) an. Die Kapitalwertfunktion schneidet die Ordinate bei $i = 0$, woraus $C = 140$ resultiert.

Aufgabe 26 c)
Der interne Zinsfuß läßt sich ökonomisch als *Effektivverzinsung des gebundenen Kapitals* interpretieren. Dazu ist die Vorstellung hilfreich, der zu beurteilende Zahlungsstrom bilde die Bewegungen auf einem in jeder Periode gleich verzinsten Konto ab. Für die Beispielzahlungsreihe (–400, 180, 360) bedeutet dies: Das Unternehmen eröffnet gedanklich in $t = 0$ ein Konto durch eine Einzahlung von 400 €. Das gebundene Kapital (Guthaben) erbringt eine Periode später 80 € Zinsen. Da der Investor jedoch gleichzeitig 180 € zum Verbrauch abhebt, sinkt das gebundene Kapital (seine Restforderung an die Investition) auf 300 €. Dieser Kontostand wird von der Investition wieder mit 20% verzinst und schließlich bis $t = 2$ vollständig getilgt. Die folgende Tabelle zeigt das jeweils gebundene Kapital als „Restschuld der Investition gegenüber dem Investor".

Tab. 43: Interner Zins als Rendite des gebundenen Kapitals – Aufgabe 26

t	Kapitalbin-dung t–1	Zinsen r = 20%	Tilgung Σ = 400	Summe = Rückfluß g_t	Kapitalbin-dung t
0					**400**
1	400	80	100	**180**	300
2	300	60	300	**360**	0

Aufgabe 26 d)
Die Kapitalbindung ist immer größer oder gleich null. Es läßt sich zeigen, daß dann die Äquivalenz $C \geq 0 \Leftrightarrow r \geq i$ bzw. $C \leq 0 \Leftrightarrow r \leq i$ gilt. Da der interne Zins r = 20% der Beispielzahlungsreihe (–400, 180, 360) größer ist als der Kalkulationszins i = 10%, ist die Sachinvestition vorteilhaft (Harmonie von Kapitalwert- und interner Zinsfußmethode).

Aufgabe 27: Wahlentscheidung
Investition A hat einen internen Zins von 900% und B nur einen von 100%. Der „Renditemaximierer" müßte sich strenggenommen für A entscheiden. Dennoch sollten ihm durch dieses Beispiel Zweifel kommen, ob er mit „Renditemaximierung" tatsächlich das meint, was er sagt: Investition A liefert einen Kapitalwert von nur 8,52 und B den mehr als zehnmal höheren Wert von 90,48. Bei genauerer Überlegung entscheidet er sich natürlich für B, weil ihm Konsummöglichkeiten durch absolute Vermögens- oder Einkommenszuwächse doch wichtiger erscheinen als hohe relative Renditeziffern.

Aufgabe 28: Nullkuponanleihe
Beim *durchschnittlichen Wertzuwachs* handelt sich lediglich um eine Durchschnittsgröße, die Auskunft darüber erteilt, um wieviel Prozent, bezogen auf die ursprünglich eingesetzten Mittel, der Kapitalbetrag des Investors pro Jahr im Durchschnitt steigt:

$$\text{durchschnittlicher Wertzuwachs} = \frac{\text{durchschnittlicher Ertrag pro Jahr}}{\text{Kapitaleinsatz}} \cdot 100\%$$

$$= \frac{(100 - 52)/10}{52} \cdot 100\% = 0{,}092307692 \approx 9{,}23\%.$$

Da bei der Bestimmung des durchschnittlichen Wertzuwachses der ursprüngliche Kapitaleinsatz die Bezugsbasis der Rechnung bildet, wird implizit unterstellt, daß sich der zu Laufzeitbeginn eingezahlte und zu verzinsende Kapitalbetrag bis zum Fälligkeitstermin der Nullkuponanleihe nicht ändert, was eine jährlich wiederkehrende Auszahlung der Zinsen erfordert, die jedoch bei der Nullkuponanleihe gerade nicht erfolgt.

Die den Anleihekäufer interessierenden Emissionsrendite r (Effektivverzinsung, interner Zinsfuß zum Zeitpunkt der Emission) ergibt sich wie folgt:

$$C = -52 + \frac{100}{(1+r)^{10}} = 0 \Leftrightarrow (1+r)^{10} = \frac{100}{52} \Leftrightarrow r = \sqrt[10]{\frac{100}{52}} - 1 = 0{,}067578123 \approx 6{,}76\%.$$

Mit 6,76% liegt die Emissionsrendite der echten Nullkuponanleihe deutlich unter dem werbewirksam angegebenen durchschnittlichen Wertzuwachs, weil bei der Ermittlung der Rendite berücksichtigt wird, daß die laufenden Zinserträge eben nicht jährlich ausgezahlt, sondern bis zum Fälligkeitstermin der Nullkuponanleihe angesammelt werden. Das gebundene Kapital der Anleihe wächst also stets durch den Zinsausschüttungsverzicht.

Aufgabe 29: Langfristiger Bankkredit
Tabelle 44 zeigt den Tilgungsplan für die endfällige Tilgung.

Tab. 44: Tilgungsplan für die endfällige Tilgung – Aufgabe 29

t	Endfällige Tilgung			Restschuld
	Zinszahlung	Tilgungszahlung	Gesamtzahlung	
0	–	–	–	100.000
1	10.000	0	10.000	100.000
2	10.000	0	10.000	100.000
3	10.000	0	10.000	100.000
4	10.000	0	10.000	100.000
5	10.000	0	10.000	100.000
6	10.000	0	10.000	100.000
7	10.000	0	10.000	100.000
8	10.000	0	10.000	100.000
9	10.000	0	10.000	100.000
10	10.000	100.000	10.000	100.000

Die bei der *Ratentilgung* jährlich zu leistende Tilgungszahlung beträgt:

$$100.000/10 = 10.000 \; €.$$

Als jährlich anfallende *Annuität* ergibt sich:

$$100.000 \cdot [(1 + 0,1)^{10} \cdot 0,1/((1 + 0,1)^{10} - 1)] = 16.274,54 \; €.$$

Die entsprechenden Tilgungspläne sind in Tabelle 45 dargestellt.

Tab. 45: Raten- und Annuitätentilgungsplan – Aufgabe 29

t	Ratentilgung				Annuitätentilgung			
	Zins-zahlung	Tilgungs-zahlung	Gesamt-zahlung	Rest-schuld	Zins-zahlung	Tilgungs-zahlung	Annui-tät	Rest-schuld
0	–	–	–	100.000	–	–	–	100.000
1	10.000	10.000	20.000	90.000	10.000	6.274,54	16.274,54	93.725,46
2	9.000	10.000	19.000	80.000	9.372,55	6.901,99	16.274,54	86.823,47
3	8.000	10.000	18.000	70.000	8.682,35	7.592,19	16.274,54	79.231,27
4	7.000	10.000	17.000	60.000	7.923,13	8.351,41	16.274,54	70.879,86
5	6.000	10.000	16.000	50.000	7.087,99	9.186,55	16.274,54	61.693,31
6	5.000	10.000	15.000	40.000	6.169,33	10.105,21	16.274,54	51.588,10
7	4.000	10.000	14.000	30.000	5.158,81	11.115,73	16.274,54	40.472,37
8	3.000	10.000	13.000	20.000	4.047,24	12.227,30	16.274,54	28.245,07
9	2.000	10.000	12.000	10.000	2.824,51	13.450,03	16.274,54	14.795,04
10	1.000	10.000	11.000	0	1.479,50	14.795,04	16.274,54	0

Aufgabe 30: Lieferantenkredit

Aufgabe 30 a)
Der *Lieferantenkredit* entsteht, wenn ein Lieferant nach Auslieferung der bestellten Ware seinem Abnehmer den zu zahlenden Kaufpreis über die Einräumung eines Zahlungsziels (z.B. zwei oder drei Wochen) stundet. Er dient dem Lieferanten als wichtiges Instrument der Absatzförderung und hilft dem Abnehmer, den Zeitraum bis zur Wiedergeldwerdung der beschafften Ware zu überbrücken. Demjenigen, der das Zahlungsziel nicht in Anspruch nimmt und sofort

oder innerhalb kurzer Zeit (Skontofrist) zahlt, wird ein Abschlag auf den Rechnungsbetrag in Form eines Skontos gewährt, z.B. 3% bei Zahlung innerhalb der Skontofrist, die oft bis zu acht Tage des Zahlungsziels ausmacht. Der Skontobetrag ist also bereits im Rechnungsbetrag (Warenpreis + Skontobetrag) enthalten. Sollte der Lieferantenkredit in Anspruch genommen werden, bezahlt man dies durch den Verzicht auf die Skontoabzugsmöglichkeit. Die Zinskosten des Lieferantenkredits entsprechen demnach der entgangenen Skontoabzugsmöglichkeit. Dabei muß allerdings berücksichtigt werden, daß der Skontosatz lediglich die Zinskosten für die Zeit zwischen dem Skontofristablauf und dem Zahlungszielablauf (Skontobezugsspanne), bezogen auf den Rechnungsbetrag, angibt, weshalb der sich auf den tatsächlichen Kreditbetrag vor Skonto beziehende äquivalente Jahreszins als eigentlich interessierende Zinsbelastung wesentlich höher liegt. Für den Lieferantenkredit spricht lediglich die flexible und unkomplizierte Inanspruchnahme. Um ihn nicht zu benötigen und dafür lieber Skonto ziehen zu können, lohnen sich i.d.R. kurzfristige sonstige Finanzierungsmaßnahmen (z.B. Kontokorrentkredit, wenn die Kreditlinie noch nicht ausgeschöpft ist).

Aufgabe 30 b)
Zunächst seien die Daten kurz aufbereitet:
- Rechnungsdatum: 03.02.2025,
- Skontofristablauf: 10.02.2025,
- Zahlungszielablauf: 24.02.2025,
- Skontosatz: 3% vom Rechnungsbetrag,
- Rechnungsbetrag: 75.000 €,
- Skontobetrag: 2.250 € 3,093% vom Kreditbetrag,
- Kreditbetrag: 72.750 € 97% vom Rechnungsbetrag.

Die Situation stellt sich graphisch wie folgt dar:

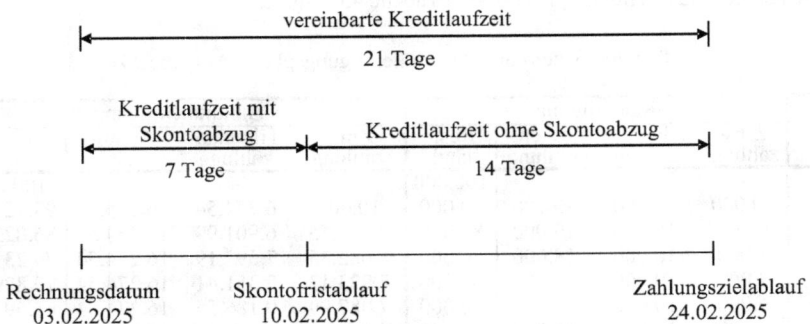

Abb. 62: Kreditlaufzeiten beim Lieferantenkredit – Aufgabe 30

Räumt also der Lieferant ein Zahlungsziel von 21 Tagen bei einem Skontosatz von 3% und einer Skontofrist von 7 Tagen ein, dann bedeutet dies, daß der Lieferantenkredit 7 Tage zinslos gewährt wird und der Skontosatz die Zinskosten für die Kreditlaufzeit ohne Skontoabzug (Skontobezugsspanne) von 14 Tagen anzeigt. Der sich auf den tatsächlichen Kreditbetrag vor

Skonto beziehende äquivalente Jahreszinssatz i_T ist nun wie folgt zu berechnen:[328]

$$i_T = \left(1 + \frac{\text{Skontosatz in \% des Rechnungsbetrages}}{\text{Kreditbetrag in \% des Rechnungsbetrages}}\right)^{\frac{\text{Jahreszinstage}}{\text{Zahlungsziel} - \text{Skontofrist}}} - 1.$$

$$i_T = \left(1 + \frac{S}{100\% - S}\right)^{\frac{365}{z-s}} - 1 = \left(1 + \frac{3\%}{100\% - 3\%}\right)^{\frac{365}{21-7}} - 1 = 1{,}212482199 \approx 121{,}25\%.$$

Der Term S/(100% – S) trägt dabei dem Umstand Rechnung, daß der sich auf den Rechnungsbetrag beziehende Skontosatz auf den tatsächlich kreditierten Betrag vor Skonto umzurechnen ist.

Wegen der auf das Jahr bezogenen hohen Zinsbelastung von 121,25% sollte Peter versuchen, die Skontoabzugsmöglichkeit zu nutzen. Falls die Liquiditätslage der Autoverwertung dies nicht erlaubt, ist es grundsätzlich vorteilhaft, sich anderweitig kurzfristig, z.B. durch einen Kontokorrentkredit zu verschulden, um auf diese Weise innerhalb der Skontofrist seinen Verpflichtungen nachkommen und den Skontoabzug in Anspruch nehmen zu können, denn die Kosten eines kurzfristigen Bankkredits sind i.d.R. erheblich geringer, so daß sich auch bei einem kreditfinanzierten Skontoabzug ein Rentabilitätsgewinn ergibt.

Aufgabe 31: Finanzierung aus Abschreibungen und Rückstellungen
Abschreibungen und Rückstellungszuführungen sind Aufwand, mindern also den Gewinn, aber diesen Aufwendungen stehen keine Auszahlungen gegenüber: Durch die Abschreibungen sinken nur die Bilanzwerte des Anlagevermögens, und auf der anderen Seite der Bilanz steigt die Fremdkapitalposition „Pensionsrückstellungen" durch die getätigten Zuführungen. Beides geht zu Lasten des Gewinns und damit des Eigenkapitals, aber nicht zu Lasten des zahlungswirksamen Kontos „liquide Mittel". Es errechnet sich nach Abzug aller Aufwandspositionen von den Umsatzerträgen ein Gewinn vor Steuern von 6.000 € sowie nach Anwendung des Gewinnsteuersatzes von 50% ein Gewinn nach Steuern in Höhe von 3.000 € (vgl. Tabelle 46).

Tab. 46: Gewinn- und Verlustrechnung – Aufgabe 31

Umsatzerlöse	(**zahlungswirksam**)	15.000
– Abschreibungen	(*zahlungsunwirksam*)	– 3.000
– Rückstellungszuführungen	(*zahlungsunwirksam*)	– 2.000
– sonstiger Aufwand	(**zahlungswirksam**)	– 4.000
= Gewinn vor Steuern	(Erfolgsgröße)	6.000
– Ertragsteuern (50%)	(**zahlungswirksam**)	– 3.000
= Gewinn nach Steuern	(Erfolgsgröße)	3.000

Der Gewinn ist eine Erfolgs- und keine Zahlungsgröße; gleichwohl enthält er natürlich, wie obiges Schema zeigt, zahlungswirksame Komponenten.

Um nun den gesamten *Innenfinanzierungsüberschuß* (auch erfolgswirtschaftlicher „Cashflow" genannt) zu bestimmen, müssen zur Selbstfinanzierung, also zum Gewinn nach Steuern, noch die Gegenwerte der Abschreibungs- und Rückstellungsbuchungen hinzuaddiert werden, weil diese zwar den Gewinn, aber mitnichten den zugeflossenen Zahlungsmittelbetrag gemindert haben. Erst diese „Korrektur" bereinigt den möglichen „Interpretationsfehler" der Selbstfinanzierung, welche eben noch nicht alle für die Innenfinanzierung verfügbaren Einzahlungsüberschüsse enthält. Auf diese Weise erklärt sich die zunächst verblüffende Tatsache, daß zahlungsunwirksame Abschreibungs- und Rückstellungsaufwendungen etwas mit Finanzie-

---

328 Zur Herleitung dieser Formel vgl. *MATSCHKE*, Finanzierung (1991), S. 230-232.

rung zu tun haben. Sie haben es deshalb, weil die Selbstfinanzierung um eben diese Positionen korrigiert werden muß, die zahlungsunwirksamen Aufwendungen also aus der Erfolgsrechnung wieder herauszunehmen sind (sog. *indirekte Berechnung* des Umsatzüberschusses aus Innenfinanzierung). Im Beispiel gilt (vgl. Tabelle 47):

Tab. 47: Innenfinanzierungsüberschuß (indirekte Berechnung) – Aufgabe 31

Selbstfinanzierung (Gewinn nach Steuern)	(Erfolgsgröße)	3.000
+ Finanzierung aus Abschreibungen	*(zahlungsunwirksam)*	+ 3.000
+ Finanzierung aus Rückstellungen	*(zahlungsunwirksam)*	+ 2.000
= Innenfinanzierung	**(zahlungswirksam)**	8.000

Der Usdau AG stand also im vergangenen Geschäftsjahr ein Umsatzüberschuß aus Innenfinanzierung in Höhe von 8.000 € zur Verfügung, den sie beispielsweise zur Investitionsfinanzierung nutzen konnte. Wem diese sich aus der Logik der Gewinnabgrenzung ergebende Rechnung noch nicht ganz geheuer ist, der wird sich über eine Möglichkeit zur Probe freuen. Der Innenfinanzierungsüberschuß kann nämlich ebensogut direkt aus den unmittelbar zahlungswirksamen Komponenten berechnet werden (vgl. Tabelle 48).

Tab. 48: Innenfinanzierungsüberschuß (direkte Berechnung) – Aufgabe 31

Umsatzerlöse	**(zahlungswirksam)**	15.000
– sonstiger Aufwand	**(zahlungswirksam)**	– 4.000
– Ertragsteuern	**(zahlungswirksam)**	– 3.000
= Innenfinanzierung	**(zahlungswirksam)**	8.000

Erneut zeigt es sich, daß die Kassen der Usdau AG im Geschäftsjahr einen Betrag von 8.000 € vereinnahmt haben, und zwar rein aus Innenfinanzierung. Das Beispiel illustriert recht deutlich, worauf es bei der „Finanzierung aus Abschreibungen und Rückstellungen" ankommt: Durch die Buchung zahlungsunwirksamen Aufwands werden vereinnahmte liquide Mittel an die Unternehmung gebunden, d.h. durch die Gewinnminderung einerseits vor der Besteuerung und andererseits vor Gewinnausschüttungsansprüchen der Eigentümer abgeschirmt.

Aufgabe 32: Kapitalfreisetzungs- und Kapazitätserweiterungseffekt

Die Jahresabschreibung ergibt sich bei der linearen Zeitabschreibung als Quotient von Abschreibungsbetrag (Anschaffungskosten – Restverkaufserlös) und Nutzungsdauer. Für das Beispiel beträgt die Jahresabschreibung mithin 12.000/4 = 3.000 €.

Aufgrund der Datensituation ergibt sich die in Tabelle 49 ausgewiesene dauerhafte *Kapitalfreisetzung* von 18.000 € pro Jahr (37,50% der anfänglichen Investition). Diese freigesetzten finanziellen Mittel stehen langfristig für beliebige Finanzierungszwecke bzw. Investitionsvorhaben zur Verfügung. Bereits am Ende des dritten Jahres sind liquide Mittel in Höhe von 18.000 € aufgelaufen, die dem Maschinenpark dauerhaft entzogen und anderen Verwendungen zugeführt werden können, ohne die Kapazität von vier Maschinen zu mindern.

Tab. 49: Kapitalfreisetzungseffekt (Geldangaben in Tausend) – Aufgabe 32

Ende des Jahres (t)	Kapazitätsaufbau					Reinvestitionsphase				
	0	1	2	3	4	5	6	7	8	usw.
Abschreibung Maschine 1		3	3	3	3					
Abschreibung Maschine 2			3	3	3	3				
Abschreibung Maschine 3				3	3	3	3			
Abschreibung Maschine 4					3	3	3	3		
Abschreibung Maschine 5 (Ersatz 1)						3	3	3	3	
Abschreibung Maschine 6 (Ersatz 2)							3	3	3	usw.
Abschreibung Maschine 7 (Ersatz 3)								3	3	usw.
Abschreibung Maschine 8 (Ersatz 4)									3	usw.
usw.										usw.
Gesamte Jahresabschreibung	0	3	6	9	12	12	12	12	12	usw.
Aufgelaufene liquide Mittel	0	3	9	18	30	30	30	30	30	usw.
Ersatzinvestitionen	–	–	–	–	12	12	12	12	12	
Kapitalfreisetzung	0	3	9	18	18	18	18	18	18	usw.
Anzahl an Maschinen	1	2	3	4	4	4	4	4	4	usw.

Sollen nun die über den Kapitalfreisetzungseffekt bereitgestellten liquiden Mittel möglichst sofort wieder zur Beschaffung zusätzlicher gleichartiger Betriebsmittel eingesetzt werden, dann erhöht sich deren Anzahl und damit die mit ihnen langfristig erreichbare Periodenkapazität (vgl. Tabelle 50).

Tab. 50: Kapazitätserweiterungseffekt (Geldangaben in Tausend) – Aufgabe 32

Ende des Jahres (t)	Kapazitätsaufbau					Reinvestitionsphase				
	0	1	2	3	4	5	6	7	8	usw.
Abschreibung Maschine 1		3	3	3	3					
Abschreibung Maschine 2			3	3	3	3				
Abschreibung Maschine 3				3	3	3	3			
Abschreibung Maschine 4					3	3	3	3		
Abschreibung Maschine 5 (Zusatz)					3	3	3	3		
Abschreibung Maschine 6 (Ersatz 1)						3	3	3	3	
Abschreibung Maschine 7 (Zusatz)							3	3	3	usw.
Abschreibung Maschine 8 (Ersatz 2)							3	3	3	usw.
Abschreibung Maschine 9 (Ersatz 3)								3	3	usw.
Abschreibung Maschine 10 (Ersatz 4)									3	usw.
Abschreibung Maschine 11 (Ersatz 5)									3	usw.
usw.										usw.
Gesamte Jahresabschreibung	0	3	6	9	15	15	18	18	18	usw.
Aufgelaufene liquide Mittel	0	3	9	18	21	24	18	24	18	usw.
Ersatzinvestitionen	–	–	–	–	12	12	12	24	12	
Investition	–	–	–	12	–	12	–	–	–	usw.
Kapitalfreisetzung	0	3	9	6	9	0	6	0	6	usw.
Anzahl an Maschinen	1	2	3	5	5	6	6	6	6	usw.

Da am Ende des dritten und fünften Jahres liquide Mittel in Höhe von 18.000 € bzw. 24.000 € aufgelaufen sind, ergibt sich durch den Zukauf der fünften und siebenten Maschine eine dauerhafte Erhöhung der Maschinenanzahl und der Periodenkapazität (*Kapazitätserweiterung*). Darüber hinaus können die sich zwischenzeitlich aufgrund von Unteilbarkeiten der Maschinen einer Kapazitätserweiterung entziehenden zusätzlich frei werdenden finanziellen Mittel bis zur erforderlichen Wiederbeschaffung der abgeschriebenen Anlagegüter (Ersatzinvestitionen) in der Unternehmung zur Finanzierung beliebiger Investitionsprojekte verwendet werden.

Aufgabe 33: Auszahlung und Ausgabe

Ausgabe, nicht Auszahlung: Kauf von Vorräten auf Ziel (d.h. Bezahlung der Rechnung erst nach dem Entstehen der Verbindlichkeit).

Ausgabe = Auszahlung: Kauf von Vorräten gegen Barzahlung.

Aufgabe 34: Nicht zahlungswirksame Erfolge

Die allmähliche Abschreibung einer Anlage über den Zeitraum ihrer Nutzung ist Aufwand, denn sie entspricht der Wertminderung des Sachvermögens und muß deshalb auch den Gewinn mindern. Der Zahlungsmittelbestand wird hingegen durch die an jedem Jahresende vollzogene Abschreibungsbuchung nicht mehr tangiert, denn der Abfluß des Kaufpreises geschah bereits zur Gänze in dem längst zurückliegenden Anfangszeitpunkt, als die Anlage erfolgsneutral gekauft und sofort komplett bezahlt wurde.

Aufgabe 35: Aufschlüsseln des Kapitaldienstes

Die anfängliche Kapitalbindung ist 1.000, so daß die kalkulatorischen Zinsen des ersten Jahres zwangsläufig $1.000 \cdot 0{,}1 = 100$ betragen (vgl. Tabelle 66).

Tab. 51: Aufschlüsselung des annuitätischen Kapitaldienstes in Abschreibungen und Zinsen – Aufgabe 35

Erfolgsrechnung	Rechengrößen	t = 0	t = 1	t = 2
Leistungen	+ Umsatzerlöse		800	800
– Kosten	– Fertigungskosten		–200	–200
	– Abschreibungen		–476,1905	–523,8095
=	– Kalk. Zinsen 10%		–100	–52,3810
Betriebsergebnisse	Summe		**23,8095**	**23,8095**

Da der Kapitaldienst aus Abschreibungen und Zinsen besteht, muß sich die Abschreibung des ersten Jahres auf $576{,}1904762 - 100 = 476{,}1904762$ belaufen. Die Kapitalbindung sinkt also im ersten Jahr auf $1.000 - 476{,}1904762 = 523{,}8095238$. Dies ist notwendigerweise zugleich die Abschreibungsrate des zweiten Jahres, denn die Kapitalbindung endet in t = 2. Die kalkulatorischen Zinsen des zweiten Jahres ergeben sich als: $523{,}8095238 \cdot 0{,}1 = 52{,}38095238$. Wir erhalten zusammenfassend:

Kapitaldienst im ersten Jahr:

$$\text{Abschreibung} + \text{Zinsen} = 476{,}1904762 + 100 = 576{,}1904762.$$

Kapitaldienst im zweiten Jahr:

$$\text{Abschreibung} + \text{Zinsen} = 523{,}8095238 + 52{,}38095238 = 576{,}1904762.$$

Abschreibung beider Jahre:

$$476{,}1904762 + 523{,}8095238 = 1.000.$$

Aufgabe 36: LÜCKE-Theorem

Aufgabe 36 a)
Zunächst ist aus den gegebenen Daten der Zahlungsstrom abzuleiten:

Tab. 52: Zahlungsrechnung – Aufgabe 36

Zahlungsrechnung	Rechengrößen	$t = 0$	$t = 1$	$t = 2$
Einzahlungen	+ Umsatzerlöse	0	8.000	8.000
– Auszahlungen	– Löhne, Material	0	–3.000	–3.000
=	– Kaufpreis Anlage	–10.000	0	0
Zahlungen	Summe	**–10.000**	**5000**	**5000**

Der Kapitalwert auf Basis von Zahlungsgrößen berechnet sich für ein beliebiges Investitionsobjekt mit der Zahlungsreihe $\mathbf{g} := (g_0, g_1, \ldots, g_t, \ldots, g_n)$ wie folgt:

$$C := \sum_{t=0}^{n} g_t \cdot (1+i)^{-t}.$$

Für obige Beispielkonstruktion mit der Zahlungsreihe (–10.000, 5.000, 5.000) bedeutet dies:

$$C = -10.000 + 5.000 \cdot 1{,}1^{-1} + 5.000 \cdot 1{,}1^{-2} = -10.000 + 8.677{,}68585 = -1.322{,}31405$$

$$\approx 1.322{,}23 \text{ € } < 0 \rightarrow \text{Die Investition (Kauf der Fertigungsanlage) ist nicht vorteilhaft!}$$

Aufgabe 36 b)
Die Betriebsergebnisrechnung interessiert sich nicht für Zahlungen, sondern für den Erfolgsbeitrag der einzelnen Jahre. Da die Anlage ihr Nutzungspotential über zwei Jahre verbraucht,
wird der Wertverzehr als Abschreibung über beide Jahre verteilt. In der Kostenrechnung ist
man frei, in welcher Weise die Investitionssumme von 10.000 € abgeschrieben werden soll.
Weil die Anlagennutzung annahmegemäß gleichmäßig verläuft (Erlöse von 8.000 € und Kosten
von 3.000 € in beiden Jahren), bietet es sich an, jedem Jahr genau die Hälfte der Anschaffungsauszahlung, also einen Abschreibungsbetrag von 10.000/2 = 5.000 € zuzurechnen. Diese zeitanteilige Zuschlüsselung heißt *lineare Abschreibung*. Nun darf man nicht den Fehler machen,
die kalkulatorischen Zinsen zu vergessen oder unbedacht anzusetzen. Solange die Anlage mit
ihrem Anschaffungspreis von 10.000 € in der Bilanz steht, ist in ihr ein Kapital in gleicher Höhe
gebunden, welches gemäß dem LÜCKE-Theorem auch entsprechend dem Abschreibungsverlauf
verzinst werden muß. Bei $i = 10\%$ fallen also im ersten Jahr kalkulatorische Zinsen von
$10.000 \cdot 0{,}1 = 1.000$ € an. Am Ende des ersten Jahres sinkt die kalkulatorische Kapitalbindung
um den Abschreibungsbetrag von 5.000 € auf nur noch 10.000 – 5.000 = 5.000 €, so daß die
kalkulatorischen Zinsen am Ende des zweiten Jahres nur noch $5.000 \cdot 0{,}1 = 500$ € ausmachen.
Damit ergibt sich für das erste Jahr ein Betriebsergebnis von –1.000 € und für das zweite Jahr
eines von –500 € (siehe folgende Tabelle).

Tab. 53: Erfolgsrechnung bei linearer Abschreibung – Aufgabe 36

Erfolgsrechnung	Rechengrößen	t = 0	t = 1	t = 2
Leistungen	+ Umsatzerlöse		8.000	8.000
– Kosten	– Fertigungskosten		–3.000	–3.000
	– Abschreibungen		–5.000	–5.000
=	– Kalk. Zinsen 10%		–1.000	–500
Betriebsergebnisse	Summe		**–1.000**	**–500**

Der Kapitalwert auf Basis von Zahlungsgrößen berechnet sich für ein beliebiges Investitionsobjekt mit der Zahlungsreihe $g := (g_0, g_1, \dots, g_t, \dots, g_n)$ wie folgt:

$$C := \sum_{t=0}^{n} G_t^{kalk} \cdot (1+i)^{-t}.$$

Da die kalkulatorischen Zinsen auf die Kapitalbindung penibel beachtet wurden, finden wir zugleich die Aussage des LÜCKE-Theorems bestätigt:

$$C = -1.000 \cdot 1{,}1^{-1} - 500 \cdot 1{,}1^{-2} = -1.322{,}31405$$

$\approx 1.322{,}23$ € $< 0 \rightarrow$ Die Investition (Kauf der Fertigungsanlage) ist nicht vorteilhaft!

Dies ist derselbe Kapitalwert, der sich aus der Zahlungsrechnung ergab. Es ist demnach gleichgültig, ob der Kapitalwert der *Zahlungsreihe* (–10.000, 5.000, 5.000) oder eben der *Gewinnreihe* (0, –1.000, –500) berechnet wird. *Bei korrekt ermitteltem Gewinn* müssen beide gleich sein. Investitions- und Kostenrechnung sind unter dieser wichtigen, in der Praxis oft nicht erfüllten Voraussetzung ineinander überführbar und unterscheiden sich nicht in ihrer prinzipiellen Eignung für Entscheidungszwecke. Welches Rechenwerk man anwendet, sollte vom Zweck der Rechnung und den verfügbaren Daten abhängig gemacht werden.

Aufgabe 36 c)
Die mit linearer Abschreibung berechnete Betriebsergebnisreihe (0, –1.000, –500) bildet die in beiden Jahren gleich hohen Erlöse und Fertigungskosten viel schlechter ab als die Zahlungsreihe (–10.000, 5.000, 5.000), bei der man sich nur die Anschaffungsauszahlung „wegdenken" muß, um zu erkennen, daß in beiden Perioden der gleiche Zahlungsüberschuß erarbeitet wird. Steht also bei der Kostenrechnung das *Vergleichbarkeitsinteresse* im Vordergrund, so kann es wünschenswert sein, die beiden Jahren gleichermaßen anzulastende, im nachhinein nicht mehr veränderbare Investitionsauszahlung wegzulassen oder aber *annuitätisch* zu verteilen. Denn daß die erste Periode bei linearer Abschreibung höhere kalkulatorische Zinsen „abbekommt" als die zweite, kann man ihr unter dem Gesichtspunkt des Leistungsvergleichs beider Perioden nicht negativ anrechnen. Aus Sicht der ersten wie auch der zweiten Periode ist an den Gesamtabschreibungen von 10.000 € und den dafür anfallenden Zinsen nichts mehr zu ändern; es handelt sich in der Rückbetrachtung um „*versunkene Kosten*", die nicht mehr entscheidungsrelevant sind, wenn man nur noch über ihre Verteilung, aber nicht mehr über ihre Vermeidung entscheiden kann.

Betrachtet man mit dieser Begründung den Kapitaldienst, also die Summe aus Abschreibungen und Zinsen, im ganzen als versunkene Kosten, so dient es der Vergleichbarkeit, den beiden Jahren jeweils denselben Kapitaldienst zuzurechnen. Um das LÜCKE-Theorem zu beachten, müssen wir dabei die *Annuität der Investitionsauszahlung* berechnen. Es gilt:

$$a = g_0 \cdot ANF_{i,n} = 1.000 \cdot ANF_{i,n} = 10.000 \cdot \frac{0,1 \cdot 1,1^2}{1,1^2 - 1} = 5.761,904762 \; \text{€}.$$

Die Betriebsergebnisrechnung liest sich damit so:

Tab. 54: Erfolgsrechnung bei annuitätischem Kapitaldienst – Aufgabe 36

Erfolgsrechnung	Rechengrößen	t = 0	t = 1	t = 2
Leistungen	+ Umsatzerlöse		8.000	8.000
– Kosten	– Fertigungskosten		–3.000	–3.000
=	– Kapitaldienst		–5.761,90	–5.761,90
Betriebsergebnisse	Summe		**–761,90**	**–761,90**

Man erhält nunmehr für die beiden Jahre gleiche Betriebsergebnisse, nämlich jeweils einen Betriebsverlust von 761,90. Auch damit läßt sich der Kapitalwert nach dem LÜCKE-Theorem korrekt berechnen:

$$C = -761,9047619/1,1 - 761,9047619/1,1^2 = -1.322,31405$$

$$\approx 1.322,23 \; \text{€} < 0 \rightarrow \text{Die Investition (Kauf der Fertigungsanlage) ist nicht vorteilhaft!}$$

Aufgabe 37: Kostenkategorien
Da sich Einzelkosten per def. den Ausbringungseinheiten verursachungsgerecht zuordnen lassen, sind sie variabel. Dies gilt auch für unechte Gemeinkosten, da sie ja eigentlich Einzelkosten sind. Aber selbst echte Gemeinkosten können variable Kosten sein: In einer Kokerei entstehen aus Steinkohle Koks und Rohgas in einem bestimmten, prozeßabhängigen Kuppelverhältnis (sog. Kuppelproduktion). Der Kohleverbrauch steigt mit dem Prozeßniveau an und ist daher abhängig von der Beschäftigung; es ist aber nicht möglich, anzugeben, wie viele Tonnen Kohle nun eine Tonne Koks oder ein Kubikmeter Gas verbraucht hat. Der Kohleverbrauch wird von beiden Produkten Koks und Gas gemeinsam verursacht. Natürlich sind fixe Kosten wie Gehälter und Abschreibungen zwangsläufig Gemeinkosten in bezug auf die Ausbringungsmenge. Man kann also zusammenfassend antworten: Ja, Einzelkosten der Beschäftigung sind variable Kosten, aber Gemeinkosten der Beschäftigung sind nicht zwangsläufig auch fixe Kosten. Die beiden Begriffspaare Einzel-/Gemeinkosten und variable/fixe Kosten sind demnach nicht deckungsgleich (sonst könnte ja auch eines entfallen).

Aufgabe 38: Abschreibungen

Aufgabe 38 a)
Mit a(t) als Abschreibungsrate am Ende der Periode t und RBW(t) als Restbuchwert am Ende der Periode t gilt, wenn kein Liquidationserlös am Ende der Nutzungsdauer anfällt:

$$a(t) = \frac{a_0}{n} = 75.000/5 = 15.000 \; \text{€}.$$

$$RBW(t) = a_0 - t \cdot \frac{a_0}{n}; \; \text{z.B. } RBW(10) = 75.000 - 5 \cdot \frac{75.000}{5} = 0 \; \text{€}.$$

Es zeigt sich die folgende Entwicklung des Anlagenwerts (Restbuchwert):

Tab. 55: Lineare Abschreibung auf einen Restbuchwert von null – Aufgabe 38

t	0	1	2	3	4	5
a(t)		15.000	15.000	15.000	15.000	15.000
RBW(t)	75.000	60.000	45.000	30.000	15.000	0

Aufgabe 38 b)
Mit a(t) als Abschreibungsrate am Ende der Periode t und RBW(t) als Restbuchwert am Ende der Periode t gilt, wenn kein Liquidationserlös am Ende der Nutzungsdauer anfällt:

$$a(t) = \frac{a_0 - RBW(n)}{n} = (75.000 - 5.000)/5 = 14.000 \text{ €.}$$

$$RBW(10) = 75.000 - 5 \cdot \frac{75.000 - 5.000}{5} = 5.000 \text{ €.}$$

Die Entwicklung des Anlagenwerts (Restbuchwert) sähe wie folgt aus:

Tab. 56: Lineare Abschreibung auf einen positiven Restbuchwert – Aufgabe 38

t	0	1	2	3	4	5
a(t)		14.000	14.000	14.000	14.000	14.000
RBW(t)	75.000	61.000	47.000	33.000	19.000	5.000

Aufgabe 38 c)
Sofern die Differenz der Abschreibungsbeträge d zweier benachbarter Zeitpunkte so berechnet ist, daß sie zugleich der allerletzten Abschreibungsrate a(n) entspricht, liegt der besonders einfache Fall *digitaler Abschreibung* vor. Man kann dann quasi „an den Fingern" abzählen (1 + 2 + 3 + 4 + 5), wie hoch die Abschreibungsdifferenz sein muß. Im Beispiel gilt:

$$d = \frac{75.000}{1 + 2 + 3 + 4 + 5} = \frac{75.000}{15} = 5.000, \text{ und wir erhalten:}$$

Tab. 57: Digitale Abschreibung – Aufgabe 38

t	0	1	2	3	4	5
a(t)		25.000	20.000	15.000	10.000	5.000
RBW(t)	75.000	50.000	30.000	15.000	5.000	0

Aufgabe 38 d)
In der Praxis sehr gebräuchlich ist die *geometrisch-degressive Abschreibung*, bei der die Abschreibungsbeträge a(t) und auch die Restbuchwerte RBW(t) mathematisch eine geometrische Folge bilden, sich also stets um denselben Prozentsatz reduzieren. Die Entwicklung des Anlagenwerts sähe im Beispiel wie folgt aus:

Tab. 58: Geometrisch-degressive Abschreibung – Aufgabe 38

t	0	1	2	3	4	5
a(t)		18.750	14.062,50	10.546,88	7.910,16	5.932,62
RBW(t)	75.000	56.250	42.187,50	31.640,63	23.730,47	17.797,85

Natürlich gelangt man damit nie auf einen Restbuchwert von null, sondern muß irgendwann die Abschreibungsmethode wechseln.

Aufgabe 39: Finanzmathematisch korrekter Kapitaldienst
Der Kapitaldienst umfaßt Abschreibungen und Zinsen und ergibt sich bei finanzmathematisch korrekter Rechnung als Annuität der Anschaffungsauszahlung:

$$15.000 \cdot ANF_{i,n} = 15.000 \cdot \frac{0,1 \cdot 1,1^5}{1,1^5 - 1} = 3.956,96.$$

(Wie so eine Annuität sich in Abschreibung und Zinsen aufteilt, haben Sie schon im Rahmen der Aufgabe 35 gesehen. Da die zu verzinsende Kapitalbindung im Zeitablauf durch Tilgung (Abschreibung) sinkt, der Kapitaldienst insgesamt aber als Annuität gleich bleibt, nehmen die Zinsen ab und die Abschreibungen zu. Ein annuitätischer Kapitaldienst bedeutet progressive Abschreibung des Kapitals.)

Aufgabe 40: Zuschlagssätze Betriebsabrechnungsbogen
Als Zuschlagssätze resultieren:

$$\text{Dreherei: } 9.053/7.987 = 1,1335 = 113,35\%.$$

$$\text{Schlosserei: } 9.041/6.188 = 1,4611 = 146,11\%.$$

$$\text{Montage: } 5.658/5.679 = 0,9963 = 99,63\%.$$

Aufgabe 41: Betriebsabrechnungsbogen

Aufgabe 41 a)
Summe Gemeinkosten: Materialstelle: 1.300 + 60 = 1.360.
Schlosserei: 250 + 2.000 = 2.250.
Montage: 300 + 1.200 = 1.500.
Verwaltung: 3.000 + 740 = 3.740.

Zuschlagsbasen: Materialstelle: 5.000.
Schlosserei: 5.000.
Montage: 3.000.
Verwaltung: 5.000 + 8.000 + 1.360 + 2.250 + 1.500 = 18.110.

Zuschlagssätze: Materialstelle: 1.360/5.000 = 0,272 = 27,20%.
Schlosserei: 2.250/5.000 = 0,45 = 45%.
Montage: 1.500/3.000 = 0,5 = 50%.
Verwaltung: 3.740/18.110 = 0,206515737 ≈ 20,65%.

Aufgabe 41 b)

Die Herstell- und Selbstkosten betragen gemäß der nach Kostenstellen differenzierten Zuschlagskalkulation:

Tab. 59: Herstell- und Selbstkostenermittlung – Aufgabe 41

Materialeinzelkosten	250,--
+ Materialgemeinkosten 27,20%	68,--
+ Fertigungseinzelkosten Schlosserei	190,--
+ Fertigungsgemeinkosten Schlosserei 45%	85,50
+ Fertigungseinzelkosten Montage	160,--
+ Fertigungsgemeinkosten Montage 50%	80,--
HERSTELLKOSTEN	833,50
+ Gemeinkosten Verwaltung 20,65%	172,13
SELBSTKOSTEN	1.005,63

Aufgabe 42: Äquivalenzziffernrechnung

Die Stückkosten der Normalsorte ergeben sich wie folgt:

$$k_{normal} = \frac{228.000}{1 \cdot 15.000 + 1,3 \cdot 5.000 + 0,7 \cdot 10.000} = \frac{228.000}{28.500} = 8 \text{ €}.$$

Die dicke Sorte kostet dann pro Stück $1,3 \cdot 8 = 10,40$ € und die dünne Blechsorte $0,7 \cdot 8 = 5,60$ €.

Aufgabe 43: Gewinnschwellenanalyse

Bis zur Gewinnschwelle M_{krit} erwirtschaftet der Betrieb Verlust, und für $M > M_{krit}$ erzielt er Gewinn. M_{krit} ergibt sich wie folgt:

$$G = U - K = 0 \Leftrightarrow U = K.$$

Aus dem Gleichsetzen von Umsatz- und Kostenfunktion erhalten wir die Stelle, an der der Gewinn genau gleich null ist, und ersehen durch Auflösen nach M:

$$U = K$$

$$\Leftrightarrow p \cdot M = K_{fix} + k_v \cdot M$$

$$\Leftrightarrow (p - k_v) \cdot M = K_{fix}$$

$$\Leftrightarrow M_{krit} = \frac{K_{fix}}{p - k_v}.$$

Bezogen auf das Beispiel ergibt sich:

$$M_{krit} = \frac{K_{fix}}{p - k_v} = \frac{5.000.000}{12.000 - 7.000} = 1.000 \text{ Stück.}$$

Es müssen 1.000 Motorräder verkauft werden, um die Gewinnschwelle zu erreichen. Werden mehr als 1.000 Motorräder abgesetzt, so erzielt der Motorradhersteller Gewinn.

Aufgabe 44: Auftragskalkulation mit Voll- und Grenzkosten
Die Vollkosten einschließlich der „versunkenen" Fixkosten betragen pro Stück

$$\frac{20.000 + 15 \cdot 2.000}{2.000} = 25 \, \text{€}.$$

Die Grenzkosten (Teilkosten) entsprechen nur den variablen Stückkosten von

$$\frac{15 \cdot 2.000}{2.000} = 15 \, \text{€}.$$

Der Angebotspreis von 20 € deckt die Grenzkosten, aber nicht die Vollkosten. Die kurzfristige Preisuntergrenze entspricht den Grenzkosten. Da mit jedem Teil eine Deckungsspanne von 20 – 15 = 5 € verdient werden kann, ist der Auftrag vorteilhaft. Er erbringt bei 2.000 Teilen einen Deckungsbeitrag von 10.000 €. Dieser ist zwar geringer als die abzudeckenden Fixkosten von 20.000 €; letztere entstehen aber auch dann unweigerlich, wenn man den Auftrag ablehnt, nur daß in diesem Falle ein Deckungsbeitrag von 0 € erzielt würde. Selbstverständlich ist es besser, einen Deckungsbeitrag von 10.000 € zu erwirtschaften als einen von 0 €.

Aufgabe 45: Bilanzstrukturveränderungen

Aktivtausch:	Anschaffung eines tragbaren Rechners mittels Barzahlung, Verkauf noch nicht fälliger Forderungen aus Lieferungen und Leistungen, Verkauf eines Firmenwagens gegen Bargeld, Begleichung einer Forderung durch Banküberweisung eines Kunden, Geld aus der Kasse wird auf dem Bankkonto eingezahlt, Barauszahlung vom Bankkonto.
Passivtausch:	Umwandlung einer Lieferantenverbindlichkeit in ein Darlehen, Kapitalerhöhung aus Gesellschaftsmitteln, Begleichung einer Lieferantenverbindlichkeit mittels Ausstellung eines eigenen Wechsels, Umschuldung auf Fremdwährung.
Bilanzverlängerung:	Anschaffung eines Netzwerkdruckers auf Ziel, Honorareingang aus einem Beratungsauftrag auf dem Bankkonto, Aufnahme eines Bankdarlehens, Barverkauf von Fertigerzeugnissen.
Bilanzverkürzung:	Tilgung eines Darlehens durch Banküberweisung, Banküberweisung verauslagter Reisekosten an Mitarbeiter, Banküberweisung der Jahresmiete für die Geschäftsräume, Überweisung einer Spende an das Deutsche Rote Kreuz.

Aufgabe 46: Gliederung der Bilanz einer Kapitalgesellschaft

Aktivseite:	Entgeltlich erworbene Konzessionen, technische Anlagen und Maschinen, Rechnungsabgrenzungsposten, Ausleihungen an Unternehmen, mit denen ein Beteiligungsverhältnis besteht, fertige Erzeugnisse und Waren, Forderungen aus Lieferungen und Leistungen, Schecks.
Passivseite:	Verbindlichkeiten gegenüber Kreditinstituten, Kapitalrücklage, Rechnungsabgrenzungsposten, andere Gewinnrücklagen, Rückstellungen für Pensionen und ähnliche Verpflichtungen, Verbindlichkeiten aus der Annahme gezogener Wechsel und der Ausstellung eigener Wechsel.

Literaturverzeichnis

ADAM, D. (Grundzüge): Grundzüge der betriebswirtschaftlichen Produktionstheorie, in: Das Wirtschaftsstudium, 1. Jg. (1972), S. 153-156 (Teil 1), S. 203-210 (Teil 2), S. 255-259 (Teil 3).

ADAM, D. (Produktionsdurchführungsplanung): Produktionsdurchführungsplanung, in: *JACOB, H.* (Hrsg.), Industriebetriebslehre, 4. Aufl., Wiesbaden 1990, S. 673-918.

ADAM, D. (Produktionspolitik): Produktionspolitik, 6. Aufl., Wiesbaden 1990.

ADAM, D. (Planung): Planung und Entscheidung, 4. Aufl., Wiesbaden 1996.

ADAM, D. (Produktions-Management): Produktions-Management, 9. Aufl., Wiesbaden 1998.

AMELY, T. (Formeln): BWL-Formeln für Dummies, 3. Aufl., Weinheim 2024.

AMELY, T. (Kompakt): BWL kompakt für Dummies, 3. Aufl., Weinheim 2024.

AMELY, T., KRICKHAHN, TH. (BWL): BWL für Dummies, 4. Aufl., Weinheim 2021.

ANDLER, K. (Losgöße): Rationalisierung der Fabrikation und optimale Losgröße, München/Berlin 1929.

BAETGE, J., KIRSCH, H.-J., THIELE, S. (Bilanzen): Bilanzen, 17. Aufl., Düsseldorf 2024.

BEA, F.X., GÖBEL, E. (Organisation): Organisation, 5. Aufl., München 2019.

BECKER, M. (Personalentwicklung): Personalentwicklung, 7. Aufl., Stuttgart 2023.

BIEG, H., KUßMAUL, H., WASCHBUSCH, G. (Rechnungswesen): Externes Rechnungswesen, 6. Aufl., München 2012.

BIEG, H., KUßMAUL, H., WASCHBUSCH, G. (Investition): Investition, 3. Aufl., München 2016.

BIEG, H., KUßMAUL, H., WASCHBUSCH, G. (Übungen): Investition in Übungen, 4. Aufl., München 2021.

BIEG, H., KUßMAUL, H., WASCHBUSCH, G. (Finanzierung): Finanzierung, 4. Aufl., München 2023.

BIEG, H., KUßMAUL, H., WASCHBUSCH, G. (Übungen): Finanzierung in Übungen, 5. Aufl., München 2024.

BIEG, H., WASCHBUSCH, G. (Buchführung): Buchführung, 10. Aufl., Herne 2021.

BITZ, M., EWERT, J. (Übungen): Übungen in Betriebswirtschaftslehre, 8. Aufl., München 2014.

BITZ, M., EWERT, J., TERSTEGE, U. (Investition): Investition, 3. Aufl., Wiesbaden 2018.

BITZ, M., SCHNEELOCH, D., WITTSTOCK, W., PATEK, G. (Jahresabschluß): Der Jahresabschluss, 6. Aufl., München 2014.

BITZ, M., STARK, G. (Finanzdienstleistungen): Finanzdienstleistungen, 9. Aufl., Berlin/München/Boston 2015.

BLOECH, J., BOGASCHEWSKY, R., BUSCHER, U., DAUB, A., GÖTZE, U., ROLAND, F. (Produktion): Einführung in die Produktion, 7. Aufl., Berlin/Heidelberg 2014.

BRUHN, M. (Marketing): Marketing, 16. Aufl., Wiesbaden 2024.

BURCHERT, H. (Produktionsplanung): Gestaltungsbereiche der Produktionsplanung, in: *ROLLBERG, R., HERING, TH., BURCHERT, H.* (Hrsg.), Produktionswirtschaft, 2. Aufl., München 2010, S. 6-10.

BURCHERT, H., RAZIK, S., SCHNEIDER, J., VORFELD, M. (Rechnungswesen): Externes und Internes Rechnungswesen, München 2014.

BURCHERT, H., SCHNEIDER, J., VORFELD, M. (Finanzierung): Investition und Finanzierung, 4. Aufl., Berlin/Boston 2024.

BUSSE VON COLBE, W. (Bereitstellungsplanung): Bereitstellungsplanung, in: *JACOB, H.* (Hrsg.), Industriebetriebslehre, 4. Aufl., Wiesbaden 1990, S. 591-671.

COENENBERG, A.G., HALLER, A., SCHULTZE, W. (Jahresabschluß): Jahresabschluss und Jahresabschlussanalyse, 27. Aufl., Stuttgart 2024.

CORSTEN, H. (Beschaffung): Beschaffung, in: *CORSTEN, H., REIß, M.* (Hrsg.), Betriebswirtschaftslehre, Band 1, 4. Aufl., München/Wien 2008, S. 347-441.

CORSTEN, H., GÖSSINGER, R. (Produktionswirtschaft): Produktionswirtschaft, 14. Aufl., Berlin/Boston 2016.

CORSTEN, H., GÖSSINGER, R. (Übungsbuch): Übungsbuch zur Produktionswirtschaft, 6. Aufl., Berlin/Boston 2017.

DAUB, A. (Ablaufplanung): Ablaufplanung, in: BLOECH, J./IHDE, G.B. (Hrsg.), Vahlens Großes Logistiklexikon, München 1997, S. 10-11.

DÖRING, U., BUCHHOLZ, R. (Buchhaltung): Buchhaltung und Jahresabschluss, 16. Aufl., Berlin 2021.

DRUMM, H.J. (Personalwirtschaft): Personalwirtschaft, 6. Aufl., Berlin/Heidelberg 2008.

DRUMM, H.J., SCHOLZ, CH. (Personalplanung): Personalplanung, 2. Aufl., Bern/Stuttgart 1988.

EISELE, W., KNOBLOCH, A.P. (Rechnungswesen): Technik des betrieblichen Rechnungswesens, 9. Aufl., München 2019.

ELLINGER, TH., HAUPT, R. (Produktionstheorie): Produktions- und Kostentheorie, 3. Aufl., Stuttgart 1996.

ESCH, F.-R., HERRMANN, A., SATTLER, H. (Marketing): Marketing, 5. Aufl., München 2017.

FANDEL, G. (Produktion): Produktions- und Kostentheorie, 8. Aufl., Berlin/Heidelberg 2010.

FANDEL, G., FEY, A., HEUFT, B., PITZ, TH. (Kostenrechnung): Kostenrechnung, 3. Aufl., Berlin/Heidelberg 2009.

FANDEL, G., FISTEK, A., STÜTZ, S. (Produktionsmanagement): Produktionsmanagement, 2. Aufl., Berlin/Heidelberg 2011.

FANDEL, G., GIESECKE, M., TROCKEL, J. (Übungsbuch): Übungsbuch Produktionsmanagement, Wiesbaden 2018.

FANDEL, G., LORTH, M., BLAGA, S. (Übungsbuch): Übungsbuch zur Produktions- und Kostentheorie, 3. Aufl., Berlin/Heidelberg 2008.

GÖTZE, U. (Investitionsrechnung): Investitionsrechnung, 7. Aufl., Berlin/Heidelberg 2014.

GUTENBERG, E. (Die Produktion): Grundlagen der Betriebswirtschaftslehre, Band I: Die Produktion, 24. Aufl., Berlin/Heidelberg/New York 1983.

GUTENBERG, E. (Der Absatz): Grundlagen der Betriebswirtschaftslehre, Band II: Der Absatz, 17. Aufl., Berlin/Heidelberg/New York 1984.

HARRIS, F. (Operations): Operations and Cost – Factory Management Series, Chicago 1915, S. 48-52.

HENTZE, J., GRAF, A., KAMMEL, A., LINDERT, K. (Personalführungslehre): Personalführungslehre, 4. Aufl., Bern/Stuttgart/Wien 2005.

HERING, TH. (Drittfinanzierungsmodelle): Drittfinanzierungsmodelle für Krankenhäuser, in: BURCHERT, H., HERING, TH. (Hrsg.), Gesundheit und Ökonomie: Interdisziplinäre Lösungsvorschläge, Gesundheitsökonomische Beiträge, Hrsg. G. GÄFGEN und P. OBERENDER, Bd. 30, Baden-Baden 1998, S. 129-139.

HERING, TH. (Dynamische Investitionsrechenverfahren): Dynamische Investitionsrechenverfahren, in: BURCHERT, H., HERING, TH. (Hrsg.), Betriebliche Finanzwirtschaft, München/Wien 1999, S. 12-15.

HERING, TH. (Preispolitik): Preispolitik im Monopol, in: BURCHERT, H., HERING, TH., PECHTL, H. (Hrsg.), Absatzwirtschaft, München/Wien 2003, S. 191-197.

HERING, TH. (Investition und Finanzierung): Investition und Finanzierung, in: CORSTEN, H., REIß, M. (Hrsg.), Betriebswirtschaftslehre, Band 1, 4. Aufl., München/Wien 2008, S. 617-690.

HERING, TH. (Dynamische Investitionsrechnung): Dynamische Investitionsrechnung, Hauptstichwort in: CORSTEN, H., GÖSSINGER, R. (Hrsg.), Lexikon der Betriebswirtschaftslehre, 5. Aufl., München 2008, S. 183-185.

HERING, TH. (Produktionsprogrammplanung): Produktionsprogrammplanung bei eindeutigem Engpaß und Dilemma der wertmäßigen Kosten, in: ROLLBERG, R., HERING, TH., BURCHERT, H. (Hrsg.), Produktionswirtschaft, 2. Aufl., München 2010, S. 18-26.

HERING, TH. (Betriebswirtschaftsleere): Rezension zu GLOGER, A., Betriebswirtschaftsleere, Frankfurt am Main 2016, in: Betriebswirtschaftliche Forschung und Praxis, 69. Jg. (2017), S. 124-127.

HERING, TH. (Grundbegriffe): Grundbegriffe des Rechnungswesens und der Kostenrechnung, Veröffentlichungen des Lehrstuhls für Betriebswirtschaftslehre, insbesondere

Investitionstheorie und Unternehmensbewertung, Fern-Universität Hagen, Hrsg. *TH. HE-RING*, Nr. 14, Hagen (Westf.) 2018.

HERING, TH. (Investitionstheorie): Investitionstheorie, 6. Aufl., Berlin/Boston 2022.

HERING, TH. (Betriebswirtschaftslehre): Betriebswirtschaftslehre und „gesunder Menschenverstand", in: Betriebswirtschaftliche Forschung und Praxis, 75. Jg. (2023), S. 754-773.

HERING, TH., TOLL, CH. (BWL-Klausuren): BWL-Klausuren, 5. Aufl., Berlin/Boston 2022.

HERING, TH., VINCENTI, A.J.F., GERBAULET, D. (Unternehmensgründung): Unternehmensgründung, 2. Aufl., Berlin/Boston 2018.

HERSEY, P., BLANCHARD, K.H. (Organizational Behaviour): Management of Organizational Behaviour, 5. Aufl., Englewood Cliffs 1988.

HILL, W., FEHLBAUM, R., ULRICH, P. (Organisationslehre 1): Organisationslehre 1, 5. Aufl., Bern/Stuttgart/Wien 1994.

HIRTH, H. (Finanzierung): Grundzüge der Finanzierung und Investition, 4. Aufl., Berlin/Boston 2017.

JOHANNWILLE, U. (Produktionstheorie): Produktions- und Kostentheorie, in: *ARENS-FISCHER, W., STEINKAMP, TH.* (Hrsg.), Betriebswirtschaftslehre, München/Wien 2000, S. 541-614.

JUNG, H. (Betriebswirtschaftslehre): Allgemeine Betriebswirtschaftslehre, 13. Aufl., Berlin/Boston 2016.

KISTNER, K.-P., STEVEN, M. (Maschinenbelegungsplanung): Maschinenbelegungsplanung, in: Das Wirtschaftsstudium, 19. Jg. (1990), S. 60-67.

KISTNER, K.-P., STEVEN, M. (Grundstudium): Betriebswirtschaftslehre im Grundstudium 1, 4. Aufl., Heidelberg 2002.

KLEIN, R., SCHOLL, A. (Planung): Planung und Entscheidung, 2. Aufl., München 2011.

KLINGELHÖFER, H.E. (Produktionsprogrammplanung): Produktionsprogrammplanung unter Berücksichtigung mehrerer Engpässe, in: *ROLLBERG, R., HERING, TH., BURCHERT, H.* (Hrsg.), Produktionswirtschaft, 2. Aufl., München 2010, S. 27-40.

KOBELT, H., SCHULTE, P. (Finanzmathematik): Finanzmathematik, 8. Aufl., Herne/Berlin 2006.

KOMPA, A. (Personalbeschaffung): Personalbeschaffung und Personalauswahl, 2. Aufl., Stuttgart 1989.

KOSIOL, E. (Aufbauorganisation): Aufbauorganisation, in: *GROCHLA, E.* (Hrsg.), Handwörterbuch der Organisation, Stuttgart 1969, Sp. 172-191.

KOSIOL, E. (Organisation): Organisation der Unternehmung, 2. Aufl., Wiesbaden 1976.

KOTLER, P., ARMSTRONG, G., HARRIS, L.C., HE, H. (Marketing): Grundlagen des Marketing, 8. Aufl., Hallbergmoos 2022.

KOTLER, P., KELLER, K.L., CHERNEV, A., OPRESNIK, M.O. (Marketing-Management): Marketing-Management, 16. Aufl., München 2023.

KREUZHOF, R. (Personalwirtschaft): Personalwirtschaft, in: *ARENS-FISCHER, W., STEINKAMP, TH.* (Hrsg.), Betriebswirtschaftslehre, München/Wien 2000, S. 213-291.

KRUSCHWITZ, L., LORENZ, D. (Investitionsrechnung): Investitionsrechnung, 15. Aufl., Berlin/Boston 2019.

KUßMAUL, H. (Betriebswirtschaftslehre): Betriebswirtschaftslehre, 9. Aufl., Berlin/Boston 2022.

LAUX, H., LIERMANN, F. (Organisation): Grundlagen der Organisation, 6. Aufl., Berlin/Heidelberg 2005.

LEFFSON, U. (GoB): Die Grundsätze ordnungsmäßiger Buchführung, 7. Aufl., Düsseldorf 1987.

LEONTIEF, W.W. (Economics): Input-Output Economics, in: Scientific American, Bd. 185 (1951), S. 15-21.

LEONTIEF, W.W. (Structure): The Structure of the American Economy, 1919-1939, 2. Aufl., New York 1951.

LEONTIEF, W.W. (Analysis): Input-Output Analysis, in: *LEONTIEF, W.W.* (Hrsg.), Input-Output Economics, New York 1966, S. 134-155.

LITTKEMANN, J., HOLTRUP, M., REINBACHER, P. (Jahresabschluß): Jahresabschluss, 3. Aufl., Norderstedt 2016.

LITTKEMANN, J., HOLTRUP, M., SCHULTE, K. (Buchführung): Buchführung, 8. Aufl., Norderstedt 2016.

LÜCKE, W.: Arbeitsleistung und Arbeitsentlohnung, 2. Aufl., Wiesbaden 1992.

MATSCHKE, M.J. (Finanzierung): Finanzierung der Unternehmung, Herne/Berlin 1991.

MATSCHKE, M.J. (Investitionsplanung): Investitionsplanung und Investitionskontrolle, Herne/Berlin 1993.

MATSCHKE, M.J. (Finanzwirtschaft): Finanzwirtschaft, in: *WALTER, R.* (Hrsg.), Wirtschaftswissenschaften, Paderborn/München/Wien/Zürich 1997, S. 254-305.

MATSCHKE, M.J. (Betriebswirtschaftslehre I): Allgemeine Betriebswirtschaftslehre I, 12. Aufl., Clausthal-Zellerfeld 2004.

MATSCHKE, M.J. (Betriebswirtschaftslehre II): Allgemeine Betriebswirtschaftslehre II, 11. Aufl., Clausthal-Zellerfeld 2004.

MATSCHKE, M.J., HERING, TH. (Kommunale Finanzierung): Kommunale Finanzierung, München/Wien 1998.

MATSCHKE, M.J., HERING, TH., KLINGELHÖFER, H.E. (Finanzanalyse): Finanzanalyse und Finanzplanung, München/Wien 2002.

MEFFERT, H., BURMANN, CH., KIRCHGEORG, M., EISENBEIß, M. (Marketing): Marketing, 14. Aufl., Wiesbaden 2024.

MEINE, H., OHL, K. (Arbeitsbewertung): Wird bezahlt, was verlangt wird? Eingruppierung, Arbeitsbewertung, Qualifikation, in: *LANG, K., MEINE, H., OHL, K.* (Hrsg.), Handbuch Arbeit, Entgelt, Leistung, 3. Aufl., Frankfurt am Main 2001, S. 129-203.

MINDERMANN, T., BRÖSEL, G. (Buchführung): Buchführung und Jahresabschlusserstellung nach HGB – Lehrbuch, 7. Aufl., Berlin 2020.

MINDERMANN, T., BRÖSEL, G. (Klausurtraining): Buchführung und Jahresabschlusserstellung nach HGB – Klausurtraining, 6. Aufl., Berlin 2020.

NEUBERGER, O. (Personalentwicklung): Personalentwicklung, 2. Aufl., Stuttgart 1994.

NEUS, W. (Einführung): Einführung in die Betriebswirtschaftslehre, 10. Aufl., Tübingen 2018.

NIESCHLAG, R., DICHTL, E., HÖRSCHGEN, H. (Marketing): Marketing, 19. Aufl., Berlin 2002.

OECHSLER, W.A. (Personal): Personal und Arbeit, 9. Aufl., München 2011.

OECHSLER, W.A., PAUL, CH. (Personal): Personal und Arbeit, 12. Aufl., Berlin/Boston 2024.

OLBRICH, R. (Marketing): Marketing, 3. Aufl., Berlin 2022.

OLBRICH, R., BATTENFELD, D. (Preispolitik): Preispolitik, 2. Aufl., Berlin/Heidelberg 2014.

OPRESNIK, M.O., RENNHAK, C. (Betriebswirtschaftslehre): Allgemeine Betriebswirtschaftslehre, 2. Aufl., Berlin/Heidelberg 2015.

PECHTL, H. (Preispolitik): Preispolitik, 2. Aufl., Konstanz/München 2014.

PERRIDON, L., STEINER, M., RATHGEBER, A.W. (Finanzwirtschaft): Finanzwirtschaft der Unternehmung, 18. Aufl., München 2022.

PICOT, A., DIETL, H., FRANCK, E, FIEDLER, M., ROYER, S. (Organisation): Organisation, 8. Aufl., Stuttgart 2020.

REFA (Betriebsorganisation): Methodenlehre der Betriebsorganisation, Teil: Anforderungsermittlung (Arbeitsbewertung), 2. Aufl., München 1991.

RIEKHOF, H.-CH. (Personalentwicklung): Personalentwicklung als Führungsinstrument, in: *KIESER, A., REBER, G., WUNDERER, R.* (Hrsg.), Handwörterbuch der Führung, 2. Aufl., Stuttgart 1995, Sp. 1704-1716.

ROLLBERG, R. (Finanzierung): Finanzierung, in: *ARENS-FISCHER, W., STEINKAMP, TH.* (Hrsg.), Betriebswirtschaftslehre, München/Wien 2000, S. 493-539.

ROLLBERG, R. (Bestellpolitiken): Bestellpolitiken bei stochastischem Bedarfsverlauf, in: *ROLLBERG, R., HERING, TH., BURCHERT, H.* (Hrsg.), Produktionswirtschaft, 2. Aufl., München 2010, S. 187-196.

ROLLBERG, R. (Controlling): Operativ-taktisches Controlling, München 2012.

ROLLBERG, R., OLBRICH, M. (Finanzierung): Finanzierung, in: *KRAG, J.* (Hrsg.), Betriebswirtschaft, Wirtschaftsprüfer-Kompendium, Band 2, Bielefeld 2002, Kennzahlen 2600 (S. 1-72) und 2960 (S. 1).

VON ROSENSTIEL, L./NERDINGER, F.W. (Organisationspsychologie): Grundlagen der Organisationspsychologie, 7. Aufl., Stuttgart 2011.

SCHERM, E., PIETSCH, G. (Organisation): Organisation, München/Wien 2007.

SCHERM, E., SÜß, S. (Personalmanagement): Personalmanagement, 3. Aufl., München 2016.

SCHETTGEN, P. (Arbeit): Arbeit, Leistung, Lohn, Stuttgart 1996.

SCHIERENBECK, H., WÖHLE, C.B. (Übungsbuch): Übungsbuch Grundzüge der Betriebswirtschaftslehre, 10. Aufl., München 2011.

SCHIERENBECK, H., WÖHLE, C.B. (Grundzüge): Grundzüge der Betriebswirtschaftslehre, 19. Aufl., München 2016.

SCHMALEN, H., PECHTL, H. (Übungsbuch): Grundlagen und Probleme der Betriebswirtschaft – Übungsbuch, 6. Aufl., Stuttgart 2013.

SCHMALEN, H., PECHTL, H. (Grundlagen): Grundlagen und Probleme der Betriebswirtschaft, 16. Aufl., Stuttgart 2019.

SCHNEIDER, D. (Investition): Investition, Finanzierung und Besteuerung, 7. Aufl., Wiesbaden 1992.

SCHOLZ, CH. (Personalmanagement): Personalmanagement, 6. Aufl., München 2014.

SCHULTE, G. (Materialwirtschaft): Materialwirtschaft, in: *ARENS-FISCHER, W., STEINKAMP, TH.* (Hrsg.), Betriebswirtschaftslehre, München/Wien 2000, S. 615-711.

SCHULTE-ZURHAUSEN, M. (Organisation): Organisation, 6. Aufl., München 2014.

SCHWINN, R. (Betriebswirtschaftslehre): Betriebswirtschaftslehre, 2. Aufl., München/Wien 1996.

SEIDEL, E., JUNG, R.H., REDEL, W. (Führungsstil): Führungsstil und Führungsorganisation, Band 1: Führung, Führungsstil, Darmstadt 1988.

STAEHLE, W.H. (Management): Management, 8. Aufl., München 1999.

STEFANIC-ALLMEYER, K. (Bestellmenge): Die günstigste Bestellmenge beim Einkauf, in: Sparwirtschaft, 5. Jg. (1927), S. 504-508.

STEINLE, C. (Führung): Führung, Stuttgart 1978.

STEINLE, C. (Führungsdefinitionen): Führungsdefinitionen, in: *KIESER, A., REBER, G., WUNDERER, R.* (Hrsg.), Handwörterbuch der Führung, 2. Aufl., Stuttgart 1995, Sp. 523-533.

STEVEN, M., KISTNER, K.-P. (Übungsbuch): Übungsbuch zur Betriebswirtschaftslehre im Grundstudium, Heidelberg 2000.

SZYPERSKI, N., NATHUSIUS, K. (Unternehmensgründung): Probleme der Unternehmensgründung, 2. Aufl., Lohmar/Köln 1999.

TANNENBAUM, R., SCHMIDT W.H. (Leadership): How to Choose a Leadership Pattern, in: Harvard Business Review, 36. Jg. (1958), S. 95-101.

TERSTEGE, U., EWERT, J. (Finanzierung): Betriebliche Finanzierung, 2. Aufl., Berlin 2018.

THOMMEN J.-P., ACHLEITNER, A-K., GILBERT, D.U., HACHMEISTER, D., JARCHOW, S., KAISER, G. (Arbeitsbuch): Allgemeine Betriebswirtschaftslehre Arbeitsbuch, 9. Aufl., Wiesbaden 2022.

THOMMEN J.-P., ACHLEITNER, A-K., GILBERT, D.U., HACHMEISTER, D., KAISER, G. (Betriebswirtschaftslehre): Allgemeine Betriebswirtschaftslehre, 10. Aufl., Wiesbaden 2023.

TOLL, CH. (Produktionsprogrammplanung): Produktionsprogrammplanung ohne Engpaß und bei eindeutigem Engpaß, in: *ROLLBERG, R., HERING, TH., BURCHERT, H.* (Hrsg.), Produktionswirtschaft, 2. Aufl., München 2010, S. 13-17.

TOLL, CH. (Materialbedarfsermittlung): Materialbedarfsermittlung mit graphentheoretischen Verfahren, in: *ROLLBERG, R., HERING, TH., BURCHERT, H.* (Hrsg.), Produktionswirtschaft, 2. Aufl., München 2010, S. 95-100.

ULRICH, H. (Kompetenz): Kompetenz, in: *GROCHLA, E.* (Hrsg.), Handwörterbuch der Organisation, Stuttgart 1969, Sp. 852-856.

ULRICH, H. (System): Die Unternehmung als produktives soziales System, 2. Aufl., Bern/Stuttgart 1970.

VAHS, D., SCHÄFER-KUNZ, J. (Einführung): Einführung in die Betriebswirtschaftslehre, 8. Aufl., Stuttgart 2021.

VAZSONYI, A. (Planungsrechnung): Die Planungsrechnung in Wirtschaft und Industrie, Wien/München 1962.

WEBER, W., KABST, R., BAUM, M. (Einführung): Einführung in die Betriebswirtschaftslehre, 10. Aufl., Wiesbaden 2018.

WEIBLER, J. (Personalführung): Personalführung, 4. Aufl., München 2023.

WIBBE, J. (Arbeitsbewertung): Arbeitsbewertung, 3. Aufl., München 1966.

WIMMER, P., NEUBERGER, O. (Personalwesen): Personalwesen, Band 2: Personalplanung, Beschäftigungssysteme, Personalkosten, Personalcontrolling, Stuttgart 1998.

WITTE, E. (Finanzwirtschaft): Finanzwirtschaft der Unternehmung, in: *JACOB, H.* (Hrsg.), Allgemeine Betriebswirtschaftslehre, 5. Aufl., Wiesbaden 1988, S. 519-612.

WÖHE, G. (Bilanzierung): Bilanzierung und Bilanzpolitik, 9. Aufl., München 1997.

WÖHE, G., DÖRING, U., BRÖSEL, G. (Einführung): Einführung in die Allgemeine Betriebswirtschaftslehre, 28. Aufl., München 2023.

WÖHE, G., KAISER, H., DÖRING, U. (Übungsbuch): Übungsbuch zur Allgemeinen Betriebswirtschaftslehre, 17. Aufl., München 2023.

WÖHE, G., KUßMAUL, H. (Buchführung): Grundzüge der Buchführung und Bilanztechnik, 11. Aufl., München 2022.

WUNDERER, R. (Führung): Führung und Zusammenarbeit, 9. Aufl., Köln 2011.

WUNDERER, R., GRUNWALD, W. (Führungslehre): Führungslehre, Band 1: Grundlagen der Führung, Berlin/New York 1980.

Lehr- und Handbücher der Wirtschaftswissenschaft

IFRS-Rechnungslegung: Grundlagen – Aufgaben – Fallstudien, 2. Auflage
Brösel, Zwirner (Hrsg.), 2009
ISBN 978-3-486-58839-2, e-ISBN (PDF) 978-3-486-84892-2

Externes und internes Rechnungswesen: Klausuren, Aufgaben und Lösungen
Burchert, Razik, Schneider, Vorfeld, 2014
ISBN 978-3-486-73573-4

Betriebswirtschaftliche Unternehmensführung: Aufgaben und Lösungen zum TOPSIM-Planspiel General Management
Burchert, Schneider, 2021
ISBN 978-3-11-068609-8

Investition und Finanzierung: Klausuren, Aufgaben und Lösungen, 4. Auflage
Burchert, Schneider, 2024
ISBN 978-3-11-126162-1, e-ISBN (PDF) 978-3-11-126464-6

Unternehmensbewertung, 4. Auflage
Hering, 2021
ISBN 978-3-11-073886-5

Investitionstheorie, 6. Auflage
Hering, 2022
ISBN 978-3-11-079199-0

Unternehmensnachfolge, 2. Auflage
Hering, Olbrich, Klein, 2018
ISBN 978-3-11-053668-3

BWL-Klausuren: Aufgaben und Lösungen für Studienanfänger, 5. Auflage
Hering, Toll, 2022
ISBN 978-3-11-076151-1

BWL kompakt: Kurzlehrbuch für Studienanfänger, 2. Auflage
Hering, Toll, 2025
ISBN: 978-3-11-914530-5

Unternehmensgründung, 2. Auflage
Hering, Vincenti, Gerbaulet, 2018
ISBN: 978-3-11-053668-3

Produktionswirtschaft: Aufgaben und Lösungen, 2. Auflage
Rollberg, Hering, Burchert (Hrsg.), 2010
ISBN 978-3-486-59091-3

Ressourcen- und Unternehmensbewertung
Rollberg, 2023
ISBN: 978-3-11-107211-1, e-ISBN (PDF) 978-3-11-107219-7

www.ingramcontent.com/pod-product-compliance
Lightning Source LLC
Chambersburg PA
CBHW061249220326
41599CB00028B/5586